JACQUES DEROGY
JEAN-MARIE PONTAUT

ENQUÊTE SUR TROIS SECRETS D'ÉTAT

avec la collaboration d'Alain Louyot
Prix Albert Londres 1985

ÉDITIONS ROBERT LAFFONT
PARIS

Éditions Robert Laffont, S.A., Paris, 1986
ISBN 2-221-05206-4

SOMMAIRE

Prologue

Les fantômes de l'Élysée

Si tous les présidents de la Ve République ont eu leurs émissaires secrets, jamais comme sous le septennat de François Mitterrand ils ne s'étaient entourés d'une garde de choc aussi directement engagée sur le terrain. En donnant parfois l'impression de prendre goût, voire plaisir, à manipuler les dossiers du contre-terrorisme ou du contre-espionnage, au risque de monter personnellement en première ligne et d'exposer le pouvoir à tous les aléas de « l'intox ».

D'autres régimes, en France et ailleurs, ont eu bien des difficultés à se dépêtrer de manœuvres de haute ou de basse police, même dirigées au nom de la raison d'Etat. Le général de Gaulle les qualifiait souverainement de « vulgaires et subalternes ». Ramenée à ce niveau, l'affaire Ben Barka (le rapt en plein Paris d'un opposant marocain devenu leader du tiers monde) montrait pourtant la faiblesse originelle de son régime pour les réseaux barbouzards plus ou moins issus de la Résistance ou du service d'ordre de son Rassemblement d'après-guerre. D'où sa défiance affichée à l'égard des hommes de l'ombre quand il évoquait « l'espèce d'atmosphère à la Belphégor » créée autour de ce scandale, au lendemain de sa réélection présidentielle du 20 décembre 1965. « Je conduis ma politique étrangère avec des ambassadeurs et non avec des services secrets », ajoutait-il lors de la réforme du Sdece qui s'ensuivit.

Le programme commun de gouvernement conclu, le 27 juin 1972, entre le P.s. et le P.c. semblait faire écho à ce scepticisme propre aux hommes politiques à l'endroit du monde du renseignement : « Les polices parallèles seront dissoutes. Le Sdece sera supprimé. » Cette proposition était d'une telle indigence et d'une telle candeur que les socialistes l'abandonnèrent dès l'année suivante en créant, au sein de leur parti, une commission de la défense pour étudier, entre autres, la refonte d'un outil dont aucune puissance ne peut se passer du jour au lendemain. Autour d'un vétéran de la « strate » socialiste du Sdece — laquelle avait succédé sous la IVe République à la « strate » gaulliste issue de la France libre — une cellule de réflexion réunit, dès 1976, des proches de Mitterrand, tels Charles Hernu, François de Grossouvre et un jeune énarque, Jean-François Dubos. Objectif : démilitariser les services secrets, « toutes les opérations en cours, si minimes soient-elles, devant avoir l'aval du chef de l'Etat » ; privilégier le renseignement économique en recrutant des agents civils dans les milieux industriels et scientifiques.

Quand la gauche arrive au pouvoir, en 1981, Hernu parvient cependant à garder le Sdece — bientôt rebaptisé D.g.s.e. — sous la coupe de son ministère, en imposant à sa tête un polytechnicien, Pierre Marion, qui a fait toute sa carrière dans le secteur aéronautique et auquel le lie une vieille amitié maçonnique. Mais ce dernier, mégalomane, irascible, s'emploie à casser l'outil opérationnel légué par son prédécesseur, Alexandre de Marenches, pour qui le renseignement était un « métier de seigneur » (« Ne vous attendez à défiler, ni le 14 juillet sur les Champs-Elysées, ni le 1er mai à la Bastille », avait-il prévenu ses personnels) et qui situait prémonitoirement le Pacifique au centre de sa planisphère murale. Marion écarte sans ménagement les meilleurs collaborateurs et les adjoints les plus aguerris de l'ancien patron de la centrale, décapite la force de frappe de son service Action et, obnubilé par les éventualités de fuites, renforce le service de sécurité confié à des officiers supérieurs de la gendarmerie.

Sanction de cette terreur brouillonne : des centaines d'« honorables correspondants » coupent le contact, des réseaux entiers s'effondrent, des sources d'information se tarissent. La centralisation à outrance paralyse les services actifs sans les mettre pour autant à l'abri des coups durs qui nuisent à leur crédibilité : intox de Kadhafi à N'Djamena, échec d'un putsch à Bangui compromettant le chef d'antenne de la D.g.s.e., etc. A l'automne 1982, le chef de l'état-major des armées, le général Jeannou Lacaze, ex-nº 2 du Sdece, sort de sa réserve de « sorcier aztèque » pour déplorer la dégradation d'un organisme dont dépend en partie la sécurité du pays. Avec la relève de Marion par l'amiral Pierre Lacoste — un militaire incapable d'agir sans l'aval des autorités politiques — la « Piscine » renoue avec sa tradition opérationnelle, mais l'improvisation continue de l'emporter sur la rigueur, la gauche au pouvoir se révélant étonnamment friande de « coups tordus »... et de secrets d'Etat !

Comme le remarquait l'ex-directeur de la rédaction de *L'Express,* Yves Cuau, lors du rocambolesque sauvetage du dissident roumain Virgil Tanase, soustrait aux tueurs de Bucarest par une opération de désinformation de la D.s.t., à laquelle s'était prêté le chef de l'Etat en personne[1] : « Fantômas est un familier de la vie politique française... Fantômas et Belphégor sont de retour et logent au Palais de l'Elysée... » Sans compter les fantasmes qui peuplent la mémoire idéologique de la gauche : la hantise permanente du complot, l'obsession des fuites, les doutes sur le loyalisme des agents d'autorité, le soupçon de provocations policières.

Comme le renseignement, la police paraît trop dangereuse aux yeux d'un pouvoir de gauche pour en confier les postes de commande à des hommes de l'art, fussent-ils bien-pensants. Promu, dès le 1er juin 1981, à la direction centrale des Renseignements généraux, le contrôleur général Paul Roux, rare haut fonctionnaire de la « Grande Maison » à militer au Parti socialiste depuis toujours, sera brusquement remplacé, en novembre 1983, par un jeune cadre issu du corps préfectoral. Des quatre directions centrales des services actifs de la Police nationale, une seule, celle de la Police judiciaire, reste confiée à un professionnel, dans la mesure où les policiers de ce service ne peuvent instrumenter que sous le contrôle des magistrats de l'ordre judiciaire, dont dépend leur habilitation. Sur les sept préfets de police nommés en province, un seul, Robert Broussard, sort alors du rang parce qu'il s'agit, en Corse, d'un poste brûlant — ce sera le cas, plus tard, de Bayonne et de Marseille, sous la pression des événements.

L'ex-directeur des R.g. a, en fait, payé son hostilité au plan élyséen de prise en main de la lutte antiterroriste par une cellule placée, au sommet de l'Etat, sous les ordres d'un supergendarme et au prix d'un éclatement hiérarchique. Taxé de suffisance et de pusillanimité, voire d'inefficacité, Roux n'avait aucune chance de rester en poste à l'arrivée, un an plus tard, du nouveau directeur général de la police — le dixième en onze ans ! — le préfet Pierre Verbrugghe, qui avait contré son avancement, quand, de 1977 à 1982, il dirigeait les personnels du ministère de l'Intérieur. Après la mise au placard du chef de la Brigade criminelle, Marcel Leclerc, bête noire des syndicats majoritaires de la préfecture de police, du contrôleur général François Le Mouël, patron de la P.j. parisienne, du commissaire Marcel Chalet, patron de la D.s.t., le départ de Roux pour

1. Opération révélée au moment du non moins rocambolesque exploit de la cellule antiterroriste présidentielle contre les Irlandais de Vincennes.

l'Inspection générale — surnommée le « cimetière des éléphants » en jargon policier — n'était pas fait pour rendre confiance à un corps de fonctionnaires dépouillé, depuis l'été 1981, de ses plus hautes attributions au profit d'énarques.

A la traditionnelle rivalité flics-pandores, avivée par la mission élyséenne du chef d'escadron de gendarmerie Christian Prouteau, à la non moins classique guerre des polices s'ajoutait celle des clans et des chefs, favorisée par la multiplication des centres de décision en matière de sécurité. Jamais auparavant une telle concurrence entre services n'avait existé. Et jamais, surtout, elle n'avait ainsi conduit, de chausse-trape en croche-pied, à leur neutralisation réciproque.

Les effets désastreux des ingérences de la cellule élyséenne dans la lutte antiterroriste ne peuvent se réduire aux seules casseroles accrochées aux basques du mirobolant capitaine Paul Barril. Ils traduisent en réalité l'irrésolution de responsables qui, face au phénomène terroriste, hésitent perpétuellement entre la politique de la main tendue et la matraque. D'où la métamorphose d'une cellule impuissante à surmonter ses contradictions en cabinet noir de la présidence.

Non seulement la gauche au pouvoir en est arrivée à créer une police parallèle, mais elle n'a pas hésité à utiliser le bras armé des services secrets pour monter une véritable opération de commando contre le navire écolo-pacifiste de Greenpeace dans le port néo-zélandais d'Auckland. La noyade imprévue d'un photographe aura suffi à transformer en affaire d'Etat un sabotage qui aurait pu rester de l'ordre du fait divers. Sous les coups de boutoir de la presse, la fiction d'une simple mission de renseignement de la D.g.s.e. vole en éclats. La mise à nu du mensonge d'Etat contraint le pouvoir à sacrifier le ministre de la Défense et le chef du service secret, tout en ménageant l'armée. Complexé par un passé antimilitariste hérité de l'affaire Dreyfus, le gouvernement Fabius multiplie les gages, les appels au consensus cocardier et défend l'honneur militaire par la mise aux arrêts de quatre officiers et sous-officiers « félons », accusés, à tort, d'avoir dit la « cruelle vérité » à des journalistes. Les deux agents français condamnés à Auckland sont présentés comme des otages victimes d'un piège « diabolique ». Comme toujours en France, la défaite est orpheline et imputable à la seule trahison.

Quant aux vrais otages du Liban, ils symbolisent tragiquement l'impuissance de la France à maintenir ses positions, son influence et sa présence dans ce Proche-Orient compliqué vers lequel le général de Gaulle s'était envolé naguère avec des idées simples. Et où, de l'assassinat de son ambassadeur, en octobre 1981, au raid manqué sur

Baalbek, en passant par l'hécatombe du quartier général de sa force de paix, ses services spéciaux n'ont connu que l'amertume de l'échec.

Aucun rapport, à première vue, entre les mésaventures des « Mousquetaires au château », l'affaire Greenpeace et cet adieu au Liban déchiré. Aucun rapport, mais un dénominateur commun : l'engagement en première ligne de l'autorité de l'Etat dans le guêpier d'actions secrètes de nature à la mettre en péril.

Laissant au vestiaire nos propres convictions politiques et sympathies personnelles — l'un des auteurs tutoyait amicalement quatre des ministres de la législature de gauche — nous avons conjugué notre double expérience d'historiens du présent pour tenter de percer trois de ces secrets d'Etat. Notre travail d'investigation se veut avant tout œuvre de démythification, et non brûlot politique.

« Du mal que contient cette histoire, une partie au moins fut sans doute imputable aux circonstances. »

Ainsi parlait Lawrence d'Arabie dans *Les Sept Piliers de la sagesse.*

1.

LES MOUSQUETAIRES AU « CHATEAU »

« Ce terrorisme-là, comme les autres, me trouvera devant lui. » Blême et grave, sous son chapeau noir à large bord, le président Mitterrand a du mal à se faire entendre sous les cris hostiles scandés par la foule en état de choc, qui se presse autour de la synagogue de la rue Pavée. Le chef de l'Etat a interrompu son séjour estival dans sa ferme landaise de Latche, pour venir assister à l'office, le soir même du carnage de la rue des Rosiers. En ce lundi 9 août 1982, le massacre perpétré au restaurant Goldenberg par quatre tueurs du réseau d'Abu Nidal, dissident extrémiste de l'O.l.p., représente un degré d'horreur jamais atteint dans l'escalade d'attentats qui, depuis le début de l'année, transforme la France en champ clos du terrorisme international. Il semble aussi sonner le glas de l' « état de grâce ».

Après les assassinats de diplomates, américain et israélien, revendiqués par les Fractions armées révolutionnaires libanaises, les bombes antisionistes d'Action directe, les attentats aveugles contre le train *le Capitole* ou les passants de la rue Marbeuf, par valise ou voiture piégée, attribués à Carlos ou aux services syriens, et les explosions également meurtrières dues aux terroristes arméniens du groupe Orly — une tuerie mécanique, exécutée à visage découvert par un commando programmé, comme par un monstrueux ordinateur, pour semer la mort et la panique au cœur du Marais, entre deux rondes de police : six cadavres, vingt-deux corps mutilés ou meurtris... Cette fois, la coupe de sang déborde et la rue des Rosiers explose de fureur.

Police complice ? Mitterrand trahison ? Journalistes assassins ? Les forces de l'ordre, le pouvoir et la presse sont vivement pris à partie par une communauté que la douleur aveugle[1], mais ces invectives proférées sur le lieu même du massacre témoignent de la dégradation du climat à peine plus d'un an après le triomphe électoral de la gauche, et cinq mois après le voyage présidentiel en Israël... A l'heure où l'Allemagne fédérale et l'Italie ont marqué des points importants contre leur terrorisme interne, tout indique que Paris est devenu une cible privilégiée de la stratégie de la haine importée du Liban en flammes. Il est temps, pour le chef de l'Etat, d'engager son autorité et le crédit de sa « force tranquille » sur un terrain que les événements ont soudain rendu prioritaire : celui de la sécurité.

Le 17 août, huit jours après la tragédie de la rue des Rosiers, tous les responsables des services de police, de renseignement et de défense se retrouvent à l'Elysée pour faire l'inventaire de leurs ressources et de leurs moyens. Le soir même, le Président intervient en direct à la télévision, à la fois pour justifier la politique d'équilibre de la France au Proche-Orient et annoncer la mise sur pied d'un dispositif de lutte contre le terrorisme.

« L'origine du terrorisme dont nous souffrons est internationale. Nous souffrons des prolongements sur le sol de la France de conflits dans lesquels la France n'a pas de part... Les extrémistes de tous bords entendent frapper la France parce qu'elle est le principal facteur de paix dans le conflit qui se déroule actuellement au Proche-Orient... Je n'y renoncerai pas sous la menace et, bien entendu, j'entends organiser le pays, les services publics, les services de police de telle sorte que ce terrorisme soit enfin puni...

« Ce qui est important, c'est la volonté de faire respecter la loi, de la faire appliquer, d'être intransigeant et implacable dans son application. Ce qui compte, c'est la volonté de faire reculer le terrorisme partout où il se terre, de le traquer jusqu'à la racine... Nous savons qu'il peut encore nous atteindre. Viendra le jour où lui-même succombera sous nos coups. »

Parmi les mesures retenues pour « atteindre le terrorisme à la racine » avec les armes de la légalité républicaine, deux sont destinées, selon le chef de l'Etat, à « mettre en œuvre l'outil opérationnel dont nous avons besoin » : la création d'un secrétariat d'Etat à la sécurité publique, dont le titulaire reste encore à nommer « dans l'heure qui suit », et une mission de coordination, d'information et d'action d'ores et déjà confiée au chef d'escadron Christian Prouteau, patron du Groupement d'intervention de la Gendarmerie nationale (G.i.g.n.), dont la présence assidue, depuis deux mois à

1. En octobre 1980, l'attentat à la moto piégée contre la synagogue de la rue Copernic à Paris (4 morts) avait provoqué manifestations et défilés exploités par l'opposition d'alors qui mettait en cause la passivité, voire la complicité du pouvoir en place.

l'Elysée, n'est pas sans émouvoir le service de police traditionnellement chargé de la sécurité présidentielle.

Ainsi, d'une part, le chef de l'Etat affiche-t-il la ferme résolution de faire de la lutte antiterroriste son affaire personnelle, n'hésitant pas à avancer à découvert sur un terrain peu familier au pouvoir socialiste. Ce dossier délicat vient grossir le « domaine réservé » du président de la République : « J'ai la charge de veiller à la sécurité des Français. » Autrement dit, toute menace pour la vie des citoyens relève, désormais, de la responsabilité suprême de l'exécutif. D'autre part, en investissant d'une autorité exceptionnelle un officier de gendarmerie, promu à la tête d'une structure nouvelle à vocation nationale, Mitterrand confirme la vieille défiance socialiste à l'égard de l'institution policière, même si la nomination parallèle d'un secrétaire d'Etat est censée apaiser ce grand corps mal aimé et traumatisé par le changement de mai 1981.

Le Programme commun de la gauche ne prévoyait-il pas la dissolution des unités spécialisées dans le maintien de l'ordre, le rattachement de la police judiciaire au ministère de la Justice, l'abrogation des pouvoirs de police judiciaire des préfets et des mesures de rétention administrative, le contrôle par la justice du régime des expulsions, l'octroi du droit d'asile et le bénéfice du statut de réfugié politique à tout étranger persécuté dans son pays, etc. ? La section socialiste Jean Moulin de la police parisienne n'a-t-elle pas demandé la suppression pure et simple du service des Renseignements généraux en suggérant « la renonciation à toute forme de police politique » ? La Direction de la surveillance du territoire (D.s.t.), service policier de contre-espionnage, se sent, elle aussi, sur la sellette. Ses agents sont trop souvent échaudés par des interventions directes du sommet de l'Etat en faveur des révolutionnaires du tiers monde. Quant au Sdece, la centrale d'espionnage, dont le Programme commun envisageait la disparition et que son nouveau tuteur, le ministre de la Défense Charles Hernu, a rebaptisé D.g.s.e. (Direction générale de la sécurité extérieure), il a perdu toute efficacité — et tout crédit à l'étranger — depuis qu'il est devenu la proie de règlements de comptes, d'une épuration qui n'ose pas dire son nom et de féroces rivalités entre quelques officiers supérieurs ralliés et des fonctionnaires aux dents longues...

Quant aux « flics de base », en dépit de quelques satisfactions financières et des belles promesses faites à leurs représentants, majoritairement de gauche, ils ne se sentent ni mieux considérés, ni mieux protégés des risques du métier, ni, surtout, mieux commandés. Leurs divisions syndicales se sont radicalisées et la politique a fait irruption dans les commissariats où le « concept hiérarchique » se trouve remis en question. Le ministre de l'Intérieur, Gaston Defferre, a commencé par jeter de l'huile sur le feu en déclarant, peu après sa prise de fonctions : « Finis le racisme, l'antisémitisme, l'antiouvriérisme qui ont terni la fonction policière sous les autres septennats ! » Première gaffe que la première circulaire du nouveau patron des Renseignements généraux, Paul Roux — l'un des rares commissaires à afficher depuis toujours des convictions socialistes — n'était pas faite pour atténuer : il recommandait, le 2 juillet 1981, qu'aucune réponse aux demandes d'enquête administrative ou de recrutement « ne comporte, sous quelque forme que ce soit, de référence à des condamnations pénales, à des activités syndicales ou politiques ».

Premier accroc après cette volonté de moralisation des mœurs policières : le 7 novembre 1981, Defferre s'est fait conspuer, lors des obsèques d'un brigadier de police lyonnais abattu par un voyou. « Vous avez de la chance, vous êtes encore vivant », a-t-il eu le malheur de dire à un autre gardien blessé lors de cette fusillade.

Première tempête au Quai des Orfèvres, où certains syndicalistes proches du nouveau pouvoir ont obtenu, en mars 1982, le départ du patron de la Brigade criminelle, Marcel Leclerc, en charge de dossiers explosifs — assassinat d'Henri Curiel et de Pierre Goldman, attentat contre la synagogue de la rue Copernic — quitte à sacrifier, dans la foulée, le directeur de la police judiciaire parisienne, le contrôleur général François Le Mouël, un grand flic que ses sympathies de gauche n'ont pas empêché de se solidariser avec son collègue...

Deuxième douche froide donc, en ce mitan de l'été 1982, avec la double mission confiée au chef d'escadron de gendarmerie Prouteau nommé officiellement, le 25 août, conseiller technique à l'Elysée pour stimuler la lutte antiterroriste et assurer la protection du chef de l'Etat. Un choix qui n'est pas sans rappeler celui du gouvernement italien désignant, en 1979, le général des carabiniers Della-Chiesa pour casser les Brigades rouges, mais que toute la police, cette fois, ressent comme un affront, même si la création simultanée d'un secrétariat d'Etat répond à une vieille aspiration et vient mettre un peu de baume au cœur des policiers, peu enclins à « servir la soupe » à ces supergendarmes décidément devenus les chouchous du régime.

La nomination de Joseph Franceschi, un Corse à poigne, dit-on (puisqu'il a dirigé le service d'ordre du candidat Mitterrand en 1974 et en 1981) et qui revendique aussitôt l'étiquette de « Monsieur antiterreur », prête toutefois à sourire : il était jusqu'ici titulaire du secrétariat d'Etat aux Personnes âgées... En vérité, la déception vient moins des mesures prises que de certains silences présidentiels. Ainsi, dans la querelle permanente opposant son ministre de l'Intérieur, Gaston Defferre, à son garde des Sceaux, Robert Badinter, à propos des contrôles d'identité ou du droit d'asile, Mitterrand a-t-il visiblement choisi de ne pas choisir. Il n'a pas davantage dissipé l'une des contradictions fondamentales du pouvoir socialiste depuis quinze mois : le choc non moins permanent entre l'angélisme des intentions et la découverte des réalités.

Les policiers s'essoufflent à courir d'un attentat à l'autre, en ordre dispersé, sans pouvoir remonter les pistes au-delà des frontières, se perdant dans des fichiers manuels ou mécanographiques, mais forcément lacunaires puisque propres à chacun de leurs services. Alors, ils se posent des questions d'évidence devant le changement de cap amorcé par le régime face à la flambée du terrorisme : pourquoi s'être privé d'une juridiction à compétence nationale, comme feu la Cour de sûreté de l'Etat, qui centralisait dossiers et procédures et permettait de tripler le délai de garde à vue des terroristes et de criminaliser la détention illégale d'armes? Pourquoi avoir amnistié, grâcié ou fait libérer les dirigeants d'Action directe, entre juillet et octobre 1981, et se trouver amené à dissoudre leur organisation, le 18 août 1982? Pourquoi refuser l'instauration d'un espace judiciaire européen, qui eût facilité l'extradition des détenus pour crime politique, et lancer à présent l'idée, très compliquée, d'un tribunal européen? Pourquoi donner l'ordre d'abattre à vue le fameux Carlos et démanteler, au même moment, le service Action de la D.g.s.e. en se passant du bras séculier des services spéciaux qu'était le régiment détaché à cet effet de l'infanterie de marine?

Pour avoir été longtemps éloignée des affaires, la gauche, enfermée dans son carcan idéologique, s'est contentée, en matière de police comme de guerre secrète, d'une réflexion essentiellement juridique, peu nourrie de l'expérience des policiers et des agents sur le terrain. Le résultat est là, avec l'héritage de la guerre des polices et de la vieille rivalité entre fonctionnaires de l'Intérieur et militaires de la gendarmerie : une certaine improvisation, un bricolage institutionnel qui mettent à découvert la présidence de la République au premier signe d'affolement — en l'occurrence l'explosion d'un terrorisme aveugle avec tout ce qu'il peut induire de déstabilisation politique. A partir du moment où le chef de l'Etat — et non le chef du gouvernement ou les ministres de l'Intérieur ou de la Défense — engage publiquement son crédit dans des choix policiers, de structures et d'hommes qui lui sont proches, il prend le risque d'être éclaboussé par leurs éventuels dérapages et bavures. Et donc d'une crise au sommet de l'Etat.

LE CABINET NOIR DE L'ÉLYSÉE : VIE ET MORT D'UNE CELLULE

Tout commence un jour de mars 1982 par une visite de Charles Hernu au G.i.g.n., alors cantonné à Maisons-Alfort. Fils de gendarme, le ministre socialiste de la Défense garde une grande tendresse pour cette arme qu'il juge fidèle et disciplinée. Il professe d'ailleurs un tel attachement au prestige de la tenue militaire en général, qu'il se croit populaire auprès de tous ceux qui la portent. Mais comme tous les corps d'élite, suspectés par la gauche de tendances factieuses, le G.i.g.n. croyait, lui, avoir tout à redouter de l'arrivée des amis d'Hernu au pouvoir. On savait que les unités spécialisées, la Légion étrangère comme l'équipe de gymnastique de la garde républicaine, étaient dans leur collimateur. Le commandant Christian Prouteau, flanqué de son inséparable adjoint, le capitaine Paul Barril, se demandait à quelle sauce allait être mangé le groupement qu'il avait mis huit ans à forger.

A la veille de l'élection présidentielle de 1981, ce Biterrois de 37 ans, taillé en athlète — son mètre quatre-vingt-cinq l'a fait surnommer « le Grand » par ses hommes — sorti de l'Ecole interarmes de Saint-Cyr-Coëtquidan pour suivre les traces de son père, lui-même colonel de gendarmerie, ne cachait pas sa perplexité en se rendant d'un pas lent au mess où l'ambiance est devenue morose : « Messieurs, si demain les Rouges passent, je n'ai plus qu'à rendre mon képi ! »

Volubile officier aux yeux clairs derrière de fines lunettes d'intellectuel, et qui porte encore enfoncés dans la gorge des dizaines de plombs tirés, l'année précédente, par un forcené, il n'a pourtant pas à rougir de la confiance que lui ont témoignée ses supérieurs comme ses subordonnés. « Tout surbordonné doit avoir une confiance absolue dans son chef », a-t-il l'habitude de dire. Et d'illustrer cet aphorisme en plaçant à dix mètres de lui un de ses hommes revêtu d'un gilet pare-balles, en dégainant son 357 magnum et en tirant une balle de 11,43 dans la poitrine ainsi protégée de son partenaire. Preuve de la solidité nerveuse des deux hommes. Et de leur degré de confiance mutuelle. Parce que, à l'inverse de la tactique brutale des commandos, il inculque aux gendarmes mobiles de la région parisienne l'art de savoir ne pas tuer, le jeune lieutenant Prouteau s'est vu chargé, en 1973, par le magistrat qui dirigeait alors la gendarmerie nationale, de mettre sur pied une équipe spéciale d'intervention contre les prises d'otages. Ainsi est né ce G.i.g.n. qui, fort de ses 56 tireurs d'élite, a libéré, depuis, 212 otages, réalisé 63 arrestations mouvementées et mis hors de combat 49 forcenés. Sans compter la neutralisation des terroristes intégristes de la grande mosquée de La Mecque ou la reddition sans violence des indépendantistes corses retranchés dans un hôtel d'Ajaccio.

La surprise du 10 mai passée, Prouteau réajuste son képi et retrouve cette maîtrise de soi qui caractérise ses activités polyvalentes d'ancien chef scout : il joue aussi bien un vieux refrain d'Hugues Aufray sur sa guitare électrique, qu'il pratique le delta-plane dans les Alpes et le ski nautique sur la Seine, avant de fendre, sur le tranchant d'une hache une balle de son revolver Manhurin, ou de réparer des montres anciennes et restaurer de vieilles Jaguar, autres passions favorites du baroudeur au repos. Avec son adjoint Barril, 35 ans, œil gris-bleu ironique, chevelure bouclée poivre et sel, rire juvénile aux lèvres, pointe d'accent méridional et petit cheveu sur la langue, il fait un parfait tandem : à lui les contacts et les échanges avec les services étrangers ; à son bras droit, champion de karaté, de plongée, de saut opérationnel et de tir mobile, le bricolage de la panoplie la plus sophistiquée et le montage de coups tordus. Certes, le mirobolant capitaine traîne comme un boulet, depuis octobre 1981, une inculpation pour un obscur recel de détonateurs dans une affaire de trafic d'armes, instruite par un petit juge de banlieue, et où se trouvent impliqués des aventuriers d'extrême-droite. Mais c'est le malaise né de cette suspicion qui a décidé son chef et ami à tout faire pour tenter de séduire Hernu. L'inspection ministérielle prévue au printemps suivant lui en a fourni l'occasion. Le patron du G.i.g.n. avait l'habitude d'organiser des démonstrations spectaculaires pour des ministres ou des personnalités. Mais, là, il a demandé à son adjoint de se surpasser : « On va mettre le paquet » Une vraie super-production, suivie d'un vin d'honneur... au champagne rosé : descentes en rappel — quatorze étages d'une tour — ramassage de grenades dégoupillées, tirs réels sur gilet pare-balles, attaque de chiens... Sans oublier les tirs simultanés sur des véhicules, les escalades sans assurance. Devant le ministre et sa suite, Barril s'est même livré à son exercice favori : dos à l'adversaire, à quinze mètres de distance, en moins de cinq secondes, il a fait mouche sur six cibles, départ arme à l'étui. Bref, le grand frisson.

« Presque aussi fort que Lucky Luke, rapporte-t-il, sans excès de modestie, dans ses Mémoires[1]. Pour mettre ce numéro au point, il m'avait fallu six ans d'entraînement. »

Grisé par une telle ambiance, Hernu est resté, ce jour-là, deux heures de plus que prévu par le protocole. Egalement impressionné par l'exposé de Prouteau sur l'histoire et les exploits du G.i.g.n., il a tenu à le rassurer sur son avenir et, pour marquer sa satisfaction, il a longuement serré la main du capitaine Barril, balayant en quelques mots les ragots infondés sur son implication dans un complot d'extrême droite.

« Le ministre de la Défense a su nous parler comme on parle à des soldats », poursuit Barril, pour qui ce « grand show » a convaincu Hernu des capacités et de la valeur du G.i.g.n. dans le domaine de la lutte antiterroriste et de la protection des institutions de la République. C'est précisément à cette époque que l'entourage présidentiel s'inquiète d'éventuelles tentatives de déstabilisation du régime et des risques physiques courus par le chef de l'Etat. On évoque le « complexe d'Allende » qui habiterait Mitterrand, mais les récents attentats contre Reagan, contre Sadate, contre le Pape lui-même sont des exemples bien plus présents pour nourrir de réelles appréhensions.

Or, le conseiller très privé qui joue les Pères Joseph auprès du Président, François Durand de Grossouvre, a cru déceler quelque faille dans la protection assurée, jusqu'ici, par le service de police relevant de la direction des « Voyages officiels ». Ce personnage énigmatique et barbichu, au visage finement ciselé à la Velasquez et aux manières gourmandes de Fantômas, suit Mitterrand comme son ombre depuis qu'il a abandonné la direction de sociétés sucrières pour une retraite de gentleman-farmer dans un beau manoir de l'Allier. Fils de banquier, élève des Jésuites, carabin à Lyon, il n'a jamais exercé sa profession de médecin et a viré sa cuti politique à la faveur de la Libération. Devenu ami intime de l'élu de la Nièvre voisine, François Mitterrand, il en suit l'itinéraire dans l'opposition et participe, avec Charles Hernu, aux Conventions pour l'armée nouvelle. Colonel de réserve et excellent fusil, ce Nemrod voyageur est aussi honorable correspondant du Sdece. Officiellement chargé de mission auprès du chef de l'Etat et président du Comité des chasses présidentielles, il occupe un discret bureau au premier étage de l'Elysée, où il exerce une sorte de tutelle indirecte sur les services

1. *Missions très spéciales,* Presses de la Cité, 1985.

secrets, effectuant lui-même des missions confidentielles auprès de certains chefs d'Etat étrangers. Ainsi veille-t-il aux problèmes de sécurité.

A la méfiance quasi naturelle de l'entourage présidentiel devant un service de police qui, notamment à l'Elysée, abrite un certain nombre de partisans de l'ancienne majorité, s'ajoute la mauvaise réputation des inspecteurs des V.o., soupçonnés d'organiser des fuites en direction de la presse ou de leur hiérarchie. De Grossouvre s'est alarmé d'une série d'incidents : des policiers ont égaré leurs armes au cours d'un déplacement à l'étranger ; certains comptent des heures supplémentaires effectuées à titre privé ; d'autres profitent des attributs de leurs fonctions pour concurrencer déloyalement des sociétés de gardiennage ou de police privée.

Sur les conseils de son homme de confiance, Mitterrand demande à Hernu de faire procéder à une évaluation de sa sécurité par un service compétent. Le ministre de la Défense se tourne d'abord vers la D.g.s.e., dont il a confié la direction à son ami Pierre Marion. Mais la réponse du colonel Georges Grillot, chef du Service Action est rien moins que décevante. Ebloui par sa visite au G.i.g.n., Hernu s'adresse alors au commandant Prouteau pour lui demander d'apprécier les risques d'intrusion à l'Elysée. Dans le mois qui suit, de Grossouvre accueille le nouveau venu au palais présidentiel et lui fait prendre connaissance des lieux et de la manière dont ils sont protégés. Il l'invite à suivre discrètement les sorties de Mitterrand. Prouteau observe l'évolution des gardes du corps, les faits et gestes du personnel de sécurité. Il prend des notes. Et des photos. Avec une poignée de ses gendarmes en civil, il multiplie les tests, réalise un certain nombre de dossiers d'objectifs, s'exerce à piéger le service des V.o. Il surprend la voiture du chef de l'Etat en stationnement devant une pizzeria. Le chauffeur prend en effet le véhicule pour aller déjeuner. Rien de plus aisé que d'y coller un « bip », des micros, voire un explosif...

Barril racontera plus tard comment, lors d'un voyage officiel, l'un de ses hommes déguisé en civil, mais porteur d'une arme, a pu s'approcher du chef de l'Etat sans difficulté et lui serrer sept fois la main dans la même journée.

« Nous en avions la preuve sous forme d'une série de photographies. Cet homme avait eu sept fois l'occasion d'abattre M. Mitterrand et de partir tranquillement. Ailleurs, nous avions mis des autocollants pour montrer que certains locaux n'avaient pas été fouillés, vérifiés. On pouvait aussi bien mettre des punaises avec du curare dans un fauteuil sur lequel M. Mitterrand devait s'asseoir... Cela signifiait que le service des V.o. était incapable de continuer sa mission. N'importe qui pouvait planter un couteau dans le dos de notre Président. C'est pourquoi Christian Prouteau, en accord avec la direction de la gendarmerie, a proposé de constituer un corps spécial, le Groupe de sécurité de la présidence de la République (G.s.p.r.), composé de gendarmes parachutistes qui allaient recevoir une formation spéciale par nos soins[1]. »

Entre-temps, le chef du G.i.g.n., piloté par de Grossouvre sur les conseils d'Hernu, a rédigé un rapport bourré de photos parlantes qu'il va avoir l'honneur de remettre directement entre les mains du Président. Mitterrand l'a en effet convoqué un week-end dans sa « bergerie » landaise de Latche. Le charme opère aussitôt de part et d'autre. Le commandant fait part à son hôte des leçons qu'il tire des actions d'éclat de son unité. Et le Président est, de son côté, totalement conquis par ce grand gendarme aux yeux clairs. Au point de lui confier en secret une autre mission : élaborer un plan de coordination à partir de l'expérience et des conceptions du G.i.g.n en matière de lutte antiterroriste, en s'appuyant notamment sur le réseau informel de renseignements que constituent les relations nouées à l'étranger, notamment au Proche-Orient et outre-Atlantique. La tâche à laquelle s'est attelé Prouteau depuis plusieurs semaines est si absorbante — et gratifiante pour son arme — que, le 29 juin, il obtient de sa direction de faire assurer par son ami Barril l'intérim de son commandement à la tête du G.i.g.n.

Mais, très vite, les policiers de l'Elysée, notamment ceux des V.o., repèrent les allées et venues de Prouteau et s'en inquiètent. Au début de juillet, la presse à son tour s'en fait l'écho. Aussitôt, le secrétariat général de la présidence publie un communiqué pour annoncer que le commandant Prouteau a été chargé d'une « mission d'étude » sur la sécurité du chef de l'Etat. Pour éviter de choquer les responsables des V.o., ainsi que les syndicats de police, on garde encore secret le fait que cette étude a abouti à la mise au point d'un système de protection intégrant une trentaine de gendarmes du G.i.g.n., pour lesquels leur chef réclame des moyens exceptionnels : une vingtaine de voitures ultra-rapides, des fusils d'assaut dernier cri et surtout un équipement cryptophonique destiné à brouiller les messages radio du futur G.s.p.r.[2]. On cache aussi le projet de faire doubler les autres services de police par la mise en place d'une petite structure d'information sur le terrorisme,

1. *Missions très spéciales,* par le capitaine Barril (Presses de la Cité).
2. Groupe de sécurité de la présidence de la République.

afin de renseigner directement l'Elysée sur les éventuelles carences policières dans ce domaine.

Les policiers ne manquent pas de manifester leur mauvaise humeur dès qu'ils apprennent la nomination d'un super-gendarme comme conseiller technique à la Présidence, et l'entrée, à sa suite, du G.i.g.n. dans les allées du pouvoir. Ils ont en effet remarqué la présence de Prouteau aux côtés du chef de l'Etat durant les cérémonies du 14-Juillet, ainsi que lors de son voyage à Athènes. Les services du ministère de l'Intérieur n'acceptent pas de gaieté de cœur le remplacement des policiers des V.o. par des gendarmes paras. Mais leur mécontentement va se donner libre cours quand il leur apparaît qu'une sorte de cellule est en gestation pour pallier leur défaut de résultats face à la flambée des attentats d'origine étrangère.

Le 16 août, à la veille du conseil de guerre antiterroriste provoqué par la tuerie de la rue des Rosiers, Mitterrand envoie l'hélicoptère présidentiel chercher Prouteau en villégiature chez ses parents, sur la côte vendéenne ; pour lui proposer, cette fois officiellement, la responsabilité de coordonner l'action antiterroriste au sommet de l'Etat, avec un cinquième galon et sans autre contrôle que celui de la présidence. C'est-à-dire aux conditions posées par le chef du G.i.g.n., qui entend garder le commandement en chef de son unité d'élite et intégrer son second dans le dispositif projeté : « En cas de pépin, j'accepte d'en porter toute la responsabilité. Mais, en échange, je veux être libre des moyens que j'utiliserai et n'avoir à en rendre compte qu'à vous-même ou à votre cabinet. » C'est sur cette base que, le 17, Mitterrand annonce la promotion de Prouteau, accompagnée de la mise en place d'un sous-ministre de la police. Et c'est admettre aussi que la sauvagerie du terrorisme justifie l'emploi limité et clandestin de méthodes exceptionnelles — sans recourir, toutefois, à des lois d'exception.

Chacun des deux patrons ainsi placés à la tête de la lutte antiterroriste se met au travail. Franceschi constitue son état-major, où le commissaire Robert Broussard, qui dirigeait jusqu'alors la célèbre Brigade antigang de la Préfecture de police, fait une entrée remarquée. Mais rien de très original dans la composition de ce cabinet qui doit travailler avec les différents responsables de la Police judiciaire, des Renseignements généraux et de la D.s.t. Du côté de la cellule élyséenne du chef d'escadron Prouteau, la sélection sera à la fois plus discrète et plus sophistiquée : directement lié aux plus hautes instances du pouvoir politique, son organigramme spécifique exige une construction plus empirique. Le mini-cabinet du chef du G.i.g.n. va s'appuyer, d'une part, sur une petite équipe mixte de gendarmes et de policiers des R.g. et de la D.s.t. et, d'autre part, sur l'unité laissée aux bons soins de Barril pour fournir les éléments nécessaires au travail d'enquête, de prise de contact ou d'intervention.

Le 24 août, à la veille de sa prise de fonction officielle au poste de conseiller technique de la présidence pour la lutte antiterroriste, et avant de repartir achever ses vacances en famille, Prouteau jette son dévolu sur la section de recherches de Paris — la plus grosse unité de police judiciaire de la Gendarmerie nationale couvrant les neuf tribunaux du ressort de la cour d'appel de Paris — en vue d'associer réglementairement aux opérations conduites par son équipe, des officiers de police judiciaire territorialement compétents. Ce jour-là, il invite en effet à déjeuner au mess Napoléon, derrière l'Hôtel de Ville, le chef d'escadron Jean-Michel Beau qui doit prendre, le 1er décembre, le commandement de cette importante section dite de Paris-Minimes. Beau est un officier de 38 ans très service-service, expert en procédure : fils d'un général de l'armée de terre, diplômé en droit et gradué de l'Institut de criminologie, sorti vice-major de sa promotion de l'école de Melun et auteur d'un ouvrage sur les problèmes de saisine. Prouteau a déjà eu l'occasion de le rencontrer deux fois l'année précédente et d'apprécier ses compétences : il s'agissait alors d'aider son ami Barril à se laver de l'accusation de recel dont il était l'objet.

La petite salle du mess Napoléon, seule ouverte au mois d'août, est si bondée de civils des différentes administrations, que les deux commandants ne peuvent converser librement. Prouteau raccompagne donc son convive à la caserne des Minimes pour lui faire part de son intention : s'appuyer sur lui afin de traiter les dossiers d'affaires de terrorisme en gestation, étant donné son excellente réputation en matière de procédure judiciaire. Beau est tout à fait d'accord pour collaborer aux futures missions de la cellule élyséenne en lui offrant les services d'une équipe habilitée à instrumenter, mais, en attendant d'en recevoir le commandement effectif, il se tient à sa disposition, comme chef du Bureau des services d'organisation à l'état-major de la Légion d'Ile-de-France. Quitte à proposer au chef de corps, le moment venu, les mesures appropriées. En tout état de cause, lui précise alors Prouteau, aucune des affaires en question ne pourra être réalisée avant au moins quelques semaines. L'essentiel, lui répond Beau, c'est de pouvoir se réunir, avant toute action, pour discuter des modalités d'intervention et de prendre attache avec des magistrats compétents pour choisir la forme juridique la plus adaptée.

En rentrant à l'état-major, Beau rend compte de cet échange de vues à son supérieur hiérarchique, le colonel Vergez, commandant la Légion de gendarmerie départementale.

Se sentant ainsi couvert vis-à-vis de la justice, Prouteau cherche à combler l'autre défaut de sa cuirasse. Il est bien conscient que la lutte antiterroriste n'est pas essentiellement affaire de « cascades » et de « Jamesbonderies », mais qu'elle implique une fonction de recherche distincte de la fonction d'assaut propre à son G.i.g.n. Il fait alors contacter par le ministère de la Défense un policier dont il a pu apprécier les qualités lors d'un hold-up avec prise d'otages dans une banque de l'avenue Bosquet, à Paris, et surtout lors de la reddition des nationalistes corses retranchés à l'hôtel Fesch à Ajaccio : le commissaire divisionnaire Charles Pellegrini, 45 ans, patron de l'Office central de répression du banditisme (O.c.r.b.).

Ancien militaire reconverti dans la police, d'abord comme officier de C.r.s., l'homme est courageux et ne craint pas les opérations ponctuelles à haut risque. Grand flic aux allures d'étudiant attardé, il a acquis sa notoriété en participant à la capture du gang des Lyonnais, à la traque de Mesrine et à la libération d'un otage de marque, Maury-Laribière, vice-président du C.n.p.f. Il est en congé dans sa famille, à Solenzara, en Corse, quand Prouteau le fait rappeler à Paris pour lui proposer une sorte d'association de la tête et des jambes indispensable au fonctionnement de sa cellule · détaché, ou plutôt mis à la disposition de la D.g.s.e., il se voit chargé d'assurer la liaison entre tous les services de renseignement, militaires et policiers, au profit exclusif de l'information élyséenne en matière de terrorisme, en France comme à l'étranger.

Affecté, le 13 septembre, à son nouveau rôle de franc-tireur du renseignement, il obtient d'avoir sous ses ordres six inspecteurs recrutés par ses soins au sein de son ancien service de police, qui formeront un Groupe d'action mixte (Gam), composé à parité avec six gendarmes du G.i.g.n. choisis sur des critères d'affinités personnelles et commandés par le capitaine Barril. Leurs activités seront indépendantes de celles du Groupe de sécurité (G.s.p.r.) du capitaine Alain Le Carot, chargé de la protection rapprochée du Président, mais les sept gendarmes du Gam continueront d'accomplir les missions classiques de leur unité d'origine. Et, en fait, les deux équipes du Gam travailleront chacune de son côté, ne disposant, en dehors des postes portables, d'aucune fréquence-radio commune ! Mais, pendant les quatre premiers mois, elles s'entraînent ensemble aux exercices de tir, au maniement des explosifs et aux techniques d'assaut. Quatre mois d'entraînement intensif à la base du Service Action de la D.g.s.e. à Cercottes (Loiret), où les civils de Pellegrini s'adaptent mieux à l'esprit militaire que les gendarmes de Barril au savoir-faire policier. Tenus à distance par la D.g.s.e., les premiers ne trouvent, pour s'installer, que deux pièces au nouveau cantonnement du G.i.g.n., à Satory, près de Versailles. Ils ne finiront de toucher le matériel fourni par la police nationale — un biais qui permet à celle-ci de garder le contrôle de l'équipe —, qu'en avril 1983. La liste n'en sera jamais rendue publique pour ne pas exciter la jalousie des services de police que les deux chefs du Gam ont précisément pour mission d'aiguillonner... Elle comprend, en effet, trois Renault 18 turbo équipées de radio, une fourgonnette de surveillance, une grosse moto banalisée, sept pistolets automatiques et sept revolvers 38 spécial Smith et Wasson, sept revolvers Manhurin, deux Riot-gun, deux pistolets-mitrailleurs Uzi, sept fusils d'assaut, trois magnétophones, trois micros-cravates, un répondeur téléphonique à distance, un téléobjectif, une paire de jumelles crépusculaires, sept gilets pare-balles, sept postes Motorola à codage alphanumérique et tout un équipement de bureau.

Destiné à devenir le bras séculier secret de la cellule élyséenne, le Gam ne sera vraiment opérationnel qu'après l'arrivée des nouveaux éléments venus compléter l'état-major de la lutte antiterroriste, au deuxième étage d'un hôtel particulier de la rue de l'Elysée, où s'alignent trois terminaux d'ordinateurs. Le service informatique est sous la coupe du plus proche collaborateur de Prouteau, le lieutenant-colonel Jean-Louis Esquivier, dit « le Curé », parce qu'en sortant de l'Ecole de guerre, il a fait le pèlerinage à Saint-Jacques-de-Compostelle. C'est lui qui tient le rôle de chef d'état-major, assisté de deux gendarmes. A côté, le secrétariat de Prouteau est tenu par deux gendarmettes, une traductrice anglophone (néo-zélandaise) et deux gardes du corps du G.i.g.n. Deux commissaires animent la section renseignement : Jean Orluc, figure « légendaire » de la direction centrale des R.g., assisté des inspecteurs Tissier et Littgios, et Pierre-Yves Gilleron, de la D.s.t., assisté de l'inspecteur Mangin et du gendarme Karst. Le premier a été recommandé par de Grossouvre, bien qu'ayant été très proche du Sac et ayant la réputation de ratisser auprès de son ancienne direction les « raclures de bidet », d'où son surnom de Potin de la Commère, auquel il préfère le pseudonyme d'Achille. Il passe son temps à espionner le directeur de cabinet du secrétaire d'Etat à la Sécurité, Frédéric Thiriez, qu'il soupçonne de fuites au profit de l'extrême gauche, mais il a l'oreille de Gilles Ménage, le directeur adjoint du cabinet présidentiel, un énarque de 39 ans du corps préfectoral, spécialiste des « affaires réservées ». Surnommé « Monsieur Propre » — « Mike », en code radio — Ménage a dirigé, sous l'ancien régime, le cabinet du préfet de Paris.

Par contraste, l'autre policier de l'état-major, Gilleron, fait preuve de discrétion et d'efficacité, dans la mesure où il évite de court-circuiter les services du ministère de l'Intérieur et les hiérarchies en place. Tout le problème de la cellule, véritable service spécial mis en place en dehors de tout contrôle judiciaire, est que, dès l'origine, elle s'est heurtée à l'hostilité des organes réguliers qu'elle est censée aiguillonner. Quand, à l'automne 1982, les hommes de Prouteau se présentent pour consulter les dossiers, les responsables de la police refusent souvent de leur communiquer les renseignements demandés, car la curiosité des « gendarmes de l'Elysée » ne connaît pas de bornes : ils s'intéressent non seulement aux fichiers, mais à toutes les enquêtes en cours, y compris sur les affaires Curiel ou Goldman, ou sur l'origine des révélations en tous genres parues dans la presse. Et ils n'ont pas à s'en justifier ! Ils vont jusqu'à faire mettre sur écoutes, par le truchement de la Sécurité militaire qui contrôle le centre d'interception des Invalides, des journalistes, des fonctionnaires, des membres de cabinet ministériel soupçonnés de fuites ou de bavardages, en dehors des écoutes administratives autorisées par Matignon.

Aussi, quand Franceschi prend la décision de créer le Bureau de liaison antiterroriste (Blat), les vingt participants représentant tous les services concernés, transforment-ils les réunions périodiques de cet organisme en parties de poker menteur : chacun garde ses tuyaux pour lui, faute de savoir comment, et par qui, ils seront utilisés. Prouteau, Esquivier ou tout autre représentant de la « mission élyséenne » se contente de prendre des notes ; les dirigeants du contre-espionnage de la D.g.s.e., les délégués de la D.s.t., des R.g., de la P.j. se regardent en chiens de faïence. La multiplication des centres de décision a découragé les chefs de service qui ne savent plus à quel saint se vouer. Les procédures qu'ils faisaient en double exemplaire, ils doivent maintenant les faire en quadruple…

LA BALLADE IRLANDAISE

Dans la torpeur vespérale du dernier samedi d'un mois d'août brûlant d'attentats terroristes, un coup de téléphone intrigue la rédaction de TF 1, dont le journal de 20 heures a commencé depuis dix minutes. La communication émane d'un membre du cabinet militaire de l'Elysée, le commissaire de la marine Jean-François Cleret, qui assure, ce soir-là, la permanence du secrétaire général Jean-Louis Bianco. Ce correspondant inconnu de la rédaction annonce l'arrestation, à Paris, de deux dangereux terroristes. Son appel surprend, car il n'est pas dans les habitudes de la présidence d'annoncer les opérations de police. On vérifie qu'il ne s'agit pas d'un canulard, en rappelant la permanence de l'Elysée. Non, c'est sérieux et un communiqué de l'Agence France Presse (A.f.p.) doit confirmer la nouvelle dans les minutes qui viennent. Et voilà l'information « balancée » en dernière minute à l'antenne par Jean-Claude Bourret, le présentateur des journaux télévisés du week-end, auteur d'un récent ouvrage à la gloire du G.i.g.n.

De fait, les petites boules des téléscripteurs de l'agence, bien figées en cette fin de semaine, vont, à 22 h 42, se mettre à danser :

> « Urgent. Deux arrestations jugées importantes ont été opérées aujourd'hui, en France, dans les milieux du terrorisme international, apprend-on samedi soir à la présidence de la République. Ont été également saisis des documents et des explosifs. Afin de poursuivre l'enquête dans les meilleures conditions, les informations complémentaires ne seront diffusées qu'ultérieurement. »

A l'évidence, le message est exceptionnel. A tel enseigne que le tout nouveau secrétaire d'Etat à la Sécurité, Joseph Franceschi, tombe des nues en apprenant ce coup de filet par les radios, suivi dans sa chute par le préfet de police, qui n'est au courant de rien — pas plus que le Quai des Orfèvres ou même que le directeur de la gendarmerie nationale, Charles Barbeau. Cette annonce à sons de trompes d'une arrestation de terroristes constitue, au surplus, un changement à vue. L'interpellation fortuite aux Champs-Elysées du Suisse Bruno Bréguet et de l'Allemande Magdalena Kopp, trouvés porteurs d'armes et d'explosifs, n'avait eu droit qu'à une demi-colonne en page intérieure dans les quotidiens parisiens du 18 février de cette année 1982. L'affaire n'avait gagné la Une des journaux qu'avec la divulgation inopinée d'un ultimatum du tristement célèbre Carlos, suivi, un mois plus tard, par l'explosion d'une bombe dans le *Capitole* Paris-Toulouse. C'était le début de l'escalade d'attentats d'origines diverses qui a culminé, le 9 août, avec le massacre de la rue des Rosiers. L'exception est donc là pour donner corps à la montée en première ligne du chef de l'Etat qui, le 17 août, s'est proclamé chef de guerre contre tous les terrorismes « quels qu'ils soient et d'où qu'ils viennent ». Le communiqué élyséen intervient trois jours après l'installation d'un état-major à deux têtes : un champion, Prouteau, à l'Elysée, un patron, Franceschi, à la police. Le premier a tiré plus vite que le second. Par souci de sécurité et de cloisonnement, il n'en a informé que l'Elysée et son ministre de tutelle, Charles Hernu. En week-end à Latche, Mitterrand, tenu au courant par Bianco, l'a aussitôt autorisé à donner une publicité inusitée à la nouvelle ; puis a charitablement prévenu, par un autre coup de fil, le ministre de l'Intérieur, son ami Gaston Defferre.

Le laconisme élyséen, qui dissimule à peine un accent de triomphe, va tenir la France en haleine pendant près de quarante-huit heures. Un suspense nourri de rumeurs que deux communiqués dominicaux d'autosatisfaction ne font rien pour démentir. Dans un communiqué commun, qui en rajoute dans le style grandiose, Franceschi et Hernu ne lésinent pas sur les adjectifs et les cocoricos pour « féliciter tous les services concernés par la lutte contre le terrorisme... La centralisation des moyens et des renseignements a été mise en œuvre, et un premier et important résultat a été obtenu. Ces services, qui poursuivent activement leurs investigations ne peuvent, pour l'instant, donner plus de précisions sur cette opération ».

A-t-on mis la main sur les tueurs de la rue des Rosiers ? Sur les meurtriers des diplomates récemment assassinés à Paris ? Sur — pourquoi pas ? — Abu Nidal ou Carlos lui-même ? L'opinion continue de s'interroger, dans l'attente de révélations à la mesure du mystère entretenu par la présidence de la République. Mais, depuis 16 heures, les responsables de la police invités à une réunion secrète dans le bureau de Franceschi savent à quoi s'en tenir. Les policiers de la P.j. sont entrés par une porte dérobée, ignorant que la télévision attend le commandant Prouteau, revenu précipitamment de sa villégiature vendéenne, à la grande porte... Le secrétaire d'Etat tente d'apaiser les esprits en leur apprenant que le dossier sera traité par la Brigade criminelle. « Du très gros gibier, assure le chef du G.i.g.n. Il s'agit de trois terroristes irlandais, Michael Plunkett, Stephen King et Mary Reid, qui s'apprêtaient à commettre des attentats en France. »

L'importance de cette capture sera encore exaltée le soir à la télévision dans une interview de Jean-Claude Bourret par Jean-Claude Narcy : un tuyau classé A.1 (des plus fiables) de la D.g.s.e. faisait état de préparatifs d'attentats pour le week-end par un groupe irlandais lié au terrorisme international et disposant d'un stock d'explosifs impressionnant. D'où l'intervention préventive du G.i.g.n. décidée au sommet de l'Etat pour des raisons d'urgence et de secret, quitte à court-circuiter le cabinet de Franceschi et au risque de froisser les susceptibilités policières...

Hélas, il faudra vite déchanter, même s'il est louable de la part des socialistes d'admettre, en l'occurrence, que les réseaux de la terreur sont inextricablement liés, après l'avoir nié dans l'opposition.

Les enquêteurs de la P.j., qui prennnent livraison des trois Irlandais peu avant l'expiration du délai de leur garde à vue, ne sont pas près d'oublier que, la veille de leur capture par les gendarmes de l'Elysée, un premier sommet avait réuni tous les responsables de la lutte anti-terroriste au cabinet de Franceschi. Et que personne n'avait jugé bon de leur parler de cette piste irlandaise. Ils ne tarderont pas à faire savoir que le gros gibier promis par Prouteau se révèle n'être que du menu fretin. Loin de tout ce que pouvait laisser supposer le suspense ménagé par l'Elysée, le bilan du premier coup de filet de la cellule présidentielle se réduit à l'inculpation, pour détention d'armes et de faux papiers, de trois révolutionnaires irlandais réfugiés en France. Sans la découverte, dans leur planque de banlieue — où ils faisaient l'objet de plaintes... pour tapage nocturne — de 500 grammes de plastic, de deux détonateurs, de trois pistolets et d'un lot de faux documents administratifs, il n'y aurait même pas eu de quoi les déférer à la justice... Le coup de grâce est assené par une autre dépêche « urgent » de l'A.f.p., le lendemain de leur inculpation : « Les trois Irlandais arrêtés n'étaient pas recherchés par Scotland Yard. » Du coup, le porte-parole de l'Elysée, Michel Vauzelle, interrogé ce jour-là sur le fameux communiqué du samedi soir, précise qu'il ne s'agissait pas d'un communiqué, mais d'une nouvelle. Subtil distinguo entre ce qui marque une prise de position du président de la République et ce qui n'est qu'une information. Il s'agissait de faire savoir aux terroristes de tous poils et de tout acabit qu'ils ne sont plus à l'abri, en France, en les laissant dans l'ignorance de la portée réelle du premier coup de pied donné dans la fourmilière : la chute d'une base logistique liée, peu ou prou, au milieu terroriste... Qu'importe si, après tout, les Irlandais ont été arrêtés un peu trop à la hâte ! La cellule élyséenne à peine formée montre, ainsi, qu'elle fera feu de tout bois pour déstabiliser le terrorisme.

Pour comprendre comment, à partir du coup fourré de Vincennes, ce feuilleton politico-policier va, de rebondissement en rebondissement, devenir une affaire d'Etat, il faut décomposer en quatre temps la ballade irlandaise orchestrée par la musique militaire de l'Elysée qui, passée de la fanfare triomphale à la sonnerie de la retraite, finira par dégénérer en couac judiciaire. Le premier mouvement comporte deux temps.

Sons de trompe et couac judiciaire

Au nom de la rose

L'opération a été menée en *solo,* sur renseignement personnel, par le capitaine Barril, fort du feu vert obtenu de son ami Prouteau. La veille, le chef par interim du G.i.g.n. se rend à l'adresse fournie par un de ses informateurs. Un immeuble en brique de cinq étages, plutôt vieillot, style H.L.M., qui fait l'angle d'une tranquille rue en pente de Vincennes, la rue Diderot, n° 82. Barril cherche en vain le nom d'un certain James MacCabe, sous lequel se dissimule le chef d'un commando révolutionnaire irlandais décidé à passer à l'action ce week-end. Un rouquin barbu et trapu de 31 ans, armé en permanence, qui, selon des sources dignes de foi, attend le renfort d'un expert en explosif en provenance d'Amsterdam, et d'autres terroristes venant également des Pays-Bas et d'Allemagne. Il doit aussi réceptionner dans la soirée 40 à 60 kilos d'explosif peint en noir.

Pour ne pas se faire remarquer, Barril se présente comme placier en assurances. Il force ainsi la porte d'une vieille locataire à qui il finit par décliner sa véritable qualité et l'objet de sa démarche. Bien sûr qu'elle a remarqué cet étranger barbu qui occupe, au troisième étage, un deux-pièces dont la locataire en titre, une institutrice nommée Labeylie, a disparu depuis des années pour aller élever des chèvres dans le Cher. C'est même un voisin assez bruyant, qui reçoit régulièrement beaucoup de visites. Rien que des étrangers. Heureuse de pouvoir rendre service à un héroïque capitaine de gendarmerie, la vieille dame promet à Barril de lui signaler les allées et venues éventuelles qu'elle pourrait observer dans les escaliers la nuit suivante.

Le lendemain, samedi 28 août, vers 8 heures, cette informatrice bénévole l'appelle au numéro qu'il lui a laissé. Entre 2 et 3 heures du matin, dit-elle, elle a entendu puis vu arriver le rouquin, suivi par quatre ou cinq individus qui transportaient de lourds bagages, dont une malle, tirés à même l'escalier. Peut-être la malle contenait-elle les 50 kilos d'explosif annoncés. Barril téléphone aussitôt à Prouteau, dans sa villégiature vendéenne de Jard-sur-Mer ; il est convaincu que le commando repéré va sans tarder passer à l'action. Son chef lui prescrit d'exercer une étroite surveillance des suspects et de demander le soutien d'une équipe judiciaire que le commandant Beau, qu'il a « recruté » au début de la semaine, est prêt à lui fournir. Tous les actes de procédure — perquisition, fouille, interrogatoire — liés à une intervention en flagrant délit, doivent en effet être contrôlés et verbalisés par un officier de police judiciaire habilité auprès de la cour d'appel de son lieu d'affectation, ce qui n'est pas le cas des officiers du G.i.g.n. spécialistes d'opérations tous azimuts sur l'ensemble du territoire — et même à l'étranger. Prouteau lui dit avoir informé Hernu dont il a le feu vert. Inutile de prévenir l'Intérieur ou le Parquet. Il couvre tout. S'il décide d'intervenir, surtout pas de casse. Mais qu'il le tienne au courant.

Barril dispose donc deux « sonnettes », deux hommes du G.i.gn. en civil, aux abords de l'immeuble de Vincennes. A 10 heures, il cherche à joindre le chef d'escadron Beau à sa caserne. Il a sa femme au téléphone. L'officier est allé faire un tour au Marché aux puces. A son retour, vers 13 h 15, Beau aperçoit son épouse qui, par la fenêtre, au quatrième étage, lui fait signe de se presser. Il grimpe les marches quatre à quatre. Elle l'attend sur le seuil de leur appartement pour lui apprendre que Barril l'a appelé déjà trois fois depuis ce matin, de la part de Prouteau. Il a laissé un message pour qu'il prenne contact d'urgence avec lui. Beau le rappelle à Satory. Barril lui demande de se rendre, toutes affaires cessantes, avec une équipe de police judiciaire et de police technique, à la compagnie de Vincennes, où il viendra le rejoindre. Il lui indique brièvement qu'il s'agit d'une affaire de terrorisme. Beau lui répond que, comme il l'a dit à Prouteau, il n'est pas encore en poste à la Section de recherches de Paris-Minimes et que son habilitation traîne sur le bureau du procureur général. Mais il va demander à son chef de corps de dégager les moyens nécessaires. Or, en cette fin de mois d'août, impossible de trouver le commandant de la Section de recherches parti en permission, ni son adjoint, muté récemment outre-mer, ni un officier à la Compagnie de Vincennes. Le colonel Vergez, son supérieur immédiat à l'état-major, charge donc le chef d'escadron Beau de coordonner l'action des effectifs de la Section de recherches et du G.i.g.n. mobilisés pour intervenir à Vincennes. A lui de vérifier la légalité de l'opération tout en s'abstenant de procéder aux actes de police judiciaire. La hiérarchie n'estime pas devoir déranger le directeur de la gendarmerie pendant le week-end pour le mettre au courant.

Avant de se mettre en route, Beau contacte par téléphone un sous-officier de la Section de recherches, le major José Windels, qui commande la brigade du Bastion XIV à Paris, et lui donne l'ordre de le rejoindre à la caserne de Vincennes avec trois O.p.j. de sa section. Le major fait appel à deux maréchaux des logis-chefs et à un gendarme, tous trois en repos ; ils se retrouvent sur place, vers 14 h 30.

Dès son arrivée, Beau reçoit un coup de fil de Barril qui lui dit ne pas vouloir parler au téléphone, se contentant de lui indiquer que surveillance et filatures sont en cours. Refusant de travailler dans le flou, le chef d'escadron demande à son interlocuteur de venir lui exposer en détail « de quoi il retourne ». Les deux hommes font enfin connaissance. Et se tutoient d'emblée. Beau présente à Barril le major appelé à instrumenter comme officier de police judiciaire avec le trio placé sous ses ordres. Barril leur explique qu'il s'agit d'un groupe de terroristes irlandais nantis de faux papiers et qui viennent de recevoir une livraison d'armes et d'explosifs pour commettre, demain dimanche, un attentat à Paris. Ils se planquent à 400 mètres des locaux de la gendarmerie. Vers 13 heures, un des hommes laissé en « sonnette » devant leur immeuble a vu sortir MacCabe accompagné d'un enfant d'une dizaine d'années. Il semblait se tenir sur ses gardes. Par précaution, Barril a fait lever la filature.

A 16 h 30, comme en fait foi le registre des communications téléphoniques de la gendarmerie de Vincennes, Barril rappelle Prouteau en Vendée pour faire le point et lui passe Beau. Prouteau leur recommande surtout d'éviter toute bavure genre flingage et leur assure qu'ils ne seront pas court-circuités par la police : la gendarmerie restera saisie de l'affaire qui s'annonce belle.

Barril retourne sur les lieux, avec son équipe en civil. Jetant un coup d'œil vers une fenêtre du logement donnant sur la cour, l'un de ses hommes aperçoit un grand type, torse nu, en train de boire du lait. Sans doute l'un des porteurs de valise aperçus par la vieille voisine pendant la nuit. Barril met aussitôt en place son dispositif. Dix hommes en civil giclent en silence d'Alpines Renault garées à l'angle des deux rues et s'engouffrent dans l'immeuble. L'arme au poing, ils prennent position dans l'escalier. A la vue de deux d'entre eux, la concierge affolée monte se barricader chez la locataire du deuxième, Mme Redon-Gervais. Au même moment, l'inconnu aperçu à la fenêtre du troisième sort de l'appartement, sans doute pour aller faire des courses. Barril, arrivé le premier sur le palier, lui saute dessus. L'athlète se débat et les deux hommes roulent sur les marches, dégringolant un demi-étage, serrés l'un contre l'autre. Barril lui met le canon de son revolver dans la bouche pour le faire tenir tranquille, l'oblige à s'allonger sur le ventre, tee-shirt retourné sur la tête pour lui bloquer les bras, tandis qu'un autre homme du G.i.g.n. le tient en respect en lui braquant son revolver contre la nuque. Un autre, posté à l'étage du dessous, monte avertir Barril qu'il a entendu la locataire de droite téléphoner à Police secours : « Venez vite au 82, rue Diderot. Il y a des types armés qui se battent dans l'escalier. » C'est

Mme Redon-Gervais qui a appelé le 17, sur les conseils de la concierge. Laissant son prisonnier couché sur le palier, menottes dans le dos, aveuglé par son tee-shirt retroussé, gardé par deux de ses hommes, Barril descend dans la rue et pique un cent mètres pour aller au-devant du car de police dont il perçoit déjà la sirène deux tons. Il fait signe au chauffeur de s'arrêter, lui tend sa carte et lui dit de faire demi-tour, car son arrivée sur les lieux risquerait de compromettre une opération en cours du G.i.g.n. Opération qui doit rester confidentielle. Le brigadier en avise alors l'état-major des polices urbaines du Val-de-Marne, pour qu'il annule son appel radio général provoqué par le coup de téléphone de Mme Redon-Gervais : une quarantaine de cars de police secours et de véhicules à gyrophare avaient été ainsi mis en alerte. L'équipe du premier car rentre au commissariat de Vincennes et annonce : « C'est le G.i.g.n. Ils sont sur un gros coup, c'est sûr. » Il est environ 18 heures.

De retour dans l'immeuble investi par ses hommes, dont l'un fait le guet à l'entrée, Barril appelle Beau à la gendarmerie pour lui dire de venir au plus vite avec ses deux équipes, judiciaire et technique. A peine la liaison terminée, le barbu est signalé à l'horizon de la rue.

Barril remonte en vitesse faire rentrer le premier prisonnier dans l'appartement avec ses clés, en se servant de lui comme bouclier pour avancer dans les deux pièces encombrées de matelas et de boîtes de conserve. Il l'y laisse couché à plat ventre, avec un bâillon. Puis il revient récupérer manu militari le barbu, à son tour immobilisé et aveuglé dès son arrivée. Visiblement les deux prisonniers ont l'air de redouter le pire, persuadés sans doute d'avoir affaire à des agents spéciaux venus d'Angleterre ou d'Allemagne régler leur sort.

Moins de cinq minutes après la dernière capture, Mme Redon-Gervais se rassure en voyant par la fenêtre une douzaine de gendarmes en uniforme jaillir d'autres véhicules. C'est le renfort qui arrive avec l'équipe du commandant Beau. Les voisins et les curieux sont priés, sans trop de ménagement, de rentrer chez eux. Par poste portable, Beau demande à la Compagnie de Vincennes de confirmer au commissariat local que l'intervention des gendarmes, rue Diderot, doit demeurer confidentielle. Et que, par conséquent, il n'en rende pas compte à l'état-major de la préfecture de police, car les journalistes accrédités peuvent y prendre connaissance des messages à mesure de leur arrivée. Or, le G.i.g.n. est en train de tendre une souricière pour capturer les autres membres éventuels du commando terroriste.

En attendant, Beau et Barril procèdent à une fouille de sûreté de l'appartement, tandis que Windels s'occupe du cas des deux prisonniers. En moins de dix minutes les gendarmes découvrent un pistolet sous un matelas. Tandis que Barril communique avec ses hommes restés en position dans la rue, Beau aperçoit au-dessus de la porte des W.C. un pain de plastic amorcé, placé sur une tablette à près de deux mètres de hauteur. Il élève la voix pour demander à tous de ne toucher à rien. Il s'énerve car il y a trop de monde dans l'appartement. Il apostrophe même vivement un des hommes de Barril, qui allait mettre la main dans la cheminée où il avait repéré une autre arme entourée d'un chiffon. Cette confusion et ces ordres contradictoires n'échappent pas aux deux prisonniers que rassure toutefois la présence d'uniformes. Beau se met à hurler quand il s'aperçoit de l'absence d'une partie de son équipe technique. Fou furieux, il appelle les photographes par radio. Il demande aussi à Barril de laisser deux de ses hommes pour désamorcer le plastic, le moment venu. Estimant leur présence dangereuse pour la suite de l'opération qui pourrait conduire à trois autres arrestations, et, en accord avec Barril, il décide de commencer sans plus tarder le transfert discret des deux prisonniers au fort de Vincennes, mais en évacuant d'abord l'athlète qui n'est pas l'occupant habituel du logement, et en laissant le barbu à la disposition du major Windels, chargé de la procédure. La perquisition se poursuivra donc sans eux, pour des raisons de sécurité. Au total, trois pistolets aux numéros limés, 500 grammes de plastic, deux détonateurs et 3,5 mètres de mèche lente, sont saisis et entassés pêle-mêle dans des sacs de sport avec des perruques, des passeports volés, des cartes d'identité vierges, des brochures palestiniennes, des clés de consigne et de parking et des centaines de photos.

Peu avant 20 heures, en route vers le fort de Vincennes où doit commencer l'interrogatoire des deux prisonniers, Beau et Barril apprennent par radio l'interception de la compagne du pseudo-MacCabe qui rentrait accompagnée de l'enfant. Ils apprennent également le passage dans la rue Diderot de deux voitures de journalistes d'Europe 1 et de R.T.L., à la recherche d'un attroupement...

Dès leur arrivée à la caserne, ils téléphonent à Prouteau comme convenu. Une légère déception : ils n'ont pu trouver trace des explosifs livrés la nuit précédente, ni de la malle que la vieille dame a vu monter dans l'appartement. Le butin sera donc plus maigre que prévu. Mais de nombreux documents, dont une liste relative à un important trafic d'armes, seront intéressants à exploiter. Ils auront en tout cas prévenu de graves attentats en anéantissant cette base logistique de l'internationale terroriste. Aux anges, Prouteau leur interdit de rendre compte à qui que ce soit de l'opération en cours avant son nouvel appel. Il ne tarde pas, en effet, à les rappeler pour leur dire qu'il a téléphoné au président de la République à Latche, que le chef de l'Etat les félicite, mais exige que rien ne filtre avant un communiqué qu'il va faire diffuser par le permanencier de l'Elysée...

Barril téléphone aussi au commissaire Charles Pellegrini avec qui il partage de bons souvenirs d'un stage sur le banditisme à l'école de police de Cannes-Ecluse, et de l'expédition commune à l'hôtel Fesch, à Ajaccio. Le policier a interrompu ses vacances en Corse l'avant-veille, afin d'en savoir davantage sur sa future affectation auprès de la D.g.s.e. demandée par Prouteau. Barril le joint donc à son domicile parisien pour lui annoncer qu'il est déjà sur un gros coup et faire appel à ses compétences de patron de la 5e section chargée, à la direction centrale de la P.j., de la répression du trafic d'armes et d'explosifs. Peut-il venir l'aider à y voir clair dans le capharnaüm des Irlandais de la rue Diderot à Vincennes ?

Pellegrini arrive sur les lieux vers 21 heures et trouve une dizaine de gendarmes affairés à entasser leurs découvertes. En examinant les documents, il tombe en arrêt sur un plan de Paris où a été tracé en rouge un itinéraire allant de Roissy à l'emplacement des magasins Marks and Spencer, derrière l'Opéra. Or ce magasin britannique a déjà fait l'objet d'attentats... Au fort de Vincennes, où les trois pistolets et l'explosif de couleur rose, saisis dans l'appartement, sont déjà sous scellés, Barril le présente comme un ami au chef d'escadron Beau. Le commissaire s'inquiète de savoir s'ils ont pris contact avec la section antiterroriste de la P.j., au Quai des Orfèvres, pour la suite de l'enquête. Les deux officiers lui répondent qu'ils sont seuls maîtres de l'affaire et entendent bien le rester. Pressentant un inévitable conflit de saisine, Pellegrini ne tient pas à s'y trouver mêlé. Il quitte rapidement les lieux en disant aux gendarmes : « Vous ne m'avez pas vu. D'ailleurs, je suis en congé jusqu'au 8 septembre. »

Tandis que Barril et son équipe font en vain — et toujours sans mandat — le tour des consignes de gare dont ils ont trouvé les clés dans l'appartement, et retournent à la souricière de la rue Diderot attendre la venue d'éventuels visiteurs, Beau participe à l'interrogatoire des deux Irlandais, placés en garde à vue au fort de Vincennes. Il réussit à confondre MacCabe avec sa photo dans une coupure de journal. Le barbu reconnaît être Michael Plunkett, 31 ans, cofondateur du Parti socialiste républicain irlandais (I.r.s.p.) et son troisième président, les deux premiers ayant été tués par les services spéciaux britanniques — les S.a.s. Inculpé, en 1979, par un tribunal de Dublin pour détention d'explosifs, à la suite d'un attentat, puis libéré sous caution, il s'est réfugié en France sous une fausse identité, mais, craignant pour sa vie, il s'est armé d'un pistolet : celui trouvé dans la cheminée, le seul, d'ailleurs, dont il veut bien reconnaître la détention.

La fouille au corps de son compagnon, l'athlète blond identifié comme Stephen King, 30 ans, son coinculpé également en fuite, permet de trouver, dans la doublure de sa ceinture, un papier finement roulé, rempli de noms et de numéros de téléphone codés. Il est bien arrivé, tard la veille, d'Amsterdam. Quant à Mary Reid, 30 ans, ex-rédactrice en chef de l'organe de l'I.r.s.p. à Dublin, elle a demandé l'asile politique en France sous une fausse identité. Au fort de Vincennes, elle commence à craquer. Elle reconnaît, dans un procès-verbal, qu'en se levant, ce 28 août à 9 heures, elle a constaté la présence d'une deuxième arme, celle cachée sous le matelas. L'autre était bien prévue pour leur défense contre les menaces des S.a.s. Mais celle-ci lui était inconnue. Elle explique que, depuis trois ans, Plunkett vivait « à cette adresse, car il était recherché par la police irlandaise : il avait quitté le pays (l'Eire) pour ne pas être condamné par la cour spéciale, car il risquait quatorze ans de prison ». Elle accepte même d'identifier les amis de Plunkett sur le jeu de photos saisi.

Ces photos, le commandant Beau en a fait une sélection qu'il présente aux occupants de l'immeuble de la rue Diderot. Certains reconnaissent une demi-douzaine d'étrangers qui ont défilé depuis des mois dans l'escalier ; et sans doute dormi sur les cinq matelas étalés à grand bruit dans les deux pièces. Barril y a laissé ses hommes qui guettent, entre autres, l'arrivée de deux Arabes. Vers 1 h 30 du matin, il reçoit d'eux un appel : « Mon capitaine, nous sommes cernés. » En effet, la rue s'est remplie d'équipes de radio et de télévision avec magnétophones, caméras et projecteurs. Car, bien vite, les riverains intrigués par tant de remue-ménage ont identifié les civils du G.i.g.n. : « La police à Mitterrand », a même dit l'un d'eux en les voyant, vers 21 h 30, charrier dans leurs véhicules banalisés valises et sacs de sport contenant les derniers fruits de la perquisition. Dès lors, la souricière est éventée : la simple vue des voitures des journalistes suffirait à alerter tout nouveau visiteur suspect. Le coup de filet espéré tombe à l'eau. Barril n'a plus qu'à ordonner à ses hommes de lever le camp, en évitant de se faire photographier par les représentants de la presse.

Vers 7 heures, le dimanche 29 août, Barril est convoqué à la mairie d'Alfortville par Joseph Franceschi, en présence du commissaire Broussard, affecté depuis peu à son cabinet de secrétaire d'Etat à la Sécurité. Il lui explique la nécessité d'associer la police à l'exploita tion du succès de Vincennes, sinon au mérite du coup de filet. D'instinct, le chef intérimaire du G.i.g.n. se rebiffe à l'idée d'un communiqué commun. Il se tourne vers Broussard : « Dites-donc, vous ne nous avez pas appelés quand vous avez logé Mesrine ! » Franceschi insiste pourtant et Barril en appelle à Prouteau en Vendée : « Ramène-toi vite, cette histoire me dépasse. Ça prend l'eau de toutes parts. »

A 14 heures, l'avion du Glam ramène effectivement à Paris le patron de la cellule élyséenne. Prouteau rejoint la vingtaine de responsables ou de représentants des services et des ministères concernés, dont certains rappelés d'urgence de vacances, qui l'attendent debout autour du bureau de Franceschi, au ministère de l'Intérieur. Le secrétaire d'Etat le prend à part, dans un bureau voisin, pour lui confier sa crainte d'une grève de la police au cas où elle ne serait pas saisie de l'enquête. A la grande surprise de son directeur général, Barbeau, et à l'indignation de Barril, Prouteau revient annoncer le dessaisissement de la Section de recherches de la gendarmerie au profit de la Brigade criminelle de la préfecture de police. Satisfait de ce bon exemple de coopération, Franceschi précise que, pour la seconde moitié de la garde à vue, les trois Irlandais doivent être remis à l'équipe du commissaire Jacques Genthial, le patron de la « Crim ». Il ajoute que le parquet de Créteil, qui avait pris en compte, la veille au soir, la procédure de flagrant délit ouverte par l'opération de Vincennes, se trouve, lui aussi, dessaisi du dossier confié au parquet de Paris. Toutefois, les policiers présents à la réunion ne manifestent que peu d'enthousiasme : ce tronçonnage de la garde à vue ne leur en laisse qu'une portion congrue, compte tenu des délais de transfert, et le butin gendarmique ne leur paraît, a priori, guère exploitable. Un vrai gâchis, s'insurgent même les représentants des Renseignements généraux, trop heureux de faire savoir que ces « terroristes à la retraite », ils les avaient fichés à leur arrivée en France. Certes, ils ignoraient leur adresse et leurs identités de rechange, mais, si on les leur avait communiquées, ils auraient pu organiser de patientes filatures qui leur auraient permis de remonter un éventuel réseau, d'établir d'éventuelles connexions avec des milieux plus dangereux, voire de déterminer leurs objectifs : « Il eût été plus efficace d'identifier ces contacts que de procéder à cette arrestation en grande pompe ! » D'ailleurs, ajoutent-ils, la consigne jusqu'ici était de laisser en paix les extrémistes irlandais réfugiés en France ; l'important était qu'ils ne troublent pas l'ordre public et se tiennent à distance des activistes bretons. Bref, si on les avait mis dans le coup, ils auraient appris ce que l'enquête montre à présent : ce groupe était en train d'installer, à Vincennes, une simple base de repli. Trois pistolets et un demi-kilo d'explosif ne semblent pas suffire à prouver qu'il se préparait à commettre des attentats.

Et voilà que le sous-directeur de la D.s.t., Jean Baklouti, joint sa voix à celle de ses collègues des R.g. : les trois Irlandais interpellés étaient connus de son service comme « des politiques plus que comme des terroristes ». Devant ce concert de scepticisme, Barril sort de ses gonds et se lance dans un savant topo sur l'histoire du terrorisme irlandais. L'I.r.s.p., dit-il, n'est en Eire que la couverture légale d'une organisation clandestine née, en 1975, d'une scission de la vieille Ira (Armée républicaine irlandaise), l'Inla (Armée de libération nationale irlandaise) de tendance marxiste. Objectif affiché de l'I.r.s.p. : une Irlande unifiée mais socialiste. Objectif de l'Inla, qui est en fait sa branche armée : des actions plus spectaculaires que la guérilla quotidienne contre l'armée et la police britannique en Irlande du Nord (Ulster). Plus minoritaire, mais plus radicale que l'Ira dans le choix de ses cibles, l'Inla s'est surtout fait connaître par l'assassinat, le 30 mars 1979, du conseiller de Margaret Thatcher, le député conservateur Airey Neave, dont la voiture piégée a explosé dans l'enceinte même de la Chambre des Communes. Or, c'est cette année-là que Michael Plunkett, poursuivi en Irlande du Sud pour détention d'explosifs, a choisi, comme par hasard, de se planquer en France. Et dans la clandestinité ! Il n'existe pourtant pas de traité d'extradition entre l'Eire et la France. Alors pourquoi se cacher ?

Plantant là l'aréopage mi-goguenard, mi-médusé, réuni dans le cabinet de Franceschi, Barril furieux retourne au fort de Vincennes annoncer au chef d'escadron Beau la mauvaise nouvelle de son dessaisissement. Le futur chef de la Section de recherches pique une colère noire. Puisque c'est ainsi, il refuse de coopérer plus avant, déclinant l'offre de Franceschi de rester associé à l'enquête désormais confiée aux policiers du commissaire Jacques Genthial. Il appelle le major Windels, responsable à lui seul de la procédure : « Vous avez trente minutes pour me boucler ça. Je ne veux plus entendre parler de l'affaire des Irlandais ! » Il part aussitôt se coucher, laissant le pauvre sous-officier se débrouiller seul pour réunir les pièces, les procès-verbaux et se perdre dans le fouillis de modèles de procédure périmés.

Vers 19 h 30, l'adjoint de Genthial, le commissaire Claude Cancès, vient prendre livraison des trois Irlandais et de la procédure gendarmique. Le trio saisit immédiatement le parti à tirer de ce conflit d'autorité : le transfert au Quai des Orfèvres et l'apparition de nouveaux enquêteurs étrangers à leur arrestation permettent à Plunkett, à King et à Mary Reid de revenir sur leurs premières déclarations, de refuser de signer même quelque déclaration que ce soit. Plunkett et son amie ne reconnaissent plus que la possession d'un pistolet, une arme de protection personnelle contre une éventuelle vengeance des agents spéciaux de Sa Majesté. Vengeance de quoi ? La question ne sera pas posée. C'est tout juste si un procès-verbal de l'inspecteur Bernard Rocher, établissant l'appartenance des cartes d'identité vierges saisies dans leur planque de Vincennes au même lot que celles trouvées chez des membres d'Action directe après un hold-up à Condé-sur-l'Escaut, peut motiver un chef d'inculpation supplémentaire : association de malfaiteurs...

Les premiers doutes sur la prouesse des supergendarmes de l'Elysée fleurissent, dès le surlendemain, à travers la presse. La bouderie policière et le communiqué dédaigneux de Scotland Yard reproduit par l'A.f.p. occultent complètement la visite intéressée, à Paris, de deux enquêteurs de la Special Branch, chargée du terrorisme, ainsi que deux réponses des services étrangers interrogés, réponses consignées par Claude Cancès dans un autre procès-verbal : « Plunkett était bien recherché dans le cadre de l'attentat dirigé contre Airey Neave » ainsi que pour sa « participation éventuelle à deux attentats contre l'armée britannique en République fédérale allemande, les 24 et 25 novembre 1981 ». N'empêche ! De la gauche à la droite, partout le scepticisme et l'ironie l'emportent, sinon une franche hilarité, moins grinçante. Mais c'est le journaliste Edwy Plenel, entré récemment à la rubrique policière du *Monde,* qui va, de bout en bout, mener la danse : « Dérapages », titre-t-il, le 31 août, en soulignant qu'il n'y a aucune preuve formelle que les trois inculpés ont participé à une action terroriste ces dernières années. En passant toutefois sous silence les félicitations de la presse britannique aux autorités françaises pour avoir su déjouer à temps un projet d'attentat de l'Inla contre l'attaché militaire à La Haye...

Ce même 31 août, à 8 heures, le commandant Beau a rendu compte à ses supérieurs, les colonels Vergez, Boisson et Clemenceau, d'un appel de Prouteau lui demandant de porter à l'Elysée l'ensemble de la procédure gendarmique et policière sur l'affaire de Vincennes... « Enquête sur une étrange enquête », titre encore Plenel dans *Le Monde* du 8 septembre :

« L'embarras de la D.g.s.e. et du G.i.g.n., écrit-il, inquiéterait les quelques hauts personnages de l'Etat qui, depuis le 28 août, cherchent à comprendre la nature réelle de l'erreur commise. La dernière justification entendue les aurait laissés perplexes : selon des sources dignes de foi, les services de M. Hernu auraient abandonné la thèse d'un renseignement recueilli à l'étranger. Un informateur, lié aux auteurs de l'attentat de la rue des Rosiers, leur aurait, en fait, donné l'adresse de la cache des terroristes qui ont tué six personnes, le 9 août : le 82 de la rue Diderot (à Vincennes) ! Le G.i.g.n. s'y serait présenté et n'aurait trouvé... que les Irlandais. »

Le manque flagrant de concertation semble alors à mettre sur le compte de la précipitation, de l'exagération et de la rivalité avivée entre police et gendarmerie. Mais, bientôt, d'autres sirènes d'alarme vont se délencher. L'instruction, confiée à un petit juge, membre du Syndicat de la magistrature, Alain Verleene, va relever peu à peu des anomalies beaucoup plus intrigantes que des défauts de procédure — aussi graves soient-ils — dans l'opération « coup de pied dans la fourmilière » conduite par les gendarmes de la cellule élyséenne.

D'abord, les inculpés, défendus par des avocats également engagés, se plaignent d'avoir été littéralement agressés par le commando du G.i.g.n., qui les a, bizarrement, interpellés en allemand. Ce qui laisse le magistrat songeur sur le bien-fondé du renseignement confidentiel initial que Barril prétend détenir d'un de ses honorables correspondants irlandais. En second lieu, les procès-verbaux de perquisition sont des plus flous ; ils se contredisent même sur les endroits de l'appartement où ont été trouvées les armes. De plus, le droit français exige que les perquisitions aient lieu en présence des personnes interpellées et qu'un officier de police judiciaire dirige toutes les opérations. Or il est impossible de déterminer exactement à quel moment les Irlandais ont été évacués sur Vincennes. En tout cas bien avant la fin de la perquisition. Le commandant Beau n'avait pas encore l'habilitation judiciaire et il a fait signer les actes de procédure par son subordonné, le major José Windels, de la gendarmerie du XXe arrondissement de Paris (dit Bastion XIV), lequel n'aurait pas assisté non plus à toute la perquisition. Plus inquiétantes les rumeurs répandues, çà et là, selon lesquelles un coup de pouce aurait pu être donné à cette pêche maigrelette, avec l'explosif et les deux armes dont les inculpés affirment avoir ignoré la présence dans leur capharnaüm. Le magistrat, talonné par Mes Antoine Comte et Marc Portehaut, semble flairer du louche.

Le 27 octobre, il convoque à son cabinet le commandant Beau pour lui demander de s'expliquer sur l'organisation de cette curieuse procédure. L'officier se présente, à 10 h 30, en tenue de parade dans la galerie des instructions du palais de justice. En l'absence de sa greffière, qui est en retard, le juge Verleene le fait attendre une heure et demie dans le couloir, sur le banc habituellement réservé aux inculpés. Sans un mot d'excuse, il finit par le recevoir en bras de chemise, lui donnant du « monsieur » — et non du rituel « mon commandant » alors même que Beau ne cesse de l'appeler « monsieur le juge ». Sans plus de manière, le magistrat le soupçonne ouvertement d'avoir couvert des actes illégaux. Le commandant Beau assure qu'il n'en est rien et donne une version très détaillée de l'opération dont il n'a pas à rougir, insiste-t-il. Mais la formulation que Verleene fait de ses réponses lui paraît incorrecte et tendancieuse. Ainsi, le procès-verbal de son audition dactylographiée par la greffière lui fait dire qu'il a dirigé la perquisition, alors qu'il n'a fait qu'une visite sommaire de l'appartement, par mesure de sécurité, avant que le major Windels, seul habilité, ne commence à instrumenter. Il fait rectifier ce point avant de signer le p.v. de son audition.

En quittant le palais, Beau se rend directement à l'Elysée où l'a immédiatement appelé Prouteau pour s'enquérir de la démarche du magistrat. Le conseiller technique chargé de la lutte antiterroriste — dont il ne dépend pas hiérarchiquement — l'accueille discrètement à l'entrée de l'hôtel particulier où officie la cellule. Ainsi son passage ne laissera pas de trace sur le grand registre où sont inscrits les noms des visiteurs avec le jour et l'heure... C'est le premier d'une série de rendez-vous au cours desquels le chef de la Section de recherches de Paris-Minimes tiendra informé le conseiller technique du Président sur le déroulement de l'instruction de l'affaire des Irlandais de Vincennes, les contradictions de la procédure et les curiosités du juge. Sans passer, bien sûr, par la voie hiérarchique, comme s'il s'agissait de rencontres strictement personnelles et à titre amical.

Le chef d'escadron Beau n'a rien à cacher à celui qui lui a promis monts et merveilles de son recrutement de fait dans l'aventure de la cellule élyséenne... Bien sûr que la procédure de Vincennes est irrégulière ! Et le juge s'en doute. Certes, le témoin a tenu bon devant lui, mais il lui est difficile de répondre de ses hommes qui vont être interrogés à leur tour. Il faut que ça tienne devant le juge, compris, réplique Prouteau, qui s'engage à prendre, de son côté, toutes les dispositions pour le couvrir ; il va prévenir de ce pas les deux hommes de confiance du Président, Gilbert Ménage et François de Grossouvre. Que Beau fasse donc un rapport pour lui et aussi pour sa hiérarchie, dans lequel il nie tout en bloc ! Ce n'est quand même pas ce petit juge rouge qui va leur mettre des bâtons dans les roues ! Le rapport Beau devra tenir lieu de version officielle. C'est une question de raison d'Etat, mais il y va aussi de l'honneur de la gendarmerie.

Pas besoin de faire un dessin : Beau sort rassuré du bureau de Prouteau. La gendarmerie est vraiment une grande famille. Mentir pour accabler des criminels, est-ce vraiment mentir ? Ça doit tenir, ça va tenir !

De retour à la caserne, Beau fait convoquer sur-le-champ, au

Bastion XIV, tous les sous-officiers qui ont participé à l'opération judiciaire du 28 août. Mes enfants, attention ! leur fait-il dire en substance par le major Windels. Le juge Verleene prend fait et cause pour les terroristes que nous avons neutralisés. Il va vous entendre à votre tour pour tenter de vous faire avouer que la perquisition ne s'est pas déroulée régulièrement et conformément à vos procès-verbaux. Il cherche des poux dans la tête de la gendarmerie. Si nous nous en tenons au rapport du major Windels, il pourra toujours aller se rhabiller ce petit juge gauchiste ! Il faut donc s'y tenir, pour l'honneur du corps et l'autorité de l'Etat.

Le commandant lève la main et pointe l'index vers le plafond : « Là-haut, ils sont au courant et ils comptent sur nous, sur notre discipline, notre sens du devoir. » Là-dessus, il donne l'ordre à chacun de répondre au magistrat instructeur que Plunkett était bien présent pendant la perquisition.

D'autres concertations préalables à chaque convocation du juge auront ainsi lieu, notamment dans une arrière-salle d'un café de la rue Saint-Jacques, pour préciser le rôle que chacun est censé avoir tenu au cours de l'opération de Vincennes et les déclarations auxquelles chacun doit s'en tenir coûte que coûte pour camoufler les irrégularités et les vices de procédure dont l'aveu ferait tout capoter.

Quand, dans les semaines suivantes, le juge Verleene entend les gendarmes qui ont pris part à l'affaire de Vincennes, il constate, comme le petit juge du film *Z,* qu'ils répètent tous la même version, comme s'ils la débitaient par cœur. Aucun ne contredit les procès-verbaux, même quand les procès-verbaux se contredisent sur les horaires ou sur les détails. C'est parole de gendarmes contre parole de révolutionnaires irlandais.

Et, pendant ce temps, le colonel Gervais, qui commande le Groupement interministériel de contrôle (G.i.c.), c'est-à-dire les écoutes administratives relevant de la Direction de la protection et de la sécurité de la Défense (D.p.s.d.) aux Invalides, reçoit l'ordre de brancher, dans les meilleurs délais, le téléphone de Me Antoine Comte — pour savoir ce que prépare la défense. Contact est pris, d'autre part, avec le parquet par les hommes du Président pour attirer son attention sur le curieux comportement du juge soupçonné d'entretenir des connivences, sinon avec les avocats des Irlandais, du moins avec des journalistes sympathisants ou favorables à leur cause.

Ainsi, du palais présidentiel au Bastion XIV, les hommes de l'ombre croient avoir tout verrouillé en ce rude hiver qui précède les élections municipales de mars 1983. Au nom de la Rose et de la raison d'Etat

Le pot au noir

« Procédure bâclée, récits confus, témoignages contradictoires, preuves suspectes... Cinq mois après l'arrestation des Irlandais de Vincennes, le dossier judiciaire les concernant, toujours à l'instruction, est l'objet d'une rumeur insistante : non seulement il ne s'agit pas de " super-terroristes " internationaux, au contraire de ce que laissa entendre alors un communiqué de l'Elysée, mais, de plus, pour justifier ces arrestations intempestives, " *on* " aurait fait du zèle... En clair : " *on* " aurait fabriqué des preuves matérielles — explosif, notamment — de façon à démontrer les liens des trois inculpés avec un attentat en préparation. L'accusation est grave. D'autant plus qu'elle s'en prend aux " supergendarmes " du G.i.g.n. dont le chef, M. Christian Prouteau, conseiller technique à l'Elysée est un collaborateur direct de M. Mitterrand... »

L'enquêteur-vedette du *Monde,* Edwy Plenel, n'y va pas avec le dos de la cuillère quand, le 1er février, il révèle ainsi les graves errements apparus au fil de l'instruction du juge Verleene. Et de démontrer que la « rumeur » s'appuie sur des faits troublants. D'abord, le gradé le plus élevé juridiquement responsable de l'opération de flagrant délit, le sous-officier Windels, le seul habilité à en contrôler et en signer les actes de procédure, ignorait à peu près tout des tenants et des aboutissants de l'action en cours. Ensuite, aucun des trois Irlandais n'a assisté à la perquisition : immobilisés et aveuglés par leur veste ou leur tee-shirt retournés sur la tête pendant la fouille sommaire dite de sécurité, les deux hommes ont été transférés au fort de Vincennes avant l'arrestation de la jeune femme, c'est-à-dire bien avant 20 heures, alors que la perquisition s'est terminée officiellement à 21 h 30. Et c'est seulement le lendemain, dans les locaux de la gendarmerie, que les armes, explosif et détonateurs saisis, ont été présentées pour la première fois à Plunkett. De plus les détonateurs étaient, selon certains gendarmes, enfoncés dans la pâte, apparents, au contraire, selon d'autres. Enfin, il n'y a eu aucun relevé d'empreintes sur place et celles laissées sur les objets saisis, mais trop manipulés, sont inexploitables. Et, curieusement, le lot de photos d'identité judiciaire, versé plus tard au dossier, ne comporte pas de cliché des pièces à conviction — qu'aucun gendarme ne reconnaît avoir découvertes là où elles étaient censées se trouver — la pellicule contenant ces clichés ayant disparu du laboratoire de développement !

Or seuls l'explosif et les détonateurs permettaient de transformer ce qui n'aurait été qu'une affaire de réfugiés politiques clandestins en complot relevant du terrorisme international. « N'a-t-on pas voulu forcer le destin, en rajouter dans la mesure où la prise n'était pas à la hauteur des ambitions proclamées ? » s'interroge l'auteur de l'article qui conclut ainsi son « chapeau » de Une :

« Reste à savoir si cette “ embrouille ” cache la légèreté des militaires, plus au fait d'actions de commando que de procédures judiciaires, ou une opération trouble, destinée à faire du résultat, coûte que coûte, dans la lutte antiterroriste... »

« Effectivement, on peut se poser des questions », répond le juge Verleene, le lendemain, dans *Libération* qui publie également un communiqué des avocats de la défense se félicitant de « l'intervention de la presse dans un dossier qui a tout l'aspect d'une affaire d'Etat en raison d'un communiqué précipité de l'Elysée couvrant les agissements incertains de quelques gendarmes ».

Cette fois, le feu est bel et bien mis aux poudres. Le jour même, le magistrat signe la mise en liberté de Mary Reid, qui se heurte à l'opposition du parquet. Les tenants de l'accusation nient, en effet, que les dérapages de procédure puissent cacher un « montage » policier où l'on aurait ajouté des preuves pour confirmer l'importance de la prise. « Nous n'avons pas chargé la mule ! » protestent-ils. Si « embrouille » il y a eu, celle-ci serait liée à la précipitation de l'opération dans un but préventif, à sa découverte prématurée par un car de police secours et au tronçonnage de la garde à vue entre la gendarmerie et la brigade criminelle. Quant à la disparition de l'une des quatre pellicules de photos prises de l'opération, celle censée contenir les clichés des armes, elle est purement accidentelle — il arrive que des rouleaux s'égarent au laboratoire — et, de toute façon, ces clichés ne seraient guère significatifs.

Au micro de R.M.C., Charles Hernu se porte au secours de ses gendarmes en traitant de « balivernes » les attaques dont ils font l'objet :

« Les gendarmes, qui appartiennent à un corps plusieurs fois centenaire, ne sont pas syndiqués et lorsqu'ils sont mis en cause, ils n'ont pas les moyens de se défendre... On se rendra bientôt compte que cette affaire était plus importante qu'on ne le croyait... Ceux qui ont été pris à Vincennes ne sont pas, comme on l'a dit, des petits poissons. »

Le 23 mars, en dépit des rebondissements de l'enquête, la chambre d'accusation de Paris rejette la demande d'annulation de la procédure présentée par les avocats des Irlandais et que le juge Verleene n'a pas hésité à lui transmettre, dans les plus brefs délais, avec avis favorable. Là encore, le parquet général a fait opposition et le défenseur de Plunkett, Me Antoine Comte dénonce une « justice sous influence ». La Ligue des Droits de l'homme se met à son tour de la partie et un Comité pour la libération des trois Irlandais de Vincennes est constitué. D'éminents juristes s'élèvent contre la justification donnée à l'intervention en flagrant délit du G.i.g.n. par le fait que les trois inculpés « vivaient clandestinement en France », ce qui serait « en soi un délit continu et public ».

Une nouvelle demande de mise en liberté est rejetée, le 29 avril. C'est alors qu'un coup de théâtre spectaculaire va faire rebondir l'affaire et contraindre le parquet et la chambre d'accusation à cesser d'entériner les irrégularités relevées par le petit juge tout au long de la procédure... Comble d'ironie : ce coup de théâtre est la conséquence de l'arrestation fortuite d'un des gendarmes de la brigade de recherche de Vincennes, Pierre Caudan, 26 ans, impliqué dans une sombre et minable histoire d'abus de confiance et de complicité d'escroquerie. Or ce ripoux au petit pied, chargé à cette brigade des opérations de police technique, est l'un de ceux qui ont été appelés à relever les empreintes et à prendre des photos de la perquisition dans la cache des Irlandais de Vincennes. Et voilà que, le 8 mai, il se retrouve en prison, écroué à Fresnes et radié de l'armée à cause de son inculpation dans cette affaire de droit commun sans envergure... Le 12 mai, son chef, le chef d'escadron Jean Pineau, commandant la compagnie de Vincennes, qui refuse de croire à sa culpabilité, adresse une déclaration sur l'honneur au procureur de Créteil. Il lui révèle les confidences qu'il a reçues de Caudan : celui-ci a dû mentir, sur ordre du major Windels et du commandant Beau, lors de son audition chez le juge Verleene, le 17 novembre, en confirmant la présence de Plunkett à la perquisition. Il est maintenant prêt à parler des irrégularités auxquelles il s'est alors prêté.

Le 13 mai à 16 heures, Pineau est convoqué par le procureur auquel il explique le sens de sa démarche : Beau veut casser sa compagnie, devenue l'unité de pointe de la gendarmerie d'Ile-de-France, et dont le succès porte ombrage à la Section de recherches de Paris-Minimes. Mais lui, Pineau, est bien décidé à ne pas se laisser faire. Son subordonné Caudan est un honnête gendarme, victime d'une abominable machination parce qu'il exprimait des scrupules. Il a obéi aux consignes de Beau, via Windels, en taisant la vérité au juge sur les conditions de la perquisition chez Plunkett, mais il s'en était ouvert à son chef qui s'était opposé également à Beau à ce sujet. Pineau prétend avoir alors répondu à Caudan : « C'est votre affaire, pas la mienne, et vous savez très bien ce que j'en pense. »

Le procureur Lesecq alerte aussitôt sa hiérarchie. La cellule élyséenne est informée dans l'heure qui suit de l'éclat de Pineau, mais rien ne peut plus arrêter la machine judiciaire. Même si, le 16 mai, le commandant Pineau est suspendu de ses fonctions par son ministre de tutelle, Charles Hernu, pour le laisser-aller constaté dans sa compagnie. Le témoignage de Caudan, antérieur à cette mesure, prouve que ses révélations ne devaient rien à sa récente incarcération.

Le 18 mai, le parquet de la cour d'appel de Paris, saisi par le procureur de Créteil, transmet le témoignage de Pineau au juge Verleene, qui y voit la confirmation de ses doutes. Dès le lendemain 19, il fait amener l'ex-gendarme Caudan à son cabinet pour une nouvelle audition. Et, en effet, ce témoin-surprise « crache le morceau » :

« Effectivement, je ne vous avais pas dit la vérité sur les conditions dans lesquelles s'est déroulée l'enquête dans l'appartement des Irlandais de Vincennes. J'avais en effet reçu des ordres afin de dissimuler un certain nombre de points. »

Il explique que, durant les deux heures et demie qu'il y a passées, aucun des Irlandais interpellés n'était présent ; que c'est lui qui a découvert, dans la cheminée, la seule arme reconnue par l'un d'eux, et ce, à l'étonnement des gendarmes du G.i.g.n., mais que les autres armes et l'explosif avaient été découverts avant son arrivée ; qu'on a remis l'explosif sur la tablette des W.-C. et replacé les détonateurs dans la pâte pour les besoins de la photo ; que les clichés qu'il a pris de ces pièces à conviction ne sont jamais revenus du laboratoire central, avec les autres pellicules. Ses collègues et lui se sont étonnés de voir tous les « gens du G.i.g.n. » présents dans l'appartement, porter des gants en plein été : « Nous avions émis l'hypothèse qu'un certain nombre d'objets avaient pu être ramenés dans l'appartement. »

Lors de leur première convocation à son cabinet, répond-il encore au juge, ils ont tous été réunis dans les locaux du Bastion XIV « afin de mettre au point un certain nombre de choses ». « Le major Windels était présent et il était bien embêté. Je ne pense pas que le commandant Beau était là. On a notamment parlé du problème posé par le commandant Beau, qui avait dirigé l'enquête alors qu'il n'était pas habilité. Le problème essentiel qui a été posé était celui de la présence des inculpés durant les opérations. On nous a dit de vous dire que nous avions vu les inculpés dans l'appartement emmenés de pièce en pièce sous la protection du G.i.g.n. On nous a dit aussi de dire qu'ils n'avaient pas été revêtus de cagoules et qu'ils avaient donc participé normalement aux opérations de perquisition. Ce qui était faux ».

Caudan ajoute avoir discuté de cette affaire avant leur première audition de novembre, avec son collègue Michel Lemonnier, « qui était très ennuyé. Nous étions coincés entre la justice et notre hiérarchie. D'ailleurs, j'étais persuadé que Lemonnier allait vous dire la vérité ».

Dès le lendemain, 20 mai, le magistrat réentend cet autre gendarme, toujours en fonction à la brigade de Vincennes. Son témoignage achève de dévoiler le pot aux roses, dans la mesure où, n'étant mêlé en rien à l'affaire de droit commun pour laquelle son collègue est inculpé, le maréchal des logis Lemonnier n'a, lui, aucun compte à régler avec sa hiérarchie ni aucun motif de vengeance.

Dans l'après-midi, une réunion se tient à la Chancellerie entre le garde des Sceaux, Robert Badinter, le procureur général Pierre Arpaillange et le procureur Robert Bouchery. Objet de ce sommet judiciaire auquel s'associe, par téléphone, le conseiller spécial du président de la République, Jacques Attali, depuis l'Elysée : renverser la vapeur au vu de l'évidence. La décision est prise sur-le-champ, d'accord avec le juge Verleene, de remettre le soir même en liberté les trois Irlandais. A peine neuf mois après leur incarcération. Même si, longuement entendus à leur tour en fin d'après-midi, le commandant Beau et le major Windels maintiennent, contre vents et marées, la version initiale. Pour leur part, les avocats des Irlandais s'empressent de redemander l'annulation de toute la procédure et donc des poursuites contre leurs clients, libérés peu après minuit de leurs prisons respectives. Ils réclament en outre la création d'une commission d'enquête parlementaire.

Le lendemain dimanche de Pentecôte, Mitterrand et Hernu profitent de leur pèlerinage annuel à la roche de Solutré, haut lieu de la Résistance bourguignonne, pour prendre à leur tour position en faveur du Droit. Le président annonce des sanctions contre les auteurs d'éventuels « dénis de justice ». Et le ministre de la Défense ajoute : « Je tiens à ce que le magistrat puisse mener son enquête avec toute la liberté et tous les moyens nécessaires. Les gendarmes qui vont être interrogés par lui diront la vérité. Il faut qu'ils la disent. »

Pour sa part, il a ordonné une enquête administrative interne, dite de commandement, qu'il confie au général Boyé, inspecteur général de la gendarmerie nationale. Le surlendemain, il répond à une question de l'opposition, du banc du gouvernement à l'Assemblée nationale : « Le responsable du G.i.g.n. c'est moi et nul autre. Ce soir-là (28 août 1982), c'est le ministre de la Défense qui a demandé au G.i.g.n. d'intervenir (à Vincennes)... L'honneur des armées commande à tous les gendarmes de répondre au magistrat instructeur avec la plus grande franchise. »

Pour la première fois, le capitaine Barril, hospitalisé au Val-de-Grâce depuis le 17 mai pour une fracture de vertèbres écopée, dit-on, à l'entraînement, a le sentiment d'être lâché par son protecteur. Le commandant Beau, lui, rédige un long rapport à sa hiérarchie, en forme de plaidoyer *pro domo,* dont il adresse un exemplaire à Prouteau :

« Il semble, écrit-il notamment, que ce soient les “ révélations ” du chef d'escadron Pineau, du gendarme Caudan et du maréchal des logis-chef Lemonnier qui soient à l'origine de ce rebondissement (la remise en liberté des Irlandais sur réquisition du parquet). J'affirme sur l'honneur que leurs allégations sont fausses. Elles constituent, à mon sens, non seulement une vengeance odieuse, mais ont aussi été préalablement utilisées comme un moyen de chantage par le chef d'escadron Pineau... Sa démarche avec révélations verbales au procureur de la République de Créteil, le mercredi 12 mai, suivie d'une demande d'audience au chef de corps, relève, à mon sens, d'une pure et simple tentative de chantage à la hiérarchie de la gendarmerie dont il espérait sans doute qu'elle y céderait... En résumé, j'affirme à nouveau que toute la phase judiciaire s'est passée dans le respect des règles de procédure du début à la fin de l'enquête. Je pense que les faits “ nouveaux ” évoqués constituent une malveillance organisée par un officier en difficulté qui a pactisé avec des sous-officiers eux-mêmes mis en cause à des degrés divers et qui ont voulu, n'ayant pu se soustraire à leurs responsabilités, se venger en faisant des révélations mensongères, dont le caractère tardif fait, de surcroît, encore plus douter de leur authenticité. »

La position à laquelle s'accroche coûte que coûte le chef d'escadron Beau ne va pas résister longtemps au travail de sape mené parallèlement par le général Boyé et le juge Verleene qui confrontent, chacun selon sa méthode, une vingtaine d'autres gendarmes présents à Vincennes, le 28 août 1982, et dont les témoignages ne concordent pas tout à fait avec la version donnée par leurs chefs. Convoqué une nouvelle fois, le 8 juin, par l'inspecteur général de la gendarmerie, le major Windels finit par s'effondrer devant la précision de cinq d'entre eux sur l'heure de transfert de Plunkett et de King : entre 18 h 30 et 19 heures. Le sous-officier reconnaît n'avoir pas assisté davantage à la perquisition, bien qu'il ait signé a posteriori les actes de procédure. Le général Boyé envoie un colonel chercher Beau à Satory. Il lui montre Windels tassé au fond de son fauteuil : « Regardez votre pauvre major. Vous m'avez menti. » Beau n'en persiste pas moins dans ses dénégations. Il retourne à Satory flanqué de son ange gardien, mais s'isole pour téléphoner à la mission élyséenne. Il tombe sur le lieutenant-colonel Esquivier : « Tout est perdu Je vais ordonner à mes hommes de dire la vérité. J'en ai marre de tenir cette affaire à bout de bras depuis dix mois. »

Le lendemain matin, après avoir sollicité un nouvel entretien avec le général Boyé, il revient spontanément sur ses précédentes déclarations et rédige, entre 10 h 30 et 10 h 45, le texte d'une confession de « soldat prêt au sacrifice » :

« Persuadé que cette affaire, telle qu'elle m'était présentée, entrait visiblement dans la catégorie des " affaires d'Etat ", j'ai, en toute connaissance de cause, couvert le G.i.g.n... J'ai bien vu deux armes de poing et du plastic et, à aucun moment, le doute ne m'est venu que ces éléments de preuve aient pu être apportés par le G.i.g.n. Aujourd'hui encore, je pense que rien ne le prouve. Les deux hommes appréhendés ont été évacués rapidement, car le capitaine Barril espérait encore pouvoir en prendre trois autres. C'est pendant cette période que la perquisition a eu lieu.

« Tous les O.p.j. de la gendarmerie départementale ont menti sur mon ordre, car, je le répète, je pensais qu'il s'agissait d'une " affaire d'Etat " et que les deux vices de procédure (entrée du G.i.g.n. sans nous et absence de Plunkett) me paraissaient peu importants en raison de la dangerosité des deux terroristes irlandais appréhendés.

« J'assume seul la pleine et entière responsabilité des ordres de silence que j'ai pu donner, n'ignorant cependant pas que le subordonné a théoriquement le devoir de désobéir à un ordre manifestement illégal. Je sollicite de la bienveillance de la gendarmerie que leur soient reconnues les plus larges circonstances atténuantes pour ces irrégularités dont j'assume seul la responsabilité. Au terme de cette déclaration, je sollicite à nouveau une audience de M. le ministre de la Défense, auquel je souhaiterais exposer qu'en croyant bien faire, j'ai en réalité mal agi, étant persuadé que cette affaire revêtait une énorme importance. »

Dans la soirée, le parquet de Paris entame des poursuites, pour subornation de témoins, à l'encontre du commandant Jean-Michel Beau et du major Windels, et demande à la cour de cassation de désigner la juridiction susceptible d'inculper ces deux officiers de police judiciaire, dont l'habilitation est aussitôt suspendue. Par mesure conservatoire, Hernu les suspend également de leurs fonctions avant même de connaître les conclusions de l'enquête de commandement qu'il a confiée au général Boyé.

L'inspecteur de la gendarmerie lui remet son rapport, le 13 juin. En seize pages, plus de dix-neuf pages d'annexes, il fait d'abord le point de ses investigations entreprises le 25 mai, puis, dans une seconde partie, propose un certain nombre de mesures d'ordre organisationnel et disciplinaire. En cherchant à situer les responsabilités dans l'engrenage du mensonge, il met en évidence le rôle du chef d'escadron Christian Prouteau dans le feu vert donné à l'opération de

Vincennes, en son absence, et dresse un réquisitoire contre son instigateur, le capitaine Paul Barril. Le ton est sans appel :

« L'utilisation du G.i.g.n. pour des missions occultes de lutte antiterroriste, écrit-il, ne me paraît pas conforme à l'esprit dans lequel a été créée cette unité. Elle ne peut que porter préjudice à son renom et à celui de la gendarmerie dont elle fait partie intégrante... Il faut rendre le G.i.g.n. à sa mission initiale. Il ne me paraît pas sain que l'emploi, et surtout la vie quotidienne de cette unité, ne soient pas contrôlés par la hiérarchie de l'arme... Il me paraît anormal que la direction générale de la gendarmerie ignore la plupart du temps ce que fait le G.i.g.n. et où se trouvent les militaires qui la composent... Or, depuis que le chef d'escadron Prouteau a été chargé de mission dans la lutte antiterroriste, la direction générale n'est plus informée de la majorité des déplacements du G.i.g.n. et apprend... fréquemment par la voie de la presse la présence insolite de militaires du G.i.g.n., généralement en tenue civile, en un point quelconque du territoire. »

Le rapport Boyé recommande donc la mise au pas de cette unité d'élite, dont le commandement par intérim, assuré jusque-là par Barril, vient d'être confié au capitaine Masselin. Il juge indispensable de la dissocier de ses éléments satellisés par l'Elysée, c'est-à-dire de ses gendarmes du Gam (Groupe d'action mixte) et du G.s.p.r. (Groupe de sécurité du président de la République).

Le rapport passe ensuite à l'examen des responsabilités individuelles dans l'affaire de Vincennes. Sévère pour le commandant Jean-Michel Beau, qui a reconnu avoir organisé la « version concertée » offerte par les gendarmes au juge d'instruction, il ne l'accable pourtant pas outre mesure :

« Cet officier supérieur a été entraîné sur ordre de ses chefs dans une opération dont il ne pouvait discerner à l'origine toutes ses conséquences. Contacté successivement par le chef d'escadron Prouteau et par le capitaine Barril, il a présumé que cette affaire, décidée au plus haut niveau de l'Etat et présentée à lui sous le sceau du secret, relevait de l'affaire d'Etat. »

Le commandant Beau a cependant le mérite d'avoir finalement pris sur lui « l'entière responsabilité des fautes commises », disculpé ses subordonnés « en arguant des ordres qu'il leur avait donnés » et dénié « toute responsabilité au personnel du G.i.g.n., notamment au capitaine Barril, pourtant instigateur de cette affaire, qui, par l'arrestation prématurée des deux terroristes, l'avait placé devant le fait accompli ». Le rapport Boyé propose donc, en attendant sa traduction éventuelle devant un conseil de discipline, « qu'il fasse l'objet d'un blâme du ministre de la Défense ». Il demande également la mutation dans un emploi administratif, avec un blâme du ministre, du major José Windels qui « n'a pas eu le courage de s'opposer à la décision de son supérieur de l'utiliser comme prête-nom en tête du procès-verbal de perquisition alors qu'il n'avait pas participé à celle-ci ».

Enfin, sans mettre en cause l'intervention technique du G.i.g.n. à Vincennes, le rapporteur se montre plus sévère à l'encontre du rôle personnel joué par le capitaine Barril :

« En entourant la présentation qu'il a faite de cette opération au chef d'escadron Beau d'une atmosphère de mystère confortée, autant par le très haut niveau auquel il affirmait que la décision était prise (présidence de la République), que par la nécessité de garder le plus grand secret et par la dangerosité supposée des terroristes concernés, cet officier, volontairement ou non, a fortement contribué aussi bien à fausser l'appréciation qu'a pu avoir le chef d'escadron Beau de sa liberté de manœuvre qu'à justifier un aménagement de la procédure pour cause de raison d'Etat...

« Enfin, dans la déclaration qu'il m'a fait parvenir... le capitaine Barril persiste à donner une version encore inexacte des faits par rapport à l'ensemble des témoignages recueillis, notamment en soutenant que l'arrestation de Plunkett s'est faite en présence des enquêteurs. »

Le général Boyé lui reproche d'avoir, « de surcroît, donné des consignes au personnel de son unité » pour qu'il fasse de même. C'est pourquoi, il propose de lui infliger des sanctions identiques à celles qui visent le commandant Beau : suspension immédiate, mesures disciplinaires, blâme du ministre.

Après lecture de ce rapport, Charles Hernu décide de ne pas le communiquer à la justice en le faisant classer « secret-défense ». Il ne prendra aucune des sanctions disciplinaires et infamantes recommandées par le général Boyé, mais se contentera de procéder à des mutations et de limiter les dégâts à des « mesures conservatoires » ne préjugeant en rien des suites judiciaires de l'information ouverte pour « subornation de témoins ». « J'ai moi-même, dans le cadre de mes attributions, exigé une enquête administrative de commandement, car je tenais à savoir ce qui s'était passé. Après en avoir pris connaissance, j'ai décidé de suspendre de leurs fonctions un sous-officier et un officier supérieur. »

En fait, Windels et Beau ne seront suspendus que quatre mois. Ainsi que Barril. Mais, alors que le juge Verleene, finalement désigné pour instruire le dossier de subornation, inculpe les deux premiers, le 24 août, un vent de sanctions s'abat sur la brigade de Vincennes qui manifesta les états d'âme que l'on sait et révéla les irrégularités commises pour couvrir l'action du G.i.g.n. Outre les deux ex-gendarmes impliqués dans une minable affaire d'escroquerie à l'assurance, six sont mutés dans « l'intérêt du service », dont le commandant de la compagnie, Jean Pineau, au service technique d'une école de formation de gendarmes auxiliaires à Bergerac ! On évoque, pour les uns et les autres, une fumeuse affaire de proxénétisme ou des relations ambiguës avec une prostituée.

La justice cependant suit son cours, cette fois sans entraves. Le 6 septembre, le parquet dépose une requête en vue de l'annulation de la procédure visant les trois Irlandais. Quelques jours plus tard, le feuilleton connaît un nouveau rebondissement avec l'ouverture d'une seconde information, également confiée au juge Verleene. Il s'agit de poursuites engagées contre X cette fois, pour « enlèvement de preuves et disparition de pièces », provoquées par une nouvelle confession de l'ex-gendarme Pierre Caudan faite, le 6 août, à ce magistrat : deux des armes saisies dans la cache des Irlandais et photographiées par lui portaient des numéros qui n'y figuraient plus à leur réception, le lendemain, par la Brigade criminelle. Auraient-ils été abrasés entre-temps pour en camoufler l'origine ? Ce mystère expliquerait, selon lui, la disparition des photos prises par lui — une pellicule sur quatre, celle des pièces à conviction — et prouverait une manipulation par les responsables de l'opération de Vincennes.

Le 5 octobre, les poursuites contre les Irlandais sont annulées par la chambre d'accusation, y compris pour leurs faux papiers et l'arme unique dont Plunkett avait admis la possession. S'ils sortent ainsi complètement blanchis de cette mésaventure, c'est que la lutte antiterroriste doit passer par la loi et le droit. Or, dans leur cas, les gendarmes de Prouteau, la tête enflée par leur toute fraîche promotion à l'Elysée, ont agi comme s'ils se trouvaient en état de guerre, en piétinant allègrement les contraintes du Code.

Paradoxe final : les trois clandestins de Vincennes, hébergés depuis leur libération dans un château près de Fontainebleau par la Ligue communiste révolutionnaire, peuvent, en toute tranquillité, saisir l'Office français de protection des réfugiés d'une demande d'asile politique en bonne et due forme et bénéficier d'une autorisation de séjour en se portant partie civile contre les gendarmes responsables.

C'étaient pourtant d'authentiques terroristes !

Ils étaient douze salopards

Big Ben va sonner 3 heures de l'après-midi. Au palais de Westminster, les députés, qui ont renversé le gouvernement Callaghan l'avant-veille, expédient les affaires courantes. Le tonnerre d'une déflagration secoue le vénérable palais du Parlement britannique. Au moment où elle allait sortir du parking souterrain réservé à la Chambre des Communes, la Wauxhall Cavalier bleu du porte-parole du Parti conservateur, Airey Neave, vient de se désintégrer sous l'effet d'une bombe placée dans le véhicule par l'Inla, l'Irish National Liberation Army. L'attentat du 30 mars 1979 restera, dans les annales du terrorisme, comme une formidable prouesse technique. Et la mort du député Neave comme un symbole de l'implacable guerre que les irrédentistes irlandais livrent à l'Angleterre.

Héros de la Seconde Guerre mondiale — il avait été le premier officier britannique à s'évader de la forteresse nazie de Colditz — Aerey Neave n'incarnait pas seulement la vieille Angleterre impériale. Il était surtout l'ami personnel et le parrain politique de Margaret Thatcher, l'artisan de la campagne électorale qui allait la porter au pouvoir. Devenu son bras droit et son conseiller privé pour les Affaires irlandaises, il aurait été nommé, au lendemain de la victoire conservatrice, secrétaire d'Etat pour l'Ulster et coordinateur du renseignement. Il était partisan de la peine de mort, du retour à l'internement administratif et du recours systématique aux unités spéciales anti-guérilla S.A.S. C'est pourquoi l'Inla — née d'une scission de l'Ira à qui elle reprochait son cessez-le-feu unilatéral à la fin de 1974 et ralliée à l'Irsp (Parti socialiste républicain irlandais) de Bernadette Devlin — avait fait de ce député l'homme à abattre. Et c'est en souvenir de son assassinat que la dame de fer, devenue Premier ministre, ne cédera pas aux grèves de la faim de Bobby Sands et de ses compagnons.

Dans un document publié, moins de trois mois plus tard, par le magazine français *Paris Match,* cette nouvelle armée de l'ombre irlandaise donnait des détails fort intéressants sur cet attentat. Il s'agissait d'une interview de deux des sept membres du « Quartier général » de l'Inla, l'un de Dublin, l'autre de Belfast, posant en cagoule derrière une table, sous le grand oriflamme bleu nuit, perlé de sept étoiles blanches, la « Charrue étoilée », drapeau du socialisme irlandais. Interview non signée, mais réalisée par un ancien trotskiste français, Roger Faligot, devenu sympathisant très engagé de la cause irlandaise. Cet auteur prolifique fera d'ailleurs allusion à sa collaboration épisodique à *Paris Match* dans un ouvrage postérieur *Nous avons tué Mountbatten — l'Ira parle,* dédié à un certain Michael. Et le porte-parole de l'Ira, interviewé par Faligot, reconnaît que l'assassinat de Neave est bien l'œuvre de l'autre « petite organisation républicaine » dont il dit ·

« C'était un grand succès (pour elle) d'avoir brisé le périmètre de sécurité du Parlement de Westminster et de frapper en plein cœur géographique et politique du dispositif politico-militaire de la Grande-Bretagne. C'est une grande contribution à la guerre contre la présence britannique en Irlande... Non seulement nous acceptons, mais nous encourageons toute initiative et toute aide d'organisations républicaines qui attaquent la classe dirigeante britannique. »

L'interview publiée par *Paris Match,* le 15 juin 1979, était illustrée d'une autre photo de « deux clandestins exhibant fièrement leur Kalachnikov », dont un barbu assez reconnaissable. Ils y expliquaient, entre autres, leurs positions par rapport à l'I.r.s.p., aux mouvements étrangers et au terrorisme (que recouperont singulièrement les opinions exprimées par deux des militants irlandais de Vincennes après leur non-lieu). A savoir :

1. « L'Inla et l'I.r.s.p. sont deux entités indépendantes, sans lien entre elles, même si certains d'entre nous ont la double appartenance. L'existence d'un parti qui travaille au grand jour, voilà ce qui est essentiel pour accroître le soutien populaire à la résistance armée. »
2. « Notre sympathie et notre solidarité s'étendent aux mouvements de libération nationale dans le monde entier : l'O.l.p., le Front Polisario, etc. »
3. « Organisation de résistance, vous vous défendez d'être des terroristes », leur demande l'intervieweur. « Honnêtement, aurait-on considéré terroriste la décision prise par les Vietnamiens d'exécuter Richard Nixon ou un officier de très haut rang au plus fort des bombardements américains en Indochine ? »

Et de révéler comment ils avaient organisé l'attentat contre Neave :

« La période choisie était importante, car elle devait frapper l'opinion publique. En outre, il fut décidé, bien que cela soit mille fois plus dangereux et difficile, que Airey Neave ne serait pas exécuté avant la chute des travaillistes. Lorsque cet événement se produisit, une cellule de service actif reçut un briefing et fut mise en état d'alerte... Nous voulions que l'explosion ait lieu à l'intérieur du Parlement de Westminster. On devait placer une bombe dans sa voiture en évitant les patrouilles de sécurité, les points de contrôle et les caméras vidéo qui balaient le parking souterrain... Comme nous ne connaissions pas l'heure à laquelle il quitterait la Chambre des Communes, une bombe normale était hors de question. »

Il leur fallut donc mettre au point un dispositif électronique spécial pour que la charge de T.N.T. explosât au moment où la voiture remonterait la pente de sortie : c'est une boule de mercure qui, en se déplaçant sous l'effet de la déclivité, déclencha la mise à feu. Devant un tel « boulot de spécialiste », Scotland Yard n'eut pas trop de 300 inspecteurs pour se mettre en chasse, et la Special Branch n'eut de cesse d'identifier les auteurs présumés de l'attentat, au nombre de douze, longtemps aussi insaisissables qu'ils s'étaient révélés méthodiques et qui ne furent bientôt plus connus, dans les services chargés de les abattre, que sous leur surnom : « Les 12 salopards ». Car les redoutables S.A.S. n'ont jamais caché leur intention, à défaut de preuve, de liquider physiquement, à l'israélienne, les douze auteurs et complices de l'attentat de Westminster.

Cofondateur et ex-président de l'I.r.s.p., Michael Plunkett a, depuis son arrestation à Vincennes, toujours justifié la possession d'une arme et de faux papiers par sa crainte de figurer sur la liste des « 12 salopards », dont les trois premiers ont déjà trouvé la mort... Quand il fut appréhendé, le 7 avril 1979 — une semaine après l'attentat de Westminster — à son domicile de Dublin, avec trois complices, pour être inculpé de détention d'explosifs, la police irlandaise trouva, dans un lot de photos, une série de prises de vue du trajet de la Horse Guard, la cavalerie royale de Sa Majesté depuis sa caserne de Londres jusqu'à l'emplacement du Ceremonial Guard. Or, trois ans plus tard, une voiture piégée par des terroristes irlandais sur ce parcours faisait un carnage parmi les cavaliers et leurs chevaux. Plunkett avait entre-temps profité de sa mise en liberté sous caution pour s'affranchir du contrôle judiciaire auquel il devait rester soumis avant de comparaître, le 19 mai 1979, devant la cour criminelle spéciale. Il était allé se réfugier à Paris, tandis que son compagnon, Stephen King, s'installait dans un squat d'Amsterdam. Toutes ces informations se trouvent consignées dans une note confidentielle que le commander J. Wilson, de la Special Branch de Scotland Yard a rédigée *après* les arrestations de Vincennes. En voici d'autres extraits :

« Michael Olivier Plunkett, alias Mike, alias James MacCabe est né, le 11 octobre 1951, en République d'Irlande... (Il) a été introduit dans le milieu extrémiste irlandais en 1969 lorsqu'il entre au P.c. Il est membre du Sinn Fein officiel, de 1971 à 1974. Plus tard, il est un membre fondateur du P.s. et devient un organisateur à l'échelle mondiale. Cette position cache ses activités au sein de l'Inla. Il est l'auteur d'articles du *Irish Times* et du *Starry Plough,* organe officiel de l'I.r.s.p. protestant contre les accusations qui rendent l'I.r.s.p. responsable de tueries et de meurtres en Ulster. Son nom est associé à ceux de différents terroristes confirmés, dont Brenda O'Sullivan et Vincent Ford, deux des suspects du meurtre d'Airey Neave à Londres, le 30 mars 1979, revendiqué par l'Inla. Il est aussi en Hollande, lors de l'assassinat de l'ambassadeur britannique, en 1979, pour lequel il est encore soupçonné.

« Sa petite amie, Corinne Marie Carole Cheronnet, est arrêtée puis détenue selon la *Prevention of Terrorism act* à son arrivée au port de Holyhead. Née le 14 août 1952, à Grandville (France), elle est, en 1978, professeur de français en chômage... Lorsqu'elle est relâchée, elle dit qu'elle part pour Amsterdam en stop...

« Plunkett est arrêté... en 1976 pour avoir participé au hold-up d'un train postal irlandais, dont le montant s'élève à 210 000 livres, mais relâché faute de preuves...

« Plunkett est une figure centrale dans le mouvement extrémiste de gauche. Il a aussi de solides relations... avec des extrémistes de gauche en Allemagne et en Hollande. »

Si ces renseignements ont été versés tardivement dans la procédure visant les Irlandais de Vincennes, le directeur de la D.s.t. avait, dès le 27 mai 1982, soit trois mois avant leur arrestation par le G.i.g.n., adressé au directeur général de la Police nationale une note (référence SD/PN ST 83 n° 753492 B.3), dont son représentant à la réunion orageuse organisée, le 29 août, dans le bureau de Joseph Franceschi, s'était bien gardé de faire état. Cette note de quatre feuillets, à laquelle était joint un organigramme, avait pour objet un « transport d'armes en cours au profit de l'Eta-P.m. » (la branche politico-militaire de l'organisation séparatiste basque) et évoquait « la possibilité d'attentat dans un proche avenir de la part d'un groupe indéterminé ayant vraisemblablement des attaches avec les organisations terroristes irlandaises ». Elle était le résultat des filatures d'un Belge de 38 ans, Luc Groven, qualifié d' « interlocuteur privilégié, en matière de fourniture d'armes, de plusieurs individus opérant dans la mouvance de deux organisations terroristes (basque et irlandaise) et qui, de plus, a été en relation, en 1979, avec des membres du Fatah et, le 27 janvier 1982, avec Bruno Bréguet, quelques jours donc avant son arrestation accidentelle, à Paris, en compagnie de Magdalena Kopp... »

Ces deux derniers terroristes, suisse et allemand, faisaient partie du réseau Carlos, baptisé par eux Organisation des Révolutionnaires internationaux, et avaient été interceptés dans un parking des Champs-Elysées avec quatre kilos de penthrite et un pistolet 9 mm Herstal. Le patron de la D.s.t. poursuivait :

« Les contacts de Groven avec certains individus à Paris et à Bruxelles, les contacts de ces mêmes individus entre eux, ainsi que leur incessant va-et-vient entre les deux capitales paraissent plus inquiétants dans l'immédiat en raison même de l'identité de ces personnes et des informations récentes parvenues à notre service sur la possibilité d'un attentat dans un avenir très proche. »

Et il précisait, sous cette rubrique consacrée aux activités de Groven au profit du Pira (Provisional Irish Republican Army), les noms de ces contacts :

« Selon les services britanniques, deux autres dangereux terroristes devraient également se trouver actuellement à Paris : l'un, Michael Plunkett (terroriste de l'Inla, spécialisé dans l'approvisionnement en armes de l'organisation), auteur d'une série d'attentats en R.F.A., est un ami de James Kerr (membre de l'Inla, lié vraisemblablement aux attentats commis par cette organisation en R.F.A.) ; l'autre, Ted Howell (spécialiste en explosifs au sein du Pira), est sur le point de quitter l'Irlande pour procéder à une opération sur le continent... »

Marcel Chalet concluait sa note par ces mots :

« De l'ensemble des faits observés et des informations en notre possession se dégage ainsi clairement l'image d'une « nébuleuse » terroriste de caractère international où une chaîne de liaisons est établie entre des organisations ou personnages aussi dangereux que Carlos, Bréguet-Kopp, l'Eta politico-militaire, la Pira et divers extrémistes européens et palestiniens. »

Or, une note de synthèse du chef d'état-major particulier du président de la République, le général Saulnier, à partir des « blancs » de la D.s.t. et de la D.g.s.e., confirmait au même moment le rôle de Luc Groven comme pourvoyeur d'armes, en 1979, via la Roumanie, des terroristes palestiniens, basques et irlandais.

De plus, une autre note de la D.s.t., datée, elle, du 26 août 1982, soit deux jours avant le coup de filet solitaire de l'équipe Barril, faisait état de rumeurs d'attentats irlandais en France, contre des intérêts britanniques, notamment les sociétés pétrolières.

« De même, à Paris, la direction des magasins Marks and Spencer a manifesté sa crainte de faire l'objet d'attentats à la bombe de la part de membres de l'Ira. On rappellera que, de novembre 1980 à novembre 1981, onze attentats ont été perpétrés contre des intérêts britanniques en France. Il convient de remarquer que ces attentats ont eu lieu alors que se déroulait la campagne des grévistes de la faim dans les prisons irlandaises, campagne qui s'est soldée par dix décès. Parallèlement à ces rumeurs d'attentats, il convient de noter la présence, en France, selon les services anglais, de ressortissants irlandais, membres de l'Ira ou de l'Inla... La localisation des intéressés est en cours... »

Ajoutons que, plus tard, la police britannique soupçonnera l'Inla d'être l'instigatrice de l'attentat à la bombe qui, en décembre 1985, fera un mort et quatorze blessés à l'entrée du magasin Marks and Spencer, à Paris [1]. Que, lors de la perquisition illégale dans la cache de Vincennes, le 28 août 1982, le commissaire Pellegrini eut, rappelons-le, trouvé, justement, un plan de Paris avec un trajet tracé à la main et s'arrêtant en un point marqué d'une croix derrière l'Opéra, relève

1. A tort, puisqu'un terroriste tunisien, Habib Maamar, arrêté à Nancy en avril 1986, avouera avoir commis cet attentat pour le compte d'une fraction palestinienne dissidente de l'O.l.p.

évidemment d'une bien fâcheuse coïncidence. Plunkett en donnera une explication désarmante : « C'est mon fils qui a tracé ce trait et cette croix par hasard. » Mais on comprend, dans ces conditions que, contrairement à la dépêche négative de l'A.f.p., le 31 août 1982, lord Cunningham ait téléphoné à François de Grossouvre, à l'Elysée, pour le féliciter de la prise de Vincennes, et qu'un superintendant et un inspecteur de la Special Branch de Scotland Yard soient venus, la veille à Paris, tenter de prendre contact avec les enquêteurs pour connaître le contenu du butin saisi. Trouvant porte close à la Brigade criminelle, Quai des Orfèvres, ils ont renoué peu après avec le capitaine Barril qui, dès le 31 août, leur avait fait parvenir une cinquantaine des « photos de famille » trouvées dans l'appartement, ainsi qu'à ses relations dans la gendarmerie belge, la police suisse et le B.k.a. allemand. Sur ces photos les enquêteurs de Londres identifièrent notamment huit individus recherchés pour terrorisme ou meurtre en Angleterre et en Irlande... Mais d'autres trouvailles, faites à Vincennes, auraient sans doute mérité des investigations plus approfondies, si elles n'avaient pas été entachées d'illégalité par les manigances de Barril couvertes par Beau. A commencer par une comptabilité manuscrite d'achat en Belgique, et de livraison en Allemagne, de 200 pistolets automatiques (20 GP 35 et 180 CZ « Vzor 70 » tchèques de 7,65 mm) ainsi que de 10 pistolets-mitrailleurs israéliens Uzi.

Parmi les pièces à conviction découvertes, certes dans des conditions contestables et contestées depuis, se trouvaient précisément deux CZ « Vzor 70 », dont les caractéristiques étaient des plus significatives. Il s'agit, en effet, d'un modèle peu courant en Europe occidentale. De 1979 à 1983, une quarantaine de « Vzor 70 » ont été soit utilisés par l'Inla, soit récupérés par la police d'Irlande. Toutes les armes de ce type ayant servi à des actions terroristes avaient leur numéro de série effacé, selon une technique identique et très particulière de fraisage, pour en rendre l'identification impossible. Seuls les pistolets tchécoslovaques destinés aux attentats sont ainsi « oblitérés ». Or, les deux « Vzor 70 » de l'appartement de Vincennes avaient été fraisés selon le même procédé — ce qui rend l'ultime témoignage de l'ex-gendarme Pierre Caudan sujet à caution.

Ce même type d'armes également fraisées au départ est également apparu, à plusieurs reprises, lors d'actions terroristes perpétrées en France. Ainsi, à la suite du hold-up de 150 millions de Francs commis à la perception de Condé-sur-l'Escaut, en 1979, par un commando mixte d'Italiens de Prima Linea (issus des Brigades rouges), d'anarchistes espagnols et de membres français d'Action directe, avaient été retrouvés cinq « Vzor » utilisés par les assaillants : ces pistolets avaient leur numéro effacé par la même machine-outil. Ce sont aussi des « Vzor » de ce modèle, dont sont souvent équipés les terroristes palestiniens fournis en armes par les pays de l'Est, la Libye et la Syrie, qui ont servi dans la série d'attentats revendiqués par les Farl contre des diplomates en poste à Paris, au cours de l'hiver 1981-1982 : contre Christian Chapman, ministre conseiller, et James Charles Ray, attaché militaire de l'ambassade des Etats-Unis, et contre Yacov Barsimentov, deuxième conseiller à l'ambassade d'Israël.

En ce qui concerne la pâte explosive rose saisie dans l'appartement de Vincennes, il est apparu qu'il s'agissait d'un mélange de penthrite et de tolite, extrêmement rare et introuvable sur le marché français et britannique. Toutefois un explosif de cette fabrication avait été découvert à l'occasion de deux attentats à Londonderry, en Irlande du Nord, au cours de l'année 1981. Faut-il poursuivre le jeu des coïncidences troublantes auquel pouvait donner lieu le butin des gendarmes de Vincennes ? Parmi tout le lot de faux passeports tchèques et irlandais, de cartes d'identité françaises vierges de la même série que celles stockées chez un complice du hold-up de Condé-sur-l'Escaut, figurait un passeport irlandais n° J.260949 au nom de Patrick G. Monagham, étudiant de Dublin, portant la photo de Plunkett. Pour les enquêteurs allemands du B.k.a. contactés par Barril, c'est un nom qui a fait tilt. Il leur a suffi de consulter leur gros ordinateur, « Big Brother », à Wiesbaden, pour établir que le porteur de ce passeport avait été contrôlé, le 25 novembre 1981, comme passager d'une Opel Rekord immatriculée MZ-WV-128 arrêtée pour excès de vitesse sur l'autoroute Bab A.6, entre Sarrebruck et Mannheim. Au volant se trouvait un certain Heinz Joachim Stemler. Leurs papiers paraissant en règle aux policiers de la route, les deux automobilistes purent poursuivre leur voyage avec une simple contravention. Ce n'est que plus tard qu'on s'aperçut que le conducteur, Stemler, était fiché comme activiste soupçonné d'appartenir aux Cellules révolutionnaires *(Revolutionäre Zelle)*, regroupant les irréductibles rescapés de l'ex-bande à Baader. Or, un attentat avait été commis la veille contre la caserne britannique d'Herford, non loin de l'endroit où avait été contrôlée la voiture — attentat revendiqué par l'Inla. La photocopie du passeport établi au nom de Monagham devait permettre au B.k.a., à la suite de l'affaire de Vincennes, d'affirmer qu'il s'agissait bien alors de la même personne, et que le passager de Stemler, recherché pour l'attaque de la caserne, était Plunkett. Mais le comble est que, dans les documents saisis à Vincennes, on a également trouvé la traduction en anglais de trois rapports de synthèse confidentiels de l'enquête du B.k.a. sur l'attentat d'Herford et sur les liens des Cellules révolutionnaires avec l'Inla, établis par un ami de Stemler, Rudolf Raab, activement recherché pour terrorisme. Raab avait même photocopié, le 16 juillet 1982, le dossier d'accusation du B.k.a. le concernant...

Dernière coïncidence : des photos représentant Plunkett et King, à la terrasse d'une brasserie allemande, en compagnie d'un des plus redoutables clandestins irlandais, James Kerr, alias Anthony Herbert, reconnu par les voisins comme l'un des nombreux hôtes de passage dans l'appartement de la rue Diderot à Vincennes. Sexagénaire aux vies multiples, Kerr est un ancien membre des Brigades internationales de la guerre d'Espagne, soupçonné par les services britanniques d'être l'un des « cerveaux » des actions de l'Inla contre les casernes et les bases britanniques en Europe, où il entretenait des relations avec des animateurs de réseaux clandestins tels que celui d'Henri Curiel, ou ceux gravitant autour d'Action directe. Arrivé en Suisse sous une fausse identité, à la fin de 1979, il s'était fixé à Bâle en compagnie d'une jeune Allemande fichée par le B.k.a. comme militante des Cellules révolutionnaires ; ce site frontalier facilitant ses nombreux déplacements entre la France et l'Allemagne. Il a été signalé à Paris, en janvier 1982, dans le sillage de Bruno Bréguet et de Magdalena Kopp. C'est grâce aux témoignages recueillis à Vincennes que le capitaine Barril s'est attaché à en rechercher, coûte que coûte, la trace, décidé à poursuivre seul l'enquête abandonnée par les autorités judiciaires, après avoir été dépossédé de son dossier et de son commandement.

A titre privé, donc, l'ex-n° 2 du G.i.g.n., furieux de voir ses Irlandais de Vincennes s'en tirer à si bon compte, s'est rendu à plusieurs reprises en Suisse pour attirer l'attention des services de Berne sur la présence et les activités de James Kerr. Mais, comme le vieux baroudeur révolutionnaire se gardait de commettre des actions répréhensibles en ce pays pour d'évidentes raisons de sécurité, les autorités helvétiques se refusaient à le surveiller étroitement. Il fallut que Barril activât ses contacts de Londres, de Dublin et de Bonn, et apportât des indices plus précis, pour décider les Suisses à s'émouvoir devant tant d'insistance. Des policiers de la Confédération ont été envoyés dans les trois capitales, impressionnés, notamment, par des photos prises à Bâle, au début de 1982, où l'on voit Kerr s'entretenir amicalement avec Plunkett et un combattant de l'Ira, Christopher Black, qui devait être capturé à Belfast, revolver au poing, au mois de novembre suivant. A leur retour, les enquêteurs suisses finissent par établir que James Kerr, qui s'abrite derrière le pseudonyme de Seamus Mac Charra, est vraiment un gros bonnet d'une Internationale révolutionnaire en relation avec les réseaux terroristes implantés dans divers pays d'Europe, dont des groupes palestiniens. Pas question de le laisser utiliser la neutralité suisse pour aider, par ses fournitures d'armes, ses amis trotskistes ou nationalistes, à déstabiliser par la terreur l'Europe occidentale. Arrêté à Bâle, le 6 avril 1984, le tribunal fédéral de Lausanne autorise, le 31 octobre, son extradition. C'est là une décision exceptionnelle, car la Suisse a toujours répugné à extrader les résidents étrangers réclamés par leur pays d'origine. Lors de l'audience quasi confidentielle du tribunal, les avocats de Kerr ont invoqué, en vain, la nature politique des engagements et des activités de leur client. Pour les juges, les crimes sur lesquels les services irlandais, d'accord avec leurs homologues anglais, tenaient à interroger l'homme qui leur échappait depuis cinq ans, relevaient du droit commun : l'assassinat d'Airey Neave, au Parlement de Westminster, le massacre des Horse Guards de Sa Majesté, le meurtre de l'ambassadeur britannique aux Pays-Bas, etc. « Nous considérons comme inexacte, ajoutent-ils dans les motifs de leur décision, l'affirmation de la défense selon laquelle James Kerr serait traduit en Irlande devant une juridiction d'exception. » Ils ont en conséquence accordé l'extradiction demandée par Dublin. Le 2 novembre 1984, le cerveau présumé de l'Inla est mis à bord d'un vol Berne-Londres pour être réceptionné, dans un premier temps, par les services britanniques, puis expédié, sous bonne escorte, dans la capitale de la République irlandaise.

Rapidement jugé, Kerr sera condamné à dix ans de prison en février 1985, au moment où, à Paris, son jeune ami Plunkett poursuit en réparation, devant le tribunal civil, l'hebdomadaire *L'Evénement du Jeudi* qui, revenant sur l'affaire de Vincennes, l'a accusé sans excès de précautions de s'être « intégré structurellement au système Carlos ».

« M. Plunkett est un défi vivant aux lois de la probabilité » a répliqué à l'audience l'avocat de Barril, Me Francis Szpiner, appelé à défendre le journal de Jean-François Kahn, en énumérant la trentaine de coïncidences établies par son client habituel. Trop tard pour empêcher une condamnation de principe pour diffamation au franc symbolique de dommages et intérêts. Mais non pour donner un coup d'arrêt à la campagne de presse des trois Irlandais de Vincennes blanchis pour la forme et jouant les boucs émissaires victimes d'abominables provocations policières... Ils venaient, en effet, de bénéficier d'un droit de réponse dans *Le Monde,* à la suite d'une étude sur le terrorisme, pour se faire passer pour d'innocents idéalistes. Dissociant le cas irlandais du terrorisme, ils invoquaient l'autorité intellectuelle de Michel Foucault, pour retourner l'accusation de terrorisme contre l'occupant britannique. Ils rejoignaient ainsi la récente offensive orchestrée par l'Ira provisoire, le Sin Fein, le Parti socialiste républicain irlandais et son aile militaire, l'Inla, en direction de la presse française : ces organisations patriotiques ou révolutionnaires affirmaient qu'elles n'avaient aucun lien militaire, aucune convention d'entraide et d'assistance avec la Fraction Armée rouge allemande, et n'étaient pas impliquées dans « les actions terroristes coordonnées au niveau européen ».

Selon une analyse faite par la D.s.t. et les Renseignements généraux, « il s'agit, à l'évidence, d'une tentative pour exclure les groupes terroristes irlandais des objectifs de la coopération intergouvernementale dont la nécessité se fait de plus en plus sentir, afin de contrer les actions terroristes visant les institutions démocratiques ». Et la note concluait : « Le refus explicite de l'Inla de condamner " quelque action que ce soit commise par un groupe anti-impérialiste " retire néanmoins à cette dénégation une partie de sa crédibilité. »

Dans l'article incriminé de *L'Evénement du Jeudi,* une phrase, toutefois, devait faire mouche :

« Une partie de l'intelligentsia d'extrême gauche sous l'impulsion de la Ligue des communistes révolutionnaires semble s'être fait gruger (dans le cas des Irlandais de Vincennes) par excès d'humanisme formel. »

C'est sans doute à la lecture de ce grief et à l'examen des « preuves » produites au procès, que le plaignant Plunkett a su, avec certitude, par qui il avait été trahi.

Informateur ou maître chanteur ?

Après sa fuite d'Irlande, au printemps 1979, Plunkett a cherché asile auprès d'un réseau de soutien à Paris. Il connaît les dirigeants du Comité Irlande, fondé en 1975 dans la capitale française ; parmi eux, le publiciste Roger Faligot qui, à la fin de 1977, a lancé un mensuel en faveur de la lutte du peuple irlandais pour son autodétermination. C'est par son intermédiaire qu'il va trouver son premier hébergement clandestin, au 16e étage d'une tour de la rue Saint-Fargeau, dans le XXe arrondissement. Faligot l'a présenté, sous sa nouvelle identité de

James MacCabe, à un jeune intellectuel d'extrême gauche, Bernard Jégat, désireux de s'engager dans un activisme clandestin en faveur des révolutionnaires irlandais.

A près de 30 ans, ce petit homme fébrile, au crâne rasé, fait partie de ces nostalgiques des barricades de Mai 1968, que l'idéologie gauchiste a poussés à se chercher à travers une forme d'action à la fois rédemptrice et marginale. Cet idéaliste en quête de « justes causes » a la sensibilité à vif et le sens moral à fleur de peau. Issu d'une famille d'instituteurs de L'Isle-Adam (Val-d'Oise), titulaire d'un C.a.p. d'aide-comptable, il a préféré, en 1969, la prison au service militaire, avant d'être réformé pour raisons médicales. Il entendait ainsi manifester sa révolte contre l'institution bourgeoise et contre le rôle passé de l'armée française en Algérie. Vivotant de petits jobs, il a rompu avec sa famille et s'est mis à fréquenter le département Cinéma et Politique de l'Université de Vincennes, où il a obtenu deux « U.V. » (unités de valeur) en « Cinéma et lutte anti-impérialiste ». C'est là qu'il a rencontré des sympathisants et des représentants de mouvements de libération tiers-mondistes, et participé au culte du Che Guevara. En novembre 1976, sous couvert de réaliser un film sur « la lutte légitime de la Résistance palestinienne », Jégat s'est rendu au Liban, avec le secret espoir de pouvoir s'y initier aux techniques de la guérilla. Il a pris contact avec le représentant de l'O.l.p. à Paris, Ezzedine Kalak, pour un stage dans un camp d'entraînement. Mais la guerre civile et la première intervention syrienne l'ont contraint à écourter son séjour à Beyrouth. Deux mois plus tard, il devient correspondant à la pige de la Radio-Télévision belge à Paris. En juin 1978, après une émission sur France-Culture, il s'enflamme pour la cause irlandaise en lisant un ouvrage de Roger Faligot, dont il fait la connaissance. Il lui demande de le mettre en rapport avec des combattants et de lui faciliter un stage d'entraînement militaire, car il souhaite pouvoir apporter un concours actif à l'organisation la plus radicale, l'Inla, dont l'idéologie marxiste correspond à ses convictions.

Quelques mois plus tard, Faligot a précisément une proposition à faire à ce jeune homme enthousiaste, si désireux de rendre service à ses amis : veut-il bien héberger un haut responsable de l'I.r.s.p., également membre clandestin de sa branche armée, auprès duquel il aurait l'occasion de régler directement les modalités d'un stage sur le terrain ? La rencontre a lieu, en avril 1979, dans un café du Forum des Halles. Plunkett-MacCabe n'a, avec lui, qu'un petit sac de voyage. Il paraît à Jégat comme en état de choc, un peu hébété et vaguement inquiet. Jégat comprend qu'il a besoin d'une planque sûre, non seulement pour se mettre à l'abri du danger, mais pour pouvoir poursuivre son combat. Il accepte de le prendre chez lui jusqu'à son départ en vacances, dans trois semaines, avec sa compagne, une Juive pied-noir qui travaille à la S.f.p. Mais ils conviennent de se revoir après son retour, quand Plunkett aura trouvé un point de chute chez d'autres sympathisants inconnus de Jégat. Au cours de ces rendez-vous hebdomadaires, l'Irlandais lui demande d'autres services qui comblent son aspiration à s'intégrer, peu à peu, dans la lutte clandestine. Jégat se dit prêt, éventuellement, à héberger d'autres militants, à entreposer chez lui des armes, voire des explosifs, à assurer des transports de matériel, si nécessaire. Il ne demande qu'à contribuer à la logistique parisienne des groupes armés irlandais, qui ont, jusqu'ici, pris soin d'exclure toute action terroriste sur le territoire français, mais y font transiter leur armement comme leurs combattants en cavale.

Cet engagement se concrétise entre mai et juillet 1979, par la livraison, à son domicile, d'un premier lot de matériel que Plunkett vient lui-même lui confier en dépôt : une demi-douzaine de pistolets automatiques Herstal GP 35 et quatre pistolets-mitrailleurs Uzi. Le numéro de ces armes, apparemment usagées, a été effacé par fraisage. Au bout de trois semaines, Plunkett est venu les récupérer en compagnie de son successeur à la tête de l'Inla, prénommé Harry, et dont Jégat apprendra plus tard qu'il répond au nom de Flynn[1]. Les deux Irlandais proposent à leur hôte d'adopter un nom de code, pour leurs liaisons ultérieures. Ce sera Hennessy, comme le cognac. Ils mettent également au point avec lui une procédure de contact téléphonique : un appel muet, immédiatement coupé après qu'il a fait reconnaître sa voix. Cela signifie l'arrivée de l'un d'eux dans les quarante à quarante-cinq minutes.

Ce jour-là, ils démontent les quatre Uzi qu'ils descendent au parking, soigneusement emballés, pour les cacher derrière le réservoir d'une Rover au volant de laquelle se tient un troisième homme. Quelques jours plus tard, Plunkett revient seul reprendre les pistolets et lui fait cadeau de l'un d'eux, en précisant que les autres sont destinés à Alain Krivine et à son entourage de la L.c.r. pour leur protection personnelle.

Durant l'été, Plunkett rend à Jégat le double des clés de son appartement et lui annonce qu'il vient de résoudre définitivement son problème de logement, sans toutefois lui en indiquer encore l'adresse. Il lui apprend également qu'en son absence, il y a organisé la mise en

1. Harold Flynn sera finalement capturé à Paris le 23 juillet 1986.

scène d'une interview à Roger Faligot pour *Paris Match*. C'est son frère, Pascal Faligot qui a pris la photo illustrant l'article de Roger et où Jégat reconnaît son cendrier ainsi que l'arceau d'un des tréteaux métalliques de sa table.

D'octobre 1979 au début de 1981, Jégat aura encore à recevoir et à garder chez lui, pour des périodes d'une vingtaine de jours, quelque dix livraisons de pistolets CZ tchèques, par lots de vingt-cinq. Il remarque que la plupart portent, à la place des numéros de série, un léger trait de peinture noire masquant la trace du fraisage. Pour la remise de ces armes, Plunkett a fini par recourir au système de « boîtes aux lettres mortes » en usage dans tous les réseaux d'espionnage. Et il a initié Jégat aux contre-filatures pour ménager ses rendez-vous avec d'autres contacts. Parmi ces contacts, Jégat fait la connaissance d'un vieux révolutionnaire prénommé Jim — qu'il n'apprendra que plus tard être Jim Kerr — un soir de l'année 1980, dans un café de banlieue d'où Plunkett le raccompagne en taxi à son domicile de la rue Saint-Fargeau, pour y déposer un sac contenant un bloc de plastic d'une quinzaine de kilos. Quelques jours plus tard, Plunkett revient le voir pour tronçonner cet explosif de couleur rosâtre en pains de 400 grammes, à l'aide d'une spatule en bois et d'une balance de ménage. Il emballe chaque pain dans une feuille de papier d'aluminium et lui laisse les 36 paquets en dépôt pour quelques semaines. Il les reprendra au fur et à mesure de ses besoins. Durant l'automne, il lui apporte une trentaine de détonateurs électriques également à conserver, précieusement, dans son appartement, le temps qu'il faudra.

Arrive le 10 mai 1981. Tout à sa joie de voir triompher la gauche, Jégat estime que le changement de régime exige de sa part un changement de démarche par rapport à ses activités clandestines. Il voudrait en rendre compte à un service de sécurité proche du nouveau pouvoir dont il se sent solidaire, au besoin faire profiter le gouvernement de son expérience. Avec la même fougue, la même ardeur qu'il a mises à s'engager dans le soutien à la cause républicaine irlandaise, il est décidé à participer à la défense de la démocratie socialiste contre les dérives extrémistes vers le terrorisme. Il prend rendez-vous, le 21 juin, avec Régis Debray, expert en révolutions tiers-mondistes, devenu conseiller spécial de Mitterrand à l'Elysée. Mauvaise compréhension de son interlocuteur ou maladresse de sa part dans son offre de services, il se fait éconduire comme un provocateur. Une autre tentative d'approche, du côté de Robert Badinter, ne lui réussit pas davantage. Cependant, dans l'espoir d'une réponse positive à ses sollicitations, il continue d'entretenir ses relations avec Plunkett.

Celui-ci vient récupérer le reste du lot de plastic au cours de l'été, en lui expliquant qu'il doit servir à un attentat contre une caserne britannique à Dortmund, en Allemagne fédérale. Il lui fait toutefois cadeau du dernier paquet, pesant près de 450 grammes, au cas où il pourrait lui-même en avoir besoin un jour. Il a seulement un petit service à lui demander en échange : faire tirer en douce une pellicule Minox. Il s'agit d'une série de photos de repérage de l'enceinte de la caserne en question. Des photos qui se révéleront de mauvaise qualité : prises d'un véhicule en marche, elles représentent, de façon floue, un muret surmonté d'une grille et des bâtiments de faible hauteur sur fond de parc ou de bois.

Avant de partir, au début de novembre, réaliser cet attentat anti-anglais en Allemagne, Plunkett confie encore à Jégat un sac de documents à planquer. A son retour, fin décembre, il lui fait part d'un détail anecdotique assez croustillant sur le déroulement de son action : il a eu des problèmes avec son complice pour franchir le mur d'enceinte, car l'échelle dont ils s'étaient munis était trop courte. Mais il lui dit aussi que son compagnon était un Allemand, membre des Cellules révolutionnaires, et non pas un militant irlandais. Il considère d'ailleurs cette mission comme un demi-échec, car il manquait la quantité d'explosifs nécessaire par suite de l'arrestation, à la frontière, d'une convoyeuse qui devait apporter le complément de Suisse. Lui-même avait été contrôlé lors d'un déplacement, mais sans conséquence fâcheuse.

Il demande alors à Jégat d'accepter de prendre en charge une sorte de noyau logistique au profit, non plus seulement de son organisation, mais de réseaux suisses et allemands. Dans son for intérieur, Jégat s'alarme de ces imbrications croissantes avec des groupes terroristes européens, étrangers à la cause irlandaise, mais il cède, une fois de plus, au vertige de l'activisme.

En janvier 1982, Plunkett vient déposer un nouveau lot de plastic de 10 kilos cette fois, emballé dans du papier kraft, que Jégat range au fond d'un placard. Il a de nouvelles prestations à lui demander : le passage de 3 000 munitions de 9mm parabellum de Suisse en France, livrées par son ami Jim — qui représente désormais, là-bas, l'antenne de l'Inla — et, plus délicat, l'acheminement de matériel de France en Irlande. Jégat donne son accord.

C'est alors qu'il apprend par hasard l'adresse de Plunkett à Vincennes. Cet incident fortuit a pour origine un papier rose sommant une dame Labeylie d'acquitter le montant de son loyer sous quarante-huit heures. C'est Plunkett qui a reçu cette sommation adressée par une société de gérance parisienne, le cabinet immobilier Cagé

Thouard, à la personne dont il occupe le logement en sous-location. Comme le montant du terme qu'il a laissé au concierge, avant son départ pour l'Allemagne, est apparemment resté loge-restante et que, d'autre part, il se trouve en ce moment à court d'argent, il prie Jégat d'aller régler d'urgence ce loyer de retard au cabinet en question. Il le remboursera dès que possible. A l'agence, Jégat se fait délivrer un reçu où se trouve mentionnée l'adresse du logement : 82, rue Diderot, à Vincennes.

Le mois suivant, Plunkett vient récupérer les 10 kilos de plastic et évoque l'organisation d'une nouvelle filière d'approvisionnement de l'Inla en armes à partir du Liban, grâce à de nouveaux liens établis avec le F.p.l.p. à travers des réseaux suisses et allemands. Puis il disparaît plusieurs semaines chercher des fonds aux Pays-Bas, au moment où Carlos s'y manifeste pour tenter d'obtenir, par des menaces de représailles, la libération du Suisse Bréguet et de l'Allemande Kopp arrêtés, le 16 février, à Paris. A son retour, vers la fin d'avril, Plunkett initie Jégat, sur sa demande, au maniement des explosifs et à la fabrication des systèmes de piégeage des circuits électriques, bref, à la panoplie complète du parfait poseur de bombes. Il revient encore en juin, au moment de l'offensive israélienne au Liban, lui confier une boîte de détonateurs, deux pistolets italiens à silencieux, un jeu de cartes d'identité vierges, puis reprendre un automatique et un silencieux italiens ainsi que des pistolets CZ 70 et quelques cartes d'identité, et, enfin, rapporter les pistolets tchèques. A sa dernière venue, en juin, il approvisionne un chargeur pour aller à un rendez-vous qui le rend soucieux.

Survient l'été et sa vague d'attentats tous azimuts, qui fait craindre à Jégat une déstabilisation du pouvoir socialiste. Des détails, des coïncidences, des conversations lui font redouter un mélange des genres entre la lutte armée irlandaise et le terrorisme international d'origine proche-orientale. Le 6 août, il reçoit la visite de Plunkett accompagné de son successeur, Harry Flynn, qu'il n'a pas vu depuis longtemps. L'entretien porte naturellement sur les bombardements israéliens de Beyrouth et le sort de la résistance palestinienne. Les deux Irlandais soulèvent l'éventualité d'une coopération avec un groupe d'extrémistes palestiniens implantés à Paris et qui envisage des opérations contre des cibles israéliennes et sionistes, de caractère diplomatique, militaire ou politique en France, voire en Europe. Jégat donne son adhésion de principe à une telle perspective. Plunkett doit justement rencontrer des Palestiniens le lendemain, 7 août. Jégat est d'accord pour qu'il leur communique son numéro de téléphone afin qu'ils l'appellent éventuellement « de la part de la grand-mère ». A tout hasard, rendez-vous est pris à déjeuner, lundi 9 août, qui pourrait être mis à profit pour le présenter à au moins deux d'entre eux, s'ils le souhaitent. Le lieu reste à déterminer. Or, durant tout le week-end, pas un coup de fil des deux Irlandais, pas d'appel « de la part de la grand-mère ». Aucun signe, non plus, de toute la matinée de lundi. Jégat ne bouge pas de chez lui. Au début de l'après-midi, il apprend par la radio le massacre de la rue des Rosiers. Traumatisés par la nouvelle et par les conditions de cette tuerie, sa compagne et lui se félicitent de la déclaration de guerre du président Mitterrand au terrorisme. Quelques jours plus tard, ils tombent en arrêt devant les portraits-robots des quatre tueurs de la rue des Rosiers, publiés, le 19 août, à la Une de *France-Soir*. Stupeur ! L'un comme l'autre croient reconnaître, sur les deux portraits de gauche, Michael et Harry, dont ils ont perdu le contact depuis près de deux semaines. Non, ce n'est pas possible ! Michael, qu'il connaît maintenant depuis si longtemps comme un être fin et sensible, ne peut s'être prêté à une telle monstruosité. Bernard Jégat croit vivre un cauchemar. Ce bandeau de *France-Soir* lui donne le vertige.

Passé ce premier état de choc, il tente de se remémorer sa dernière conversation avec Plunkett et Harry, à propos des cibles sionistes et israéliennes. Il repense à ce déjeuner manqué sans explication, ce jour fatal : deux extrémistes palestiniens devaient y faire sa connaissance... L'angoisse de l'incertitude le submerge, le ronge et le désespère. Et si, par hasard, il détenait involontairement les clés de cet attentat ? Quatre jours de doutes et de débat de conscience. Comment supporter une telle responsabilité ? Le lundi 23 août, ses Irlandais ne s'étant toujours pas manifestés, Jégat tranche dans le vif. En fin de matinée, il confie à son amie qu'il ne peut plus se taire : il va parler à qui de droit, au risque de se tromper et de trahir. Mais à qui ? Il cherche à reprendre contact avec Debray ou Badinter, mais ce sont encore les vacances. Sur les conseils d'un avocat, il pense à une personnalité proche du Président, à la fois « influente, loyale et de toute confiance ».

Jégat fonce au *Nouvel Observateur,* force la porte de Jean Daniel, lui débite tout à trac ses scrupules. Le directeur du magazine des intellectuels de gauche, qui voit Jégat pour la première fois, a de la peine à suivre son discours et le met entre les mains d'un de ses collaborateurs, Pierre Blanchet, appelé à la rescousse. A cet enquêteur averti, Jégat raconte longuement son histoire. A l'issue de cet entretien de plusieurs heures, Blanchet va rendre compte à Daniel : « C'est grave et sérieux, mais ce n'est pas pour le journal. » Ils se proposent de prendre langue avec Maurice Grimaud, l'ancien préfet de police de Mai 68, qui dirige le cabinet de Gaston Defferre à l'Intérieur. Mais Jégat insiste pour rencontrer plutôt l'homme de confiance que Mitterrand vient de placer à la tête de la lutte contre le terrorisme : le commandant Christian Prouteau, ou, à la rigueur, un de ses collaborateurs. C'est aussi l'avis de Jean-Louis Bianco, que Daniel appelle à l'Elysée et qui promet d'en référer à Prouteau.

Blanchet demande à Jégat de repasser au journal le lendemain, 24 août, dans l'après-midi : le nécessaire sera fait. Il lui présente alors une autre journaliste maison, Elisabeth Schemla, auteur d'un reportage récent sur le G.i.g.n. et qui peut lui avoir facilement un contact avec le capitaine Barril, dans la parole duquel on peut avoir foi. Rendez-vous est pris pour le soir même, à 19 heures, place des Victoires où Barril, en civil, attend au volant d'une R5 turbo bleue banalisée, mais équipée d'un dispositif radio. « C'est un homme sûr. Vous devez tout lui dire, ne rien lui cacher », commente la journaliste en l'accompagnant pour faire les présentations. Jégat monte à bord et Barril démarre sur les chapeaux de roues en direction de Maisons-Alfort. Ils gagnent à vive allure les locaux du G.i.g.n., où Barril fait entrer Jégat dans un petit bureau à l'étage encombré d'armes de poing et de fusils d'assaut, de classeurs et de dossiers. Le ratelier d'armes est fixé aux deux murs d'angle, à gauche en entrant.

« Ici, c'est bourré de secrets d'Etat », déclare le capitaine avec un petit sourire. Ou plutôt *aurait-il* déclaré, car, à partir de là, le récit se dédouble. De toutes les péripéties antérieures, mis à part l'épisode, difficile à contester, du *Nouvel Observateur,* Jégat est seul à pouvoir donner sa version. Une version qu'il va progressivement améliorer et confier, à mesure qu'il craindra pour sa sécurité, à divers interlocuteurs et qu'il finira par faire consigner, à sa demande et en fonction des rebondissements du feuilleton politico-policier des Irlandais de Vincennes, sur des procès-verbaux de police et de justice. Ses « révélations », sans cesse peaufinées dans les détails au gré des circonstances et du temps passé, resteront invérifiables, parfois contradictoires, souvent erronées. Toutes sauf une : l'attentat du 25 novembre 1981 contre une caserne britannique en R.F.A., revendiqué par l'Inla. Ce qu'en dit Jégat, à partir des confidences qu'il attribue à Plunkett, sera confirmé par le B.k.a., en particulier un détail inconnu à propos de l'échelle trop courte. Un détail que seuls pouvaient connaître les auteurs de l'attentat... Comme il n'y a pas de fumée sans feu, il convient de suivre le fil d'Ariane du récit de Jégat en tenant compte des divergences, des démentis ou des rectifications que lui opposeront les personnages mis en cause au fil de ses « révélations ». Parole contre parole...

Dans le bureau de Barril, Jégat sort donc de sa serviette les portraits-robots de *France-Soir* et trois photos qu'il a trouvées dans le sac de documents personnels laissé, chez lui, par Plunkett avant son expédition en Allemagne : deux photos de Plunkett et une de Harry. Barril jette un coup d'œil rapide sur ces clichés, les compare aux portraits-robots des tueurs de la rue des Rosiers et dit, d'un ton affirmatif : « A 95 %, ce sont bien eux. » Conforté dans ses appréhensions, Jégat lui expose succinctement l'histoire de ses relations avec les Irlandais et ce qu'il sait des activités de celui qu'il appelle encore MacCabe. Il décrit son propre rôle comme celui d'un « courrier », d'une « boîte aux lettres », et justifie son revirement par l'attentat antisémite et le ferme propos du chef de l'Etat dont il se sent plus que jamais solidaire. D'où sa volonté d'aider le service de sécurité présidentiel.

C'est à ce moment, prétendra-t-il, qu'il avoue à Barril détenir chez lui un véritable arsenal : un pain d'explosif rosâtre d'environ 450 grammes, cinq détonateurs, un rouleau de cordon Bickford, une dizaine de pistolets 7,65 CZ70, un automatique italien à silencieux, des boîtes de cartouches de 7,65 mm espagnoles, de 9 mm Lüger suédoises et de Remington. Sans compter un tas de documents : cartes d'identité vierges, agendas, photos, lettres, etc. Ce que niera Barril. Il admettra seulement avoir raccompagné Jégat chez lui, vers 22 heures, pour examiner certains documents, escorté d'un gendarme en survêtement, qui restera à bord en liaison radio avec lui, le temps de la visite. Auparavant, il a passé quelques coups de fil, annonçant notamment à l'un de ses interlocuteurs : « J'aurais peut-être quelque chose d'intéressant à te dire, je te rappelle plus tard. » Selon Jégat, cet interlocuteur n'est autre que Prouteau. « Il faut que vous compreniez qu'en raison de ses responsabilités à l'Elysée, il ne peut pas rencontrer quelqu'un comme vous pour le moment », lui aurait même fait remarquer Barril. Arrivé à l'appartement, Barril répète, devant la compagne de Jégat, effondrée et incrédule : « A 95 % ce sont bien eux. » Jégat lui montre en effet, cette fois, les deux photos de *Paris Match* du 15 juin 1979, illustrant l'article — non signé — de Faligot sur la Résistance irlandaise et l'attentat de Westminster. L'une d'elle a été prise à son domicile : celle de Plunkett en cagoule assis derrière sa table. Il lui communique également la quittance de loyer qu'il a payée pour « MacCabe », avec l'adresse de Vincennes. Ce sont les seuls éléments concrets que Barril affirmera, par la suite, avoir reçus ce soir-là de son informateur. Celui-ci maintiendra au contraire lui avoir remis tout le matériel de Plunkett entreposé chez lui, dans une sacoche de cuir vert.

Le lendemain 25 août, Barril le rappelle pour le rassurer et lui promettre de passer le revoir dans le courant de l'après-midi. Entre-temps, il téléphone à son correspondant de la police irlandaise, qui lui apprend que « l'artificier » du groupe Plunkett doit venir des Pays-Bas, le prochain week-end, pour préparer un attentat à Paris. C'est du moins le renseignement que donnera Barril à Prouteau qui doit déjeuner, ce même jour, avec le commandant Beau pour s'assurer une couverture juridique.

Jégat, à qui Barril va attribuer le pseudonyme de « Franck » pour la suite des événements, prétend avoir eu un scrupule lors de sa deuxième visite : la veille, il lui a caché la présence du GP 35 dont Michael lui avait fait cadeau. Il en profite donc pour lui remettre également cette arme, qui présente quelques caractéristiques notables : un petit éclat du bronzage au niveau de la bouche du canon, une éraflure devant la fenêtre d'éjection, des traces noirâtres sur le pourtour du canon et la marque du fraisage à l'emplacement des numéros d'identification. Comme il prend un chiffon pour effacer ses empreintes, ajoutera-t-il, Barril lui dit : « Laisse, on a des produits spéciaux pour les enlever. » Autant d'allégations contestées plus tard par Barril.

Celui-ci l'assure, dès le lendemain 26, qu'il a mis en place un dispositif de surveillance et que des filatures ont permis de surprendre une rencontre entre « MacCabe » et deux Arabes, dans un hôtel : sûrement la piste des Palestiniens.

Le samedi 28, vers midi, Jégat reçoit enfin un appel muet : sûrement la réapparition de Michael. « Franck » téléphone aussitôt à « Paul » au numéro personnel qu'il lui a laissé. Barril ne met guère de temps pour arriver avec un de ses hommes, dont Jégat remarque les gants — à cette saison ! — et qui transporte un grand sac de sport, genre boudin. Ils vident ce sac dans la chambre de Jégat, en sortent deux riot gun, fusils à canon court d'un modèle particulier, du matériel radio et un des dossiers remis par « Franck ». Ils modifient la disposition du lit, celle des fauteuils du salon, de façon à dégager l'axe du couloir menant à la chambre. Jégat comprend qu'ils sont en train de tendre un guet-apens. Il redoute l'arrivée imminente de Michael, accompagné, peut-être, des Palestiniens, et pousse son amie hors de l'appartement avec ses deux chats. Fébrile et tendu, « Paul » reste en liaison constante avec l'extérieur. Tout à l'heure, quand il a sorti le dossier, Franck a vaguement protesté : « Bon, on ne l'utilisera pas, mais si on ne trouve rien, tu es bien d'accord, il faudra bien qu'on mette quelque chose. » Réponse que Barril contestera avoir alors jamais prononcée...

Le téléphone sonne. Jégat décroche le combiné. C'est pour « Paul ». La communication semble devoir déranger ses projets. Jégat l'entend dire à son subordonné : « Allez, on remballe tout, on va le coincer chez lui. » Il les voit ranger précipitamment leur matériel dans le sac boudin, dont ils ont du mal à tirer la fermeture Eclair. Il veut leur donner un coup de main en comprimant le sac. Barril l'écarte d'un geste : « Surtout pas, malheureux ! il y a l'explo préparé dedans ! » Avant de partir, il se fait prendre en photo avec « Franck » par son subordonné. Jégat reste seul, atterré et dépassé par les événements. Dit-il.

Peu avant 20 heures, nouveau grelot du téléphone. C'est Paul : « Allô, Franck, c'est encore plus important que prévu. Ecoute la télé et la radio. » L'amie de Jégat est de retour. Le communiqué de l'Elysée leur apprend l'opération en cours. Comment ne pas faire le rapprochement ? A bout de nerfs, Jégat débranche son téléphone, absorbe un puissant somnifère et passe au lit toute la journée du dimanche. Le soir, les nouvelles le confirment dans ses craintes : au lieu d'explorer la piste qu'il lui a indiquée par une enquête approfondie sur les contacts palestiniens de Plunkett, « Paul » n'a-t-il pas bâclé l'affaire pour monter un coup de pub ?

Le lundi 30, Barril l'appelle, furieux de n'avoir pu le joindre plus tôt, mais surtout de s'être vu dépossédé du dossier au profit de la police. Il lui demande de le rejoindre à la cafétéria d'Orly-Ouest, car il doit partir pour une autre mission. Là, il lui remet trois billets de 500 Francs pour qu'il aille se mettre au vert le plus vite possible : « Si la Crim te trouve, tu risques d'en prendre pour quinze ans pour complicité. Appelle-moi dimanche, je te dirai si tu peux revenir. » Bien sûr, leur version de ce dialogue et des propos échangés ultérieurement divergeront. Ce qui est établi, c'est que, avant d'aller se terrer quelques jours en Normandie, Jégat retourne, le 31 août, voir Blanchet au *Nouvel Observateur* pour lui faire part de ses doutes et de ses craintes. Le journaliste lui conseille de suivre la recommandation de Barril, qui doit avoir ses raisons. Mais il fait part de sa consternation à Jean Daniel, qui rappelle Bianco à l'Elysée, au moment même où parvient, en haut lieu, une note de Franceschi très circonspecte sur l'origine des armes saisies chez les Irlandais de Vincennes. Jégat, informé par la lecture des journaux, durant son séjour normand, du détail des pièces à conviction trouvées par les gendarmes, dira son sentiment de s'être fait piéger : comment Plunkett ne comprendrait-il pas qu'il est l'informateur du capitaine Barril ? « Frank » va vivre, dès lors, dans l'obsession du sort de Gabriel Chahine, la « taupe » égyptienne introduite à Action directe et froidement exécutée par le mouvement après sa dissolution...

Dès son retour, il se précipite chez Barril, le harcèle de questions sur l'intervention de Vincennes, les résultats de la perquisition, la poursuite des filatures sur les Arabes de la rue des Rosiers. Il l'accuse d'avoir tout saboté et de le « laisser dans la merde ». « Mais non, tente de le rassurer " Paul ", j'ai tout bétonné autour de toi, Plunkett ne peut pas savoir que tu me l'as balancé. » Mais, le 8 septembre, la lecture du *Monde* a de quoi replonger « Franck » dans un abîme d'angoisse : « Un informateur lié aux auteurs de l'attentat de la rue des Rosiers aurait, en fait, donné l'adresse de la cache » (de Vincennes).

Sur la suite des événements, la divergence des récits, reconstitués a posteriori, ne cesse de s'accentuer entre les protagonistes de l'affaire, dont les déclarations ne seront verbalisées que deux ou trois ans plus tard.

Voici, en substance, ce que donnera la version de « Franck-Jégat », dont l'existence ne sera dévoilée que le 30 octobre 1985, par un nouveau scoop du tandem Bertrand Le Gendre-Edwy Plenel.

« Paul m'a toujours affirmé, dira Jégat dans ses dépositions, qu'il ne s'était pas servi du matériel et des documents que je lui avais confiés. Un jour, je lui ai même demandé de me rendre le GP 35 dont Michael m'avait fait cadeau. Il m'a montre un p.v. de gendarmerie en me disant : « C'est le résultat d'une expertise balistique des services ouest-allemands. Ton GP 35 avait servi dans un attentat en Allemagne. Tu comprends que je ne puisse te le laisser. Je te le rendrai le soir du procès.

« Je me souviens également lui avoir posé une question précise à propos de " l'explo préparé " dans son sac boudin. Il m'a répondu qu'il ne s'agissait pas du tout du plastic, mais d'une grenade dont la cuillère était un peu endommagée, il fallait faire attention...

« Il m'a toujours affirmé que tout s'était correctement passé et que les fuites vers la presse étaient destinées à saboter le travail de la gendarmerie. Il me faisait croire que les services de sécurité resserraient néanmoins leur étau autour des tueurs de la rue des Rosiers dont il avait déniché la piste dans l'entourage de Michael, piste sur laquelle il continuait lui-même de travailler.

« J'ai demandé à Paul s'il ne serait pas logique que je reprenne contact avec Michael dans sa prison, quelques semaines après son arrestation. Paul m'a dit : " Non, plus tard, quand je te le dirai. " Il m'a affirmé que je n'étais pas brûlé, qu'il n'avait rien posé de ce que je lui avais remis, que Michael ne pouvait donc pas comprendre que j'étais le responsable de son arrestation, qu'il avait vraiment tout bétonné autour de moi.

« D'une rencontre à l'autre, ses contradictions se multipliaient. C'était entre nous le jeu du chat et de la souris. Quand il a appris — j'ignore comment — que j'avais fini par téléphoner au directeur du *Monde,* André Laurens, pour lui demander des explications sur l'article du 8 septembre

1982, qui faisait état d'un informateur, il m'a fixé un rendez-vous dans un café des Champs-Elysées. Il était hors de lui et a failli me frapper : " Puisque tu parles à des journalistes, je te préviens : tu crains de te faire tuer, eh bien ! tu vas te faire tuer ! Rappelle-toi les photos prises chez toi. Veux-tu qu'elles parviennent à Plunkett ? "

« Nos rendez-vous se sont espacés, en 1983. Après les scandales provoqués par les rebondissements qui le mettaient publiquement en cause, Paul m'a dit, lors de sa seconde hospitalisation au Val-de-Grâce : " Moi, je suis blanc dans cette affaire des Irlandais. Toutes les diffamations dont je fais l'objet, c'est un coup monté pour des raisons politiques. S'il m'arrive quelque chose, de toute façon, quatre ministres tomberont : Bérégovoy, Hernu, Defferre et Franceschi. J'ai une cassette et un dossier sur Hernu qui m'a menacé de mort. "

« Mais, depuis la mi-août 1983, je me suis rendu compte que j'étais moi-même surveillé, filé, menacé. Paul m'a dit de ne pas m'inquiéter, que je ne risquais rien, mais qu'il devait partir en mission. Je craignais les représailles des Irlandais qui avaient, entre-temps, été libérés et qui attendaient leur non-lieu. J'ai interprété sa dérobade comme un abandon délibéré. Au comble de mon désarroi et de mon indignation, vers la mi-septembre, j'ai appelé directement Prouteau à l'Elysée en me présentant comme « Franck », l'informateur de Barril. Je lui ai fait part de l'attitude scandaleuse de Paul. Il m'a fixé un rendez-vous avec un collaborateur de sa cellule à qui j'ai tout expliqué. Ce fonctionnaire de qualité m'a aidé à m'en sortir.

« J'ai rompu tout lien avec Paul. Mais, quand j'ai appris, au cours du printemps 1984, qu'il était en train de faire son livre, j'ai pris l'initiative de l'appeler pour lui dire que je ne laisserai pas tronquer la vérité. Il a ironisé en me proposant de corriger le manuscrit et de me rétrocéder un pourcentage de droits d'auteur proportionnels au nombre de pages consacrées à cette affaire. C'est là que je suis allé le voir pour la seconde fois à l'hôpital. Après sa sortie, nous avons encore eu une altercation près de la place de la République, où son garde du corps m'a menacé en me lançant : " Tu n'en as plus pour longtemps. " J'ai alors dit à Barril que je ne discuterai plus avec lui, que je n'avais rien à négocier, qu'il pouvait écrire ce qu'il voudrait, qu'il me trouverait toujours devant lui ! (*sic*)

« Pourtant, à la fin de 1984, il est venu me relancer pour travailler avec lui dans le privé : il me proposait 3 500 Francs par mois pour participer à des filatures, des sonorisations d'appartements pour le compte, m'a-t-il dit, d'un service antiterroriste. Son arrogance m'a scandalisé et m'a conduit à entrer en contact avec la D.s.t... Je n'ai, à aucun moment, tenté d'obtenir la garantie de mon impunité afin de me soustraire à une éventuelle comparution devant la justice. Pour la vérité, il faut parfois payer. »

Ainsi se termine la déposition faite par Jégat, le 30 octobre 1985, dans le cabinet du juge Verleene. Elle n'a rien de spontané. Elle est, au contraire, l'aboutissement d'un processus que Barril, pour sa part, assimile au chantage d'un mythomane qui, par dépit de se voir traité comme un simple courrier par Plunkett et comme un vulgaire indic par lui-même, a basculé d'un camp à l'autre. Alors que Jégat estime, lui, avoir fait, dans les deux cas, un choix moral et politique. Mais ses motivations sont ambiguës : s'il parle, c'est que, après avoir offert ses services à la cellule élyséenne, puis à la D.s.t., il s'est senti « lâché » et insuffisamment protégé.

En fait, selon Barril, qui reconnaît seulement avoir essayé de le presser comme un citron, « Franck » n'a cessé de le poursuivre de ses assiduités jusqu'à faire sur lui une fixation qui s'est transformée en haine pathologique, faute d'avoir pu en tirer les avantages escomptés. Après le fiasco de Vincennes, Jégat en veut à l'as des as du G.i.g.n. d'avoir saboté une belle affaire, qu'il lui a apportée sur un plateau. Il se croit en droit de réclamer une arme, puis un permis de port d'armes par une inscription à un club de tir, puis un emploi dans une société nationalisée, puis un nouveau logement, puis un dédommagement, une gratification pour services rendus à la République. Il perçoit une somme de 1 500 Francs en septembre 1983. Quand Prouteau le repasse à son collaborateur, Pierre-Yves Gilleron, le commissaire détaché de la D.s.t. à la cellule élyséenne, pour continuer à manipuler cette « taupe » hors du commun, Jégat finit par élever ses prétentions financières à 600 000 Francs, auprès de son nouvel « officier traitant ». En fait, il ne touchera de nouveau qu'une mensualité de 1 500 Francs en août 1985. Et s'il va jusqu'à porter des croissants à Barril au Val-de-Grâce, c'est pour lui quémander plus tard un million de Francs, à la sortie de son livre. Mais, entre-temps, le capitaine épinglé a pris ses précautions. Il a déposé chez un huissier une lettre datée relatant comment, au printemps 1983, « Franck » a entrepris de le faire chanter, à la faveur de l'annulation de la procédure de Vincennes : « Si mes demandes ne sont pas satisfaites, je dirai que c'est moi qui vous ai remis les armes et le plastic saisis dans l'appartement des Irlandais. Ce sera ma parole contre la vôtre. Mais moi je n'ai rien à perdre, tandis que vous, si. »

Comme rien ne bouge du côté des services officiels, Bernard Jégat se met à tirer, en vain semble-t-il, bien des sonnettes, réclamant au passage gîte, couvert et subsides. C'est ainsi que « Franck » entame le tour des salles de rédaction. A commencer par celle que Jean-François Kahn est en train d'installer pour préparer la sortie de *L'Evénement du Jeudi* à l'automne 1984. Il lui livre, par sympathie, dit-il, l'exclusivité de son histoire, en expliquant que l'Etat lui doit de prendre en charge sa sécurité, en fonction des risques énormes qu'il a pris pour contribuer à sa défense. Mais il demande que son « témoignage pour la vérité » ne soit pas publié, car il y va, selon lui, de sa vie. Le commandant Prouteau, discrètement consulté, précise alors aux journalistes de l'hebdomadaire que, s'ils font état de ces informations, ils seraient « en quelque sorte responsables de ce qui pourrait arriver à Jégat ». « Nous nous contentâmes donc, écrira Kahn un an plus tard, d'utiliser, dans un article sur le terrorisme, certaines indications que Jégat nous avait fournies et que nous avions nous-mêmes vérifiées et recoupées. Cela nous a valu un procès au cours duquel nous ne fimes aucune référence à Bernard Jégat. »

Ne sachant plus à quel saint se vouer, Jégat, sur les conseils du journaliste, demande à son traitant de la cellule élyséenne, le commissaire Pierre-Yves Gilleron, de le mettre en rapport avec son service d'origine : la D.s.t. Mis entre les mains du commissaire Cler, il demande à être entendu par procès-verbal, pour « communiquer des informations sur le terrorisme international ». Simple p.v. de renseignement à conserver sous le coude, dit-il, et pour ne servir qu' « en cas de malheur ».

Du 17 au 25 janvier 1985, le commissaire Jean-Marc Fay, assisté de l'inspecteur principal Jean-Patrick Borgniet, enregistrent donc soigneusement, sur instructions de leur chef de service Cler, le récit de ce singulier témoin. Ainsi « Franck », indicateur malchanceux de la cellule élyséenne, devient-il informateur de la D.s.t., qui lui accorde de temps à autre un peu de monnaie.

« Au terme de ce témoignage, conclut-il sa déposition, je tiens à préciser qu'aucun sentiment de haine et de vengeance n'a dicté mes propos. J'ai entrepris cette démarche de mon plein gré, en toute liberté, afin de contribuer à la défense de la vérité historique. » Décidément, c'est chez lui une manie.

L'honneur perdu du commandant Beau

Pour le commandant Jean-Michel Beau, seul inculpé, avec son adjoint, le major Windels, des bavures de Vincennes, ce témoignage de la vingt-cinquième heure, qui commence à transpirer dans certains milieux de presse, c'est plutôt une aubaine. Cet informateur qu'il ne connaît pas, mais dont il apprend l'existence au début du printemps 1985 par son avocat, Me Philippe Lemaire, lui-même renseigné par un journaliste à la suite du procès Plunkett contre Kahn, tombe à point pour conforter sa défense, car, depuis un an, il se débat pour ne plus porter un chapeau devenu un étau d'acier. Menacé de ne plus pouvoir exercer d'activités de police judiciaire — la procédure de retrait de sa qualité d'O.p.j. étant toujours en suspens devant la chambre d'accusation de Paris — J.-M. Beau a vu sa carrière sinon brisée, du moins enrayée à cause de cette mésaventure. Alors qu'il dirigeait la plus grosse section de recherches de la gendarmerie, il végète dans un poste de figuration à la Direction de la protection et de la sécurité de la Défense (D.p.s.d.), l'ancienne Sécurité militaire, le « placard » où on l'a relégué depuis son inculpation pour « subornation de témoins ». Il a certes, dans un premier temps, accepté, par solidarité d'arme, de tout prendre sur lui, ce qui lui a valu cette inculpation. Mais, au fil des mois, il s'est lassé de ce rôle de lampiste en ne voyant toujours pas venir d'en haut le secours et la couverture qu'il espérait. Au nom de la servitude et de la grandeur militaires, il eût même accepté de se sacrifier si, en haut lieu, on l'avait prié de le faire. Mais non, nul signe de reconnaissance, rien que le silence autour de lui et le chapeau sur la tête ! Alors, sortant d'une longue dépression nerveuse soignée au Val-de-Grâce, le commandant va, peu à peu, en dire plus.

Au président de la chambre d'accusation, Jean Bertholon, saisi de la requête du procureur général, Pierre Arpaillange, visant à sa disqualification judiciaire, et qui l'interroge à la fin d'octobre 1983, Beau laisse entendre que, s'il a si longtemps menti au juge Verleene pour couvrir les irrégularités commises par le G.i.g.n. à Vincennes, c'est sur l'ordre exprès du patron de la cellule élyséenne, le commandant Prouteau : il fallait, au nom de la raison d'Etat, ficeler tant bien que mal un dossier présentable à la justice. La preuve, révèle-t-il, c'est que Prouteau a suivi de A à Z le déroulement de l'affaire, qu'il a discuté avec lui, une bonne douzaine de fois au « Château », de la conduite à adopter pour que les gendarmes négligents ne soient pas l'objet d'une curiosité excessive de la part du magistrat instructeur.

Et voilà que le président Bertholon a la malencontreuse idée de communiquer le contenu de son audition au juge Verleene qui, le 16 mars 1984, reconvoque Beau. Celui-ci est maintenant décidé à lancer son pavé dans la mare, à titre de coup de semonce, en allant encore un peu plus loin : il met cette fois en cause les deux tuteurs politiques de la cellule antiterroriste de l'Elysée, Gilles Ménage, directeur adjoint du cabinet de Mitterrand, et François de Grossouvre, l'éminence grise du Président en matière de renseignement ! Ceux-ci se seraient tenus chaque fois informés par téléphone, en sa présence, couvrant ainsi par leur attitude toute l'opération du manteau protecteur de la raison d'Etat.

Que dévoile, en effet, l'inculpé Beau à son juge ? D'abord qu'il a assisté aux échanges téléphoniques entre Barril et Prouteau, le soir même du coup de filet litigieux de Vincennes, et dont le registre de la brigade porte effectivement la trace. Ce cahier, où sont inscrits par le standardiste tous les numéros appelés en province, seul le général Boyé a pu se le faire communiquer pour son enquête de commandement, en mai 1983. Quand le juge Verleene demandera à en prendre connaissance à son tour, le major général de la gendarmerie, Wautrin, lui apprendra que cette pièce n'a pas été conservée. Le magistrat ne révélera cette malencontreuse disparition que le 27 avril 1986!...

Quand, le 31 août 1982 au matin, le commandant Beau était allé porter à Prouteau, à la demande de ce dernier, la procédure de l'opération, il lui aurait fait part d'un doute fugitif qu'il avait éprouvé sur la provenance des armes saisies dans la cache des Irlandais : Barril n'aurait-il pas été capable de « charger la mule » ? « Tu n'y penses pas, Paul est un homme d'honneur », lui aurait rétorqué Prouteau.

En second lieu, Beau révèle la douzaine de rendez-vous au cours desquels, durant l'automne 1982, Prouteau l'a encouragé à « briefer » les gendarmes convoqués par le magistrat pour qu'ils témoignent d'un même chœur de la régularité des actes auxquels ils ont eu à procéder. Et, ajoute-t-il, il en a référé téléphoniquement devant lui, soit à Ménage, soit à de Grossouvre.

Puis, lors de l'enquête de commandement de mai-juin 1983, ordonnée par Hernu, Prouteau est rentré des Etats-Unis rendre visite au général Boyé, pour consolider le scénario initial. Il aurait rassuré Beau en ces termes : « Tout va bien, il avale tout. » Croyant ainsi qu'il s'agissait d'une enquête bidon destinée à calmer la campagne de presse, Beau a maintenu la version truquée jusqu'aux aveux de son adjoint Windels. Il avertit alors le lieutenant-colonel Esquivier, dit « le Curé », à la cellule élyséenne, qu'il libère ses hommes de « l'obligation de mensonge » qu'il leur a imposée, mais qu'il accepte de prendre tout sur lui. Au nom de Prouteau, Esquivier tente de l'en dissuader, en raison des « conséquences incalculables » d'un tel déballage. « Tu es fou », lui lance Barril à son retour à Satory, « moi, je dis à mes hommes de ne pas en démordre ». Le capitaine finira, toutefois, par reconnaître sa responsabilité dans les deux vices de forme qui ont entaché la procédure de Vincennes quand il comparaîtra devant le président Berthelon. « En clair, résume Beau, c'est bien Prouteau qui avait ordonné la coordination du mensonge. »

Considérant que ces accusations constituent un fait nouveau, le juge Verleene demande au parquet l'autorisation d'entendre le commandant Prouteau, soupçonné, à son tour, de subornation de témoin en vue de tromper la justice. Car le magistrat se rend bien compte que la question n'est pas seulement judiciaire, mais aussi politique. A travers le commandant Prouteau, c'est, cette fois, l'entourage présidentiel qui se trouve dans le collimateur, et non plus quelques exécutants. En révélant ce nouveau rebondissement et en annonçant l'éventuelle demande d'inculpation du patron de la cellule élyséenne, dans *Le Monde* du 9 avril 1984, c'est encore Edwy Plenel qui déclenche un mini-scandale aux relents inquiétants de Watergate à la française.

Le soir même de la parution de cet article, Prouteau dément catégoriquement et accuse Beau de chercher, en citant son nom, à dégager sa responsabilité. Suspecté d'avoir simplement voulu se venger de ses humiliations en mettant en cause son collègue de l'Elysée, Beau se contente de répondre : « La vengeance est un plat qui se mange froid. » Le lendemain, le procureur de la République, Michel Jéol, présente une requête à la cour de cassation pour l'instruction du cas de Prouteau, requête qui sera rejetée dans la mesure où, dans ses nouvelles fonctions, l'ex-chef du G.i.g.n. ne peut se prévaloir de sa qualité d'O.p.j. et donc d'un privilège de juridiction pour ne pas déférer à une convocation du juge Verleene. Prudent, le magistrat se tourne encore vers le parquet, pour lui demander de nouvelles réquisitions. Le 29 mai, le procureur lui enjoint de réentendre et de confronter tous les gendarmes suborneurs et subornés et, « s'il échet, d'entendre le chef d'escadron Prouteau ».

Quand il est réentendu, le 13 novembre, Beau s'étonne de la lenteur de Verleene à convoquer Prouteau.

— C'est que, explique le magistrat en se retranchant derriere l'article du Code qui protège les droits de la défense, ce serait un cas de nullité si j'entendais un témoin susceptible d'être inculpé.

— J'en déduis, monsieur le juge, que des présomptions graves et concordantes sont maintenant réunies, de nature à inculper le chef d'escadron Prouteau. Au moins pour complicité par instructions du délit de subornation retenu à mon encontre. Dites plutôt que vous n'osez pas aller jusqu'à inculper un conseiller technique de la présidence de la République...

Dès lors, l'instruction semble s'enliser. En février 1985, Beau, toujours en quête d'un biais pour la faire avancer, apprend que Barril l'aurait dupé en lui faisant couvrir non seulement des fautes de pure forme, qui sont, selon lui, le lot du « quotidien judiciaire », mais un montage odieux en apportant lui-même les armes dans la cache des Irlandais. Rumeur qu'il s'était toujours refusé à croire depuis que, le 31 août 1982, Prouteau s'était porté garant devant lui de l'honneur du capitaine, son alter ego à la tête du G.i.g.n.

Après le procès en diffamation de Plunkett contre *L'Evénement du Jeudi,* Beau se met à la recherche de l'informateur qui a pu donner l'adresse de la planque de Vincennes, et qui, selon ses deux sources, détient peut-être les preuves de la turpitude de Barril. En attendant, il demande que soit communiqué à la justice le rapport d'enquête du général Boyé, dont on lui dit qu'il incrimine Barril plus que lui-même, mais dont le ministre Hernu a fait un secret de défense. En vain a-t-il sollicité une audience du ministre qu'il finit par rencontrer inopinément, le 11 avril 1985, à 18 h 15, au mess de la D.p.s.d. Devant le buffet dressé à l'occasion de cette visite ministérielle, Beau se présente à Hernu en se mettant au garde-à-vous :

J.-M. B. : Chef d'escadron Beau, Gendarmerie nationale, mes respects, monsieur le Ministre !

C. H. : Ah ! mon commandant !

J.-M. B. : M. le Ministre, je ne désespère pas, après vous en avoir formulé la demande cinq fois par écrit, d'obtenir l'audience sollicitée. Vous savez que j'ai des choses à vous dire.

C. H. : Mais, mon commandant, je vous recevrai. Ah ! Vous êtes en poste ici, mon commandant ?

J.-M. B. : Oui, monsieur le Ministre, je suis en poste ici.

C. H. : Vous êtes toujours inculpé, mon commandant ?

J.-M. B. : Oui, monsieur le Ministre, j'ai l'honneur d'être inculpé à cause des turpitudes des autres !

C. H. : Vous savez bien, mon commandant, qu'un inculpé est réputé innocent.

J.-M. B. : Ah ! oui, je sais, il y a même des exemples célèbres.

C. H. : Je ne vois pas... A quoi pensez-vous ?

J.-M. B. : A l'actuel Président, monsieur le Ministre !

C. H. (embarrassé) : Euh... Mais, je vais vous recevoir, mon commandant. (Et se tournant vers son directeur de cabinet.) Monsieur Careil !

J.-M. B. : Je vous remercie, monsieur le Ministre, de...

C. H. : Vous savez, moi, dans cette affaire, je ne vous ai pas chargé.

J.-M. B. : Mais, monsieur le Ministre, je n'ignore pas vos consignes de modération... Il n'en reste pas moins que j'ai des choses à vous dire, que vous avez toujours ignorées.

C. H. (se tournant vers Careil) : Ah ! Monsieur Careil, prenez les coordonnées du commandant Beau...

J.-M. B. : Je me tiens, bien entendu, à votre disposition.

Patrick Careil (sortant son stylo) : N'auriez-vous pas un papier, mon commandant ?

J.-M. B. : Non, je n'ai pas de papier.

C. H. (s'adressant à Careil) : Prenez l'habitude, lorsque vous m'accompagnez, de prendre de quoi écrire !

(P. Careil prend une serviette en papier sur le buffet.)

J.-M. B. : On m'avait dit, monsieur le Ministre, que vous ne voudriez pas me recevoir pour ne pas qu'il soit dit que l'exécutif se mêlait d'une affaire judiciaire...

C. H. : Mais je reçois qui je veux, quand je veux, je suis le ministre de la Défense. On ne va tout de même pas aller se cacher dans un bistrot. Eh bien, monsieur Careil, je recevrai le commandant au premier étage.

(Le ministre s'éloigne vers un autre groupe.)

P. C. : Quel est votre téléphone, mon commandant ?

J.-M. B. (tout en lui donnant son numéro personnel) : Monsieur le directeur, il faut que cela soit bien clair. Je n'ai pas de faveur à demander, je souhaite seulement voir le ministre seul à seul pour lui donner un certain nombre de précisions dont il n'a pas connaissance.

P. C. : Très bien, je le dirai au ministre.

Il n'y aura jamais d'appel du cabinet du ministre. Il n'y aura jamais de rendez-vous...

Le 11 septembre 1985, cinq mois, jour pour jour, après ce face-à-face surprise, Beau adresse une requête par la voie hiérarchique, pour obtenir une copie du rapport Boyé sur la base duquel le ministre de la Défense l'avait suspendu de ses fonctions, du 9 juin au 1er septembre 1983 (le temps qu'il se fasse inculper). Pour toute réponse, il reçoit, le 18 octobre suivant, une lettre officielle du général Nivlet, sous-directeur du personnel à la Direction générale de la gendarmerie nationale, ainsi libellée :

« J'ai l'honneur de vous faire connaître que, la décision de suspension de fonction ayant été prise par le ministre de la Défense, le document de commandement auquel vous faites allusion n'a pas lieu d'exister. »

Curieusement, un télex adressé le 13 juin 1983 par Charles Hernu à toutes les brigades de gendarmerie faisait mention de ce rapport prétendument « inexistant ». Mais il est vrai que, depuis le 20 septembre, Hernu emporté par les remous de l'Affaire Greenpeace, a dû céder son portefeuille à Paul Quilès. Et il a gardé par devers lui le rapport, dont il avait recommandé à l'inspecteur général Boyé de ne faire taper qu'un exemplaire, sans photocopie ni carbone. (Il ignorait alors qu'il en subsisterait une copie dans les archives de l'Inspection générale.)

Un peu plus tard, on tentera de calmer le commandant Beau en lui disant de ne pas tenir compte de la réponse courtelinesque du général Nivlet, car sa requête n'était pas adressée à qui de droit, « la Direction de la gendarmerie ne pouvant avoir connaissance d'un rapport remis au ministre ».

Mais, entre-temps, nouvel épisode : l'éclat de la bombe Jégat. L'apparition-surprise du témoin de la 25e heure vient à point apporter de l'eau à son moulin. C'est une drôle d'histoire, curieusement menée, étrangement révélée, bizarrement conclue.

Grâce aux relations qu'il a conservées dans les services de police et de renseignement à l'étranger, le commandant Beau découvre, en juin 1985, une piste pour remonter la filière logistique de l'Inla implantée en France. En trois mois, elle le conduit à identifier l'informateur du coup de Vincennes. Au début d'octobre, il apprend par des journalistes que cet informateur, lié à Plunkett, a des révélations à faire, mais qu'il ne sait plus à quelle porte frapper après avoir tout dit, au début de l'année, à la D.s.t. qui, semble-t-il, aurait oublié de lui renvoyer l'ascenseur. Beau se rend alors compte qu'il n'est plus seul à se heurter au mur contre lequel meurent les affaires d'Etat.

Bernard Jégat tourne en rond entre son secret, qu'il voudrait bien garder pour apparaître un jour comme un sauveur aux yeux du président de la République trompé par les Mousquetaires du « Château », et la peur croissante de représailles. Il se sent menacé depuis qu'il a eu vent, cet été, de règlements de comptes parmi les militants irlandais réfugiés à Paris ; et il veut faire pression sur le pouvoir, sachant que son histoire commence à circuler dans certaines salles de rédaction. Aussi pense-t-il à s'adresser à un de ses anciens condisciples et partenaires de jazz, Jacques Godfrain, devenu député R.p.r. de l'Aveyron. Il va le voir, le 17 septembre, et lui déballe tout ce qu'il a sur la conscience et sur le cœur. Il lui dit travailler en liaison avec l'Elysée, mais il met en cause la loyauté du capitaine Barril. Et il se désespère d'attendre une compensation financière et une situation pour les risques encourus et les désagréments subis dans l'affaire des Irlandais, n'ayant touché jusqu'alors qu'une mensualité de 1 500 Francs proposée par le D.s.t. en août pour sa collaboration. Le député en fait part à un magistrat de ses amis politiques, le juge Alain Marsaud, que Jégat rencontre en privé et qui en touche un mot au procureur général Robert Bouchery. Mais, toujours équivoque dans ses démarches, l'ex-correspondant à la pige de la Radio-Télévision belge ne souhaite pas parler spontanément à la justice, il ne le fera que si celle-ci prend l'initiative de le convoquer. Toutefois, Godfrain a conseillé à Jégat de s'en ouvrir au préfet Robert Broussard, célèbre commissaire devenu l'adjoint opérationnel du directeur général de la Police nationale. Début octobre, Broussard découvre, avec étonnement, les procès-verbaux de la D.s.t. que le nouveau patron du service, Rémy Pautrat a transmis au ministre en prenant ses fonctions vers la mi-août : son prédécesseur, Yves Bonnet, les avait conservés sous le coude, comme de simples p.v. de renseignement, tout en alertant l'Intérieur, le temps d'enquêter sur la réalité des « révélations » de Jégat. Mais, surtout, sachant que celui-ci a déjà parlé à un parlementaire et à un magistrat de l'opposition, Broussard craint que ses confidences, devenues rumeurs, ne soulèvent des interrogations malveillantes et ne politisent une affaire déjà assez scabreuse. Il propose un dédommagement de 100 000 Francs à Jégat, en réparation du préjudice subi et il avertit Joxe : « Attention, on va vous accuser d'avoir dissimulé un rapport de police au juge Verleene, comme on avait accusé Ponia dans l'affaire de Broglie, à propos du rapport de l'inspecteur Roux sur un " contrat " d'assassinat visant le prince. »

Du coup, Joxe fait transmettre à Bouchery, le 15 octobre, les p.v. de l'audition de Jégat au début de l'année. Alerté par le juge Marsaud, quinze jours auparavant, le procureur de Paris, Jéol, lui, s'est abstenu de prendre une initiative. Mais le journaliste Edwy Plenel est informé de l'intention du procureur général de faire convoquer Jégat par un de ses substituts, et s'apprête à prendre les devants pour prévenir un éclat du côté du R.p.r. Au même moment, le commandant Beau demande à son avocat d'aller toucher deux mots au juge Verleene des rumeurs journalistiques sur cette histoire de p.v. de la D.s.t. transmis à la justice avec neuf mois de retard. A la stupéfaction de Me Lemaire, le magistrat n'ignore rien du rôle de Jégat dans l'affaire qu'il instruit, mais ne semble pas décidé à procéder de son propre chef à son audition. Il faut lui forcer la main. Le 29 octobre, Beau lui expédie un télégramme anonyme : « Armes, matériel, munitions, documents dans l'affaire des Irlandais fournis par Jégat Bernard, 12 rue du Télégraphe, XXe. Signé : un ami. »

Il est temps : le scoop de Plenel paraît dans *Le Monde* du lendemain. Court-circuitant le parquet qui a convoqué Jégat pour le 31, dans le plus grand secret, le juge Verleene entend ce témoin le 30, pendant plus de six heures. Jégat résume de mémoire ses déclarations de janvier à la D.s.t., en faisant état de l'échec de ses démarches successives et de plus récentes menaces de mort qu'il attribue à Barril. Son récit, dont les grandes lignes viennent d'être rendues publiques par *Le Monde* sorti l'après-midi du 30 octobre, complète tout ce qu'a appris, depuis février, le commandant Beau et s'insère dans la défense de son honneur perdu, comme si chacun de ces deux hommes, qui ne se sont jamais rencontrés et qui ont en commun des comptes à régler, avait la clé qui manque à l'autre. Leurs accusations convergent sur trois points essentiels : *a*) le raid de commando contre les Irlandais de Vincennes n'était pas une bavure, mais un montage réalisé par le capitaine Barril ; *b*) l'Elysée l'a su peu après, Jégat ayant alerté la présidence des risques que ce montage faisait peser sur sa vie ; *c*) le commandant Prouteau a avalisé la version concertée et mensongère servie à la justice par le commandant Beau, première victime de ce montage, puisqu'il croyait couvrir de simples erreurs de procédure.

Le doute sur le témoignage de Jégat n'est pas levé pour autant. Les magistrats du parquet, qui entendent à leur tour ce fameux informateur, le 31 octobre, se demandent s'ils n'ont pas affaire à un paranoïaque manipulé, dont le récit a la cohérence d'un dossier de presse, à partir duquel il aurait pu être fabriqué de toutes pièces. N'empêche ! Après une semaine de réflexion, le procureur ouvre deux informations contre X, l'une pour détention, l'autre pour transport d'armes, de munitions et d'explosifs, visant d'abord Jégat lui-même. Bien entendu, ces deux nouveaux dossiers à instruire atterrissent sur le bureau du juge Alain Verleene...

Dans les couloirs agités du palais de justice, l'avocat de Barril, Me Francis Szpiner, claironne l'intention de son client d'attaquer *Le Monde* en diffamation : « Certes, dit-il, Paul Barril, comme Dreyfus, est capitaine. Ce n'est pas une raison pour en faire un bouc émissaire perpétuel. » Barril lui-même, joint en province par Antenne 2, qualifie Jégat de « maître chanteur avide de compensations financières » :

> « Pourquoi a-t-il attendu trois ans ? S'agit-il d'un coup journalistique ou d'un coup politique ? Soyons sérieux. Alors, comme cela, ce soi-disant porteur de valise du terrorisme m'aurait rencontré, puis donné des armes et des explosifs le soir même ? C'est aberrant !... On peut imaginer un autre scénario : il a pu avoir un différend avec ses amis, et c'est peut-être lui — pourquoi pas ? — qui a placé ces pièces à conviction dans l'appartement de Vincennes. Moi, je n'ai jamais donné d'ordre ni agi pour que cette action préventive du G.i.g.n. soit faussée ou truquée. »

Pourtant, deux jours après, Michael Plunkett, interrogé par l'agence Gamma, se garde bien de démentir la version de Jégat : « Les armes et les explosifs n'appartenaient pas à... » Ici, l'Irlandais marque une pause, comme un moment d'hésitation, puis rectifie : « Je veux dire, n'étaient pas dans l'appartement (de Vincennes). Ils ont été transportés là par quelqu'un... Je refuse de parler de quiconque aurait pu, de quelque manière, aider la résistance irlandaise. »

Ces Irlandais de Vincennes n'ont pas fini de faire parler d'eux. Ils vont même, à leur corps défendant, faire irruption dans la campagne électorale du début de 1986. D'abord dans un texte anonyme diffusé depuis Noël, au sein même de la gendarmerie, affirmant que l'introuvable rapport de l'inspecteur général Boyé, du 13 juin 1983, « établirait nettement la responsabilité majeure du capitaine Barril et, par conséquent, de son chef direct, le commandant Prouteau... La vérité peut être cruelle, mais il faut l'assumer ! »

Le 22 janvier, le journaliste Georges Marion, lui aussi ancien trotskiste, comme Edwy Plenel[1], révèle dans *Libération* que, mis en émoi par ce texte anonyme, le ministre de la Défense Paul Quilès,

---

1. Le ministère de la Défense ne cessera de voir, dans cette série de révélations journalistiques, un complot d'ultragauchistes au passé antimilitariste.

craignant de possibles fuites dans la presse, a préféré prendre les devants en allant chercher la copie du rapport Boyé dans les archives de l'Inspection générale, et en en communiquant au juge Verleene la première partie, qui n'est qu'un rappel anodin des faits ayant motivé cette enquête de commandement. Mais la seconde partie — celle qui établit les responsabilités et propose à la fois des sanctions individuelles et la réorganisation du G.i.g.n. — reste classée confidentiel-défense.

Dès la parution de cet article, le commandant Beau, qui manifeste son intention de sortir pour la première fois de sa réserve, est convoqué dans le bureau du directeur adjoint de la D.p.s.d. (l'ex-Sécurité militaire). Le général de brigade Gillet lui intime, par notification écrite, « l'ordre formel de n'entrer en contact, sous aucun prétexte, avec des représentants de la presse écrite, parlée ou télévisée ». Le commandant répond aussitôt qu'il passera outre : « Inculpé d'une infraction de droit commun, je ne suis tenu ni au secret de l'instruction ni à l'obligation de réserve des fonctionnaires si je suis appelé à m'exprimer sur un sujet qui ne concerne en rien la Défense nationale. »

Et il fonce, le soir même, vers les studios d'Europe 1 pour confier ses états d'âme au micro de Jean-Pierre Elkabbach, parce que les deux procédures dont il est l'objet (subornation de témoin et retrait de la qualification judiciaire) ne suivent pas un cours normal. « Il n'est pas question pour moi, dit-il, de participer à une magouille supplémentaire... Que chacun soit poursuivi pour les faits qui lui reviennent ! » Et de demander l'audition des vrais responsables qui l'ont entraîné dans cette galère : Barril et Prouteau, mais aussi Ménage et de Grossouvre. Bref, les pieds dans le plat !...

Le lendemain matin, le chef de la D.p.s.d., le général Jean Deiber, notifie au chef d'escadron Jean-Michel Beau la sanction la plus grave qu'il peut, à son échelon, lui appliquer « pour avoir désobéi sciemment à un ordre donné » : un blâme qui permet d'enclencher une procédure pouvant aller jusqu'à la radiation des cadres de l'armée, alors qu'aucune mesure disciplinaire n'avait été prise à son encontre après son inculpation...

Beau forme aussitôt un recours contre cette « punition tout à fait arbitraire » et demande au ministre Paul Quilès, par la voie hiérarchique, d'annuler l'ordre écrit qui lui avait été notifié, le 22 janvier, de ne pas communiquer avec la presse :

« La notification m'en a été faite en présence de deux colonels qui n'ont pas manqué de faire, eux aussi, remarquer au général Gillet que cet ordre était manifestement illégal. En définitive, le général Gillet, après m'avoir écouté, m'a indiqué qu'agissant lui-même sur ordre, il se contenterait, à son niveau, de procéder à la notification exigée... J'attire enfin respectueusement votre attention sur le fait que je suis, d'une part, poursuivi au pénal du chef du subornation de témoins parce que j'ai moi-même obéi, sous la contrainte, à des ordres manifestement illégaux, et suis, d'autre part, très sévèrement sanctionné pour avoir désobéi à un ordre manifestement illégal. »

Officier de gendarmerie discipliné au point de mentir sur ordre, le commandant Beau, se souvenant de ses études de droit, se mue, à présent, en champion de la liberté d'expression de tout citoyen, fût-il militaire. Après avoir épuisé toutes les voies légales pour assurer normalement sa défense, il en appelle à l'opinion en récidivant, cette fois, devant toute la presse réunie, le 25 février, dans un local d'Antenne 2. Non pour proclamer son innocence ou pour jouer les vertus outragées : il veut, au contraire, être jugé le plus vite possible. Mais pas seul. Il ne portera pas seul le trop large chapeau dont ses collègues super-gendarmes l'ont coiffé. Il admettait une entorse de forme par solidarité avec ces collègues du G.i.g.n. « qui ne savent pas faire la différence entre une machine à coudre et le code de procédure pénale ». Il n'accepte pas l'odieuse magouille de ceux qui, par volonté d'avoir un succès à tout prix, ont gâché une affaire d'un intérêt très moyen et ont abouti à ce paradoxe : des gendarmes dans le box des accusés et des terroristes à la barre des plaignants ! Il ne demande ni mansuétude ni bénéfice de la prescription, mais une issue judiciaire normale : non-lieu ou jugement. Car il ne veut pas quitter la gendarmerie sali.

Il y a quelque chose de pathétique dans ce militaire bavard qui accuse non seulement l'Elysée d'avoir su, dès le début, à quoi s'en tenir sur ce fiasco de Vincennes, mais le juge d'instruction de ne pas remplir sa mission ; et son propre ministre de porter atteinte aux droits sacrés de tout accusé en abusant du recours au secret défense pour ne pas verser au dossier un rapport de nature à blanchir son honneur.

Interrogé le 5 mars, sur Europe 1, dans le cadre de la campagne électorale, l'ancien ministre Charles Hernu affirme cependant que « le juge Verleene avait pris connaissance oralement, le 9 juin 1983, de toutes les informations contenues dans le rapport Boyé » dont il a fait, « en conscience, classifier la seconde partie qui concernait des aspects strictement militaires ». Mais il s'attire aussitôt un démenti cinglant du magistrat qui nie, dans un communiqué, avoir été mis au courant oralement, le 9 juin 1983, du contenu de ce rapport. « Il n'a eu connaissance, début janvier dernier seulement, que de sa première partie dont la classification " secret-défense " venait d'être levée par M. Paul Quilès, successeur de M. Hernu. »

En face, c'est le silence. Une instruction qui traîne, six mois d'un nouvel aller-retour de la procédure entre la cour de cassation et le tribunal de Paris pour redésigner le juge Verleene, des supergendarmes qui jouent les muets du sérail, une hiérarchie qui attend le 16 mars et ses lendemains.

Promu préfet en mission depuis mars 1985 — bénéficiaire, à ce titre, du privilège de juridiction — élevé, le 1er novembre suivant, au grade de lieutenant-colonel, le conseiller technique Christian Prouteau, resté en poste à l'Elysée, semble désormais hors de portée de la curiosité judiciaire. Reste le capitaine Barril, son ex-compagnon d'armes en disponibilité, avec son train de fracassantes « casseroles ».

LES CASSEROLES DU CAPITAINE FRACASSANT

Barril ?... Vous avez dit Barril ? Sous ce titre de Une, le directeur de l'organe mensuel des retraités de la gendarmerie nationale *L'Essor* reproduit, dans son éditorial du numéro de décembre 1985, un article de Christian Chardon, du *Parisien Libéré*, sur les malheurs du capitaine épinglé à travers lequel c'est, selon lui, l'arme tout entière qui se sentirait visée :

« Barril ! S'il n'avait pas existé, il aurait fallu l'inventer. Rarement un individu fait de chair et de sang n'aura polarisé sur lui autant de mythes et de mystères. Tarzan, Zorro, Superman ou Rambo, le capitaine aurait pu être, tour à tour, ou en même temps, l'un de ces héros de cinéma ou de bande dessinée. Beau comme un jeune premier, fort comme un Turc, armé comme un porte-avions, il doit donner des complexes à son homologue James Bond... Figure de proue, il était fatal qu'on en vienne, un jour, à lui reprocher d'être ce que longtemps on avait voulu qu'il soit. Rien n'est plus versatile que le pouvoir. Et, depuis quelque temps, on fait porter à ses larges épaules tous les ratages, toutes les bévues, toutes les embrouilles de ces dernières années. La reine a perdu ses ferrets ? C'est Barril qui les a piqués ! »

Superman associé à tous les exploits du G.i.g.n., imbattable au tir rapide sur cibles mouvantes, champion de plongée sous-marine et de descente d'hélicoptère en rappel, bricoleur de talent auréolé de ses 24 fractures et de ses onze mois d'hôpital, mais aussi manipulateur de preuves ou naïf lui-même manipulé, agent secret gaffant plus vite que son ombre ou provocateur surpris à jouer Max et les Ferrailleurs avec une bande d'escrocs mythomanes, son nom revient périodiquement sur le devant de l'actualité depuis 1981. Parmi les mousquetaires du Président invités à monter la garde du Château, ce Porthos encombrant s'est trouvé au centre de tornades en tout genre. Rouletabille de l'antiterrorisme, qui ne prend pas de gants blancs pour faire sa guerre, chargé de missions aussi clandestines que désastreuses auprès d'Action directe, messager occasionnel du F.l.n.c., entremetteur de révolutionnaires haïtiens pour coup d'Etat à façon, entraîné par ses relations dans des affaires de droit commun, le voilà devenu la cible d'un tir groupé, après avoir traîné ses rangers dans le sillage du chef de l'Etat.

Eloigné, lâché, renié, Paul Barril termine, le 1er mars 1984, une carrière commencée avec beaucoup d'éclat. « Chez les Barril, on épouse la gendarmerie comme d'autres lignées se vouent à la magistrature ou à l'Ecole nationale d'administration », raconte-t-il, non sans complaisance. Le regard clair et la parole facile, son côté boy-scout, évoluant avec un plaisir gamin dans les hautes sphères, insouciant du danger comme de la hiérarchie, avait de quoi lui valoir bien des indulgences. Foin de cette vilaine rumeur alimentée, en 1981, par son inculpation dans un mystérieux trafic d'armes mêlant extrémistes de droite, anciens mercenaires et simples collectionneurs ! Il suffisait que son chef bien-aimé, Christian Prouteau, répondît de lui comme d'un autre soi-même... Il fallait voir avec quelle jubilation cet homme de 36 ans, à l'allure presque adolescente, ni grand ni très baraqué, en jean et en blouson masquant le revolver fixé à la ceinture, pilotait son petit bolide bleu équipé d'un émetteur ultra-perfectionné ! Pour ce fils d'officier de gendarmerie en retraite dans les Hautes-Alpes avec son culte pour l'armée et pour la nation, c'était la consécration... Son laissez-passer au Château, délivré le 30 août 1982 — au surlendemain du « succès » de Vincennes — porte le n° 545. Son poste téléphonique, le n° 604. Rien n'est trop beau pour ce fonceur qui a ses amis et ses méthodes. Les liens personnels noués au fil d'entraînements d'unités étrangères par le G.i.g.n. ont tissé ce qu'il dénomme volontiers « l'internationale du contre-terrorisme » : un réseau informel de relations qui ne s'embarrassent ni de contraintes administratives ni de pesanteurs hiérarchiques. La méthode : aller, avec ou sans caution, partout où il croira flairer une piste ; entrer dans le jeu d'informateurs les plus divers, aventuriers ou trafiquants, leur proposer une aide pour leur soutirer des renseignements. La méthode a ses risques. Si adroit au tir et au combat, l'as des as se révèle bien malhabile dès que la vie cesse de s'apparenter à un duel à la loyale. Au point de se faire piéger comme un « bleu » dans des coups tordus où se croisent truands et politiques, policiers et voyous, taupes et agents doubles, et dans lesquels le sommet de l'Etat, grâce au zèle du mirobolant capitaine, se trouve forcément compromis ou éclaboussé. Surtout quand il s'agit de coups montés sur ordre.

« Le capitaine Barril, connais pas. Je ne l'ai jamais vu », déclarait Mitterrand au Conseil des ministres du 5 octobre 1983. Au même moment, l'ex-chef par intérim du G.i.g.n. apprenait l'annulation de la procédure des Irlandais, bientôt suivie de sa disgrâce pour d'autres faux pas commis dans ses « missions spéciales », à l'hôpital du Val-de-Grâce, où l'on a dû lui visser deux plaques de métal pour lui soutenir la colonne vertébrale et le sauver du fauteuil roulant à vie... Séquelles, dit-on, de sa chute d'une dizaine de mètres au cours d'un exercice d'entraînement.

Deux ans plus tard, Barril revient sous les feux des projecteurs, soupçonné d'avoir servi d'intermédiaire entre des journalistes et quatre militaires de la D.g.s.e. dans l'affaire Greenpeace. « Attention ! Prudence... Ce numéro est écouté illégalement. Veuillez donc être assez astucieux pour me laisser un message clair et audible, sans vous faire identifier par des personnages très indélicats. Vous pouvez également essayer de me contacter par d'autres moyens... A bientôt. Merci. Soyez prudent et discret. » Cette voix au téléphone, un rien chantante, adoucie par un léger zézaiement, aucun doute : c'est celle du capitaine Barril... Il est absent, « au vert », depuis sa nouvelle inculpation, en cette fin de septembre 1985, de complicité, cette fois, dans les fuites de l'affaire Greenpeace. Il a seulement pris soin, avant de se soustraire aux Grandes Oreilles des écoutes téléphoniques, d'enregistrer cette recommandation sur le répondeur de son domicile parisien. Joint dans son refuge alpin, il soupire : « A force de charger la mule... Enfin, il est de fait que, depuis 1981, il y a quelque chose. Je suis cité dans une quinzaine de procédures. Je ne suis pas encore accusé d'avoir cassé le vase de Soissons, mais cela ne saurait tarder... »

En vérité, s'il se plaint ainsi de jouer les boucs émissaires pour des règlements de comptes — policiers ou politiques — qui le dépassent, le capitaine fracassant de feu la cellule élyséenne n'a fait l'objet d'aucune poursuite judiciaire dans l'interminable feuilleton des Irlandais de Vincennes qui aura tenu la rampe de l'actualité plus longtemps que les affaires Ben Barka, de Broglie ou Boulin. Il n'a écopé d'aucune sanction disciplinaire, ni finalement d'aucune condamnation pénale. Epée de Damoclès suspendue au-dessus de sa tête, son implication dans un trafic d'armes mal éclairci, avant sa propulsion dans les allées de la présidence, n'a été opportunément rappelée en haut lieu qu'au moment de son largage. En fait, la montagne mettra près de cinq ans à accoucher d'un souriceau même pas viable... Mais cette façon de faire porter le képi, à défaut de chapeau, à un homme d'action lancé sans préparation par ses supérieurs dans les milieux troubles du renseignement, n'était-elle pas destinée à masquer un échec plus vaste encore que les dérapages qui lui furent imputés à grief ? Celui d'un pouvoir oscillant sans cesse face aux explosions de violence entre les deux fers mis au feu : la main tendue et la répression ; et cherchant à faire oublier sa responsabilité première dans les dérapages inhérents à la promotion et à la protection, hors de tout contrôle hiérarchique, d'une unité d'élite devenue une sorte de garde prétorienne.

Léonard n'était pas au parfum

Les premiers ennuis judiciaires du capitaine Barril sont survenus alors qu'il était n° 2 du G.i.g.n., cinq mois après l'arrivée de la gauche au pouvoir. Le 8 octobre 1981, il est convoqué avec le n° 1, le commandant Christian Prouteau, à la Direction de la Gendarmerie pour « une affaire très grave ». Flanqué de son état-major, le directeur, Charles Barbeau, leur annonce qu'un certain Philippe Léonard, le fils du parfumeur, inculpé quelques jours plus tôt à la faveur du démantèlement d'un important trafic d'armes entre la Belgique et la France, déclare avoir reçu de Barril un lot de détonateurs. Le capitaine fait les yeux ronds. Il se rappelle vaguement avoir, il y a environ dix-huit mois, donné des mèches lentes et peut-être quelques détonateurs à Léonard, un copain de régiment qui a servi avec lui dans les chasseurs blindés, à Berlin-Ouest. Son ami en avait besoin pour creuser, à coups d'explosifs agricoles, une fosse de ball-trap dans le jardin du pavillon de chasse paternel en Sologne. Il ne l'a pas revu depuis et ne sait s'il a pu mettre son projet à exécution.

Le directeur lui apprend alors que Léonard est impliqué dans un trafic avec des mercenaires d'extrême droite. Barril tombe des nues. Ce n'est pas le genre de la famille. Mais il se voit convoquer, l'après-midi même, chez le juge Gilles Boulouque, chargé du dossier au tribunal de Bobigny. Prouteau l'accompagne, mais doit rester à la porte du cabinet. Il entend le magistrat s'emporter : « Ce que vous avez fait est extrêmement grave. Vous coucherez en prison dès ce soir. » Le juge inculpe, en effet, Barril de détention et cession illégale de matériel militaire et prépare un billet d'écrou pour la maison d'arrêt de Fleury-Mérogis. Prouteau bondit chez le substitut du procureur qui lui confie que, dans son dossier d'instruction, le juge a disposé d'écoutes téléphoniques établissant la participation de Barril à un complot contre la sûreté de l'Etat. Pas moins. Pour gagner du temps et permettre à son chef d'alerter les autorités, Barril refuse de signer et demande à la greffière de noter ses décorations, notamment la Médaille pénitentiaire attribuée par le garde des Sceaux, Robert Badinter, pour ses interventions contre les mutineries. Le directeur de la prison, averti, fait savoir qu'il refuse de le prendre en charge et l'on ne trouve pas de colonel pour l'escorter. Charles Hernu appelle lui-même le procureur général Arpaillange. De coup de fil en coup de fil, une médiation s'ébauche pour éviter un scandale public. Finalement, l'inculpé en uniforme restera consigné à sa caserne de Maisons-Alfort. Le lendemain, l'A.f.p. informée par une source judiciaire, annonce sa mise aux arrêts de rigueur. Et c'est par la presse qu'il apprend qu'un trafiquant d'armes arrêté, le 4 octobre, au péage de Senlis sur l'autoroute du Nord, avec une cinquantaine de pistolets ou de revolvers dans son coffre à bagages, était le fournisseur d'un réseau d'anciens mercenaires et de militants d'extrême-droite. Lesquels revendaient, selon le principe de l'autofinancement, une partie des armes en provenance de Belgique à des collectionneurs. Parmi les collectionneurs identifiés se trouvait Léonard. Or, au cours de la perquisition, on a trouvé des détonateurs dans sa propriété familiale du Loiret... D'où l'amalgame entre Barril et un réseau de putschistes soupçonnés de comploter contre le nouveau pouvoir. Les fuites contraignent le ministère de la Défense à publier un communiqué prudent :

> « Dans le cadre d'une affaire de contrebande d'armes découverte dans la région d'Orléans (?), il a été procédé, jeudi 8 octobre, à l'audition du capitaine Barril, officier de gendarmerie affecté au G.i.g.n. Il appartiendra, le cas échéant, à l'enquête judiciaire en cours de déterminer la part éventuelle de responsabilité de cet officier. »

En vérité, c'est durant la campagne présidentielle du printemps que cette enquête a débuté. Le 14 avril, le commissaire Jacques Genthial, qui dirige alors la 6e section à la direction centrale de la Police judiciaire chargée de la répression des menées subversives, signale au parquet des opérations frauduleuses d'achat d'armes effectuées en Belgique, par des milieux français évoluant dans une mouvance d'extrême droite, aux confins du banditisme et de la politique. Il obtient ainsi la mise sur écoutes d'un certain nombre de suspects. Ecoutes fructueuses, qui aboutissent à un café du Raincy (Seine-Saint-Denis) tenu par un repris de justice, Yves Cramblin. Sa surveillance permet d'identifier un à un ses clients, à commencer par un mercenaire engagé au Liban aux côtés des phalanges chrétiennes et compromis dans un coup d'Etat avorté au Bénin, Olivier Danet. Avec d'autres nostalgiques du baroud, il gravite autour des services d'ordre recrutés par les partisans du candidat Giscard d'Estaing. Relativement protégés jusqu'au 10 mai, ils se retrouvent sans couverture après la victoire de Mitterrand. D'autant que le nouveau pouvoir fait une fixation sur un hypothétique danger d'extrême droite. Un peu partout, à Toulon, à Nice, à Pau, la police se met sur la piste de tous les comploteurs en puissance, saisit des armes. Les hommes de la P.j., saisis par la Justice, traquent les clients potentiels du réseau de Cramblin. Depuis le 15 septembre, ils guettent le fournisseur au péage de Senlis. Ils lancent leur coup de filet, le 4 octobre, sur mandat du tribunal de Bobigny, compétent pour poursuivre le cafetier du Raincy, cheville ouvrière du trafic. Dans la foulée, ils cueillent non seulement Olivier Danet et les militants d'extrême droite, mais aussi des passionnés d'armes, tel Philippe Léonard, qui ne militent pour personne, mais achètent pour eux-mêmes — et seuls les amateurs peuvent apprécier cette étrange manie qui fait qu'un riche héritier sans histoire se retrouve impliqué dans un complot international pour avoir voulu enrichir sa collection...

C'est donc par Léonard que l'on va arriver à Barril et faire éclater le scandale de son implication dans les préparatifs d'un putsch ! Les enquêteurs ont en effet saisi au domicile de Léonard à Neuilly deux fusils de guerre et, dans sa voiture, deux détonateurs électriques et 20 mètres de mèche lente. Dans la propriété de son père, à Sully-sur-Loire, deux grenades, deux autres fusils de guerre, un pistolet, 22 autres allumeurs pour explosifs et des munitions en vrac : 105 cartouches de 7,65, 50 de 9 mm, 300 de 357 magnum. Léonard reconnaît s'être approvisionné en armes auprès de la filière Cramblin. Mais, surtout, pressé de questions suggérées par certaines des écoutes téléphoniques, il met en avant ses bonnes relations avec son ami Barril, qui lui a effectivement fait cadeau des 24 détonateurs, de la mèche lente et d'une partie de ces munitions au cours de séances communes de tir. Les détonateurs devaient servir à allumer des explosifs agricoles pour creuser sa tranchée, mais, au dernier moment, son père s'y était opposé à cause de la proximité de son élevage de faisans, et Léonard n'avait pas donné suite à sa demande officielle pour l'achat des explosifs. Barril ? Vous avez dit Barril ? Cette confirmation suffit à provoquer le branle-bas chez les policiers qui n'apprécient guère les prétentions de l'impérialisme gendarmique.

Avant de procéder à leurs confrontations, le 14 octobre, le juge Boulouque fait entendre à Barril l'enregistrement d'une des écoutes, où l'un des protagonistes du trafic salue, d'un ton martial, un interlocuteur qui l'appelle pour lui passer une commande : « Mes respects, mon capitaine ! » Or, le magistrat doit se rendre à l'évidence : la voix de cet interlocuteur n'est pas celle de Barril. Pourtant, il a entre les mains un procès-verbal d'aveux dans lequel le trafiquant répond aux enquêteurs : « Oui, il s'agissait du capitaine Barril. Vous êtes vraiment les plus forts, vous savez tout. »

Barril, outré, fait remarquer que la question comportait la réponse et qu'il est tendancieux de l'accuser à partir d'une voix tout à fait différente de la sienne, sur la simple citation d'un grade et la confidence très orientée et sollicitée d'un inculpé. Un autre inculpé ne tardera pas à dissiper l'équivoque en révélant le nom de ce « capitaine » : un officier de réserve, Alain de M., ex-garde du corps de Giscard d'Estaing. Il ajoute que, pendant sa garde à vue, les policiers lui ont montré, en même temps que la transcription de cette écoute, une feuille de papier où figurait le nom de Barril.

Quant aux détonateurs qu'il reconnaît avoir donnés à son ami Léonard, Barril les avait rapportés de sa fameuse mission en Arabie Saoudite, ils n'avaient donc pas été prélevés sur les stocks de l'armée. Il n'a pas le souvenir des cartouches de 357 magnum, mais peut-être se trouvaient-elles au fond du sac d'alerte qu'il avait apporté chez Léonard avec les détonateurs. Comme le magistrat, sceptique, a l'air de confondre détonateur et explosif, il lui explique qu'un moyen électrique d'allumage est, en soi, un objet tout à fait inoffensif et d'ailleurs non classifié. Il en fait un dessin sur une feuille que le juge confisque et verse au dossier comme éventuelle pièce à conviction...

L'avocat de Barril obtient aussitôt la levée de la mesure d'arrêt de rigueur, mais le capitaine restera quatre mois astreint au contrôle judiciaire. Pendant ce temps, son ami Prouteau, qui le défend bec et ongles, provoque un déjeuner avec le commissaire Genthial, par l'intermédiaire du commandant Jean-Michel Beau qui entretient d'assez bons rapports avec la direction de la P.j. Il veut savoir les circonstances et les raisons de l'enquête sur ce trafic d'armes auquel son adjoint est étranger. Le policier lui assure qu'il n'y avait aucune intention maligne de sa part, lui-même, en mission en Nouvelle-Calédonie, n'était pas au courant de la mise en cause de Barril. Prouteau n'en croit pas un mot. Moins d'un an plus tard, c'est le commissaire qui, devenu entre-temps chef de la Brigade criminelle du Quai des Orfèvres, héritera de l'enquête sur le flagrant délit des Irlandais de Vincennes et démontrera, avec le juge Verleene, ses faiblesses... En attendant, le cas Barril est disjoint de celui des trafiquants d'armes et de leurs clients, dont douze seront condamnés par le tribunal de Bobigny, le 25 avril 1983. Olivier Danet écopera de deux ans de prison, dont dix-huit mois fermes, au terme desquels il sera récupéré par les services spéciaux pour aller épauler les combattants tchadiens face à l'offensive libyenne... Léonard, qui n'était pas tout à fait au parfum des dessous politiques de l'affaire, s'en tirera avec une peine amnistiable couvrant sa courte détention préventive. En butte aux menaces de mort d'Honneur de la police — cette mystérieuse signature qui avait servi à revendiquer les assassinats de Pierre Goldmann et d'Henri Curiel — Barril a bénéficié de la sollicitude du juge Boulouque qui, en février 1982, a écrit à la Direction de la gendarmerie pour annoncer la levée de son contrôle judiciaire et demandé « que tout moyen destiné à assurer sa sécurité soit mis en œuvre ». Dès lors, l'instruction de son cas traîne à n'en plus finir. Plus il se débat, plus il s'enlise. Son affaire commence à faire le vide autour de lui. Le général Jamet, commandant la 1re région militaire de Paris, lui conseille de prendre du recul, de se faire un peu oublier. Avec son aide, Barril, prêt à quitter son cher G.i.g.n., demande sa mutation en Nouvelle-Calédonie. Ses valises sont faites quand, à la fin du printemps, Prouteau est appelé à l'Elysée. Hernu dissuade Barril de partir : « Quand je pense, mon capitaine, qu'on a voulu me faire croire que vous étiez d'extrême droite et que vous complotiez contre le chef de l'Etat ! » On connaît la suite.

Lorsque son procès vient enfin, le 31 janvier 1986, devant la 16e chambre correctionnelle du tribunal de Bobigny, Hernu n'est plus ministre et le bouillant capitaine assagi est en disponibilité depuis près de deux ans, reconverti dans le gardiennage privé ou la protection des émirs du pétrole. Il ne reste de son dossier que l'origine douteuse des munitions trouvées chez Léonard, et surtout cette histoire de pétards mouillés d'un matériel pyrotechnique représentant la somme dérisoire de 32,70 Francs, selon les comptes d'apothicaire établis par la défense : « Des artifices, pas des explosifs, rapelle Me Szpiner. Une poursuite misérable pour des queues de cerises. »

Le tribunal partage son avis puisque, le 6 février, il dispense Barril de toute peine et le libère du boulet qu'il traînait depuis plus de cinq ans...

Paul et les ferrailleurs

C'est par télex que, le 19 juillet 1983, le capitaine Barril, en convalescence de son accident à la colonne vertébrale dans son refuge familial des Hautes-Alpes, apprend sa suspension de commandement. La mesure, conservatoire et limitée à quatre mois, est considérée comme effective depuis le 9 juin, date des suspensions décidées par Hernu à la suite de l'enquête interne sur l'affaire des Irlandais de Vincennes. En fait, elle n'a été prise et notifiée à l'intéressé que parce qu'une nouvelle casserole vient d'être accrochée à ses basques.

En même temps que le télex, Barril reçoit, en effet, une convocation du commissaire Pierre Richard, sous-directeur des Affaires criminelles à la direction centrale de la Police judiciaire. Avant de se rendre à Paris, dès le surlendemain 21, il s'informe auprès de quelques amis bien placés : il serait, cette fois, impliqué dans un hold-up par un de ses informateurs, Alex Engrand, lui-même écroué pour ce crime, et il y aurait un mandat d'arrêt dans l'air... Il va donc devoir s'expliquer par procès-verbal, pendant dix heures d'un interrogatoire serré devant ce haut fonctionnaire de la police, sur ses relations avec son délateur. Et sur son propre rôle dans cette sombre histoire où s'entrecroisent des trafiquants, des mythomanes, des escrocs, des agents, des putschistes à la manque et d'authentiques truands, et où tous les ingrédients d'un savoureux polar politico-barbouzard se trouvent réunis dans un style grand-guignol. Car le hold-up que Barril se voit accusé d'avoir couvert pour rémunérer et compromettre à la fois son informateur est, à l'origine, une excroissance d'une affaire bien plus embrouillée, digne d'un roman d'espionnage, où un transfert prohibé de technologie au profit des pays de l'Est se double allègrement de préparatifs de coup d'Etat à Haïti. Une grande magouille dénichée par une action curieusement combinée de la D.s.t., de la Brigade de répression du banditisme et des spécialistes de la Brigade financière. L'un des torts de Barril est d'avoir cru pouvoir, un peu naïvement, piétiner les plates-bandes de ces services de police...

A peine investi de sa double mission de renseignement et d'action par la cellule élyséenne, hors de tout contrôle hiérarchique, il a cherché à recruter des agents afin de pénétrer des réseaux susceptibles d'approvisionner groupes terroristes ou organisations subversives. En suivant de vieilles pistes ou des dossiers délaissés lors d'enquêtes judiciaires, il entre ainsi en rapport, dès l'automne 1982, avec deux personnages plus que douteux pour avoir déjà défrayé la chronique en marge de l'affaire de Broglie[1] : un indicateur de police, Serge Gehrling, ancien mercenaire et ancien époux de Me Christine Gelleti — l'avocate témoin de l'évasion du gangster Jacques Mesrine en 1978 — et un détective marron, Alexandre Engrand, dit Alex, qui se présente comme un officier traitant de l'ex-Sdece. Tous deux avaient été arrêtés, le 21 juillet 1981, en compagnie du Dr Nelly Azerad, ex-cardiologue des prisons citée au procès des assassins du prince de Broglie, et de trois autres aventuriers, pour un prétendu trafic d'uranium au profit de la Libye, trafic qui se révéla n'être qu'une exceptionnelle arnaque à la James Bond. Dès leur sortie de prison, les premiers compères se relancent dans des affaires de marchés parallèles : Gehrling s'associe avec un agent immobilier de Saint-Martin, en Guadeloupe, recyclé à Paris dans l'armement ; Engrand, lui, devient le quatrième dirigeant d'une société d'import-export en tout genre, à géométrie variable : la Novimo. Attiré par l'aura de mystère faite autour de son nom, il ne tarde pas à offrir ses services au nouveau chef du G.i.g.n. Moitié mytho, moitié escroc, avec en tête ses rêves d'agent secret, il veut montrer au héros du jour son aptitude à lever des lièvres, car il s'est toujours pris pour un as du renseignement. Agé de 58 ans, Alex prétend avoir travaillé pour les Anglais, en 1942, avoir été affecté au 2e Bureau en 1945, servi en Indochine de 1951 à 1953, été recruté comme chef de personnel par diverses sociétés avant de créer, à partir de 1965, ses propres entreprises de filature et de surveillance. « Nous aimons les nuits blanches », affirmait le dépliant publicitaire de l'une d'elles, *Securitron.* Un personnage en clair-obscur donc, évoluant dans ces zones d'ombre où se mêlent trafiquants, indicateurs et baroudeurs. De quoi devenir un informateur attitré, mieux, un collaborateur du service spécial de Barril dans la lutte antiterroriste. Ne lui a-t-il pas donné un gage de ses bonnes dispositions en l'abreuvant de rapports codés A.1, A.2., etc.[2] ? Thème récurrent : un dépôt de 40 tonnes d'armes en provenance de Belgique transféré d'un fort désaffecté de Cormeilles-en-Parisis (Val-d'Oise) à une cache arménienne d'Alfortville, au nez et à la barbe du maire de cette commune qui n'est autre que le secrétaire d'Etat à la Sécurité, Joseph Franceschi... Le renseignement est, hélas, parvenu trop tard. A l'arrivée de Barril, l'arsenal à disparu.

Reste la Novimo. Alex met son « officier traitant » en contact

1. Voir *Enquête sur les « Affaires » d'un septennat,* par les mêmes auteurs.
2. C'est-à-dire absolument fiables, très fiables, assez fiables, modérément fiables, peu fiables.

avec ses associés Jean-Marie Bermond, Claude Pussot et Michel Roca. Infiltré dans la place, le capitaine, devenu Monsieur Paul, s'intéresse de près aux activités multiformes de ce bureau de négoce international, sis au quatrième étage du 18, rue Marbeuf, dans le VIIIe arrondissement de Paris. Il découvre ainsi que la Novimo a, entre autres, pour vocation, de favoriser des transferts de technologie électronique vers les Etats du bloc soviétique. Ses animateurs ne lui cachent pas qu'ils sont en relations d'affaires avec des personnages importants des marchés parallèles, qui se proposent de contourner l'embargo imposé par les Etats-Unis sur le commerce de leur matériel informatique le plus sophistiqué. Par l'intermédiaire d'une filiale, ils vendent ces fournitures « sensibles » à une société suisse, qui se charge ensuite de les acheminer vers l'Est. Notamment des micro-ordinateurs de la deuxième génération, interdits de réexportation à des tiers.

Alex suggère de livrer ces ordinateurs en les affectant de quelques défauts. Il pourrait être ainsi appelé à Moscou pour des réparations et se livrer à son dada favori : l'espionnage. Dépassé par les événements, Barril, qui ne s'intéresse qu'aux informations sur les filières d'armes des terroristes, remet, en décembre 1982, son dossier sur ces mystérieux marchés technologiques au directeur adjoint de la D.s.t. le commissaire Jean Baklouti. Il ignore que les policiers du contre-espionnage surveillent, depuis quelque temps, les activités de la Novimo grâce à la « taupe » qu'ils y ont introduite en la personne d'un de ses quatre dirigeants associés : Claude Pussot. Leur attention a été attirée par la C.i.a. à la suite de la plainte de clients lésés au passage.

Le premier accroc date, en fait, d'août 1982. Le service après-vente de la société américaine Perkin-Elmer s'aperçoit de la disparition des deux « micro-aligneurs » nécessaires à la fabrication de circuits intégrés et qui ont été livrés pour un million de dollars à la société suisse Favag, à Neuchâtel. Contrairement aux engagements du commanditaire, ils ont été réexportés sitôt après leur arrivée par le chef du service des ventes, Pierre-André Randin, avec l'accord du directeur administratif de la Favag. Randin a créé, avec un certain Joseph Lousky, résidant à Genève, une société Eler Engineering, chargée de revendre ce type de matériel à une société française installée à Orly, la Cortricom, par l'intermédiaire d'une société boîte aux lettres de Vaduz (Liechtenstein), « Hedera Etablissements ». Ces deux dernières sociétés ont en fait été créées par un complice français de Lousky, Mathurin Almori, pour livrer par avion ledit matériel frappé d'embargo, soit à Prague, soit directement à Moscou. Les douaniers suisses alertés découvrent alors que la Favag a déjà servi d'intermédiaire, depuis 1981, à six réexportations de matériel sous embargo, dont trois ordinateurs américains Digital PDP 11-70 livrés à l'organisme d'importation tchèque Kovo, par la même filière. Scandale : la Confédération helvétique, si soucieuse de sa neutralité, fait ainsi figure de plate-forme de transit pour le transfert illégal de technologie occidentale vers les pays de l'Est ! En décembre 1982, Lousky est arrêté à Genève, mais disparaît, trois semaines plus tard, à la faveur d'une mise en liberté sous caution. Randin, lui, écope d'une amende d'un demi-million de francs suisses. Six mois plus tard, à Paris, Almori est, à son tour, inculpé et écroué pour avoir falsifié quatre bons de commande de la C.G.E.-Alsthom afin d'acheter, aux Etats-Unis, plusieurs ordinateurs qui, à peine débarqués en Europe, ont également pris le chemin de la Tchécoslovaquie.

On comprend, dans ces conditions, que la D.s.t. porte un intérêt soutenu à tout ce qui se trame au sein de la Novimo dont les animateurs étaient en rapport avec la filière Lousky-Almori. Elle laisse donc le capitaine Barril poursuivre son travail de pénétration, dont ne manquera pas de la tenir informée la « taupe » Pussot. Or, Monsieur Paul fait une nouvelle découverte : la Novimo tient également lieu de représentation politique à un parti d'opposition clandestine au dictateur de Haïti, Jean-Claude Duvalier (Bébé Doc) ; le Parti populaire national haïtien (P.p.n.h.), dont le leader, Bernard Sansaricq, en exil au Costa Rica, a déjà été éconduit par les autorités américaines. Par l'intermédiaire d'un vague cousin installé en République fédérale d'Allemagne, Sansaricq a pris langue avec l'un des quatre dirigeants de la Novimo, Jean-Marie Bermond, dont il a fait, en échange d'une promesse d'aide, son porte-parole pour l'Europe. En cas de succès de « l'opération Omega », qu'il s'apprête à lancer pour renverser le régime sanglant des Tontons Macoutes, la Novimo demanderait en échange à obtenir le contrôle des casinos et des lieux de plaisir.

« La France a une carte capitale à jouer là-bas, explique Bermond à Barril. Son aide s'impose d'autant plus que, selon nos renseignements, une autre tentative de coup d'Etat se prépare à Port-au-Prince, financée, elle, par Kadhafi, ce qui serait désastreux pour l'Occident ! »

Cette fois, c'est à la cellule élyséenne que Barril rend compte. Prouteau l'engage vivement à suivre cette affaire. Tout ce qui touche aux Caraïbes et à la défense des Droits de l'homme intéresse au plus haut point le sommet de l'Etat. Le président Sansaricq serait même le bienvenu en France. Barril ne se le fait pas dire deux fois et transmet le message aux mandataires du P.p.n.h. que sont les dirigeants de la Novimo. Il s'enflamme bientôt pour cette cause, dans la mesure où, abandonné par les Américains, l'opposant haïtien n'en affiche pas moins un anticommunisme de bon aloi. Ce qu'il ignore c'est que, en janvier 1982, Sansaricq, après deux précédents échecs en Haïti, s'est déjà ridiculisé dans une tentative ubuesque de débarquement sur l'île de la Tortue, annoncé quarante-huit heures à l'avance : l'aventure a tourné à la pantalonnade quand le chalutier sur lequel avaient pris place une vingtaine de compañeros a pris l'eau et a été renfloué par un garde-côte américain ; l'équipage a été inculpé d'infraction aux lois de la navigation ; quant aux huit fidèles qui avaient réussi à aborder l'île en zodiac, ils ont été massacrés par les « Léopards » du fils Duvalier. Devenu pompiste près de Miami, le président du P.p.n.h., ancien élève d'une école militaire américaine, a perdu depuis tout crédit auprès de la C.i.a. qui contrôlait ses activités. Replié au Costa Rica, il espère maintenant en trouver auprès du pouvoir socialiste en France. Ainsi que des armes promises par les associés d'Alex Engrand et Serge Gehrling. Pour ceux-ci, il s'agit, plus prosaïquement, d'empocher le financement de l'opération Omega, estimé à une trentaine de millions de Francs — l'aide que Sansaricq, encouragé par ses représentants de la Novimo, s'apprête à demander à la France. Tout est organisé pour le recevoir : le capitaine Barril lui servira de mentor et le G.i.g.n. fournira une escorte.

Le 8 avril 1983, flanqué de deux mercenaires recrutés au Costa Rica, il débarque à Orly, en provenance de San José via Madrid, et obtient aussitôt un sauf-conduit de la police de l'air et des frontières, valable pour trois personnes, sur ordre du ministère de l'Intérieur. Pris aussitôt en charge par Barril et ses hommes, leur séjour sera régularisé par le ministère des Relations extérieures. Un pavillon de la banlieue ouest est mis tout aussi discrètement à leur disposition. Le 12 avril, les trois révolutionnaires des Caraïbes sont reçus à l'Elysée par le conseiller technique aux Affaires africaines, Guy Penne, à la demande exprès du commandant Prouteau. Il leur suffit de descendre les deux étages qui, à l'annexe du 2, rue de l'Elysée, séparent son bureau des locaux occupés par l'état-major de la cellule antiterroriste. Après un quart d'heure d'entretiens, Guy Penne les envoie, avec un mot d'introduction de sa main, à trois hauts fonctionnaires : Bernard Garcia, conseiller de Pierre Mauroy pour les Affaires étrangères à Matignon, Bernard Dorin, directeur du département Amérique au Quai d'Orsay, Jean-François Lionnais, conseiller au cabinet du ministre Claude Cheysson. Ainsi qu'à Jacques Huntzinger, responsable des relations internationales à la direction du Parti socialiste, où ils seront finalement reçus par son adjointe pour l'Amérique latine, Nicole Bourdillat. Sansaricq rencontre également Régis Debray, le chargé de mission du président de la République pour le tiers monde. Barril, pour sa part, ne se contente pas d'assurer sa protection. Il lui fait visiter le camp d'entraînement de Satory, prodigue des conseils pour l'armement du commando d'une centaine d'hommes qui donnera l'assaut à partir d'une possession française des Caraïbes, discute d'un plan d'invasion, participe enfin à des briefings dans les bureaux de la Novimo... Sans se douter que toutes les conversations y sont enregistrées, toutes les réunions photographiées, tous les documents photocopiés, tous les faits et gestes de ses propres partenaires épiés par l'un des quatre P.-d.g. de la société, Claude Pussot, l'informateur de la D.s.t. !

Avant de repartir, le 19 avril, Sansaricq laisse à la Novimo une commande impressionnante : 330 fusils, dont 30 munis de lunettes, 20 lance-grenades, 60 lance-roquettes, 16 mortiers, 16 mitrailleuses, dont 6 antiaériennes, 1 000 grenades à fragmentation, 2 000 grenades à mains, 250 kilos de plastic, 15 radios, un bateau de 500 tonnes, 6 Zodiac à moteur, un avion de transport et deux de commando, etc. D'avance, le leader du putsch fait Barril membre d'honneur des Forces armées de libération nationale de Haïti.

« Mon très cher ami, lui écrit-il, le 20 avril, de retour à San José, ta lucidité, ta compétence, ta franchise nous ont ouvert les yeux sur nos lacunes et nous serviront de guide dans le futur, sois-en sûr... Ton dévouement à notre cause, ton désir ardent de nous aider jusqu'au bout, nous rappellent ces mots du général Gouraud : " Lorsque des hommes, que rien n'oblige à se battre, décident de risquer leur vie pour une cause qui leur est chère, ce sont d'authentiques héros. " Pour nous, tu n'es rien moins qu'un héros et nous comptons sur toi. »

Le 23 avril, Sansaricq envoie une lettre de gratitude à l' « Ami révolutionnaire Régis Debray ». Le 24, à « Son Excellence François Mitterrand » il renouvelle son appel pour aider le P.p.n.h. à « devenir le fer de lance de la France dans l'hémisphère américain... sous la bannière de l'Internationale socialiste ». Enfin, le 26, il donne pouvoir à ses trois mandataires de la Novimo de poursuivre les démarches en son nom...

Or, au même moment, les dirigeants de cette société touche-à-tout entrent, comme par hasard, dans le collimateur de différents services de police à la faveur d'une cascade de procédures judiciaires déclenchée au départ par la dérive d'une enquête sur un banal fait divers provincial. Avec, pour cible finale, le capitaine Barril...

Tout commence par un « tuyau » que la Brigade de répression du banditisme fait parvenir à un juge de Poitiers, Jean-Paul Jean, qui instruit une affaire de vol commis, en août de l'année précédente, au préjudice d'un notaire retraité du cru, surnommé « Oncle Picsou » : 50 lingots d'or non déclarés, dérobés dans la cave où le plaignant les cachait dans des pots de peinture. L'enquête, confiée par le magistrat au service régional de la P.j. d'Angers piétine, jusqu'au jour où, en mars 1983, la B.r.b. parisienne l'informe qu'un de ses « indics », Roger Blanchemin, détenu à Fresnes pour port d'arme et menues escroqueries, prétend connaître les auteurs du cambriolage : il met en cause les associés de la Novimo dont les louches activités devraient intéresser les enquêteurs... Comme le magistrat poitevin ne se hâte guère d'orienter les recherches dans cette direction, l'indic soumet à la censure de la prison une lettre qu'il adresse, le 19 mai, à l'un des dirigeants de la Novimo, Jean-Marie Bermond, pour lui réclamer sa part de butin du casse de l'Oncle Picsou, sur lequel il était lui-même branché. Photocopie de la missive compromettante est aussitôt transmise au juge Jean-Paul Jean, qui se décide, du coup, à entendre le détenu, six jours plus tard, en compagnie d'un inspecteur. Blanchemin confirme tout sur procès-verbal. Le 29 juin, mandaté par le magistrat, le commissaire Francis Jacob, de la P.j. angevine, perquisitionne au siège de la Novimo, rue Marbeuf. Il tombe, non sur des lingots d'or, mais sur un dossier vert intitulé « Notre île » et sur les clés d'un coffre de banque contenant toute la documentation relative à la mission parisienne de Sansaricq et aux préparatifs de son opération Omega. Allant de surprise en surprise, il découvre un jeu de 19 photos couleur prises, le 29 janvier, d'une réunion des quatre dirigeants de la société avec un homme d'affaires véreux, un truand lyonnais fiché au grand banditisme, un commissaire de police qu'ils prénomment Hervé et... le capitaine Barril. Le juge poitevin accouru sur les lieux le lendemain place la bande des quatre en garde à vue, mais ne tarde pas à s'apercevoir qu'elle est totalement étrangère au partage du magot de l'Oncle Picsou. Il relâche donc Bermond et ses trois associés et restitue à Michel Roca, dit « le Chauve », les pièces saisies dans le coffre bancaire loué à son nom. Non sans avoir pris la précaution de faire des copies et d'informer à la fois le parquet de Paris et la section chargée des menées subversives à la direction centrale de la P.j.

Quinze jours plus tard, c'est au tour de la Brigade financière d'opérer une perquisition à la Novimo et à sa banque (sous l'œil amusé des policiers de la D.s.t. appelés à la rescousse) dans le cadre d'une information ouverte sur le caractère frauduleux de certaines de ses activités commerciales en liaison avec le dossier des transferts illicites de technologie. La Brigade récupère tous les documents qui avaient effaré le juge de Poitiers, avec, en prime, neuf bandes d'enregistrement magnétiques réalisées, à l'insu de ses associés, par la « taupe » de la D.s.t., Claude Pussot, à l'aide d'une mallette piégée. Or l'une de ces bandes, enfermée dans une enveloppe portant les initiales P. B., reproduit une conversation téléphonique au cours de laquelle le codirecteur de la Novimo, Alex Engrand, se plaint à son interlocuteur du faible rapport d'un hold-up couvert par un dénommé Paul. La suite de la conversation, recoupée par d'autres enregistrements et complétée par de rapides investigations, permet d'élucider les mystères de ce hold-up commis, le 10 mars précédent, au Comptoir d'achat de métaux et de pierres précieuses, 3, rue Gramont à Paris IIe.

« Le coup indiqué par Paul devait rapporter 600 000 Francs, explique Alex à son interlocuteur. Paul m'a dit : tu ne participes pas au casse, tu regardes. Mais Hubert et Christian n'ont trouvé que 35 000 Francs à rafler dans le coffre. Paul était vexé... Après enquête, il m'a dit que les 600 000 Francs qu'on devait récupérer se trouvaient, en fait, dans la voiture du bijoutier garée en face. On a pensé refaire le coup, mais c'était difficile de le faire sans prévenir Paul. »

Les bandes décryptées, avec soin, sont remises au juge parisien Bruno Laroche, chargé du dossier de ce hold-up, et l'enquête confiée en secret au sous-directeur de la P.j., Pierre Richard. Engrand est arrêté, le 19 juillet, avec ses deux complices, Hubert Planchez et Christian Georges. Interrogé par le commissaire Richard, non seulement il reconnaît sa participation au hold-up réalisé par eux, mais il s'explique longuement sur la conversation enregistrée malgré lui : « Paul », dit-il en substance, c'est Barril. Faute de fonds ou de caisse noire pour rémunérer ses informateurs, le capitaine l'aurait encouragé à attaquer le bijoutier de la rue Gramont, qu'il savait détenteur d'une valise de pierres précieuses estimées a plus d'un demi-million, afin d'acheter à Planchez un renseignement sur une cache d'armes. Son propre rôle à lui, Alex, se serait borné à « appâter » les trafiquants, en se présentant comme un acquéreur ou un échangeur d'armes ou d'explosifs, pour le compte de la mission antiterroriste. Il ajoute que Barril aurait envoyé sur place deux de ses gendarmes, l'adjudant Yannick Lambert et le maréchal des logis-chef Maurice Blancheteau — le seul officier de police judiciaire du G.i.g.n. — en les chargeant de protéger l'opération et peut-être de prendre des photos. Il aurait d'ailleurs été convenu que ses deux complices ne soient pas armés pour éviter tout ennui et, de fait, ils n'ont brandi qu'un pistolet d'alarme sous le nez du bijoutier. Manque de chance, la valise convoitée avait été laissée par le bijoutier dans une voiture. Selon Alex toujours, lorsque, quelque temps après, Planchez aurait manifesté des réticences à livrer d'autres renseignements, le capitaine l'aurait menacé de sortir les photos du hold-up, une façon de tenir ses indicateurs.

Au terme de son audition, Alex tient à serrer la main du commissaire Richard : « Vous comprenez, on a fait ça pour le service. » Ses acolytes, Planchez et Georges, confirment à peu près tout. A les croire, la méthode Barril consisterait à tenir ses informateurs par n'importe quel moyen, tout en leur faisant financer sa mission. Le trio inculpé et écroué par le juge Laroche, Paul Barril est entendu à son tour pendant dix heures d'horloge, les 21 et 22 juillet, par le commissaire Richard au ministère de l'Intérieur. Il dément catégoriquement les « affabulations » de son ex-informateur et de ses sous-indicateurs. Il a même cru, d'abord, à une plaisanterie quand Alex lui a parlé d'un hold-up qu'il prétendait avoir surveillé. Il ne lui a pas prêté, affirme-t-il, la moindre assistance : s'il avait vraiment laissé s'ébaucher ce projet de hold-up jusqu'à en suivre les préparatifs, ç'aurait été pour coincer ses auteurs en flagrant délit : il aurait joué le rôle de « Max et les ferrailleurs ». Mais ses gendarmes n'auraient pu se rendre à temps sur les lieux, car à l'heure du hold-up, ils avaient eu un accident de circulation à Saint-Maur, en heurtant la voiture d'un policier des Renseignements généraux ! C'est du reste l'alibi en béton que présentent, au même moment, les deux pandores interrogés de leur côté sur leur emploi du temps du 10 mars, par le commissaire Alain Tourre, qui a remplacé Genthial à la tête de la 6e section de la P.j.

Si le juge Laroche renonce à entendre à son tour les trois gendarmes ainsi mis en cause sur la simple base d'accusations de truands, la cour de cassation, prudente, laisse la porte ouverte à la pire éventualité : elle donne compétence, le 6 août, au tribunal de grande instance de Paris dans l'information susceptible d'être suivie « contre Barril, Lambert et Blancheteau — lequel était déjà intervenu auprès des gendarmes impliqués dans l'affaire de Vincennes —, ces trois officiers étant eux-mêmes susceptibles " d'être inculpés de complicité de vol aggravé ". » Il n'en sera rien, mais Blancheteau, suspendu comme Barril, de sa qualification d'O.p.j., sera muté en province et Barril affecté à la formation.

L'affaire est révélée par la presse, au début d'octobre (1983) alors que vient d'éclater le double scandale des tentatives d'approche, faites par Barril, au nom de la cellule élyséenne, des dirigeants du F.l.n.c. et d'Action directe.

Le vertige corse

C'est encore le journaliste Georges Marion qui accroche cette nouvelle casserole aux basques du capitaine, dans *Le Canard Enchaîné* du 27 septembre. Il s'agit d'une rencontre secrète entre celui qui commandait alors par intérim le G.i.g.n. et l'une des figures de l'activisme séparatiste corse, Alain Orsoni, amnistié en décembre 1981. L'entrevue a eu lieu dans un bar parisien, le 12 janvier 1983, une semaine après la dissolution du F.l.n.c. par le conseil des ministres et l'envoi en Corse du commissaire Broussard, détaché du secrétariat d'Etat à la Sécurité, comme préfet de police. Ce n'était pas la première fois que Barril et Orsoni se retrouvaient. Ils s'étaient connus en s'affrontant physiquement lors d'une mutinerie à la prison de Fleury-Mérogis, et en avaient gardé une estime réciproque. Ils s'étaient revus à Paris, en novembre 1982, et s'étaient rappelés au téléphone. Motif de ces contacts renoués, selon Marion : les renseignements fournis par les services policiers sur les projets du F.l.n.c. — qui, le 20 août, avait rompu la trêve, toute relative, observée depuis la campagne présidentielle de 1981 — ne suffisaient pas à éclairer la religion du chef de l'Etat. D'où la mission confiée par Prouteau à Barril, qui ne se limitait pas, d'ailleurs, à ces rendez-vous parisiens. Barril se serait rendu en Corse à plusieurs reprises, poursuivant ses sondages dans les milieux nationalistes à l'insu du préfet Broussard qui, lui, à défaut de pouvoir neutraliser l'ex-F.l.n.c., avait entrepris de le discréditer en l'assimilant à un gang de racketteurs.

Jusque-là l'île était, en effet, l'une des zones d'intervention privilégiées des équipes d'action mixtes du commandant Prouteau — formant, ce qu'on appelait par dérision, « la Brigade du chef ». Gendarmes de Barril et policiers de Pellegrini sautaient dans un Transall à Villacoublay et atterrissaient discrètement sur la base aérienne de Solenzara pour des missions de quelques heures ou de quelques jours. Missions d'observation et de renseignement dont l'objectif était de montrer à la fois l'inefficacité de la police locale et la possibilité de faire des planques de surveillance. L'une de ces opérations, nommée « Tapis volant », consistait à passer la nuit sur les toits de Porto-Vecchio sans se faire repérer. Avant sa nomination, Broussard avait même tenté d'en monter une semblable pour son propre compte, mais, arrivé par bateau avec une équipe de policiers de la Brigade antigang, des Renseignements généraux et de la section antisubversive de la P.j., il était tombé sur le service de P.j. local qui avait éventé sa planque rue Fesch, à Ajaccio...

La guerre des polices allait reprendre de plus belle lorsque le secrétaire d'Etat à la Sécurité, Franceschi, mit son point d'honneur à rivaliser avec Prouteau pour résoudre le problème corse. Le patron de la cellule élyséenne a demandé, à la fin de novembre 1982, les pleins pouvoirs et six mois pour décapiter le F.l.n.c. de ses éléments durs. Au cours d'une des réunions hebdomadaires du Bureau de liaison antiterroriste (Blat), qui ressemblent à une partie de poker menteur, Barril a fait savoir que ses correspondants ont déjà identifié les 50 à 60 terroristes actifs du F.l.n.c. A la fin du mois suivant, Franceschi a fait remettre une note de synthèse à Mitterrand, pour expliquer que, selon ses experts, le F.l.n.c. est un mouvement très structuré de 300 terroristes actifs, qui va multiplier les opérations de racket dans l'île et qui a établi des connexions internationales avec l'Ira, le F.p.l.p. et la Libye. Pour en venir à bout, il préconise le recours à la méthode italienne des « repentis », la rémunération d'indicateurs et « l'achat » de tueurs et artificiers à gage recrutés par le F.l.n.c. Gilles Ménage lui a suggéré le nom du commissaire Richard, à déléguer en Corse avec tous les pouvoirs d'un préfet pour la police, mais Franceschi a proposé un personnage plus médiatique : Robert Broussard. Tout en entérinant ce choix, l'Elysée a pris soin de garder deux fers au feu. D'une part, Mitterrand a demandé à Prouteau une évaluation de la situation : il veut, avant tout, connaître les griefs des nationalistes qui ont rompu la trêve, alors qu'il a le sentiment d'avoir rempli sa partie du contrat par la mise en place d'institutions politiques plus autonomes. D'autre part, Ménage a chargé le commissaire Pellegrini de vérifier les informations données par Franceschi. Après un éclat du colonel Sibaud, chef du groupement de gendarmerie de la Corse contre les incursions du capitaine Barril, qui a multiplié ses contacts de toute nature sur le terrain, et après la nomination de Broussard, seul Pellegrini est resté chargé des missions de liaison entre la gendarmerie, la police et l'antenne élyséenne et a poursuivi ses déplacements bimensuels dans l'île. Mais Barril a continué d'entretenir ses contacts clandestins à Paris avec Orsoni, en tentant de déjouer la surveillance des Renseignements généraux. Il s'est ainsi érigé en médiateur habilité par la Présidence à sonder la direction du F.l.n.c. pour une éventuelle négociation.

Le 12 janvier, donc, Alain Orsoni transmet à Barril, qu'il rencontre au drugstore des Champs-Elysées, une réponse par écrit de la direction politico-militaire du F.l.n.c. au président de la République. Cette lettre porte la date du 26 décembre 1982, soit dix jours avant la dissolution de l'organisation clandestine :

« Notre lutte, y lit-on notamment, ne correspond à aucune mise en cause de l'idéologie socialiste que vous incarnez. Elle ne s'inscrit pas dans un processus de déstabilisation du pouvoir de gauche au profit de l'ancien régime...

« Par notre trêve du 3 avril 1981, nous avons montré notre volonté de prendre en compte l'éventualité d'un changement... Mais, aujourd'hui, force nous est de constater que ce changement ne prenait pas en compte les aspirations légitimes de notre peuple à sa souveraineté nationale, ce en contradiction flagrante avec les principes que vous défendez ailleurs personnellement...

« N'étant pas des jusqu'au-boutistes de la violence, rejetant toutes les ingérences étrangères, l'objectif de notre organisation n'est pas de pousser la Corse à tout prix à se séparer de la France, mais de permettre au peuple corse de se donner les moyens de maîtriser librement son destin économique, politique, social et culturel...

« C'est en ce sens qu'aujourd'hui nous répondons à votre sollicitation. Pour nous, notre action armée ne peut être remise en cause que si certains signes marquant une rupture avec le colonialisme sont pris par vous (*sic*) : une déclaration publique reconnaissant le peuple corse comme seule communauté de droit sur la terre corse ; la manifestation d'une volonté d'Etat de résoudre le problème de la colonisation de peuplement par des mesures dans la fonction publique permettant aux Corses de revenir et leur donnant la priorité d'emploi... La manifestation d'une volonté d'Etat de briser le système claniste par l'envoi d'une commission d'enquête financière et administrative dans les municipalités suivantes : Ajaccio, Bastia, Ghisonaccia, Venaco et Porto-Vecchio ; le départ de la Légion étrangère et, enfin, la dissolution de l'Assemblée de Corse et l'extension de ses compétences...

« Notre organisation pourrait alors, effectivement, remettre en cause son action militaire, ces mesures constituant le début d'un véritable processus de décolonisation... »

La suite des événements permettra à certains d'accréditer la thèse d'un double jeu ou, plutôt, d'une double politique de l'Etat en Corse. L'une avec Broussard qui réussit, à partir de plusieurs enquêtes menées à bien, à établir des liens entre des militants clandestins et le milieu corse et à démontrer que, très souvent, les terroristes sont avant tout des truands qui, sous couvert d'activités politiques, rackettent la population. L'autre, celle des représentants de la cellule élyséenne qui négocieraient avec les dirigeants de l'ex-F.l.n.c., autant pour maintenir le dialogue que pour infiltrer l'organisation. Double langage, aussi, favorisant l'amalgame et la confusion dont tenteront de tirer profit les extrémistes en exploitant un certain nombre d'incidents et de faits divers. Leurs accusations, lancées à la faveur d'un été meurtrier, seront alimentées, sinon provoquées, par des interférences qui finiront par s'emmêler et s'entrechoquer dans le drame et le sang.

Les interventions parallèles de la « Brigade du chef » n'ont pas, en effet, cessé après l'arrêt des opérations de surveillance à l'arrivée de Broussard. C'est ainsi que, le 17 mars, le capitaine Barril et ses hommes débarquent à Saint-Florent pour fouiller le port de cette petite station touristique de Haute-Corse — à l'étonnement des gendarmes locaux, qui avaient eux-mêmes trouvé la veille, dans les basses eaux du port, des explosifs. Les hommes du G.i.g.n. découvrent, eux, deux pistolets-mitrailleurs Kalachnikov qui n'y étaient pas... Ils prétendent avoir reçu un renseignement en provenance des milieux nationalistes pour justifier cette opération de commando montée de Paris avec avions, canots et nageurs de combat. Au même moment, d'ailleurs, un autre détachement du G.i.g.n. se rend officiellement à Calvi pour une prise d'otages réglée sans effusion de sang par l'équipe policière de Broussard.

Contrairement aux rumeurs répandues par la suite, les diverses missions de Barril dans l'île, comme celles, plus régulières et plus fréquentes de Pellegrini, seront toujours connues du ministère de l'Intérieur et donc du préfet Broussard. La filière Barril-Orsoni a été éventée, à force d'écoutes et de filatures et le soupçon s'installe désormais entre l'Intérieur et la cellule élyséenne. Toutefois, Charles Pellegrini qui, lors de ses missions de renseignement, n'a jamais rencontré Alain Orsoni, n'a pris aucune part aux tractations secrètes. Son plus long séjour dans l'île, du 9 au 14 juin, vise uniquement à assurer la protection éloignée de Mitterrand en visite à Corte et à Bastia, et ne peut surprendre, comme il a été écrit, le dispositif de sécurité mis en place par l'équipe Broussard. Les derniers hommes de la cellule quittent l'île le 16 juin avec leur matériel. C'est le lendemain qu'éclate le drame qui, à travers une série de coïncidences, va mettre le feu aux poudres.

Le frère d'Alain Orsoni, Guy, militant nationaliste condamné, en 1979, par la cour de Sûreté de l'Etat et amnistié en décembre 1981, disparaît avec la voiture empruntée à son oncle entre Sartène et Porto-Vecchio. Il se croyait filé par la police alors qu'il était pris en chasse par le gang de Jean Alfonsi, dit Jeannot-le-Long (« U Longu »), qui règne sur le « triangle noir », une région maudite ceinturant le golfe de Valinco et où 17 meurtres impunis ont été recensés depuis sept ans ! Une affaire très insulaire, avec ce que cela comporte de zones d'ombre, de ramifications profondes à travers villages et familles d'une même région et de vieilles vengeances où se mêlent des vendettas d'intérêt et peut-être des querelles de clans. « U Longu », le puissant parrain, n'est-il pas un ancien militant du Sac, proche de l'organisation contre-terroriste Francia, et également très lié au député R.p.r. de la Corse-du-Sud, l'inamovible Jean-Paul de Rocca-

Serra, dit « Le Renard argenté »? En moins d'une semaine, les policiers de Broussard mettent la main sur les six truands de la bande qui avouent avoir enlevé le neveu de leur imprudent rival, Roger Orsoni (il s'était fait fort de les racketter), l'avoir « interrogé à mort », avant de découper sa voiture au chalumeau pour ne laisser aucune trace. Seul, le commanditaire de l'opération, Jean-Marc Leccia, un restaurateur contrôlant les boîtes de nuit de Porto-Vecchio, a échappé au coup de filet, avec un complice, en s'enfuyant par la Sardaigne. L'ennui, c'est que si les enquêteurs ont pu si rapidement identifier et « sauter » les exécutants, c'est qu'ils étaient déjà sur leur piste, car ils les soupçonnaient de préparer un hold-up, mais ils avaient relâché leur filature par hasard, le jour du rapt de Guy Orsoni.

Il n'en faut pas plus à la famille Orsoni et à la Consulte des comités nationalistes — la façade légale de l'ex-F.l.n.c. — pour rejeter avec véhémence la thèse du crime crapuleux avancée par Broussard (épisode sanglant d'une guerre de gangs) et pour exploiter politiquement l'occasion : les tueurs sont des barbouzes à la solde du pouvoir, qui ont entrepris de liquider les séparatistes avec le feu vert donné par Mitterrand à son retour de Corse, et la bénédiction de la police de Franceschi. D'autant que, fâcheuse coïncidence, le secrétaire d'Etat à la Sécurité publique a profité du voyage présidentiel pour s'attarder en Corse, à la recherche d'un centre de vacances pour les vieux de sa commune d'Alfortville, sans en avertir ses collègues du gouvernement. Mais il a aussi rencontré des responsables départementaux, dont le secrétaire général de la Haute-Corse, Pierre-Jean Massimi, lequel avait déjà eu des ennuis avec le F.l.n.c., en 1977, et qui voulait demander un changement d'affectation. Ce déjeuner en catimini, au lendemain du rapt d'Orsoni, est un nouveau pas de clerc qui va bientôt nourrir la thèse du complot policier en vue d'éliminer les « durs » du mouvement nationaliste. Le mécanisme a été mis en branle par une première erreur des pouvoirs publics : au lieu de féliciter Broussard avec éclat du succès de son enquête, le gouvernement a préféré se taire, se souvenant de la mésaventure mémorable de Poniatowski (il avait vendu trop tôt la peau de l'ours dans l'affaire de Broglie[1]) et échaudé, peut-être, par le couac récent des Irlandais de Vincennes.

Et voilà que Barril se mêle au concert des rumeurs, dont on sait qu'en Corse, il en faut peu pour faire monter un soufflé à l'explosif! De sa chambre du Val-de-Grâce, où il se trouve encore immobilisé

1. Voir *Enquête sur les « Affaires » d'un septennat*, par les mêmes auteurs

par son accident du 17 mai, le cascadeur a éprouvé le besoin de téléphoner au père d'Alain et de Guy Orsoni pour lui exprimer sa compassion. Or, les lignes d'Orsoni sont sur écoutes judiciaires et cette nouvelle intervention de Barril ne peut qu'exaspérer les griefs à son endroit.

Mais surtout, pendant sa convalescence estivale, le capitaine suspendu se fait imprudemment l'écho, auprès d'un nouveau confident, l'écrivain Jean-Edern Hallier, d'une information sans doute suggérée par son interlocuteur Alain Orsoni : pour comprendre la disparition de Guy Orsoni, il faut savoir, dit-il, que l'Etat a versé un tribut d'un million de Francs à l'ex-F.l.n.c. pour assurer la tranquillité du voyage présidentiel. Des truands de Porto-Vecchio, avertis par une fuite, auraient alors tenté de ravir ce butin au frère de Guy, destinataire du paiement : d'où « l'interrogatoire au chalumeau » de leur otage... Cette version très échevelée du million fantôme parvenue à sa connaissance, l'ex-F.l.n.c. va bientôt la reprendre à son compte, tout en l'enjolivant : c'est Franceschi qui, le 18 juin, aurait remis à Massimi une valise contenant 100 millions d'anciens francs pour rétribuer les hommes de main chargés de décimer le clan Orsoni !... D'où une discrète enquête diligentée, quinze jours plus tard, par la cellule élyséenne sur les circonstances du déplacement insolite de Franceschi au lendemain de la visite présidentielle !

En cet été meurtrier de 1983, elle court, elle court la rumeur et fait peser sur la Corse un climat de plus en plus délétère. Intoxication systématique de la propagande nationaliste et maladresses d'un pouvoir perdu dans la toile de ses réseaux s'additionnent dangereusement. Ainsi, dit-on que le commissaire Charles Pellegrini a été grièvement accidenté, le 24 août, au cours d'une nouvelle mission secrète à Solenzara, soit par un sabotage de sa voiture, soit lors d'une course-poursuite ponctuée de coups de feu. Le fait est qu'il a été hospitalisé d'urgence, ce jour-là, puis rapatrié par avion militaire sur le Val-de-Grâce.

En réalité, si ce policier a bien été blessé, il était non en mission, mais en vacances, non en voiture, mais à bord d'un Zodiac retourné par une vague et dont un jerricane est tombé sur son dos, lui fracturant une vertèbre, comme peuvent en témoigner une trentaine de baigneurs. Seulement, pour des raisons administratives, cet accident a été attribué à un déplacement professionnel automobile...

C'est alors que tout s'accélère et que, durant son hospitalisation, Pellegrini apprend l'assassinat, le 11 septembre, de son beau-frère, Félix Rosso, 43 ans, un ancien trafiquant de drogue reconverti dans la restauration et devenu l'époux de Marie-Lou Pellegrini, sa sœur.

Condamné, en 1973, à vingt ans de prison par défaut, comme complice du réseau monté par un honorable correspondant du Sdece, André Labay, puis arrêté en 1978 au pays basque, rejugé, peine réduite à cinq ans et bénéficiaire d'une remise pour bonne conduite, Rosso avait ouvert un restaurant, *La Parillada,* sur la plage de Saint-Cyprien, à Lecci. Victime de sa générosité, il avait eu le tort d'héberger la compagne de Jean-Marc Leccia — le commanditaire en fuite du rapt d'Orsoni — une jeune femme enceinte dont la parfumerie, à Porto-Vecchio, était devenue depuis la cible favorite de plastiqueurs anonymes Le soir du 11 septembre, un coup de feu partait de l'ombre de la plage, foudroyant de dos le restaurateur qui s'apprêtait à fermer l'établissement...

Le surlendemain, la vendetta bascule et prend une nouvelle dimension politique avec le meurtre du sous-préfet Massimi abattu au volant de sa voiture, près de Bastia. Le 21 septembre, l'ex-F.l.n.c. revendique hautement ces deux exécutions visant « les véritables commanditaires de l'assassinat de Guy Orsoni ». Le 3 octobre, il poursuit son escalade psychologique en confirmant les termes de son offre de trêve à Mitterrand transmise par Alain Orsoni « aux bons soins » du capitaine Barril, enfonçant ainsi le clou sur la double politique et le double langage du pouvoir « colonialiste ».

Aucune dénégation officielle non plus aux révélations du *Canard Enchaîné* du 27 septembre sur la rencontre de Barril et d'Orsoni. Seuls varient les commentaires officieux. Rencontre organisée par Paul Barril sur ordre du commandant Christian Prouteau, conseiller technique du Président, laisse-t-on entendre dans son entourage. Non, « de sa propre initiative », rétorque-t-on de source dite autorisée.

« Ce n'est donc pas un " politique " de l'entourage présidentiel qui aurait été ainsi promu interlocuteur des clandestins de l'ex-F.l.n.c., accuse Edwy Plenel dans *Le Monde* du 30 septembre, mais un officier de gendarmerie formé à l'action plutôt qu'à la diplomatie. La révélation de ce rendez-vous, par la confusion qu'elle ajoute à une situation qui n'en manque pas, pose à nouveau le problème de la " cellule élyséenne " regroupée autour de M. Prouteau. »

Le rendez-vous manqué d'Action directe

La semaine suivante, son camarade Georges Marion s'apprête d'ailleurs à faire rebelote avec un nouveau scoop « spécial Barril » dans « l'hebdomadaire satirique paraissant le mercredi ». En fait, quelques exemplaires du numéro sont distribués confraternellement, dès le mardi, au début de l'après-midi, dans les salles de rédaction — et aussi dans les ministères ou dans les couloirs de l'Assemblée. C'est ainsi que, le mardi 4 octobre, veille de sa mise en vente, un journaliste de *France-Soir,* Jean-Marc Ancian, saute sur la page du *Canard Enchaîné* généralement consacrée à des révélations. Titre de la nouvelle casserole accrochée au super-gendarme de l'Elysée : « Le capitaine Barril écrivait aussi à Action directe. » A l'appui de son article, Marion reproduit le fac-similé d'une carte recto verso manuscrite à en-tête de la présidence de la République, datée du 22 janvier 1983, et portant le cachet du G.i.g.n. sur la signature de Paul Barril, ainsi que l'extrait d'un autre carton :

« Monsieur Rouillan — écrit le signataire en indiquant son grade et son numéro de téléphone à son domicile — je désirerais vous rencontrer personnellement, où vous voulez et quand vous voulez, afin de mettre au point un dialogue permettant la régularisation de votre situation. Je suis habilité par la présidence pour traiter directement avec vous. A bientôt j'espère. »

Suit un autre mot :

« Vous pouvez me contacter par téléphone tôt le matin (7 h-9 h) ou le soir à mon domicile. »

« Dix jours seulement après avoir rencontré Alain Orsoni, commente Marion, le capitaine Barril a tenté un nouveau coup. Cette fois, il s'agissait d'entrer en contact avec une autre vedette d'un groupe clandestin : Jean-Marc Rouillan, l'un des fondateurs d'Action directe... Le capitaine mouille l'Elysée : qu'il converse avec Alain Orsoni du F.l.n.c., ou qu'il envoie des lettres à Jean-Marc Rouillan, c'est toujours en invoquant le Très-Haut. »

La correspondance évoquée n'est pas, en effet, la première du genre. Trois mois plus tôt, déjà, en octobre 1982, Barril et son chef Prouteau avaient fait parvenir chacun, grâce aux mêmes intermédiaires — un journaliste et un avocat — une lettre proposant leurs bons offices au leader d'Action directe recherché par la Brigade criminelle, sur mandat du juge Jean-Louis Bruguière, depuis une interview provocatrice à *Libération,* le jour de la dissolution de son mouvement, pour qu'il se rende tranquillement au cabinet du magistrat désireux de l'interroger. En lui faisant miroiter quelque arrangement en coulisse [1].

1. Rappelons que Jean-Marc Rouillan avait été amnistié en août 1981, avec sept autres membres de son mouvement.

Aux intermédiaires qui lui servent d'interlocuteurs, Barril s'est d'ailleurs présenté en porte-parole de l'Etat. La présidence, leur a-t-il dit en substance — toujours selon *Le Canard Enchaîné* — tient à régler en douceur ces affaires de terrorisme. Les policiers sont capables du pire ; mieux vaut donc traiter avec les gendarmes. Que Rouillan se livre donc à ses hommes, et il aura droit à la mansuétude de la justice ! Le leader du « terrorisme interne » manifeste, semble-t-il, d'autres exigences : il veut pouvoir se présenter éventuellement au juge, mais sans mise préalable en garde à vue. Il a donc reçu un premier engagement écrit du négociateur élyséen, tapé sur le papier à lettres de la Légion de gendarmerie mobile d'Ile-de-France dont relève le G.i.g.n. :

« Je soussigné capitaine Barril, commandant le Groupe d'intervention de la gendarmerie nationale, m'engage à assurer la protection physique de Jean-Marc Rouillan et à le présenter directement au magistrat (en fonction du lieu du contact). Je m'engage également à témoigner en sa faveur du fait de sa présentation volontaire aux autorités légales. »

Pour balayer les dernières hésitations du fugitif, le commandant Prouteau lui-même se fend à son tour d'une lettre, certes prudente, mais sur un luxueux papier dont l'en-tête a de quoi impressionner les destinataires les plus sceptiques : « Présidence de la République. Le Conseiller technique. » Une frappe impeccable, mais une signature qui sera sujette à caution :

« Dans la mesure où M. Jean-Marc Rouillan, comme il en a fait part, par l'intermédiaire de ses amis, au capitaine Barril, souhaiterait se rendre à ce dernier, afin qu'il puisse se présenter devant le juge pour éclairer sa situation, il va sans dire que les accords, permettant sa présentation volontaire, seront suivis. Les engagements que prendra donc le capitaine Barril, à condition qu'ils ne soient pas en contradiction avec la loi pour la découverte de la vérité, seront tenus. »

Malgré tout, Barril n'arrive pas à surmonter les réticences de Rouillan, dont l'intermédiaire lui fait remarquer que le juge Bruguière, de plus en plus spécialisé dans la lutte antiterroriste, a peut-être aussi son mot à dire dans l'affaire. C'est alors que Barril tente de relancer les pourparlers en envoyant la lettre du 22 janvier et en y joignant deux cartes de visite : l'une, au nom du « capitaine Barril, commandant du G.i.g.n. » ; l'autre, au nom de « Paul Barril, adjoint au Conseiller technique du président de la République ». En vain, semble-t-il, car selon *Le Canard Enchaîné,* Rouillan aurait depuis omis de se manifester et rompu, en fait, tout contact.

Dès qu'il a pris connaissance des révélations de Marion, le journaliste de *France-Soir* téléphone au lieutenant-colonel Jean-Louis Esquivier, le « curé » de la cellule élyséenne pour lui lire le papier.

— Il faudrait absolument prévenir Barril, ajoute-t-il.

— Oui, vous avez raison. Je vous donne son numéro de villégiature dans les Alpes. Appelez-le de ma part et lisez-lui cet article. Je vais, de mon côté, tenter de m'en procurer un exemplaire dès ce soir.

Le « curé » ne se rend pas compte du piège tendu par le journaliste pour obtenir le téléphone de Barril, qu'il ne sait où joindre. Et Barril répond sans méfiance à ce correspondant qui l'appelle de la part d'Esquivier, simplement pour l'informer de la nouvelle attaque du *Canard.*

— Pour Rouillan comme pour Orsoni, j'étais couvert. Vous pensez bien que je ne suis pas fou. Je ne serais pas allé au charbon sans le feu vert de Prouteau et de Grossouvre. Merci de m'avoir prévenu.

— C'est moi qui vous remercie, mon capitaine, de m'avoir accordé cette interview, pour mon édition de demain matin.

— Quoi ? Vous plaisantez ! Je suis tenu à l'obligation de réserve. Il n'a jamais été question de rendre public notre entretien.

— Mon devoir à moi est d'informer. Alors, je publie...

Barril furieux appelle son avocat, Me Francis Szpiner. Pas question de se faire extorquer comme ça une interview et surtout de s'exposer en première ligne. Après une négociation tendue entre Szpiner et Ancian, il est finalement convenu de mettre les propos de Barril dans la bouche de son défenseur. Seul est maintenu le titre d'accroche à la Une : « Le supergendarme affirme avoir agi sur ordre. » L'article nuance : « Telle est, en tout cas, la position exprimée, au nom du capitaine Barril, par son avocat dans une déclaration exclusive à *France-Soir.* » Tout en se targuant d'avoir pu joindre le capitaine au téléphone « quelque part en France, où il se trouve en résidence surveillée, depuis samedi, gardé par plusieurs hommes en armes », le journaliste fait parler l'avocat que Barril a « chargé de faire toute mise au point qu'il jugera utile » :

« Le capitaine Paul Barril a agi sur ordre. Rappelez-vous : c'était à l'automne 1982. Action directe venait de commettre plusieurs attentats à Paris. Tous les policiers de France s'étaient lancés à la recherche de Jean-Marc Rouillan, sur instructions expresses du ministre de l'Intérieur, Gaston Defferre. Il fallait absolument mettre la main sur le chef historique d'Action directe. Et certains policiers, paraît-il, auraient préféré le voir mort plutôt que vivant. Le capitaine Barril a alors été chargé par un conseiller du président de la République, M. de Grossouvre, de prendre contact avec Action directe pour négocier une trêve. Bien sûr, les ordres n'étaient pas écrits, ni même très définis. Mais le capitaine Barril a effectivement rencontré M. de Grossouvre à l'Elysée, à plusieurs reprises. Il a, par des intermédiaires, fait parvenir une lettre à en-tête de l'Elysée à J.-M. Rouillan. Par la suite, lorsque Action directe a cessé de faire parler d'elle, on a demandé à Paul Barril de prendre contact de la même manière avec le F.l.n.c. Il a donc rencontré, entre autres, Alain Orsoni à Paris, et, en Corse, certains membres de la C.c.n., aujourd'hui dissoute. Tout cela est vrai, je le prouverai. La mission du capitaine Barril était officielle. On voudrait lui reprocher maintenant de l'avoir accomplie. C'est un soldat. Il a obéi. »

En même temps que l'article sulfureux de *France-Soir,* paraît, dans *Le Matin,* un article de Jacques Bacelon, qui a joué le rôle d'intermédiaire entre Barril et l'avocat de Rouillan, Me Thierry Fagart. Il explique comment, à la lecture d'une interview de Rouillan qu'il avait publiée, le 15 octobre 1982, interview dans laquelle le leader d'Action directe exprimait sa crainte d'être « mesrinisé » s'il déférait, comme il s'y était engagé, à la convocation du juge Bruguière, le capitaine lui avait fixé rendez-vous au drugstore des Champs-Elysées. Après quoi, la négociation s'était nouée avec Me Fagart pour ménager une reddition sans effusion de sang près de Montpellier, à la faveur des fêtes de fin d'année. Les réticences à assurer les garanties promises par Barril dans ses deux lettres étaient venues de la justice.

France-Soir et *Le Matin* arrivent, le mercredi 5 octobre, sur le bureau des conseillers de l'Elysée, à quelques heures de la réunion hebdomadaire du Conseil des ministres. De Grossouvre, Ménage et Prouteau se concertent fébrilement sur la riposte à envisager face à ce tir convergent de la presse que *Le Monde,* avec Edwy Plenel, ne manquera pas de monter en « Une » au début de l'après-midi. Devant les membres du gouvernement, le Président s'étonne et s'indigne que même la presse de gauche puisse parler d'une police parallèle installée sous sa protection en son palais : « Le capitaine Barril, connais pas. Je ne l'ai jamais vu. » Le porte-parole du gouvernement, l'écrivain Max Gallo, est donc chargé de répondre à cette nouvelle vague de calomnies :

« Le capitaine Barril, dit-il de sa voix doucereuse, n'appartient pas et n'a jamais appartenu aux services de l'Elysée... L'enquête révélera dans quelles conditions il a pu utiliser du papier à en-tête de la présidence de la République. »

Cette enquête, Hernu annonce, le soir même, qu'il l'a confiée, une fois de plus, à l'Inspection générale de la gendarmerie, avec les commentaires suivants :

« S'il apparaît que des initiatives personnelles ont été prises, ce rapport me fournira les éléments d'appréciation sur les dimensions et les formes de celles-ci. J'en tirerai des conclusions. En attendant, je demande qu'on prenne garde aux informations infondées qui ont tendance à se multiplier. »

Comme la chambre d'accusation de la cour d'appel de Paris vient, ce même jour, comme par hasard, d'annuler la procédure instruite contre les Irlandais de Vincennes, le ministre de la Défense tient à préciser la situation actuelle de celui qui l'a déclenchée :

« Le capitaine Barril a commandé le G.i.g.n. en second jusqu'au 9 juin de cette année. A cette date, à titre conservatoire, je l'ai suspendu pour quatre mois. Il est, depuis le 16 septembre, affecté au commandement des écoles de gendarmerie à Maisons-Alfort. »

Au même moment, Me Szpiner réaffirme cette fois en son propre nom, à l'A.f.p. et à la télévision, que tout ce que son client a fait « avait été porté à la connaissance de sa hiérarchie et s'est fait sous le contrôle de cette hiérarchie ». Se sachant, ou s'imaginant placé sur écoutes, l'avocat de Barril multiplie les menaces de révélations au téléphone : il traitera le porte-parole du gouvernement de menteur jusqu'à ce que celui-ci l'assigne en diffamation, affirme-t-il, et alors il produira le laissez-passer officiel de son client lui donnant librement accès au palais présidentiel...

Les conseillers de ce qu'il nomme le « cabinet noir » se concertent à nouveau dans la nuit, car ils apprennent que *Libération* s'apprête à publier, dans son numéro en cours de tirage, la photocopie des deux lettres de Barril et de Prouteau d'octobre 1982, destinées à « rassurer » Rouillan. De Grossouvre admoneste Prouteau d'avoir commis un tel écrit. Mais le supergendarme lui rétorque qu'il a tout prévu : il a modifié volontairement sa signature pour pouvoir démentir, le cas échéant, avoir rédigé cette attestation. C'est donc un faux que va reproduire *Libération*... Mais qui donc a pu communiquer ces documents à Marion et consorts ?

« Il faut arrêter ça ! » tranche de Grossouvre. Que Barril se débarrasse au plus vite de cet avocat qui voit trop de journalistes et qui milite dans l'opposition, dit-on ! Et qu'il la boucle une fois pour toutes !

Le commandant Prouteau appelle donc d'abord la famille de Barril, pour qu'elle le persuade de changer d'avocat. Ce Szpiner se sert de lui pour attaquer le pouvoir et se faire de la « pub » sur son dos. L'affaire doit rester en famille, entre militaires. Pas de civil... Il est 11 heures du soir quand le chef du G.i.g.n. se décide à appeler son ami Paul dans son refuge alpin. Il le prend par les sentiments et le conjure, au nom de leur fraternité d'armes, de rompre les ponts avec cet avocat provocateur, qui aurait monnayé ce document 50 000 Francs à *Libération.*

— En somme, tu me demandes de me sacrifier en silence, répond Barril.

— Paul, fais ce que je te dis. Et je te défendrai jusqu'au bout. Tu dois confirmer que ce document est un faux.

— Non. Trop c'est trop, Christian. Je tiens à garder mon honneur. C'est tout ce qui me reste, maintenant.

Sentant qu'il n'a pas été assez convaincant, Prouteau demande à son ministre d'intervenir lui-même, auprès du capitaine récalcitrant. Comme le téléphone de Barril ne répond plus, Hernu fait alerter la brigade de gendarmerie locale pour que l'absent le rappelle illico sur la ligne directe, au ministère. A minuit, Barril obtempère à cette injonction, mais il prend soin de brancher son magnétophone sur le combiné. Voici la retranscription inédite de cet entretien téléphonique, dont Barril conservera l'enregistrement dans le secret d'un coffre suisse.

C'est le conseiller le plus proche de Charles Hernu. Jean-François Dubos, qui lui répond et qui lui passe le ministre.

Charles Hernu : Comment allez-vous, mon capitaine ?

Paul Barril : Mes respects, monsieur le Ministre. Bien, ça va. On vient de me faire la commission par les gendarmes de vous téléphoner séance tenante...

— Oui, car voyez-vous, j'appelle depuis un bon moment chez vous et vous ne répondez pas !

— C'est que, monsieur le Ministre, mon téléphone a des problèmes...

— Dites-moi, il se passe des choses très, très, très graves. On ne parle que de vous, ce soir, à la télé. Avez-vous regardé ?

— Non, monsieur le Ministre.

— Alors, j'ai dû, heu, comme je vous l'ai déjà dit, je crois, heu, vous protéger. C'est-à-dire que j'ai donné un communiqué à la presse disant que les journaux racontaient beaucoup de choses, mais que le G.i.g.n. était chargé de lutter contre le terrorisme, que je vous avais confié des missions, que quand on lutte contre le terrorisme, on ne met pas de gants blancs, hein ? On prend des risques. Donc, heu, comme on vous fait des tas de reproches, heu, je continue à vous couvrir, mais il faut bien que vous considériez que je suis dans le gouvernement, heu, le seul de mon espèce !...

— Oui. Bien, monsieur le Ministre.

— Je ne vais pas vous faire un dessin. Il se passe des choses très très graves. Dans le texte que j'ai donné, je dis que j'ai demandé à l'Inspection générale, vous me suivez bien, une enquête pour vérifier ce que racontent les journaux. Je ne dis donc pas que vous êtes coupable. Je dis : je vais enquêter. Vous vous rendez compte de ce que je fais en ce moment ?

— Monsieur le Ministre...

— Non, laissez-moi parler ! Je suis à peu près tout seul à vous défendre partout, mais vous avez un avocat qui s'appelle Szpiner, c'est bien ça ?

— Oui, mais...

— Il a convoqué Tillier, il a convoqué *Minute,* il a convoqué Marion du *Canard Enchaîné,* et il donne une conférence de presse *en votre nom* pour accuser le Président.

— C'est impossible, monsieur le Ministre !

— Alors, vous devez téléphoner à cet avocat tout de suite et vous débarrasser de lui !

— Mais, monsieur le Ministre...

— Laissez-moi aller jusqu'au bout. Il faut que je parle : le ministre à l'officier, et ensuite d'homme à homme. Le ministre à l'officier : vous ne pouvez pas accepter que votre avocat tienne une conférence de presse et dise que vous avez reçu des ordres de la présidence, c'est clair ?

— Je vous écoute, monsieur le Ministre.

— Demain, *Libération* sort un texte, je ne sais si c'est vous ou votre avocat qui l'avez remis au journal...

— Mais enfin, monsieur le Ministre ?

— C'est la lettre que Prouteau vous a envoyée. Elle va paraître demain avec le cachet de la présidence. Au sujet de Rouillan qui devait se rendre au juge selon les modalités que vous aviez arrêtées, et je sais que Prouteau affirmait que cela ne devait pas entraver le cours de la justice. Vous saisissez ? *Libération* va publier cette lettre. Ça va être demain un beau tollé. Si après, Szpiner tient en votre nom une conférence de presse, vous imaginez ! Vous devez vous débarrasser de cet avocat tout de suite et ne plus avoir de contact avec lui. Et Prouteau qui est au courant, évidemment, commence à se poser des questions. Alors, moi, je ne manie pas la carotte et le bâton, ce n'est pas mon style. Je vous ai dit, une fois, dans mon bureau, que je pensais que quand on luttait contre le terrorisme, on prenait des risques. Mais que, *in fine,* le ministre vous protégerait. Ne me rendez pas les choses impossibles. Vous risquez votre peau, je vous signale... Stoppez Me Szpiner. Vous rendez-vous compte, qu'à cause de lui, vous engagez la chute de la République ?

— Monsieur le Ministre, jamais Szpiner n'a eu l'intention de tenir une conférence de presse. Vous me l'apprenez, parole d'homme !

— Ecoutez, votre parole d'homme, je n'y crois pas. Donnez-moi votre parole d'officier !

— Je vous la donne, monsieur le Ministre.

— Bien. Alors, *Libération,* c'est vous qui avez donné la lettre ?

— Monsieur le Ministre, le seul fait de dire que j'ai pu donner quelque chose à *Libération* me met hors de moi !

— Vous allez changer d'avocat ?

— Je préviens Me Szpiner de ne rien dire.

— Je vous en donnerai un, d'avocat. Dites, vous vous rendez compte, Prouteau, dans quel état il est ? Il est prêt à vous lâcher.

— Je vais l'appeler.

— Oui. Et Villeneuve, à Europe 1, vous lui avez parlé ?

— Non, depuis longtemps.

— Donc, quand il va dire demain matin qu'il vous a eu au téléphone, il mentira ?

— Absolument !

— Je vous crois. Alors, d'autres journalistes vous ont-ils appelé ?

— Non.

— Alors, qui a demandé à Szpiner de les convoquer ?

— Personne. C'est eux qui ont dû l'appeler.

— Bien. Vous allez dans l'ordre, mon capitaine, téléphoner à Prouteau qui est meurtri et qui se demande pourquoi vous faites tout cela. Si vous n'y êtes pour rien, il faut le dire à lui, c'est votre chef, il a été votre chef, hein ? Vous avez de la sympathie pour lui ?

— J'ai plus, monsieur le Ministre, nous avons risqué plusieurs fois notre vie ensemble.

— De l'amitié, hein, pas de la sympathie ? Pour le Président, vous ne souhaitez pas le pire ? Ne laissez pas faire des saloperies en votre nom ! Vous n'avez pas écouté la télé ce soir ? On ne parle que de vous...

— Mais, je n'ai rien dit !

— Oui, mais tout le monde vous fait dire. Et que puis-je dire, moi, à l'Elysée, quand on sait que Szpiner a convoqué la presse et qu'il menace de rendre publiques des copies de documents vous appartenant ? Voilà ce qu'il dit, Szpiner. Il ne peut pas rester votre avocat. Au nom de, heu, moi je ne vais pas chercher la raison d'Etat, parce que je m'en fous, au nom, heu, de la discipline militaire !... Si Me Szpiner met en cause la présidence, vous me mettez, moi, dans une position impossible. Mais je continuerai à dire, quoi qu'il arrive, que le capitaine Barril ne dépendait que du ministre de la Défense, c'est clair ?

— Me Szpiner ne dira rien, monsieur le Ministre.

— Ne mentez pas ! Si vous mentez, ça ira très loin. Vous ne me connaissez pas. Jusqu'à votre vie. Moi, je ne joue pas.

— Oh ! monsieur le Ministre !...

— Cela dit, je vous fais confiance, vous m'entendez ? Mais que les gens qui sont ou se prétendent votre porte-parole s'arrêtent !

— Je préviens Me Szpiner.

— Dites ça d'un ton plus énergique ! Ne dites pas que c'est le ministre qui vous a téléphoné. Pas de journalistes, hein ? Ecoutez, Barril, pour les Irlandais, je vous comprends. Mais je ne peux vous défendre que si vous vous taisez. Ce soir, c'est très dur... Et je vous donnerai un avocat, le meilleur, et c'est pas vous qui paierez, compris ? Allez, prenez rendez-vous au ministère et dormez bien.

Le lendemain, parallèlement aux documents publiés par *Libération,* la presse titre sur le lâchage de Barril et la petite phrase du porte-parole du gouvernement. « Ce n'est pas d'hier, commente Dominique Jamet dans *Le Quotidien de Paris,* c'est tous les jours depuis deux mille ans qu'au pied de tous les Golgotha, saint Pierre ou sainte Nitouche déclare : “ Je ne connais pas cet homme ”... Convaincu d'avoir rencontré Alain Orsoni et Jean-Marc Rouillan, le capitaine

Barril est lâché par ceux-là mêmes qui lui avaient donné le feu vert. »

En haut lieu, ce jeudi 6 octobre 1983, les partisans de l'explication l'emportent finalement sur ceux qui, à l'Elysée notamment, défendent le « no comment ». Max Gallo revient sur sa formule un peu trop lapidaire de la veille, en répondant longuement au journal de la mi-journée d'Antenne 2 et en authentifiant d'ailleurs, au passage, la « vraie-fausse » lettre de Prouteau à Barril offerte en garantie à Rouillan :

« Le commandant Prouteau, devenu conseiller auprès du président de la République pour les affaires de terrorisme, a eu tout naturellement des contacts avec son second, le capitaine Barril. Et, dans le cadre de ses directives, le capitaine Barril a eu un certain nombre d'initiatives. Dans certains cas, il a averti le commandant Prouteau, notamment dans une lettre à propos d'un terroriste d'Action directe. Le commandant Prouteau, comme on a pu le voir dans sa réponse, dit bien qu'il s'agit de lutter contre le terrorisme et d'agir dans le cadre de la loi. Telles étaient les directives. Il est possible que le capitaine Barril, dans le cadre de ces directives, ait eu des initiatives personnelles. J'en vois une, qui appelle une enquête : il a écrit sur du papier à en-tête de l'Elysée. C'est un détail, mais un détail qui est sérieux, car il faut rappeler, de manière très ferme, que le G.i.g.n. ne se trouve pas à l'Elysée. Il n'y a pas de police parallèle. Il y a le commandant Prouteau ayant, dans le cadre de sa fonction de coordination de la lutte contre le terrorisme, un certain nombre de contacts avec tel ou tel service, dont le capitaine Barril et le G.i.g.n. Le commandant Prouteau agissait dans le cadre de ses responsabilités et, je crois, dans le cadre d'une directive générale du président de la République, que je vous résume en deux points : le terrorisme, c'est la violence aveugle et barbare, c'est odieux et scandaleux, mais il faut lutter contre lui dans le respect de la loi. Dans ce cadre, le capitaine Barril a pris un certain nombre d'initiatives. Une enquête réglementaire est en cours pour vérifier qu'elles étaient entreprises dans le cadre de ces directives et de la loi. Pour d'autres affaires, la justice suit son cours. Il n'y a ni mystère ni hypothèse. Il y a une situation qui me paraît simple. »

Et Max Gallo d'enfoncer un clou qui rappelle le leitmotiv du Premier ministre, Georges Pompidou, lors de l'affaire Ben Barka, en 1965 : « Les polices parallèles, ça n'existe pas » :

« Il n'y a pas un noyau stable menant des actions autonomes, précise le porte-parole socialiste, mais un conseiller technique qui s'entoure d'un certain nombre de spécialistes, parfois détachés, mais qui travaillent en liaison avec les services de police. Il est faux de prétendre qu'il existe une police parallèle à l'Elysée. »

Ce que Gallo ne dit pas, probablement parce qu'il ne le sait pas, c'est que les réunions tri-hebdomadaires du Bureau de liaison antiterroriste (Blat), sous la houlette de Frédéric Thiriez, tournaient le plus souvent à la foire d'empoigne ou à la partie de poker menteur : c'était à qui en dirait le moins et ferait parler le plus les autres services. Témoin de ce chacun pour soi : la traque de Jean-Marc Rouillan, précisément. Mettre la main sur le fondateur d'Action directe, c'est le rêve de tous. Du coup, certains policiers en sont arrivés à piéger Prouteau qui se croyait le mieux placé pour rafler la mise. Ils s'amusaient à lui téléphoner en se faisant passer pour Rouillan, et en expliquant qu'il était en Espagne, à attendre son signal pour se rendre en douceur. Peu après, le commandant annonçait au Blat son arrestation imminente. Peau de banane. Les R.g. en rient encore... Lors d'une autre réunion du Blat au secrétariat d'Etat à la Sécurité publique, le représentant de la cellule élyséenne — le lieutenant-colonel Esquivier — a exhibé, avec une fausse modestie, un prétendu organigramme régional d'Action directe saisi par « ses » gens à Toulouse. Remis au directeur adjoint des R.g., Pierre Bergeret, le précieux document atterrit sur le bureau de Thiriez, alors conseiller technique au cabinet de Franceschi : il s'agissait, en réalité, de l'organigramme de la Fédération socialiste de Haute-Garonne. On y trouvait même le nom de son leader, le ministre de l'Education nationale, Alain Savary ! Guignolade...

Convoqué à 9 heures du matin, le surlendemain du coup de téléphone d'Hernu, à l'Inspection générale de la gendarmerie, dans un discret local de la rue de la Banque, au cœur de Paris, Paul Barril s'explique devant le général Andraud chargé de l'enquête sur certaines « initiatives personnelles » reprochées au capitaine, notamment l'usage du papier à en-tête de la présidence dans sa correspondance avec Rouillan :

« Je n'ai fait que remplir mes fonctions de commandant du G.i.g.n. C'est Rouillan qui a demandé le premier à me contacter. Ensuite, j'en ai informé le commandant Prouteau et, dans le même temps, le directeur du cabinet de M. Franceschi. Tout le monde savait que j'avais ces contacts avec Rouillan, mais aussi avec Orsoni. Il n'y a rien là de scandaleux. Je ne négociais pas avec des terroristes, je voulais mieux les connaître pour leur soutirer des informations... Alors, comme Rouillan demandait notre protection pour se rendre au juge, comme il avait peur du sort de Mesrine, je la lui ai garantie, en utilisant ce papier à en-tête qui pouvait lui donner confiance. »

Rouillan a-t-il vraiment jamais eu l'intention de se rendre au G.i.g.n. ? Peu probable, estiment les historiens d'Action directe, Alain Hamon et Jean-Charles Marchand : « Il est plus vraisemblable qu'il a manipulé le capitaine avec une certaine délectation. Une explication bien simple que le fier Barril n'envisage même pas[1]. »

En tout cas, le capitaine épinglé doit faire face, pendant trois heures, aux questions du général Andraud, chargé de dénouer les fils de l'intrigue : « Si je me trouve en posture d'accusé, lui répond-il, traité en bouc émissaire et dans l'incapacité de me défendre, c'est parce que je suis, maintenant, dépositaire de secrets d'Etat que je ne suis même pas autorisé à vous révéler.

— Je me demande si, dans cette affaire, conclut le général, vous avez agi en officier de gendarmerie ou en agent de l'Elysée. »

C'est toute la question. Depuis des mois, au sein même de la gendarmerie, ce rapprochement, cette compromission avec le pouvoir politique, cette confusion des genres font l'objet d'une sourde grogne. Le G.i.g.n., fer de lance de l'arme, et surtout ses meilleurs éléments échappent au contrôle de la hiérarchie militaire. Barril et ses hommes sont virtuellement rattachés à l'Elysée. Et pas seulement pour veiller à la protection du chef de l'Etat, mais pour assurer de plus en plus des tâches de police et de contre-espionnage. C'est le moment de mettre le holà ! en profitant des imprudences ou des naïvetés de Barril. On lui a trouvé un placard au commandement des écoles : « Ici, lui a dit en guise d'accueil le colonel, vous ne ferez rien sans me rendre compte. » Et il lui a remis deux fascicules : « Les correspondances et formulaires de l'officier d'état-major. » A apprendre par cœur dans les deux jours.

Barril n'y tient plus. Lui qui n'avait pas pris de permission depuis longtemps, il les demande toutes. Pour parfaire sa disgrâce, on lui offre un autre placard, de luxe paraît-il : un poste d'encadrement en Mauritanie pour y apprendre à lire à des officiers. Dans le même temps, on lui refuse la quatrième barrette alors qu'il est en tête du tableau d'avancement de sa promotion pour services rendus : le seul capitaine à passer commandant, en 1984, est à six rangs, derrière lui !

> « Je n'avais pas compris le système, écrit-il à la fin de ses *Mémoires*. Il ne faut pas faire de vagues. Il faut faire son « tennis » comme tout le monde, et tenir pendant vingt ans. Je suis surpris par la lâcheté des gens... Il me reste quand même ce à quoi je tiens le plus, une formidable amitié entre des hommes qui se sont connus. Aujourd'hui, je suis grillé, carbonisé au lance-flammes, j'ai découvert la valeur de la vie. »

Mais, pour lui, c'est la rupture avec Prouteau, son compagnon de cordée, qui ne sera plus, bientôt, que le chef des gardes du corps de la présidence. Le 1er mars 1984, Barril demande, et obtient, sa mise en

1. Voir *Action Directe*, par A. Hamon et J.-Ch. Marchand (Le Seuil).

disponibilité pour cinq ans, après vingt ans de gendarmerie. Pour mettre son savoir-faire au service du plus offrant, il ne lui reste qu'à soigner sa publicité. D'où la sortie, dans la foulée, de son livre *Missions très spéciales,* dont il profite pour régler, au passage, quelques comptes avec les « grands flics poltrons, jaloux ou usurpateurs », qu'il accuse d'avoir saboté les succès de son action antiterroriste. Ainsi explique-t-il, par exemple, « l'étouffement » d'une enquête sur des préparatifs d'attentats par des extrémistes de droite à Marseille, complot déjoué, à l'en croire, grâce à son intervention.

Un « informateur », lié à ce milieu, était venu l'avertir de la reconstitution d'un Sac local, après la dissolution de ce service d'ordre, provoquée par la tuerie d'Auriol[1]. Deux de ses membres allaient, selon lui, prendre livraison d'explosifs du côté de Sète : un ex-candidat R.p.r. aux élections de 1981, Michel Fabrigoule, et son garde du corps, Albert Ménard. Le 11 octobre 1982, Barril, descendu avec une équipe musclée d'une dizaine de gendarmes du G.i.g.n. opérant en civil, les avait pris en filature et fait intercepter sur la route du retour. Dans la voiture de Ménard, ses hommes avaient trouvé 6,6 kilos de dynamite-gomme, utilisée dans les travaux publics, 4 rouleaux de mèche lente, 75 détonateurs. Et lui-même avait découvert, au domicile de Fabrigoule, à Gemenos, près d'Aubagne, 17 kilos de cette dynamite, un rouleau de mèche lente, un cordeau détonant et 29 détonateurs. Il avait alors appelé le commissaire Jean-Pierre Sanguy, patron du S.r.p.j. de Marseille, pour lui « refiler le bébé ». Furieux d'apprendre ainsi cette opération menée en solo par des gendarmes sans mandat, le policier avait refusé de se déplacer lui-même et avait envoyé des inspecteurs chercher les deux prisonniers du G.i.g.n. pour les conduire devant un juge qui les inculpa de détention illégale d'explosifs en se contentant d'enregistrer leurs explications : ils s'étaient — eux aussi — procuré cet explosif de chantier pour aménager un court de tennis et... une tranchée de ball-trap !

Selon la version de Barril, « les policiers ont fait le black-out total sur ces arrestations » et n'ont cherché ni à remonter la filière ni à étendre le coup de filet aux anciens membres du Sac liés à Fabrigoule. « Je n'ai personnellement jamais compris, conclut-il, pourquoi cette affaire n'avait pas fait de vagues dans les journaux. »

C'est que la justice, elle, la conclura autrement, quand le procès des deux inculpés viendra, le 27 septembre 1985, devant la 7e chambre correctionnelle du tribunal de grande instance de Marseille. Cité par

1. Voir *Enquête sur les Mystères de Marseille,* Ed. R. Laffont.

le parquet comme témoin nº 1, le capitaine Barril, lui-même inculpé la veille à Paris de « fuites » dans l'affaire Greenpeace en compagnie de quatre officiers et sous-officiers de la D.g.s.e., se retrouvera très vite sur le grill, en posture d'accusé. Un trou de trois heures dans la filature des deux suspects pouvait faire penser qu'il n'avait pas assisté au chargement des explosifs dans le véhicule des suspects. Il n'y avait donc pas eu flagrant délit et, du coup, la perquisition opérée par le G.i.g.n. sans l'assistance d'un officier de police judiciaire territorialement compétent et à l'insu du procureur de la République était aussi illégale que celle de Vincennes. La note du ministère de la Défense donnant compétence au G.i.g.n. pour agir sur tout le territoire n'avait aucune valeur juridique en dehors de tout mandat de justice et de toute « flagrance ». Du coup, le tribunal annulera en pleine audience l'ensemble de la procédure, abandonnant toute poursuite contre les deux détenteurs d'explosifs. Et, une fois de plus, ceux-ci porteront plainte contre les gendarmes qui les avaient abusivement interpellés et fouillés.

Le capitaine Barril se garde bien dans ses *Mémoires,* parus un an avant ce nouveau désaveu, de casser la baraque ni de livrer aucun secret d'Etat. A 38 ans, il ne faut pas insulter l'avenir.

ARAMIS NE RÉPOND PLUS

Il n'y avait plus d'avenir possible dans la police, en revanche, pour le commissaire Hervé Pouyanne, l'un des trois « poulets » à s'être brûlé les ailes au contact — volontaire ou non — de la cellule élyséenne. Le 21 décembre 1984, à l'issue d'un conseil de discipline quasi confidentiel, ce fonctionnaire de 33 ans, promis pourtant à une belle carrière, a été révoqué. Sanction exceptionnelle réservée d'ordinaire aux « ripoux » avérés. Or, le commissaire Pouyanne n'a commis ni crime ni délit; il est accusé, en fait, de tentative de chantage contre sa hiérarchie : il aurait menacé un haut dignitaire du régime de faire de graves révélations. On évoque pêle-mêle le terrorisme corse, les préparatifs de coup d'Etat à Haïti, la pose de micros indiscrets au domicile de personnalités, la pénétration aventureuse de milieux d'extrême droite. Bref, une tragi-comique affaire d'Etat, qui, à l'époque, embarrasse fort le « château ».

Hervé Pouyanne a été, en effet, deux ans durant, sous le nom de « commissaire Hervé », le bras droit clandestin du capitaine Paul Barril dans ses missions élyséennes. L'affaire Pouyanne est l'un des derniers rebondissements des aventures de l'éphémère structure antiterroriste de l'Elysée.

Reçu brillamment, en 1977, au concours des commissaires, nommé, en 1979, adjoint au chef du deuxième district de la Sécurité publique à la préfecture de police de Paris, ce diplômé en droit bordelais retrouve, un jour de septembre 1982, au mess Napoléon, rue de Rivoli, le capitaine Barril qu'il a connu lors d'un stage au centre d'essais militaires des Landes. Le supergendarme, qui vient de se faire dessaisir du dossier des Irlandais de Vincennes au profit de la Brigade criminelle du commissaire Genthial, cherche alors à s'entourer d'hommes sûrs. Or, le jeune policier brûle visiblement d'ambition. Barril lui propose donc une association à haut risque : devenir son agent à condition de tenir hors du coup la « Grande Maison » dont il fait partie. Exposé à la rivalité gendarmerie-police, que la promotion de Prouteau auprès de la présidence exacerbe, le chef par intérim du G.i.g.n. n'est pas mécontent d'avoir un allié secret dans la place, qui peut, en outre, lui faciliter la tâche.

Justement, Hervé Pouyanne est fasciné par les missions à caractère clandestin : gros budget « noir », armement sophistiqué, voitures rapides, avions militaires, contacts noués dans l'ombre. Il prend quand même la précaution d'en toucher un mot à son supérieur direct, le commissaire André Béguet, qui l'encourage du bout des lèvres, car la cellule présidentielle, alors, fait peur... Pour le commissaire Pouyanne commence une double vie : le jour, il effectue son travail à la préfecture où, à partir du 8 janvier 1983, lui sera même confié le commandement des 600 policiers de la compagnie de garde et de service ; la nuit, le week-end, les jours de congés, il œuvre pour le capitaine Barril, avec lequel il s'estime lié par un « contrat moral ». Il l'accompagne à plusieurs reprises en Corse, lors de contacts avec l'ex-F.l.n.c. Après l'assassinat de Guy Orsoni, qui déclenche la vendetta politique que l'on sait. Barril, hospitalisé à la suite de son accident à l'entraînement, l'envoie clandestinement à sa place. Pouyanne affirmera avoir alors rencontré, peu de temps avant sa mort, le secrétaire général de Haute-Corse, Pierre-Jean Massimi, abattu, le 13 septembre 1983. A l'en croire, Massimi, se sachant menacé, aurait souhaité négocier avec la famille Orsoni par le biais du capitaine.

C'est enfin lui, Pouyanne, qui se targue d'avoir présenté Alex Engrand à Barril, et pénétré ainsi le milieu des conjurés haïtiens en exil. Lors de la mémorable séance de travail du 29 janvier 1983, dans les locaux de la Novimo, rue Marbeuf, il est le mystérieux « commissaire Hervé » qui assiste le chef du G.i.g.n. dans son topo sur les possibilités d'un débarquement militaire dans l'île du dictateur Duvalier, devant une carte murale. Après l'arrestation d'Alex pour le médiocre hold-up du bijoutier de la rue Gramont et la mise en cause de Monsieur Paul, Pouyanne, identifié sur photo par les associés de la Novimo, est rappelé d'urgence de Nice, où il passe ses vacances, pour subir l'interrogatoire du commissaire Richard, le directeur adjoint de la Police judiciaire. Il en sort disculpé à son tour, mais il entre dans le collimateur de l'Inspection générale des services, la police des polices, qui le convoque, en octobre, pour un nouvel interrogatoire de douze heures au sujet de ses absences répétées et de l'accumulation de certificats médicaux dans son dossier.

Dès lors, le climat se détériore entre le commissaire Pouyanne et sa hiérarchie qui n'ose encore le sanctionner. Ses supérieurs notent, cependant, qu'il devient de plus en plus « irrespectueux et insubordonné ». Les incidents se multiplient. En mai 1984, il est encore convoqué deux fois à l'I.g.s. pour avoir traité de « connard » un de ses collègues et critiqué, dans des termes « inadmissibles », une opération de maintien de l'ordre boulevard Suchet : « J'ai eu, avait-il écrit dans son rapport, la responsabilité de la dispersion d'une manifestation dans des conditions que je n'accepterai plus à l'avenir. » En juin, au cours d'un nouvel arrêt maladie de six jours, il refuse d'ouvrir sa porte à un médecin-chef venu le contrôler. En septembre, apprenant qu'il risque d'être muté dans le Nord, « dans l'intérêt du service », il fonce protester chez le directeur adjoint de la P.j. Interloqué, celui-ci écrit dans son rapport : « M. Pouyanne menace, s'il n'est pas nommé commissaire principal à Paris, de faire des révélations à la presse. » Tombe alors, sur le bureau du nouveau ministre de l'Intérieur, Pierre Joxe, une note, très sèchement rédigée, le 3 octobre, par le directeur adjoint du cabinet présidentiel, Gilles Ménage. Cet ancien responsable de feu la cellule élyséenne révèle qu'un certain commissaire Pouyanne s'est permis d'appeler son secrétariat, menaçant de dévoiler des dossiers relatifs à des « secrets d'Etat ». Sans doute pour paraître plus crédible, ce correspondant a évoqué un voyage de Ménage à Marrakech, dont la note a été payée par la gendarmerie marocaine... Le haut fonctionnaire de l'Elysée présente cette allusion comme une tentative de chantage, demande une enquête sur ces prétendues « révélations » et des sanctions contre ce policier dont le comportement « frise la mythomanie ».

Le 14 novembre, Pouyanne est convoqué, cette fois, par deux

dirigeants de la police, le contrôleur général François Le Mouël, patron de l'Uclat (Unité de Coordination de lutte antiterroriste), et l'inspecteur général Gilles Sanson, pour une séance de « débriefing » mais, tandis qu'ils le sondent pour découvrir ce qu'il sait, le commissaire les enregistre à leur insu. Les sujets les plus divers sont abordés : le financement du journal *France-Amérique,* la pose de micros chez des journalistes, les Irlandais de Vincennes, les missions en Corse, etc. Pouyanne rétorque qu'il n'a de comptes à rendre sur ses activités occultes qu'à son « supérieur », le capitaine Barril, et non au ministère de l'Intérieur ! Le 21 décembre, il comparaît devant le conseil de discipline pour tentative de chantage. Séance épique, au cours de laquelle le jeune commissaire tient tête au directeur général de la police, Pierre Verbrugghe, en lui demandant de ne pas l'interrompre quand il parle... Du jamais vu ! La révocation devient inévitable. Mais il faudra en changer de motif. Et, contrairement à certaines craintes exprimées en haut lieu, elle n'entraînera aucun remous.

En revanche, la brutale disgrâce, à la mi-mars 1984, du commissaire divisionnaire Jacques Genthial, patron de la Brigade criminelle, à qui Gilles Ménage n'a jamais pardonné d'avoir ridiculisé, par sa trop scrupuleuse enquête, le premier « succès » de la cellule élyséenne — l'arrestation des Irlandais de Vincennes — a provoqué un beau chabanais non seulement dans la police parisienne, mais aussi, plus étonnant, parmi les magistrats de pointe du palais de justice. Quand, le 14 mars, le directeur Pierre Verbrugghe a convoqué Genthial pour lui annoncer sa mutation sans promotion à la direction centrale de la P.j. comme simple chargé de mission, il n'a aucune explication à lui fournir — que ce commentaire du ministre Gaston Defferre : « Aucun fonctionnaire n'est propriétaire de son poste. » Certes, mais personne ne comprend — à commencer par l'intéressé lui-même — pourquoi le pouvoir a décidé de changer une équipe gagnante, en la décapitant du chef qu'il avait mis à sa tête deux ans plus tôt ; sans mobile apparent et au prix d'une nouvelle crise dont se serait volontiers passé ce grand corps hypersensible qu'est la police. Et cela, alors que la Crim vient à peine de porter un coup très dur à l'organisation terroriste Action directe, après avoir réussi la capture des auteurs de l'attentat arménien d'Orly et battu le record du taux d'élucidation des crimes crapuleux (60 % en 1983, au lieu de 47 %). Un bilan dont la publication par la presse avait déclenché une enquête du préfet Guy Fougier, toujours obsédé par les « fuites ».

Aussi, pour la première fois, des magistrats n'hésitent-ils pas à sortir de leur réserve : huit juges d'instruction du tribunal de Paris, en charge des plus gros dossiers criminels et spécialisés dans les affaires de terrorisme, se joignent au tollé général soulevé par la mise au placard de Jacques Genthial, en déplorant publiquement, dans un communiqué, « cette décision injuste qui mutile une équipe homogène et dynamique ». Cette équipe, ajoutent-ils, « avait restauré, entre la police judiciaire et les magistrats instructeurs, des relations de travail confiantes et fructueuses ». Il semble, en effet, au premier abord, que ce soient ses trop bonnes relations avec les autorités judiciaires, au détriment de sa hiérarchie administrative, qui aient coûté son poste au patron de la Crim. Mais, bientôt, on apprendra que cette sanction déguisée n'est pas étrangère à une rocambolesque histoire d'écoutes téléphoniques, à laquelle se trouvent mêlés l'écrivain provocateur Jean-Edern Hallier et, par ricochet, la cellule élyséenne à travers l'ennemi intime de Genthial, l'inévitable capitaine Barril.

Le cadavre dans le placard que cacherait la petite phrase sibylline prêtée au ministre — « Genthial, lui, sait très bien de quoi il s'agit » — serait, en fait, le pamphlet dont Hallier n'en finit pas d'annoncer la prochaine publication, *L'Honneur perdu de François Mitterrand*, un ouvrage à scandale d'un goût plus que douteux, sur la vie privée, les recoins intimes et les antécédents familiaux du président de la République, ainsi que sur le pseudo-attentat de l'Observatoire. Bref, de quoi donner à l'avance des sueurs froides à l'entourage élyséen...

Or, dans le courant de ses activités, le commissaire Genthial avait eu à se préoccuper de l'enlèvement dont Hallier prétendait avoir été victime, en avril 1982. Dans le livre qu'il a consacré à cette affaire, le romancier affirmait, en effet, que son ravisseur, devenu son ami, avait posé, à son instigation, la bombe qui, au mois de juillet suivant, avait détruit l'ancien appartement de Régis Debray. Sur commission rogatoire, Hallier devait donc être réentendu, le 13 juin 1983, par la brigade criminelle et Genthial lui avait fait passer au Dépôt la première nuit de sa garde à vue. Le lendemain, il était revenu sur ses « révélations ». Mais il était sorti de cette épreuve fasciné par la mécanique policière et par celui qui l'incarnait : « Il caressait ses cheveux poivre et sel, ses doigts effleurant à peine la laque qui les tenait plaqués », écrit-il de ce « grand inquisiteur doucereux ». Et de compléter ainsi le portrait de celui qu'il dénomme « Gentiane » : « Il se donnait des airs d'homme du monde. Je lui trouvais plutôt la tête d'un professionnel des salles de jeu, un arnaqueur d'Etat à l'élégance trop voyante, réfléchissant à ses mises et à ses relances. J'avais de la sympathie pour lui. » Assez de sympathie pour que l'imprécateur impénitent poursuive le commissaire de ses assiduités et l'obtienne même deux fois au téléphone faute de secrétaire pour lui faire barrage. Ayant eu plus de succès auprès du capitaine Barril, qu'il qualifiait de « Red Adair du terrorisme international » et se vantait de voir tous les deux jours, Hallier prétendra, par la suite, avoir vainement tenté de jouer les messieurs bons offices entre le grand flic et le supergendarme... Mais, surtout, il fera savoir *urbi et orbi* qu'un jour de la fin décembre 1983, où il se trouvait sur un plateau de télévision, un mystérieux correspondant anonyme l'avait appelé de la part de Genthial, pour lui recommander de se méfier des écoutes téléphoniques dans ses communications avec le Quai des Orfèvres. Il se serait empressé d'en remercier plus tard le commissaire par téléphone et, selon lui, il aurait même appelé le colonel Claude Gervais, chargé des « écoutes administratives » à l'Hôtel Matignon, pour se plaindre de ces interceptions indiscrètes. Il s'annexait ainsi Genthial comme un « ami prévenant » dans ses bavardages téléphoniques et intempestifs.

Il n'en a sans doute pas fallu davantage pour soupçonner Genthial de faire un peu trop le jeu d'Hallier en tolérant qu'il tente d'échapper aux écoutes téléphoniques et de réconcilier ensuite les deux adversaires de l'affaire de Vincennes... D'autant que l'écrivain s'empressa, dès le limogeage du patron de la Crim, d'enfoncer le clou du soupçon :

> « C'est vrai que Genthial m'a prévenu — comme six ou sept autres personnes — que j'étais placé sur écoutes officielles... Vrai que je me suis proposé d'organiser un dîner entre Genthial, qui est un flic profondément démocrate, et Barril, hier encore le second de ce corps d'élite qu'est le G.i.g.n. Par trois fois, le dîner a été décommandé... La mutation de Genthial, c'est l'aboutissement du rapport de la transparence démocratique que ce policier incarne et de la paranoïa du secret de la société secrète qui veut gouverner. »

Et, tirant comme toujours la couverture à lui, Hallier poursuivra son délire :

> « La remise en question de mon non-lieu, l'élimination de Genthial, autant de preuves qu'il n'y a pas de négociations en cours avec le pouvoir au sujet de la parution de mon pamphlet *L'Honneur perdu de François Mitterrand*... Je n'ai rien à dire à l'Etat-voyou. »

Finalement, le pamphlet de Jean-Edern ne trouvera jamais éditeur. Quant à Genthial, récupéré à la tête de la police scientifique, il ne voudra jamais croire au rôle des « Grandes Oreilles » dans son accident de carrière : « Ce serait vraiment trop grotesque, dit-il. Je n'arrive même pas à concevoir qu'un tel montage ait pu convaincre qui que ce soit. » En matière de convictions hâtives et absurdes, on a pourtant vu pire lorsque des hommes politiques incertains et nerveux jouent maladroitement avec la police.

Troisième policier victime des mésaventures de la cellule élyséenne : le commissaire Charles Pellegrini, muté en novembre 1983 à un service non actif — et qui préférera se faire détacher au service de sécurité d'une grande banque — pour avoir été associé, malgré lui, à certains impairs. Parmi ces impairs, un traquenard tendu à Orly pour tenter de piéger le redoutable Carlos. Selon un tuyau de l'antenne de la C.i.a. à Paris, relayé de Damas par la C.i.a. de Berne, le terroriste vénézuélien devait débarquer à l'aéroport sud de Paris venant du Liban, via Tunis, puis rejoindre une maîtresse en Suisse à bord d'une voiture spécialement aménagée pour passer un petit arsenal d'armes et d'explosifs, à la veille de Noël 1982. Un gendarme du G.i.g.n. est dépêché dans la capitale tunisienne avec son épouse pour tenter de prendre place dans le même avion que lui et permettre son repérage. Le commissaire Pellegrini est rappelé de Corse, où il s'apprête à réveillonner en famille, et propulsé, le 24 décembre après-midi, à la tête de son équipe du G.a.m. dans le bureau du commissaire Lejeune, de la Police de l'air et des frontières, pour mettre en place un dispositif d'interception. Le chef de la P.a.f. lui exprime sa surprise, car, dans la pièce voisine se trouve une équipe de la D.s.t. commandée par le commissaire Bernard venu, lui, intercepter, dans le plus grand secret, un voyageur brésilien. Rencontre homérique entre les trois responsables policiers. « Tu sais bien qu'il s'agit de Carlos », dit Pellegrini à Bernard, qui voulait cacher l'objectif réel de la mission à ses hommes. C'est tout juste si le commissaire de la D.s.t. n'accuse pas Pellegrini de trahison pour avoir dévoilé le sien à Lejeune. Pellegrini lui rappelle alors le cruel souvenir de la tuerie de la rue Toullier, où Carlos avait abattu trois policiers de la D.s.t. venus se jeter, désarmés, dans la gueule du loup en ignorant qui ils allaient rencontrer dans cette planque. « Je ne veux pas qu'on recommence la même connerie », lance-t-il sèchement à son collègue. Vaine querelle de méthodes, puisque, fort heureusement, Carlos n'est pas dans l'avion de Tunis, car on ne sait, autrement, comment la mission se serait terminée...

Autre déboire de la cellule élyséenne : lors du même hiver 1982-1983, Prouteau apprend que l'avocat des amis de Carlos, Jacques Vergès, est devenu le conseil juridique d'une société de poissons surgelés, Findus, qui, établie aux Seychelles ou à l'île Maurice, sert, en réalité, à financer le terrorisme international. Il fait un rapport immédiat au Président et reçoit le feu vert pour envoyer le maréchal des logis-chef Blancheteau en mission dans ces îles de l'océan Indien. Il obtient également, du ministère de la Défense, la mise sur écoutes de l'avocat, écoutes codées sous le nom de Véronique. Mais Me Vergès apprend l'histoire au bout d'un mois et demi, et la bretelle est vivement retirée de sa ligne téléphonique. Chou blanc total, puisque ni Blancheteau ni le colonel Gervais n'ont pu confirmer le tuyau de Prouteau.

La « brigade du chef », comme on la surnomme ironiquement dans la police, multiplie néanmoins ses missions tous azimuts. Dont certaines ont un parfum de vaudeville. Ainsi le pouvoir s'étant alarmé d'une émission clandestine que préparait la radio libre et libertine « Carbone 14 », animée par Lafesse et Supernana, sur la vie privée du président de la République, le ministère de l'Intérieur, mis sur le pied de guerre, a lancé la P.j. et les R.g. (Renseignements généraux) aux trousses des pirates des ondes : il s'agissait de trouver un biais légal pour les empêcher d'émettre en découvrant une faille dans leur système de financement, et d'en confier l'instruction au juge Martine Anzani. Quelle n'a pas été la surprise des policiers de voir débarquer, dans leur dispositif de surveillance autour de l'émetteur, des hommes dépêchés en mission spéciale par la cellule élyséenne ! Les gendarmes du G.i.g.n. se déployaient sur les toits de l'immeuble en opération de reconnaissance, puis ils planquaient devant un parc de camions loués par une société de vidéo du côté de Versailles, avec l'ordre d'en crever les pneus avec des fusils à lunette munis de silencieux. Sur la protestation des policiers des R.g., le secrétariat d'Etat à la Sécurité publique a pu intervenir à temps pour éviter cette bavure. Il n'y eut même pas besoin de saboter l'antenne : il suffit de trouver les adresses des actionnaires de « Carbone 14 » pour faire cesser ses émissions... Un mois de gâché pour la cellule élyséenne.

Un autre mois de perdu à étudier le moyen de clouer le bec à une autre station installée dans le XVIIIe arrondissement de Paris, « Radio Tiers Monde », dont les émissions, financées par des subsides libyens, irritaient les Tunisiens : les hommes de Prouteau ont fini par planter effectivement un clou dans le câble d'alimentation qui a provoqué une panne de... cinq minutes !

Ils se sont aussi heurtés à d'autres services dans des circonstances bien plus sérieuses. L'affaire Cerrado-Ramos, par exemple. Cet ancien anarchiste, qui militait aux G.a.r.i. (Groupes d'action révolutionnaire internationaliste) avec Jean-Marc Rouillan, avait mis au point un système de financement des réseaux terroristes. Il reproduisait, en grande quantité, à l'aide d'un matériel d'imprimerie d'excellente facture, des traveller's cheques volés. Son groupe écoulait les faux à travers toute l'Europe. L'un de ses membres a été arrêté à Vienne; un autre, un Français lié à Action directe, s'est suicidé dans sa cellule au Danemark.

En s'intéressant à cette histoire, le commandant Prouteau pensait avoir découvert l'un des nerfs de la guerre des filières clandestines. Hélas, aux yeux de la Police judiciaire et des Renseignements généraux, il s'agissait déjà d'une affaire quasi résolue. D'où malentendu : le coordinateur de la cellule élyséenne imaginait que les policiers traînaient encore les pieds pour saboter sa mission, tandis que les policiers trouvaient là une nouvelle occasion de se moquer des supergendarmes qui croyaient découvrir la lune.

En dépit de la rétraction de la cellule amputée, à l'automne 1983, de deux de ses mousquetaires — Barril-Porthos et Pellegrini-d'Artagnan — et de leurs groupes d'action mixtes, le conseiller technique chargé de coordonner l'information sur la lutte antiterroriste au sommet de l'Etat, Prouteau-Athos, persévère dans son être, flanqué de son fidèle Esquivier-Aramis.

En mars 1985, sous le pseudonyme du plus subtil et du plus intrigant des héros d'Alexandre Dumas, le lieutenant-colonel Esquivier — qu'on appelle également le « Curé » en raison de son passé de séminariste — dresse pour la première fois, dans les colonnes du *Monde,* un bilan des activités de la cellule après plus de trente mois d'existence. Un plaidoyer *pro domo* en une série de trois articles en faveur de ceux qui, gendarmes et policiers cooptés sous la direction du chef d'escadron Prouteau, s'estiment victimes de leur fidélité au chef de l'Etat.

Se référant au Conseil national de sécurité américain, qui constitue un lien permanent entre les corps de l'Etat et le Président, l'auteur souligne le rôle « précurseur » de la France dans ce domaine, « avec une équipe qui fournit un travail d'analyse et de synthèse au chef de l'exécutif ». Cette équipe, selon lui, « a pu se placer dans les rouages internationaux essentiels et drainer, hors liaisons policières, diplomatiques ou hors services secrets, des informations capitales pour sa mission et pour le pays ». Certes, il y a bien eu « des affaires qui ont défrayé la chronique ». Mais Aramis justifie sur le fond l'intervention à Vincennes du capitaine Barril, dont « les informations exclusives lui donnaient un maximum de chances pour une action », en ajoutant que Prouteau, tenu « informé de l'opération », avait suggéré d'y associer réglementairement « de préférence la section de recherches de Paris commandée par le chef d'escadron de gendarmerie Beau ». Il était, à l'époque, « du devoir des responsables de prévoir, avant tout, des mesures exceptionnelles durant la phase de l'arrestation ».

« En touchant aux Irlandais, c'était la logistique du terrorisme venant du Proche-Orient qui était visée... Force est de constater que deux attentats seulement, peut-on oser dire, ont marqué (la) période post-irlandaise... Depuis la mise hors circuit des Irlandais, le terrorisme palestinien ne dispose plus d'une structure aussi efficace en France. »

Les « mousquetaires » n'ont pas à rougir davantage, aux yeux d'Aramis, des contacts, imputés à grief à Barril, avec Rouillan ou Orsoni : « Que Rouillan ait songé à Barril pour se livrer à la justice est à mettre au crédit du capitaine. L'affaire a échoué par la maladresse d'un avocat. » Quant au contact Barril-Orsoni, « il était opportun de (le) poursuivre... et il n'y avait pas de raison de s'en passer. Ceux qui voulaient nuire à cette action ont, bien entendu, présenté ce contact comme une négociation avec l'ex-F.l.n.c. Ce thème a empoisonné et empoisonne encore toute analyse du problème corse ». Mais la femme de César doit être irréprochable, admet l'auteur pour expliquer la réorientation de toute l'action du groupe issu de cette équipe, qui fut « le plus gros cabinet du château », vers l'analyse du terrorisme, en vue d'aider les services traditionnels. Avec pour résultat « la mise en place d'une petite informatique à l'échelle d'une équipe de quinze à vingt personnes, avec accès à des concentrations d'informations à des niveaux très supérieurs ».

Il est à noter que le système informatique en question incombe, depuis le début de la cellule élyséenne, au lieutenant-colonel Jean-Louis Esquivier, qui conclut « à l'aspect totalement positif de la présence d'un cabinet non politique auprès du président de la République ».

En fait, la cellule antiterroriste de l'Elysée, mise en veilleuse depuis octobre 1983, a cédé la place, un an plus tard, à l'Unité de coordination de lutte antiterroriste (Uclat) dirigée par le contrôleur général François Le Mouël au ministère de l'Intérieur. D'où un communiqué inhabituel diffusé, le 18 mars 1985, par le ministre Pierre Joxe, cinglant comme un coup de rapière : en quelques phrases sèches, il renvoie Aramis à ses travaux d'écriture, laissant toutefois entendre qu'il ne peut s'agir que d'un naïf ou d'un fabulateur.

« Dans un anonymat plus transparent que réel, écrit le successeur de Gaston Defferre à la place Beauvau, des articles viennent de paraître et d'aborder les problèmes de la lutte antiterroriste avec une naïveté suffisante pour établir que leurs auteurs n'y participent pas... La prétendue description de situations passées ou de structures depuis longtemps modifiées pouvant abuser un public non averti, je rappelle que la lutte antiterroriste est exercée au ministère de l'Intérieur et par les services compétents de la direction générale de la police nationale. »

Autant dire que les flics l'ont définitivement emporté sur les pandores et que la cellule d'Aramis et d'Athos, derniers mousquetaires du Cardinal, est réduite aux dimensions d'un cabinet conseil de la présidence de la République pour son information. Comme le souligne alors *Le Monde,* à l'évidence, Aramis ne s'est pas livré à ce plaidoyer public sans avoir, à un niveau supérieur, reçu un « feu vert ». Mais, à l'évidence aussi, Joxe n'a pu mettre ainsi les points sur les *i* qu'en ayant l'accord de François Mitterrand !

La vérité est que le pouvoir est le premier responsable de l'imbroglio créé par la multiplication des centres de décision en matière de police et de renseignement, comme si la fin pouvait justifier le recours à tous les moyens. Mais les événements se sont chargés de montrer que, en fin de compte, ce sont les services de police — et eux seuls — qui ont pu réaliser toutes les arrestations importantes en matière de terrorisme, dans le respect du code de procédure pénale. Comment les autorités judiciaires n'auraient-elles pas eu le sentiment d'être bafouées par la mise à contribution d'officiers de police, comptables de leurs activités devant elles, dans des opérations relevant de la politique (contacts avec Action directe ou avec le F.l.n.c.) ? Tant que ces vraies raisons de l'inflation d'affaires qui embarrassent l'Elysée resteront occultées, tant qu'Aramis ou un autre ne répondra pas à ces questions, le capitaine Barril continuera d'apparaître comme un fusible commode, au nom de la raison d'Etat.

La vérité est que la cellule du « Château » s'est trouvée, dès ses débuts, frappée d'incapacité fonctionnelle du fait de la dérive du G.i.g.n., érigée en garde prétorienne, et de sa propre mutation en cabinet noir. Les bavures commises en son nom n'ont pas tardé à montrer que le ver était dans le fruit. L'arrestation en fanfare de trois terroristes irlandais à Vincennes tourne vite à la confusion de ses promoteurs : difficile de gâcher en aussi peu de temps le bon effet d'annonce provoqué par la mise en place d'un état-major antiterroriste. Comme on l'a vu, non seulement la montagne accouche d'une souris, mais par rebondissements successifs, la procédure sera annulée pour vices de forme, et les Irlandais libérés et blanchis se retrouveront partie civile contre les gendarmes inculpés de subornation de témoins ou soupçonnés de manipulation de preuves ! Les autres affaires scabreuses auxquelles sera mêlé, à tort ou à raison, l'inséparable compagnon de Prouteau, le capitaine Barril, ne feront que précipiter la décadence du cabinet noir, dont le président Mitterrand a favorisé l'ascension et l'expansion, tout en niant son existence.

A peine plus d'un an après la boulette de Vincennes, la cellule élyséenne est remaniée en douceur, ses effectifs progressivement réduits. L'équipe Pellegrini est dissoute et ses membres remis à la disposition de la Police nationale. Prouteau lâche Barril, dont les « initiatives » font l'objet d'une enquête et qui demandera sa mise en disponibilité.

Le G.i.g.n. rentre dans le rang, sous un autre commandement. La mission antiterroriste est allégée de ses deux groupes opérationnels et de ses activités de renseignement. L'année suivante, le secrétariat d'Etat à la Sécurité disparaît et le nouveau ministre de l'Intérieur, Pierre Joxe, revient à la tradition en confiant au contrôleur général de la Police nationale, François Le Mouël, qui avait démissionné avec éclat du Quai des Orfèvres sous Defferre, la direction de l'Uclat.

A la veille du changement de majorité de mars 1986, il ne restait de la cellule élyséenne qu'une poignée de fidèles autour de Christian Prouteau (promu, entre-temps, préfet) totalement isolés dans leur bunker.

A part la mise hors circuit de la planque irlandaise de Vincennes et d'un pivot de l'euroterrorisme en Suisse, Aramis serait bien en peine de citer un succès dans la lutte antiterroriste à attribuer à feu la cellule élyséenne.

Quant aux autres mousquetaires, auxiliaires et informateurs de la garde du Cardinal, ils ont connu, depuis, des fortunes diverses. Le commissaire Charles Pellegrini a pu retirer son épingle du jeu à temps : après le tournant électoral de mars 1986, il a réintégré son corps avec la perspective d'une belle promotion, comme adjoint de Raymond Sasia à la tête du service des Voyages officiels. L'impécunieux Bernard Jégat, resté journaliste pigiste au service de presse d'une radio-télévision européenne, se trouve toujours sous la menace d'une inculpation pour recel d'armes. Le commandant Jean-Michel Beau, dans l'attente d'un non-lieu qui n'en finit pas d'être prononcé, est resté en pénitence à la Direction de la protection et de la sécurité de la défense. Et le capitaine Barril, en disponibilité volontaire, est passé au service d'émirs du pétrole, dans cette péninsule arabique où il connut le sommet de sa gloire. Plus mirobolant que jamais, il n'a pas fini de faire parler de lui.

2.

GREENPEACE

SILENCE, ON COULE

Un pont en trop

Auckland, 10 juillet 1985, 20 heures. Aux antipodes de la France, la Nouvelle-Zélande est plongée dans l'hiver. Ce soir-là, un superbe clair de lune illumine le port.

Le navire amiral de l'organisation Greenpeace, le *Rainbow Warrior,* le plus gros bâtiment du groupe écologique est amarré au Marden Wharf (quai). Cet ancien chalutier qui doit participer à la campagne contre les essais nucléaires français de Mururoa est arrivé trois jours auparavant de Floride, via Honolulu, les îles Marshall et les Vanuatu.

A bord, c'est la fête. Tous les « écologistes » sont réunis pour souhaiter un bon anniversaire à Steve Sawyer, le coordinateur international du mouvement ; il souffle les vingt-neuf bougies d'un gros cake au chocolat. On a momentanément oublié la campagne antinucléaire française. On a même invité à bord un touriste français qui passait « par hasard » : François Régis Verlet, informaticien dans une société pétrolière installée à Singapour. Ce jeune homme de 28 ans, sympathique, profite, dit-il, d'un long congé pour visiter le pays ; il se présente comme un sympathisant du mouvement. Mieux, il doit partir ce soir pour Tahiti et serait ravi s'il pouvait aider Greenpeace là bas. « Bien sympa », pensent les « écolos » qui lui offrent une grosse tranche de cake et notent à tout hasard son nom : mal orthographié : François « Verlon ».

Vers 21 heures, il quitte le bateau pour prendre son avion qui décolle deux heures plus tard. A ce moment, la fête est terminée. Steve Sawyer a une réunion de très bonne heure le lendemain, dans le nord de l'île, et les « marins » se couchent tôt... Dans l'euphorie, personne n'entend de légers raclements provenant des eaux glacées du port.

Peu après, un camping-car se gare discrètement sur le parking d'un petit aéro-club désert, à la sortie nord d'Auckland. Ses deux occupants, un homme et une femme, scrutent la mer et la route qui longe le parking. Une route étroite, « Tamaki drive », qui sépare l'océan Pacifique d'un vaste bassin, Okahu Bay. Cette route, longue d'environ 4 kilomètres, traverse deux ponts qui permettent aux bateaux de passer de l'océan au bassin. Seule habitation, assez éloignée à l'horizon, un club nautique face à un hangar à bateaux.

Le silence s'installe. Les deux passagers attendent. Sans un mot. Soudain, le vent porte le bruit d'un moteur... Un petit Zodiac conduit par un seul homme arrive du port. L'un des occupants de la camionnette suit à pied le long de la route le dinghy sans le perdre des yeux. Les instructions sont claires, répétées longtemps à l'avance. Le Zodiac doit s'engager sous le premier petit pont et s'amarrer à un endroit désert dans le bassin. On récupérera alors le pilote et son précieux matériel : tenue d'homme-grenouille, veste de sauvetage, bouteilles d'oxygène...

Or, voici la bavure, absurde, imprévisible. Sur le pont, profitant de l'air du soir, des pêcheurs taquinent paisiblement le poisson. Comble de malheur, le clair de lune rend le passager parfaitement visible. Impossible de passer sous le pont sans emmêler les lignes et se faire définitivement repérer. Déjà, les pêcheurs font des signes pour écarter le dinghy. Bonjour la discrétion... Inutile d'insister. Le pseudo-marin remet les gaz. D'abord gêné par des bancs de sable, il pénètre dans le bassin, 1,5 kilomètre plus loin, par le deuxième pont, le Ngapipi bridge. (Les jolis noms néo-zélandais sont un vestige des populations indigènes maoris, en partie massacrées au XIXe siècle.)

L'homme de la camionnette longe maintenant la mer au pas de course. Il rejoint enfin le dinghy, qui s'est amarré à un petit escalier de pierre dissimulé sous un arbre. Les deux hommes déchargent en silence l'embarcation après l'avoir hissée à terre et attachée avec une chaîne. Aucun risque. L'escalier est invisible de la route et le club nautique est loin.

C'est compter sans l'esprit civique des Néo-Zélandais. Voici quelques semaines, des voleurs ont pillé des bateaux dans la baie — acte inqualifiable dans ce pays paisible, où on laisse ses clés sur sa porte et sa voiture ouverte. Un havre de tranquillité... Depuis cet incident, deux vigiles surveillent, la nuit, les eaux de la baie, dissimulés, avec des jumelles, sur la terrasse de l'Out board boating club. Ce soir-là, les deux hommes, David Collins et Danny Feeny, vont se trouver mêlés à un thriller d'espionnage : l'affaire de leur vie. Mieux qu'au cinéma. Leur attention est attirée par un curieux bruit, un clapotement suspect... Ajustant leurs jumelles 7 fois et demie grossissantes, ils découvrent deux silhouettes à 150 mètres en train de hisser un dinghy hors de l'eau. Ensuite, les deux inconnus déchargent trois sacs de matériel, « plus petits que des sacs de plongée », préciseront les vigiles. Les inconnus travaillent vite et font plusieurs aller et retour entre le bateau et l'arbre. Danny Feeny, qui tient les jumelles, les distingue parfaitement sous l'éclairage de la route. « Auçun doute, pense-t-il, nous tenons nos voleurs. » Le flagrant délit... Fantasme de flics néo-zélandais.

Passant les jumelles à son collègue, il fonce au club pour alerter la police. Il compose le « one, one, one » (111). En professionnel, il consulte sa montre : 21 h 35. « On arrive », répond un agent assoupi. En retournant à son poste d'observation, Danny voit, à cinquante mètres de lui, un homme courir en direction de la ville. « L'un des voleurs va chercher du renfort », pense-t-il, tout excité. Il remarque le style sportif de l'inconnu : un type entraîné au jogging. Sur la terrasse, il rebraque ses jumelles sur le Zodiac. L'autre homme est toujours là, il tripote un long objet qui a tout l'air d'une antenne de radio mais que le vigile prend pour une canne à pêche.

Au bout d'une quinzaine de minutes, une camionnette, toutes lumières éteintes, vient se garer le long de la route. Le « jogger » en descend et charge les sacs que lui passe le deuxième homme. « Et la police qui n'arrive pas, se plaint Danny. Tant pis, j'y vais. » Le vigile court à sa voiture, garée derrière le club, et débouche, pleins phares, derrière la camionnette. Celle-ci démarre en trombe, avec les deux hommes à bord. Le gardien a juste le temps de noter le numéro d'immatriculation de la plaque arrière : LB 8945. Le véhicule disparaît dans la direction opposée à Auckland. Danny se gare et va inspecter le Zodiac. Il rappelle ensuite la police : « Ne vous pressez pas... » La patrouille arrive enfin, à 22 h 30, une heure après le premier appel...

Les vigiles décrivent « leurs voleurs » : deux hommes, vêtements sombres, silhouettes athlétiques. « On aurait dit, témoignent-ils, un père et son fils. L'un paraissait plus petit et moins large que l'autre. »

Ils donnent le numéro de la camionnette. Dès lors, les inconnus sont dans la nasse.

23 h 50. Marden Wharf. Une puissante déflagration défonce une partie de la coque avant droit du *Rainbow Warrior,* provoquant une très importante voie d'eau. Il ne reste plus à bord que douze personnes, dont le capitaine, Peter Willox, réveillé en sursaut. Le temps d'enfiler son pantalon et de chausser ses lunettes, il court dans les coursives, ordonnant à l'équipage de quitter le navire qui tangue déjà dangereusement. Tous se retrouvent hébétés sur le quai. Mais le photographe de l'expédition, Fernando Pereira, qui travaille pour une agence néerlandaise, s'aperçoit qu'il a oublié ses appareils à bord. Il s'engouffre dans le navire. A peine s'est-il engagé dans sa cabine, qu'une deuxième explosion casse l'hélice, l'arbre du moteur et fêle irrémédiablement toute la coque. Pereira, déstabilisé, glisse et s'emmêle probablement les pieds dans les lanières de ses appareils. L'eau monte. On le retrouvera noyé, ses appareils autour de lui.

Deux bombes avaient été placées sous le bateau par des nageurs de combat. Les inconnus étaient des agents de la D.g.s.e. (Direction générale de la sécurité extérieure), les services secrets français. L'ordre était net et précis : neutraliser « définitivement » le bateau. Un acte spectaculaire, mais un ordre absurde. La mort imprévue de cet Hollandais d'origine portugaise, divorcé et père de deux enfants, va transformer le fait divers Greenpeace en affaire d'Etat, la grande affaire du septennat de François Mitterrand.

Au même moment, à l'autre bout du monde, le président de la République française déjeune joyeusement à Viriville (Isère) avec des membres du bureau de l'Association de la presse présidentielle. Au restaurant Bonnoit, l'ambiance est familiale et bon enfant. Après ce bon repas, le chef de l'Etat part regarder le Tour de France, saluer les coureurs et prendre des photos... « Cette ferveur qui m'entoure, déclare-t-il, je la connais car, à douze ou treize ans, j'allais dans le nord de la France, assister à des arrivées d'étapes. J'ai vu gagner Leducq et Francis Pélissier. » Le Président, tout ému, confie : « Vous voyez, tout ça remonte à loin. » « Le tour d'enfance du Président », comme titre joliment *L'Equipe,* fait l'ouverture du journal télévisé de 20 heures, l'événement du jour...

Une chaleur torride règne alors sur la France et la politique aussi est au beau fixe. Le matin même, au Conseil des ministres, l'inamovible ministre de la Défense, Charles Hernu, vieux fidèle de François Mitterrand, s'est félicité des résultats obtenus par la gendarmerie dans la lutte contre la délinquance. Une pierre dans le jardin de la police.

Celle-ci doit bientôt prendre sa revanche. Quatre jours plus tard, le 14 juillet, le Président doit visiter l'école de police de Cannes-Ecluse où l'on astique les cuivres. Tous les patrons de la « Grande maison » sont sur le pont et le cabinet du ministre de l'Intérieur prépare fébrilement la cérémonie. La France politique, elle, s'étire au soleil. Pourtant, nul ne le sait encore, le feu est déjà dans la maison.

Deux « Suisses » dans la nasse

La police néo-zélandaise brûle, en effet, les étapes. La « Criminal Investigation Branch », la section d'enquête criminelle d'Auckland, met les bouchées doubles. Elle est dirigée par le surintendant Alan Galbraith, un vrai détective à l'anglaise, taciturne, méthodique et têtu. Ce natif de Glasgow a émigré en Nouvelle-Zélande, en 1957, et il possède déjà une solide expérience professionnelle : il a étudié, à Londres, les méthodes des artificiers britanniques, notamment dans la lutte contre l'Ira irlandaise ; puis il a dirigé une unité antidrogue à Bangkok. Un esprit vif et ouvert, farouchement secret et hostile à la presse… L'affaire Greenpeace, sorte de Pearl Harbor néo-zélandais, va mettre la police locale sur le flanc. Avec soixante-sept hommes, le surintendant travaille seize heures par jour pour démêler l'écheveau. En un minimum de temps, il recueille un maximum de renseignements et de témoignages. Une rapidité qui a stupéfié les policiers français et accrédité l'hypothèse d'une trahison.

On sous-estime, à Paris, le civisme des Néo-Zélandais ; une notion peu familière aux Gaulois. Inutile, par exemple, de placer beaucoup d'agents dans les rues d'Auckland. Les citoyens pourvoient eux-mêmes à la sécurité de leur ville ; ils alertent la police au moindre incident. De plus, cet attentat les touche très profondément. Ces écologistes pratiquants vivent, comme dirait La Fontaine, « tranquilles et paisibles sur leur île lointaine » et se considèrent un peu comme les gardiens de la paix du Pacifique. Depuis toujours les essais nucléaires français les inquiètent car ils ont peur qu'on salisse leur bel océan avec nos déchets polluants. Or, voici, provocation suprême, qu'on fait sauter un bateau « écolo » chez eux, dans leur propre port. Enorme gaffe. On n'attaque pas des pacifistes à coups de bombes… Cet acte « barbare » déclenche la guerre sainte. Et les informations vont pleuvoir sur le surintendant, comme les coups dans les mêlées des All Blacks.

L'enquête est servie sur un plateau à Galbraith. Le lendemain de l'attentat, le 11 juillet, les vigiles lui livrent le signalement d'une camionnette qui a recueilli « un inconnu » arrivant du port à bord d'un Zodiac. Ce repêchage suspect a eu lieu deux heures avant l'attentat. Pas besoin d'être Sherlock Holmes... Grâce au numéro d'immatriculation, le véhicule est identifié dans la journée. Il s'agit d'un camping-car — un « Van » dit-on en anglais — Toyota, qui appartient à la société de location Newman's Rental, située à Mont Wellington, un quartier chic d'Auckland. Deux inspecteurs téléphonent à l'agence et apprennent que le « Van » a été loué par deux touristes suisses, en vacances en Nouvelle-Zélande, Alain et Sophie Turenge. Ils doivent le rendre, le 23 juillet, dans l'île du Sud. Le loueur se souvient qu'ils ont ramené le « Van » quelques jours auparavant, leur pare-brise ayant été brisé par un gravillon. Les détectives flairent la bonne piste. Là aussi, Watson aurait trouvé facilement : deux touristes suisses, en plein hiver à Auckland, sont presque aussi discrets que deux Esquimaux en Corse au mois d'août.

— S'ils se manifestent, demandent les inspecteurs, avertissez-nous immédiatement.

La police n'aura même pas le temps de diffuser un avis de recherche.

Le lendemain, 12 juillet, à 8 h 30, les employés de chez Newman's Rental découvrent les Turenge devant la porte de leur bureau. Alain explique, avec un fort accent américain, que sa belle-mère est tombée gravement malade à Londres, et qu'ils doivent rentrer précipitamment.

— C'est bien dommage, compatit l'employée, qui envoie d'un geste sa collègue téléphoner à la police...

Cette fois, la patrouille ne traîne pas. Deux inspecteurs sautent dans la voiture du chef de la police encore au lavage, et pilent, dix minutes plus tard, devant le loueur. A 9 heures, les Turenge sont interpellés. La trappe s'est refermée. L'affaire Greenpeace commence.

Premier interrogatoire au P.c. de la police. Premières paroles de toutes les polices du monde : « Vos papiers. »

Le couple exhibe deux passeports helvétiques (n° 302.48.38. et 302.48.40.) au nom de Sophie, Frédérique, Claire Turenge, nom de jeune fille Payot, née à Genève, en 1949, et Alain, Jacques Turenge, né à Lancy, en 1951. Ces documents ont été délivrés par le consulat de Suisse à Lyon, le 4 mai 1977, renouvelés le 15 janvier 1982. Ils ont déjà servi, puisqu'ils portent deux cachets de la police de l'Air et des Frontières de Lyon, datés de 1981. Les Turenge ont également deux permis de conduire français internationaux, délivrés par la préfecture de police de Paris, le même jour, le 28 mai 1978. Les policiers examinent leurs fiches d'aéroport : le couple est arrivé à Auckland, en provenance de Londres, le 22 juin. Cela fait vingt jours qu'ils « visitent » la Nouvelle-Zélande. Détail intéressant, ils ont annulé, la veille, un vol intérieur qui devait les conduire dans plusieurs villes de l'île du Sud : Wellington, Christchurch et Mooncook. « Ma belle-mère est malade, avait répété Alain, nous devons avancer notre départ pour Paris. »

Mais pourquoi, pourquoi, se demandera-t-on à Paris, n'ont-ils pas décampé tout de suite ? Il fallait emprunter le premier bateau, sauter dans le premier avion ! Facile à dire.

La réponse est simple. Le soir du 10 juillet, quand ils récupèrent leur camarade, ils remarquent bien la voiture du vigile derrière eux. Mais ils ne sont pas sûrs d'avoir été repérés. Sophie Turenge, elle, n'hésite pas : le conducteur a relevé le numéro de la camionnette. Comment en avoir la certitude ? De toute façon, ils n'ont pas le choix. Ils ne peuvent pas tout plaquer, abandonner leur camarade et rentrer chez eux en disant : « On a vu des phares dans le rétroviseur. » De plus, les ordres sont formels, il faut rester sur place et aller visiter l'île du Sud avant de revenir en France. Un avion part bien, le soir même, à 23 heures, pour Nouméa, mais ils ne le prennent pas. C'était pourtant leur dernière issue de secours.

Le couple, obéissant, va donc, comme convenu, dormir à l'intérieur de son camping-car, dans un chemin creux près de Hamilton, une petite ville au sud d'Auckland après avoir achevé son « travail ». Ce n'est que le lendemain, en fin de matinée, qu'Alain apprend, en écoutant la radio de la voiture, qu'un membre de l'équipage du *Rainbow Warrior* a été tué. Ils n'étaient pas autour du bateau au moment de l'explosion et personne n'a pu les prévenir. Cette mort imprévue bouleverse tout le programme. Plus question de prendre des risques. Maintenant, il faut filer. Et vite. Alain appelle aussitôt le numéro d'urgence de la « maison », le 846.87.90. Il téléphone directement à Paris, sans passer — sécurité oblige — par le chef de l'opération sur place. Après l'attentat, chacun doit s'occuper de sa retraite. A cause du décalage horaire (dix heures) il tombe sur un sous-fifre qui est à peine au courant. Alain lance pourtant un cri d'alarme. Quelques heures plus tard, il rappelle à nouveau. Aucun ordre précis, sinon un vague « revenez le plus vite possible ». Le couple décide alors de faire changer ses billets. Il se présente, en début d'après-midi, à l'agence d'Air New Zealand de Hamilton. Aucun vol international n'est prévu ce soir-là, au départ d'Auckland. Le prochain vol, Singapour-Londres-Paris, a lieu le 12 juillet au matin. C'est la seule et unique fois où les Turenge auront de la chance.

L'ordinateur de l'agence de Hamilton est en panne. L'employé réserve donc les places par téléphone. Or la police avait déjà passé un message par ordinateur : « Do not alert caller, alert police » (si les Turenge appellent, prévenez la police). Ils échappent ainsi de justesse à l'arrestation, et rentrent à Auckland coucher à l'hôtel le plus près de l'aéroport.

Le soir, ils appellent une troisième fois la France. On leur confirme enfin l'ordre de partir. Mais une autre question les obsède : faut-il rendre le camping-car ? Toute la nuit du 11 au 12, le couple s'interroge. Finalement, ils décident de tenter le coup. Leur raisonnement est le suivant : « Si nous avons été repérés, que risque-t-on ? Pas grand-chose ! Nous avons repêché un marin dans Hobson Bay ? La belle affaire ! En revanche, si nous ne rendons pas le camping-car, les policiers auront un motif pour nous retenir, quelque chose à se mettre sous la dent. On joue le jeu jusqu'au bout. On rend le car, ça passe ou ça casse... » Ça a cassé. Les policiers les attendaient à l'agence. Sinon, ils les auraient arrêtés à l'aéroport... Comme aurait dit La Palice, « la première caractéristique d'une île, c'est qu'elle est entourée d'eau et isolée du continent ». Aucune échappatoire, dès qu'ils sont arrêtés, le plan de secours, le « rescue » comme on dit dans les services secrets, est inapplicable.

Le premier souci de Sophie est d'alerter ses patrons. Dès qu'elle arrive au commissariat central, elle demande à appeler son oncle, Tonton Emile Noiret, au 846.87.90. « Pas question », répondent les enquêteurs. Sophie ne s'inquiète pas trop, elle sait que ce numéro est hautement protégé. Aucun risque d'être démasqué. Elle espérait simplement provoquer des démarches pour les faire libérer. Serein, le couple débite à la police les phrases qu'on leur a apprises. Alain, qui parle mieux anglais, répond le premier. Oui, ils sont Suisses, mais ils travaillent depuis plusieurs années en France. Ils habitent 105, avenue du Général-Bizot, dans le XIIe arrondissement de Paris. Après la mort de sa mère, décédée dans un accident de voiture, il a fait ses études supérieures à l'Ecole des hautes études commerciales de Paris (H.e.c.), puis il a travaillé à Lyon, avant d'être engagé à Paris par la société Thomson, en qualité de directeur commercial. Un bon job... bien payé.

Sa femme, Sophie, est assistante en sociologie à la Faculté de Nanterre, dans la banlieue parisienne. Ils se sont mariés, voici dix ans, à l'église Saint-Sulpice, à Paris. Hélas, ils n'ont pas encore d'enfant, mais cela leur permet de voyager et de parcourir le monde. En termes techniques, cela s'appelle une légende, un passé inventé. « Une couverture », dirait la police. Hélas, elle est si mal taillée, qu'elle ne les couvrira pas longtemps...

— L'homme du Zodiac ? Aucun mystère, rétorque Alain. En se promenant le long de la baie, il a rencontré un pêcheur qui avait de la peine à hisser son bateau hors de l'eau. Serviable, il l'a aidé et l'a ramené avec Sophie à sa voiture, une Toyota. Il s'appelait « Peter », ou quelque chose d'approchant. C'est tout ce qu'ils savent de lui. Le sabotage du *Rainbow Warrior* ? Ils ont lu ça dans les journaux. Greenpeace ? Vous avez dit Greenpeace ? Connais pas !

Pendant l'interrogatoire, les détectives vont visiter la chambre du couple au « Gold star », leur dernier hôtel situé en face de l'aéroport. Les policiers ouvrent leurs valises déjà prêtes sur le lit. Rien de compromettant. Mais les inspecteurs méticuleux ne négligent aucun détail. Ils fouillent un petit sac poubelle en papier accroché à un meuble, et découvrent, caché dans un Tampax, la notice d'instruction d'un gilet de sauvetage de marque Plastimo. « Curieux endroit pour un tel objet, n'est-ce pas, mon cher Watson ? »

En fouillant dans les grandes poubelles extérieures, ils dénichent deux jeans de la taille des Turenge, couverts de boue. Maigre butin tout de même. Pas d'arme, pas de détonateur ou d'explosif. Les deux suspects sont alors conduits, sous bonne escorte, à « Tamaki drive » pour être confrontés aux pêcheurs du port. Aucun ne les reconnaît. Ils ne conduisaient pas le Zodiac. Un bon point.

Mais ça ne suffit pas. Les enquêteurs doivent reconstituer par le menu leur périple en Nouvelle-Zélande, et retrouver toutes les villes et tous les hôtels où ils ont couché. Le soir de l'attentat, ils ont dormi dans leur « Van ». Aucun témoin. Depuis leur arrivée en Nouvelle-Zélande, ils ont sillonné le pays en tous sens. Ce ne sont donc pas les indices qui manquent. Les citoyens se bousculent pour témoigner. Toujours le civisme... Galbraith lance ses hommes sur leurs traces. En attendant, il libère les Turenge pour la nuit et leur « conseille » un bon hôtel : « L'Unicorn ». Il leur rendra leurs passeports le surlendemain, lundi. La routine. Ce que ne dit pas le bon surintendant, c'est qu'il n'a aucun droit de les retenir. Il les a interrogés toute la journée, quasi illégalement. Plus exactement, les Turenge pouvaient réclamer, à tout moment, l'assistance d'un avocat, mais comme ils ignoraient tout du droit anglo-saxon, ils n'ont pas bronché. On les a donc considérés comme des témoins consentants... Finaud, Galbraith a joué sur leur méconnaissance. Encore bravo à l'organisateur de la mission...

De leur hôtel, les Turenge appellent à nouveau leur numéro de secours à Paris. Ils expliquent en quelques mots la situation. « Tonton » n'a toujours pas l'air trop inquiet : « Ça va s'arranger... » Il leur donne quand même le nom d'un cabinet d'avocats d'Auckland, déniché précipitamment dans un annuaire international : Russel Mac Veagh. La police retrouvera sans effort la trace de cet appel : il a coûté 8,75 dollars... Ils appellent ce cabinet et tombent par chance, pendant le week-end, sur le seul avocat présent, Me Roy Van Panuys, l'associé d'un des meilleurs juristes de Nouvelle-Zélande, Gérard Curry.

Dès le lendemain matin, 14 juillet, tandis qu'à Paris la troupe défile sur les Champs-Elysées, Alain appelle d'urgence Me Van Panuys. Il leur donne rendez-vous à l'hôtel Unicorn, le même jour à 15 heures.

Quand l'avocat se présente, personne. Les Turenge ont disparu. « Ils sont allés se promener », explique la réceptionniste. L'avocat repasse plusieurs fois. Toujours pas de Turenge. Le lendemain matin il comprend, en découvrant, à la une du *New Zealand Herald,* le principal journal d'Auckland, l'arrestation de deux touristes suisses mêlés à l'affaire du *Rainbow Warrior.* L'avocat appelle aussitôt le surintendant Galbraith qui est, comme par hasard, injoignable. Tenace, il se présente alors, à 10 heures, au quartier général de la police : « Les Turenge ne veulent pas vous voir », répondent les policiers embarrassés. Le défenseur se met en colère. Il rencontre enfin Sophie, puis Alain, et leur explique la situation : « On n'a pas le droit de vous garder contre votre gré. Vous devez sortir... » Du coup, la police, coincée, régularise la situation. A 11 h 22, les Turenge sont officiellement arrêtés. Mais, cette fois, Galbraith a un atout dans sa manche, une carte maîtresse : deux télex d'Interpol, de Londres et de Berne, lui ont appris que leurs passeports étaient faux, archifaux. Le premier message est tombé le matin même, à 7 h 15, en provenance du bureau de Londres, où les Turenge avaient fait escale. Un peu plus tard, les Suisses confirment. Le numéro d'Alain correspond à un certain Philippe Lauper, né le 24 juin 1952, en Suisse. Pour Sophie, c'est encore pire, le véritable propriétaire du passeport, M. Charles Bear, est décédé voici sept ans.

Catastrophe ! Jusque-là, les Turenge pouvaient s'en sortir, mais, cette fois, la retraite est coupée. Plus tard, des membres de la D.g.s.e. se demanderont qui a eu l'idée « idiote » d'utiliser ces « papiers suisses ». De faux papiers français auraient sans doute permis de « rattraper le coup » et de mentir à temps. De plus, détail aggravant, ces fameux faux passeports suisses avaient été mis au rebut par l'ancienne équipe d'Alexandre de Marenches, l'un des grands patrons de la « piscine » qui les jugeait inutilisables et dangereux...

Cette fois, tout bascule. Les Néo-Zélandais savent qu'ils ont tapé juste et ils redoublent d'efforts. Ils sont aidés par Interpol mais aussi, en sous-main, par les services de renseignement anglais, très intéressés. Tous les services secrets du monde sont d'ailleurs alertés. Il n'existe que quatre ou cinq services capables de fabriquer de tels faux papiers, et tous cherchent à savoir qui s'est fait épingler. Le suspense sera, hélas, très bref.

Les 14 et 15 juillet, les détectives harcèlent les faux touristes. Un policier néo-zélandais racontera, plus tard, cet interrogatoire « historique » dans la revue d'Interpol : « Alain Turenge ne perd jamais son calme et parle toujours sur le même ton, neutre. Il répond à toutes les questions par une même mimique qui signifie tout à la fois : “ Oui, non, comme vous voulez, je m'en fous... ” A chaque fois, il haussait les épaules et faisait la moue. » A la fin, c'est l'inspecteur qui craque et se met en colère : « You are a very sloppy spy » (vous êtes un espion très stupide). « Alain Turenge, poursuit le policier, est resté imperturbable, de marbre. C'est un homme visiblement très intelligent et, mis à part les deux vilaines cicatrices qu'il a sur le corps, rien n'indique qu'il s'agit d'un espion ou d'un mercenaire. Et il semble très optimiste. »

« Sophie, comme Alain, paraît, elle aussi, très intelligente, explique le détective, et elle possède un bon niveau d'éducation. C'est une jeune femme mince et fragile, avec une grande tristesse dans les yeux — Les policiers lui promettent la prison à vie... — A chaque fois que je la vois, elle est au bord des larmes, mais je dois dire qu'elle se montre d'un grand courage dans l'épreuve. » L'inspecteur poète et anonyme — il signe son article d'un pseudonyme, Serendipity, surnom donné par les Anglais à l'Ile de Ceylan et qui signifie « la merveilleuse découverte » — omet de dire qu'il a interrogé la jeune femme près de vingt heures.

— Qui êtes-vous ? Des mercenaires ? Des agents secrets ? Des policiers ? Pour qui travaillez-vous ? Si vous ne parlez pas, c'est la prison à vie. On ne plaisante pas, ici, avec les meurtriers. Parlez, parlez, parlez...

Les Turenge ne bronchent pas, ils connaissent les risques du métier. Ils connaissent aussi les conventions de l'espionnage. La centrale de Paris est informée. Entre pays du « même bord » on règle ces affaires-là en famille. Nous serons, pensent-ils, libérés discrètement d'ici à quelques jours. Echange de bons procédés. Il faut donc gagner du temps. Sophie utilise déjà ses armes, un vieux truc, elle pleure comme une fontaine. Les policiers ne désarment pas. Au contraire, le 15 juillet ils leur portent l'estocade. Galbraith leur annonce que le numéro de téléphone de « Tonton Emile » a été identifié, il s'agit d'une ligne directe et confidentielle d'Interpol à

Paris. D'après les détectives, les Turenge prennent cette nouvelle à la rigolade. Interpol ? *A big joke !* (Une bonne blague).

Probablement un coup de bluff pour les faire craquer. Mais le surintendant revient l'après-midi avec une information plus sérieuse : « Nous nous sommes trompés, maintenant nous savons : vous avez appelé le ministère de la Défense, à Paris ; vous travaillez pour les services secrets français. » Nouvelle intox ou véritable tuyau ? Les agents marquent le coup : « Impossible d'avoir été démasqués si vite, ou nous avons été trahis. » Une taupe ? Les Russes ? Les Anglais ? Qui ? Du coup, les policiers font une erreur, ils montent la barre trop haut. « De votre hôtel, vous avez appelé un autre numéro, le 884.63.79. Celui-là aussi nous l'avons identifié. » Cette fois, Galbraith ment : il lui faudra dix jours pour obtenir une réponse — fausse — de la police française.

Mais les Turenge hésitent. « Si le policier dit la vérité, comment a-t-il pu identifier ce numéro de téléphone secret, inviolable ? Que se passe-t-il à Paris ? » se demandent les agents troublés. Et cette question angoissante va revenir sans cesse : « Que fait Paris ? » Les policiers néo-zélandais, eux aussi, n'en reviennent pas. Ils s'attendent à voir débarquer un émissaire secret du gouvernement français. Rien ne bouge. Personne à l'horizon.

Le couple est alors séparé. Toute la journée du 15 juillet, les détectives vont retourner Sophie sur le gril. Un interrogatoire « non stop », entrecoupé seulement la nuit de quelques heures de mitard, une cellule nue avec couchette en bois, comme dans les mauvais westerns américains.

On lui promet l'impunité si elle parle. « Personne n'en saura rien. Ça restera entre nous... promettent les enquêteurs. Sinon, vous finirez vos jours en prison, ici, loin de votre famille, de vos amis. » Sophie est amenée dans le bureau de Galbraith. Le grand jeu : il lui met le marché en main : « La liberté en échange de vos aveux. » C'est ce qu'on appelle dans les pays du Commonwealth « l'immunité de la Reine ». Si un accusé collabore et devient témoin à charge, il bénéficie de l'impunité. Une pratique qui sera intégrée dans la loi française, après les élections de mars 1986... Ce « pardon » est surtout efficace dans les affaires de drogue ou de grand banditisme. Peu dans le terrorisme. Et pas du tout avec Sophie. Elle demande à réfléchir ; elle gagne du temps ; pleure beaucoup, gémit, se plaint mais ne livre aucun secret sur l'opération. Pas un détail. Elle refuse même de confirmer qu'Alain n'est pas son vrai mari. Mais ça, les policiers s'en doutaient déjà un peu...

Malgré le mutisme des Turenge, l'enquête avance à grands pas.

Les détectives refont leur itinéraire et interrogent le personnel de tous les hôtels où ils sont descendus. L'une des employées du « Beach Comber Motel » à Pahia, une petite ville du Nord, raconte qu'elle s'était étonnée, un matin, en leur portant leur petit déjeuner, de voir Alain dans le grand lit et Sophie, seule, dans le petit... Elle avait aussi remarqué qu'ils ne paraissaient pas très heureux. « Pour des jeunes mariés, ils ne parlaient jamais de vacances. Le couple a des problèmes », diagnostique cette Ménie Grégoire néo-zélandaise.

Finalement, les enquêteurs renoncent à interroger Sophie. Malgré son apparente fragilité, elle n'a pas craqué. « C'est une pro », reconnaissent-ils. Le lendemain, 16 juillet, le couple est présenté, à 17 heures, devant le juge Brown de la District Court. Ils sont simplement accusés d'infraction à la loi sur l'immigration (entrée illégale dans le pays). Une broutille ne pouvant entraîner plus de trois mois de prison, et qui permet de bénéficier, automatiquement, de la liberté sous caution. Le juge la fixe à 2000 dollars (les Turenge en ont 10000 sur eux). Mais l'honorable magistrat, « briffé » par les policiers, double la mise : il exige, cas rarissime, qu'un répondant local, autre que leur avocat, se porte garant d'eux et verse, lui aussi, 2000 dollars.. C'est ce qu'on appelle, dans la loi anglaise, la *surety*. Les Turenge sont piégés. Comment trouver, en Nouvelle-Zélande, quelqu'un qui leur avance cet argent? Il existait bien autrefois, à Auckland, un honorable correspondant (H.c.) français qui fabriquait de la pâte d'huîtres en tube... Mais le précédent patron de la D.g.s.e., Pierre Marion, avait décidé, pour faire des économies, de fermer tous les postes inutiles, et comme la pâte d'huîtres en tube était peu rentable, on a rappelé l'H.c. dans la mère patrie...

Faute de pouvoir régler la *surety,* les Turenge font connaissance, pour la première fois, avec la prison de Mount-Eden. Malgré son nom, elle n'a rien d'un paradis. Il s'agit d'une sorte d'imitation de château fort rococo, particulièrement sinistre. Sophie est enfermée dans le bloc des femmes, un petit pavillon isolé où l'ambiance est familiale. Les détenues, toutes d'origine maori, sont peu nombreuses et curieuses de voir la « nouvelle ».

Mais leur avocat, tenace, ne s'avoue pas vaincu. Il poursuit le juge Brown jusqu'à une petite ville de l'île, Henderson, où il préside une audience. Le magistrat accepte de lever la *surety;* il augmente seulement la caution de 2500 dollars. La somme est versée en espèces, l'après-midi même et les portes du Mount-Eden s'ouvrent sur les Turenge. Les agents ne profiteront pas longtemps de leur liberté. Ils foncent au cabinet de leur avocat. A peine sont-ils assis dans le bureau de Me Curry, que la police frappe à la porte. A 17 h 40, le détective

Batcholor, qui joue dans la police d'Auckland le rôle du « bon gros », leur notifie l'article 233 du Code pénal : introduction d'une propriété illégale en Nouvelle-Zélande. En clair, on les accuse de recel de faux papiers... Une astuce juridique qui permet de les garder à l'ombre. Mais un rude coup pour leur moral. Ils reprennent, menottes aux poignets, le chemin de la prison. Le lendemain, de nouveau le tribunal. Cette fois, le juge frappe dur : il leur annonce qu'ils seront sans doute inculpés de meurtre le 24 juillet, le temps pour les policiers de réunir les preuves nécessaires. Ceux-ci ne lâchent plus la piste. C'est le seul caillou blanc de cette enquête qui leur permettra, pensent-ils, de remonter jusqu'aux auteurs de l'attentat. Ce *remake* néo-zélandais du Petit Poucet va faire un « malheur » en France.

— Mais qu'est-ce qu'ils foutent, à Paris ? se demandent encore les Turenge qui commencent à se sentir réellement lâchés.

La semaine des dupes

Bonne question : que se passe-t-il à Paris ? Comment a-t-on appris l'arrestation des Turenge et, surtout, comment espère-t-on les faire libérer ? Déception : à Paris, on ne cherche pas à les sauver, on cherche d'abord à sauver la face. Chaque ministre, conscient du scandale qui couve, pense surtout à se protéger pour ne pas être entraîné dans ce tourbillon. Une grosse pagaille.

Déclenchée au plus haut niveau par le double jeu du Président — on y reviendra —, Greenpeace va devenir la plus grosse bavure de la gauche ; certainement l'affaire la plus sombre de la République socialiste. Elle révèle, en négatif, toutes les faiblesses du pouvoir : le goût du secret, la sauvegarde — à tout prix — des principes sacrés, la négation des réalités qui gênent et le double langage du Président. Un troublant mélange de naïveté et de rouerie sophistiquée. Mais revenons aux faits.

L'arrestation des Turenge, le 12 juillet, étonne à peine les stratèges de la « Piscine ». Pour tout dire, certains s'y attendaient. Alain Turenge est parti en disant à ses proches qu'il allait « finir au trou »... Ceux qui avaient crié « casse-cou » dès le début et mis en garde contre cette « opération foireuse », ne sont pas étonnés. Le patron de la maison en tête, l'amiral Pierre Lacoste, on le verra, avait tenté, en vain, de repousser l'aventure. Mais, maintenant que le pot est cassé, comment recoller les morceaux ? La D.g.s.e. ne souhaite évidemment pas que l'affaire s'ébruite. Difficile d'avouer que ses agents se sont fait prendre la main dans le sac. La première réaction de la D.g.s.e. est donc « d'arranger le coup » en famille et de faire appel à la grande solidarité des services occidentaux. On ne se tire pas dans les pattes entre amis.

Elle propose, en premier lieu, d'intervenir discrètement auprès des services secrets suisses pour qu'ils « couvrent » les Turenge. Peine perdue. Avant d'être mise à exécution, l'idée prend l'eau. A l'aube du 12 juillet, on l'a vu, les polices suisse et anglaise ont informé les Néo-Zélandais, via Interpol, que les passeports du couple étaient faux. Comment les Britanniques l'ont-ils établi ? Mystère. Du côté helvétique, en revanche, c'est clair comme de l'eau de source. Avec cette précision et cette rapidité qui font la gloire de leurs placements et de leur horlogerie, les Suisses ont interrogé leurs gros ordinateurs. En quelques secondes, les machines ont « craché » le véritable nom des titulaires des passeports. Et cette découverte a mis le feu au lac. Le 15 juillet, un commissaire de police français débarque à Genève pour une tout autre affaire. Un collègue l'attend sur le quai, un vieil ami. Avant même de lui dire bonjour, le policier suisse lui lance, avec cet accent inimitable : « Tu sais, les Turenge, ils ne sont pas suisses. »

Les faux passeports, même bien imités, servent à passer une frontière, ils ne résistent pas à un contrôle. Tous les truands du monde savent ça. Pas la D.g.s.e. ! Cette découverte ne facilite pas la tâche des patrons des services spéciaux. Ils ont l'idée farfelue, alors, d'expédier un avocat en Suisse pour donner le change.

Dès la confirmation de l'arrestation des Turenge, la « Piscine » contacte Me Philippe Derouin. Ce jeune juriste, peu connu du Palais, traite généralement des dossiers fiscaux, une spécialité qui ne dispose guère à défendre des agents secrets. Mais, justement, on cherche un conseil discret, qui ne soit pas frappé de l'estampille « D.g.s.e. ». A l'avocat habituel de la maison, on préfère ce jeune homme qui a déjà « conseillé » quelques amis du service Action et qui sait tenir sa langue.

C'était un grand privilège d'être informé de cette affaire le 14 juillet ; à cette date, aucun ministre de la République, Hernu mis à part, n'est apparemment au courant de l'interpellation des agents français... Le week-end du 14 juillet, les politiques sont occupés et les administrations sommeillent en demi-vacances. Le jeune avocat est convoqué boulevard Mortier, par le big-boss lui même, l'amiral Pierre Lacoste. Et le lendemain, il saute dans le premier avion pour Zurich. Première mission : appeler les Néo-Zélandais de Suisse. L'idée est simple : les Turenge sont suisses, il faut leur téléphoner de Suisse... Durant trois jours surréalistes, l'avocat fera plusieurs fois l'aller et retour Paris-Zurich, uniquement pour accréditer une thèse qui est déjà périmée... Cette démarche insolite lui vaudra, plus tard, quelques déboires. Lorsqu'il débarquera à Auckland, pour voir ses clients, il sera interrogé et fouillé à l'entrée de la prison ; il fera même l'objet, le 25 juillet, d'une demande officielle de renseignements transmise par Interpol : s'agit-il d'un véritable avocat ou d'une autre barbouze ? demanderont les Néo-Zélandais méfiants.

A son retour, lorsque Philippe Derouin rentre de Suisse, le 17 juillet, une réunion « top secret » se tient dans le bureau de l'amiral, avec tous les chefs de service de la D.g.s.e. Objet : faut-il continuer de mentir aux Néo-Zélandais ? Certaines moustaches galonnées pensent qu'on peut s'opposer au démenti de la police suisse. « Un télex d'Interpol n'est pas une preuve, plaident-ils, il faut semer le doute dans l'esprit des autorités d'Auckland. Pour cela, fabriquons d'autres preuves que les Turenge sont suisses : fausses quittances de loyer et d'impôts, attestations de travail bidons, etc. » Très vite, on abandonne cette solution aberrante. Deux faux passeports, ça suffit... On envisage alors un autre mensonge, encore plus gros. « Et s'il s'agissait, tout bêtement, d'un couple en situation irrégulière ? Alain aurait pu, par exemple, enlever une femme mariée. Pour aller batifoler en Nouvelle-Zélande, le faux couple était obligé d'utiliser de faux papiers. » C.Q.F.D. Feydeau pas mort ; on frôle le vaudeville. Encore une solution repoussée. Finalement, la façon la plus simple, explique en substance l'amiral Lacoste, serait d'avouer la vérité. Nous pouvons intervenir directement auprès des Néo-Zélandais ou contacter les « Kiwis » par l'intermédiaire de nos amis américains ou anglais, de la C.i.a. ou de M.I. 6.

Bien sûr, nos alliés ne manqueront pas de se « foutre » de nous. Mais comme ils sont probablement déjà au courant, ce n'est qu'un mauvais moment à passer... La solidarité occidentale jouera et nous parviendrons à sortir les Turenge en douceur. Une solution fermement repoussée par le cabinet du ministre de la Défense et par le ministre lui-même. « Hors de question d'avouer notre culpabilité dans une telle affaire, la moralité socialiste est en cause. » D'ailleurs, au même moment, le journal *Le Monde,* qui rend compte de l'attentat, l'attribue aux services américains.

De toute façon, une initiative internationale de cette nature, même ultra-secrète, nécessite l'intervention du président de la République et du Premier ministre, un engagement total de l'Etat. Or, à l'époque, Charles Hernu, pris en faute, n'a pas informé le Premier ministre de ce « coup dur ». Matignon est prévenu par deux sources. Le directeur du cabinet d'Hernu, Patrick Careil, alerte directement

Laurent Fabius. Careil est un vieux compagnon de route du chef du gouvernement ; ils se connaissent et s'estiment depuis fort longtemps. Laurent Fabius l'avait d'abord placé au cabinet de Jacques Delors, aux Finances, chargé des rapports avec le secrétaire d'Etat au Budget, poste dont il était alors titulaire. Devenu Premier ministre, il a vanté ses mérites auprès de Charles Hernu qui cherchait un directeur de cabinet « technique », capable de boucler le budget militaire.

Patrick Careil téléphone donc à son cabinet, dès le 16 juillet, pour prévenir que des agents de la D.g.s.e. sont « piégés » en Nouvelle-Zélande. On s'étonne qu'ensuite, ce fidèle inconditionnel fabiusien, n'ait pas continué à informer le Premier ministre. Mais un autre voyant rouge s'allume à Matignon. Un signal de détresse. C'est le ministre de l'Intérieur, Pierre Joxe, qui joue, cette fois, les messagers. Ses services l'ont alerté. Le 11 juillet, le lendemain de l'attentat, la police « kiwi » a transmis, par télex, une demande de renseignements sur un couple suisse habitant la France. Les policiers néo-zélandais ont trouvé leur identité à l'agence de voyages et signalé qu'ils pourraient être mêlés à l'attentat contre un bateau de Greenpeace. Au ministère de l'Intérieur, la nouvelle passe quasiment inaperçue. Comme il s'agit d'un attentat, on transmet à tout hasard le télex à la 6e Section de la Direction de la police judiciaire chargée du terrorisme : « Pour information ». Les policiers effectuent, par routine, une recherche sur les Turenge : inconnus au fichier. R.A.S., répond-on à Auckland. Puis on oublie. La Nouvelle-Zélande est si loin. S'il fallait s'occuper de tous les attentats de par le monde !

Deux jours plus tard, le 13, les hommes de Galbraith reviennent à la charge. Ils réclament l'identification du numéro de téléphone appelé par Alain de son hôtel : Tonton Emile (le 846.87.90). « A qui est attribué ce numéro ? » Toutes les communications internationales passées par les hôtels laissent une trace au central téléphonique. Les « Kiwis » retrouveront ainsi tous les coups de fil passés par les agents. Une mine de renseignements. Dans certains cas, les détectives n'auront même pas la peine de faire la demande à la poste, il leur suffira d'interroger les standardistes des hôtels où sont descendus les Français. Or, le téléphone a chauffé entre Auckland et Paris. Pour le moindre détail, les agents devaient rendre compte à la Centrale. Ils ont même raté des rendez-vous téléphoniques parce qu'on n'avait pas pensé au décalage horaire.

Bref, le télex du 13 juillet, plus précis, est étudié sérieusement par la P.j., bien que les responsables aient la tête ailleurs. Le lendemain, dimanche 14 juillet, le président de la République doit visiter l'école de la Police de Cannes-Ecluse. Tous les membres du cabinet du ministre sont sur les dents. On ne pense qu'à réussir l'inspection présidentielle. De plus, un samedi du mois de juillet, le ministère de l'Intérieur ne bourdonne pas d'activité. La moitié des effectifs est en vacances.

A la 6e Section, on expédie néanmoins les affaires courantes. On recherche donc, à la demande de ces « emmerdeurs » de Néo-Zélandais, quel abonné correspond au 846.87.90. C'est là que les ennuis commencent. Il ne faudra guère plus de quarante-huit heures, aux policiers, pour sentir qu'il y a, comme on dit, anguille sous roche. Une très grosse anguille. Le processus d'identification d'un abonné est toujours le même. La police judiciaire interroge le G.i.c. (Groupement interministériel de contrôle), un organisme militaire situé aux Invalides, avenue de Tourville, et qui effectue et coordonne toutes les écoutes téléphoniques pour Paris. Le G.i.c. est également chargé d'identifier les numéros d'appels... En un tour d'oreille, les opérateurs découvrent que le numéro donné par les Néo-Zélandais est inscrit sur la liste rouge. Ce qui signifie que l'abonné ne veut pas figurer sur l'annuaire. Un premier signal clignote sous les écouteurs : attention, affaire sensible. Les policiers de la 6e, spécialisés dans les affaires terroristes, flairent le coup tordu. Ils refilent le bébé au cabinet du directeur général. C'est le contrôleur général, François Le Mouël, policier réputé pour sa loyauté et son indépendance, qui réceptionne le landau.

— Qu'est-ce que c'est que ce bordel ? grogne ce vieux routier qui a vécu l'affaire Ben Barka.

Il repère immédiatement la grosse embrouille, le beau « spécimen », celui qui vous coule un gouvernement.

La liste rouge, bien sûr, n'a pas de secret pour la police. A sa demande, le cabinet du ministre des P.t.t. répond qu'il s'agit d'un numéro militaire ultra-secret qui correspond au Fort de Romainville, un fief de la D.g.s.e.

— Compris, réplique Le Mouël, Hernu a fait sauter le bateau.

L'intuition policière...

Très rapidement, les enquêteurs français établissent qu'un autre numéro appelé par les agents, le 884.68.79, a été changé en catastrophe, le 1er juillet, et attribué à un certain Jacques Verouin, inconnu, si l'on ose dire, au bataillon. Ce représentant de commerce anonyme habite, paraît-il, un appartement désert au Pré-Saint-Gervais. Or, qui a loué cet appartement ? Des militaires. Plus, pour obtenir des lignes en priorité et pour éviter de payer les taxes, le ministère de la Défense est intervenu directement auprès des P.t.t. Et la police va retrouver la trace de cette demande. Bref, le pot aux roses serait plutôt kaki...

Alerte générale. La P.j. déclenche une sirène de brume. Le Mouël avertit le directeur général, Pierre Verbrugghe, qui fonce, coudes au corps, prévenir, le 15 juillet au soir, son ministre, Pierre Joxe. Comme le dira plus tard le patron de la D.g.s.e., l'amiral Lacoste, scandalisé : « On était protégé contre l'extérieur, mais pas contre l'Intérieur. »

« On a arrêté en Nouvelle-Zélande, juste après un attentat, deux soi-disant touristes suisses, possesseurs de permis de conduire français, qui ont appelé le fort de Romainville », explique Pierre Verbrugghe. Pas la peine de faire un dessin à Pierre Joxe. Comme Le Mouël, il a tout compris. Il lit les journaux et se souvient de la Une de *Libération,* du 12 juillet, qui montrait le *Rainbow Warrior* couché sur le flanc dans le port d'Auckland. « Coulé ! » Il décroche aussitôt son téléphone et avertit Laurent Fabius. Deuxième alerte de la journée. Le Premier ministre provoque une réunion dans son bureau, le lendemain, pour éclaircir l'affaire. Entre-temps, Pierre Joxe obtient de Charles Hernu — avec qui il prend son petit déjeuner — la certitude qu'il s'agit bien de Français. « Mais on ne sait pas encore, dit le ministre de la Défense, si ce sont des honorables correspondants " civils " ou des militaires en mission. » Gros mensonge.

En fin de journée, Laurent Fabius, assisté de son directeur de cabinet, Louis Schweitzer, réunit dans son bureau le secrétaire général de l'Elysée, Jean-Louis Bianco, Charles Hernu et Pierre Joxe. Le Premier ministre est furieux. Il craint le pire. Dès le début de la réunion, il se tourne à demi vers le ministre de la Défense et lance, sans le regarder : « Si l'un de vous est responsable de cette affaire, il est hors de question que je le couvre. Il est hors de question que je couvre une connerie pareille... » Charles Hernu visé répond, aussitôt, que ce n'est pas la D.g.s.e. qui a fait le coup. A plusieurs reprises, la main sur le cœur, il nie que les services français aient posé la bombe. Juré. Craché. D'ailleurs il arrive de province et il connaît mal ce dossier. Un autre gros mensonge. Il sait seulement que des agents ont été envoyés en mission pour espionner Greenpeace. Mais, couler le bateau, « ça, jamais ! ».

La conviction du ministre de la Défense ébranle, apparemment, Laurent Fabius : « Alors, il faut savoir qui a fait le coup, conclut-il. Nous ne pouvons pas refuser de collaborer avec les Néo-Zélandais et avec Interpol. Nous nous placerions en dehors du droit international. »

Tout est dit. Dès le soir, plusieurs participants à cette réunion rendent compte, chacun de son côté, à François Mitterrand. Le Président, c'est connu, adore confronter les points de vue de ses collaborateurs et il ne répugne pas à demander la même chose à plusieurs d'entre eux...

« Charles Hernu jure qu'il n'a donné aucun ordre, rapporte le secrétaire général de l'Elysée, qui ajoute, malicieusement, mais je ne suis pas sûr qu'il dit toute la vérité. »

Le Président rétorque, plus sphinx que jamais : « Laissez Fabius et Hernu traiter l'affaire. Laissez ça... »

Le lendemain, mercredi 17 juillet, Pierre Joxe rencontre également le Président, en tête à tête, après le Conseil des ministres. François Mitterrand ne s'oppose pas à la collaboration policière avec la Nouvelle-Zélande. Il ne donne aucun ordre. « C'est donc que nous n'avons rien à nous reprocher », conclut le ministre de l'Intérieur, perplexe. Sa police lui affirme pourtant le contraire : « La D.g.s.e. a fait le coup. » Mais ce n'est pas à lui d'en décider. Si le Président ne dit rien...

En réalité, la plus belle partie de poker menteur de la gauche s'engage au sein du gouvernement. Une série de mensonges et d'occasions manquées, qui vont déclencher la plus grave crise des « années Mitterrand ». Une crise politique interne, mais, pis encore, une pantalonnade internationale qui va déconsidérer un temps la France à l'étranger. Avant de suivre le fil des événements, il faut faire une pause.

Dès la réunion du 16 juillet, les dés sont pipés. Au moins un des participants, Charles Hernu, cache sciemment la vérité. « Peut-être n'a-t-il pas osé, tout bêtement, avouer sa gaffe, dit, aujourd'hui, un témoin. J'ai souvent pensé depuis, poursuit cet " observateur ", que si Fabius n'avait pas condamné l'attentat d'entrée de jeu, Hernu aurait peut-être dit la vérité. Mais il faut savoir qu'Hernu est intimidé par le Président et par Fabius. Cela se sent, même au téléphone... Alors, il a dû avoir peur. Ensuite, plus le temps passait, plus ça devenait difficile d'avouer. Comme un mari qui trompe sa femme et qui n'ose pas le lui dire tout de suite... »

Charles Hernu aurait menti par « faiblesse ». Une explication psychologique. Pourquoi pas ? Mais c'est tout de même un peu court. L'un des responsables de la D.g.s.e. a une interprétation beaucoup plus imagée et politique : « Charles Hernu était comme un enfant pris la main dans un pot de confitures et qui, les doigts pleins de sucre, continue de nier. Ensuite, poursuit ce haut gradé qui n'est pas tendre pour la gauche, le pouvoir a choisi entre l'opinion socialiste internationale et l'intérêt supérieur de l'Etat. Il était impossible qu'un gouvernement socialiste reconnaisse sa participation à un attentat anti-écologiste ayant entraîné la mort d'un innocent. Inconcevable et inavouable. Ça n'entre pas dans la panoplie idéologique du P.s. Lorsque l'amiral Lacoste a proposé, le 13 juillet, à Hernu, de négocier avec les « Kiwis », poursuit ce responsable, le ministre s'est fâché tout rouge : “Pas question d'avouer. Jamais ! Ce serait de la trahison.” Que faire ? A la D.g.s.e. on était coincé. Il fallait d'abord sortir les Turenge du pétrin et, comme Hernu refusait la négociation secrète, on a joué la carte du mensonge. On espérait que les Néo-Zélandais n'avaient pas de preuve, et que nos agents pourraient s'en tirer sans casse. Quitte à mentir, il fallait mentir jusqu'au bout. Sans faillir. Mais nous obéissons aux ordres politiques. »

Le 17 juillet, le pouvoir prend deux décisions contradictoires. Il lance deux machines folles, en sens opposé, sur le même rail. Toute fuite, toute révélation alimente un complot. On se réfugie derrière la sacro-sainte notion de secret d'Etat. L'appareil rêvé des dictées magiques : il efface les fautes et les erreurs. Argument de l'armée : « La presse ne dira rien. A l'occasion, on la musellera. Les Néo-Zélandais ne trouveront rien. »

Quant à Fabius, doit penser Charles Hernu, quand il saura, il se rangera lui aussi à la raison d'Etat... le ministre de la Défense néglige pourtant quelques arguments « incontournables », comme on dit aujourd'hui : les Turenge sont entre les mains de la justice d'un pays démocratique ; les instances internationales sont alertées ; Interpol transmet chaque jour des messages ; la police française mène l'enquête et les Néo-Zélandais sont scandalisés par l'attentat. Cela fait beaucoup, beaucoup trop de choses à étouffer. Or, on voudrait faire disparaître tout ça d'un trait de plume, par une consigne de silence.

Mais, parallèlement — c'est là toute la folie de l'affaire — le Premier ministre et le ministre de l'Intérieur défendent la thèse de l'innocence de la France. Suivant d'autres consignes ou interprétant le « silence » du Président, Pierre Joxe laisse la police française collaborer allègrement avec son homologue néo-zélandaise, quitte à traquer des agents français. « La France n'a rien à se reprocher, clame-t-on aux yeux de l'étranger. La preuve : elle participe, elle aussi, à la recherche de la vérité. » On croit rêver...

Les « légalistes » et les idéologues purs et durs du gouvernement y trouvent leur compte. Laurent Fabius, Pierre Joxe, Robert Badinter pensent, d'ailleurs, qu'il est impossible de mentir à Interpol. Ce qui, entre parenthèses, serait l'aveu de notre culpabilité. Il est bon que la France socialiste donne l'exemple et prouve son innocence. Elle s'enfonce, en réalité, dans un rare cas de « schizophrénie politique »

L'un des rôles les plus troublants de cette époque revient à Pierre Joxe. Au fur et à mesure que les policiers lui rendent compte, il ne peut douter que les militaires soient en cause. « Mouillés jusqu'aux épaulettes », dira un commissaire, qui explique : « A chaque fois qu'on ouvrait une porte, on trouvait un gradé derrière. C'était tellement gros qu'on n'arrivait pas à y croire. Même un enquêteur débutant aurait mieux réussi son coup... »

Pourquoi, dans ces conditions, le ministre de l'Intérieur laisse-t-il continuer l'enquête, comme si de rien n'était ? Comme s'il ne savait pas que la D.g.s.e. était coupable ? Pourquoi laisser les Français collaborer avec leurs collègues néo-zélandais ? La réponse est probablement complexe.

Si on élimine la thèse idiote de la « taupe de l'Est » — Joxe agent de Moscou ! — il demeure plusieurs explications. D'abord, le ministre de l'Intérieur n'est pas dans le secret des dieux. Le Président ne lui fait aucune confidence sur cette affaire et il ne sait, comme on dit, sur quel pied danser. Il cherche, lui aussi, la vérité. Pour lui-même et aussi pour protéger Mitterrand, s'il s'agissait d'un coup tordu monté par les militaires : thèse qu'il retiendra au début de l'affaire. Ce rigoriste intransigeant se méfie de l'armée et ne veut pas, en plus, « intervenir » auprès de sa police ; donner l'impression de « couvrir un scandale », c'est contraire à sa propre image.

Cette attitude « neutre » n'est pas dépourvue d'arrière-pensées politiques et personnelles. C'est la seule façon, pense-t-il, de garder les mains propres et de ne pas glisser dans ce bourbier malodorant : « Que ceux qui ont monté cette affaire se débrouillent », doit-il penser Comme beaucoup de hiérarques socialistes, il penche pour la thèse de la bavure militaire la plus « commode » : le coup bas antisocialiste. Thèse encouragée par l'image qu'on a d'Hernu au sein du P.s. Beaucoup se moquent de l'engouement de « Charles » pour l'armée. Bien sûr, il l'a apportée sur un plateau en 1981, mais cette bonne volonté a paru suspecte ; elle avait des relents de capitulation. Pour tout dire, on trouve l'amour d'Hernu pour l'armée un peu excessif — son goût pour les tenues camouflées, les opérations héliportées, les blousons d'aviateur. On estime, en somme, qu'il en fait trop — *too much* — et que sa « passion » l'aveugle un peu. A la fin, on ne sait plus si c'est Hernu qui dirige l'armée, ou si c'est l'armée qui manœuvre Hernu. Cette fois, on craint qu'il n'ait été « embarqué » par ses gradés. Un coup de baïonnette dans le dos. Le vieux complexe dreyfusard de la gauche réapparaît. L'armée est forcément un peu suspecte... Un doute qui explique l'attitude de Joxe vis-à-vis d'Hernu. Sans compter que l'intransigeant ministre de l'Intérieur doit bien mal juger ce « collègue » incapable de tenir ses troupes. Une attitude invraisemblable pour cet homme autoritaire.

Le ministre de l'Intérieur, jouant la légalité, cherche à se couvrir et à protéger sa police. Dès le 20 juillet, l'Intérieur exige quand même une commission rogatoire internationale pour répondre aux Néo-Zélandais. Simple manœuvre de retardement. Cette commission rogatoire doit être transmise, par l'intermédiaire du Quai d'Orsay, à la Chancellerie, qui désignera un juge d'instruction — généralement le doyen parisien — chargé de suivre l'affaire. La justice, mise dans le coup, prendra, elle aussi, « ses patins ». Tous dans le bain !

L'Intérieur tempère également la ferveur des Néo-Zélandais qui posent une avalanche de questions : plus de 400 questions et réponses échangées en un mois ! Et celles de ce fûté de Galbraith sont particulièrement vicieuses, à la fois précises dans le détail et floues dans l'ensemble. Il demande par exemple, à la P.j., de vérifier où les Turenge ont acheté, à Paris, leur appareil photo — certificat de garantie à l'appui — ou encore d'identifier un autre numéro de téléphone, mais il se garde bien d'expliquer ce qu'on leur reproche exactement. Impossible de savoir quel rôle ils ont tenu dans l'attentat. Ce jeu subtil du chat néo-zélandais et de la souris française exaspère Paris qui aimerait connaître exactement les charges retenues contre eux. Galbraith entretient habilement le suspense. En réclamant une commission rogatoire internationale, le pouvoir se croit, à son tour, très malin. En réalité, on aggrave encore la situation. Bien sûr, la France respecte à la lettre la procédure classique du droit international — toujours les sacro-saints principes ! — mais elle s'engage dans un processus infernal. Pris au piège de la procédure, Paris accepte de collaborer légalement avec une police étrangère et de lui fournir des éléments contre deux agents français en mission...

Une position absurde, qui va être exploitée à fond par les Néo-Zélandais. Car, pendant tout ce temps, les hommes de Galbraith ne sont pas restés les mains dans les poches. Leur enquête a progressé à pas de géants. De plus, la procédure accusatoire anglo-saxonne, très différente de la française, permet à la police d'accumuler toutes sortes de preuves vraies ou fausses. C'est à la défense, lors du procès, d'essayer de démolir le travail de la police. Dans un premier temps, les détectives recueillent les indices tous azimuts, mélangeant souvent le vrai et l'à-peu-près et passant — heureusement — souvent à côté de pistes royales. Ne nous plaignons pas. On le verra, une dizaine de Français auraient pu être arrêtés, en Nouvelle-Zélande, après le sabotage.

Pour l'instant, après l'entracte politique — fausses manœuvres et bonnes consciences — reprenons le cours du film. Les policiers enquêtent en plusieurs endroits : Australie, Grande-Bretagne, Tahiti, Nouvelle-Calédonie et, surtout, surtout, en France. Leur grande gloire : la découverte d'un petit bateau français, repéré au nord de l'île, l'*Ouvéa* Une sacrée bonne piste.

« *Les play-boys de la D.g.s.e.* »

Une chaîne métallique et une paire de baskets vont permettre aux détectives de remonter jusqu'à l'équipage du yacht. La chaîne a servi à attacher le Zodiac à un arbre d'Hobson Bay, le soir fatal du 10 juillet, et la paire de baskets a été retrouvée dans l'embarcation. Comme disent les policiers, la « chaîne a parlé », elle a même chanté. Elle avait été achetée, fin juin, dans un magasin d'un petit port de plaisance du nord de l'île, Whangarei. Une rapide enquête révèle la présence, dans le port, d'un bateau français, l'*Ouvéa*, dirigé par quatre joyeux lurons, quatre solides touristes « frenchies ». Galbraith, toujours consciencieux, avait fait dresser la liste de tous les bâtiments étrangers qui ont accosté dans l'île depuis le sabotage. L'*Ouvéa* était là bien avant. L'équipage a déclaré son arrivée en douane le 25 juin, trois jours après celle du couple Turenge.

Ils sont encore là, s'écrient les policiers qui foncent à Whangarei. Trop tard, le gibier a pris le large. L'*Ouvéa* a levé l'ancre le 9 juillet, la veille de l'attentat, à 9 heures du matin. Détail troublant, une jeune femme française a tenté de joindre les marins par téléphone l'après-midi après leur départ. Sophie Turenge ? Très rapidement, la police reconstitue l'itinéraire du bateau. L'*Ouvéa* est arrivé, en réalité, plus tôt qu'ils ne l'imaginaient. Le 22 juin, le jour même où les Turenge atterrissaient à Auckland. Malgré une grosse houle, slalomant à travers les bancs de sable, le skipper du voilier est parvenu à pénétrer dans le minuscule port de Parengarenga, au nord de l'île. Les habitants n'en sont pas encore revenus. Presque tous les navires de plaisance qui se sont risqués à cet endroit perdu se sont échoués sur des bancs de sable. On applaudit l'exploit. Mais pourquoi avoir choisi ce coin isolé ? L'équipage a ses raisons. Avec ce qu'il transporte, il n'a pas intérêt à tomber sur un douanier tatillon. Et les quatre hommes ont dû avoir la peur de leur vie en forçant le passage. Leur cale contient une trentaine de kilos d'explosifs et des superbes détonateurs de l'armée française. De quoi s'envoyer définitivement en l'air ou bien en prendre pour dix ans, dans une prison néo-zélandaise

Dès que la mer se calme, les marins longent les côtes et vont planquer leur encombrant et détonant matériel dans une crique déserte. Le yacht réapparaît, trois jours plus tard, dans un port plus accueillant, Opea. L'équipage, détendu, descend faire du shopping à l'Opeastore, le magasin du coin. Les quatre navigateurs achètent des chips et des cartes de Nouvelle-Zélande. Dès lors, ils n'ont plus de raison de se cacher. Et à 16 heures, celui qui parle le mieux l'anglais, un médecin français exerçant en Arabie Saoudite, le Dr Xavier Maniguet, appelle le poste de douanes d'une ville voisine, Whangarei, pour se soumettre aux formalités habituelles. L'*Ouvéa* est alors inspecté par un gabelou local. Mac Lean ne remarque rien d'anormal sur le bateau. Il note seulement la présence d'un Zodiac de secours orange équipé d'un moteur Evinrude. Le soir, les quatre marins en goguette font à Whangarei, comme à Parengarenga, une entrée remarquée... au bar de l'hôtel Autolodge, où ils réservent des chambres qu'ils paient cash. Le soir même, sans perdre de temps, ils draguent la jolie patronne d'un salon de coiffure, Carole Nash, mariée à un commissaire de police... La jeune femme ne sait pas qu'en flirtant avec ces beaux matelots français, elle s'embarque dans une affaire d'Etat. Elle sera, plus tard, montrée du doigt par toute la Nouvelle-Zélande, désignée comme une « collabo »...

« Le lendemain de leur arrivée, explique la réceptionniste de l'hôtel aux policiers de Galbraith, l'un d'eux m'a demandé deux numéros de téléphone en France, à Paris. Toute une affaire pour les obtenir : le 288.82.66. et le 288.00.81. Une femme a répondu en français et je lui ai immédiatement passé la communication. Il a dû parler trois ou quatre minutes. Je ne comprenais pas ce qu'il disait mais, à mon avis, il n'appelait ni sa famille ni des amis, car il était très sérieux et sans émotion. » (Il appelait en réalité l'agence de voyages Odyssée à Paris.) « Je lui ai proposé de payer avec une carte de crédit, mais il a refusé ; il m'a réglé en liquide. La conversation était très difficile car il parlait très mal anglais, mais il était très beau. »

Les détectives relèvent sur le registre de l'hôtel l'identité des quatre hommes : Raymond Velche, skipper professionnel né à Bayonne, le 10 juillet 1950, domicilié 52, rue du Chemin-Vert à Paris XIe ; Eric Audrenc, photographe né le 5 mai 1953 à Toulon ; Jean-Michel Berthelo, agent commercial né le 11 février 1952 à Orléansville (Algérie), et Xavier, Christian Maniguet, né le 17 octobre 1946 à Arques (Seine-Maritime), médecin exerçant à Abou Dhabi.

« Le bateau est resté à Whangarei jusqu'au 9 juillet, confirment les habitants de la petite ville, mais les " marins " ont beaucoup bougé. Ils ont loué à deux reprises des voitures. Ils se sont baladés, ils ont visité le pays. » Toute la ville les a remarqués. Ces joyeux drilles, bâtis en athlètes, ont fait bombance dans les restaurants, invité des filles à bord. Ils ont même fêté sur leur bateau l'anniversaire d'un des leurs. On les a entendus chanter très tard.

Les policiers reviennent à un détail :

— Ils ont loué une voiture, dites-vous ?

— Parfaitement, le 29 juin, après avoir passé une nuit en bateau dans le port de Tutukaka, ils ont loué, à 9 h 30, une grosse Ford. Allez voir le loueur.

Les détectives courent.

— Parfaitement, confirme le garagiste, une Ford Commodore, et ils s'en sont bien servis. Quand ils me l'ont rendue, le 6 juillet, elle avait parcouru 1439 kilomètres. Une belle distance, hein !

Les policiers ont la tête qui tourne.

— 1439 kilomètres !

— Oui, et ils n'avaient sûrement pas tout vu, puisqu'ils ont loué une autre voiture, plus grosse, après, pour transporter du matériel.

— Du matériel ? (L'oreille des agents se dresse.) Quel matériel ?

— Je ne sais pas, mais ils ont voulu un break Holden Commodore. Une grosse machine. A la réflexion, je leur ai trouvé un style plutôt militaire, discipliné, quoi !

Les hommes de Galbraith appellent leur patron, tout excités : « Aucun doute, ce sont eux, ils sont mêlés au sabotage, c'est sûr. »

Le surintendant lance alors un appel général à la population pour recueillir des témoignages. On se marche sur les pieds dans les commissariats. Toujours l'esprit civique...

L'enquête est si foudroyante, qu'elle a suscité par la suite quelques doutes. Les policiers français ont émis l'hypothèse que l'*Ouvéa* aurait pu avoir été repéré dès son arrivée dans l'île et les marins suivis par les services spéciaux néo-zélandais ou anglais. Mais aucun élément précis ne vient confirmer cette thèse. Et si les agents avaient été surveillés, on voit mal pourquoi on les aurait laissés commettre l'attentat. Même si, par hasard, les policiers avaient été pris de court, pourquoi les laisser repartir tranquillement et quitter le pays ? C'est vrai. Les détectives vont vite. Incroyablement vite. Trois jours après la découverte de l'*Ouvéa,* ils recueillent un témoignage apparemment capital : un ouvrier forestier, qui travaillait le 8 juillet à l'orée de la forêt de Topuni, à mi-chemin entre Whangarei et Auckland, affirme avoir assisté à un rendez-vous manqué entre plusieurs Français. Il se tenait, dit-il aux enquêteurs, près de la route quand il a vu passer un couple à bord d'un camping-car japonais. Une dizaine de minutes plus tard, un break Ford s'est garé sur le parking, tout près de lui. Trois hommes attendaient à l'intérieur, toutes vitres baissées. Au bout d'un moment le forestier, curieux, s'approche pour leur demander s'ils n'ont besoin de rien. Il remarque alors, machinalement, deux moteurs de hors-bord posés à l'arrière. Le conducteur lui répond, avec un fort accent étranger, « qu'ils sont représentants de commerce et qu'ils ont rendez-vous avec des amis à bord d'un camping-car. Nous séjournons en Nouvelle-Zélande depuis un mois, expliquent-ils ».

L'ouvrier, qui aperçoit une carte du pays sur le tableau de bord, lui demande où ils sont descendus :

— A Whangarei, répond le conducteur, décidément bien bavard. Mais on devait retrouver des amis ici.

— J'ai bien vu passer un « campervan » sur la route, il y a dix minutes.

A ce mot, le forestier entend l'un des passagers lancer : « *We better go* » (Nous ferions mieux de partir.)

— Bye, bye, dit le conducteur.

Ce témoignage intrigue Galbraith. Il est persuadé qu'il s'agit d'un rendez-vous raté entre l'équipage de l'*Ouvéa* et les Turenge. Plus tard, il trouvera un hôtel où les deux équipes se sont vraisemblablement rencontrées. Certain d'être sur la bonne piste, le surintendant veut « récupérer » les marins. Il est encore temps. Il sait que le voilier doit normalement faire escale dans l'île australienne de Norfolk avant de regagner la Nouvelle-Calédonie. Comme la mer est mauvaise, il estime que ce petit sloop de 11 mètres, même conduit par un bon skipper, devrait aborder l'île le 15 ou le 16 juillet. Il a le temps de les faire coincer là-bas par la police australienne, et d'expédier ses hommes en avion. Une équipe part aussitôt.

Or, quand les sept détectives de Galbraith atterrissent à Norfolk, le bateau est déjà arrivé. Le skipper Velche a encore fait des miracles. Il a pris tout le monde de vitesse. Le bateau a effectué la traversée en cinq jours. Un exploit. Partis le 9 au matin de Whangarei, et malgré des vents atteignant 60 nœuds, ils sont parvenus à toucher le port de Cascade Bay, à Norfolk, le 13 juillet à 17 h 30, une prouesse dont le sloop garde des traces. L'une des voiles a été arrachée. Les marins ont dû naviguer avec une seule voile et un moteur à faible régime. Le Dr Maniguet, le seul qui n'est pas habitué à la mer, confiera plus tard qu'il a connu la « trouille » de sa vie. Dès son arrivée il a d'ailleurs sauté dans le premier avion pour Sydney, afin de retourner ensuite en Europe. « J'en avais vraiment soupé de la mer », dit-il pour expliquer ce départ précipité. Tellement précipité que les enquêteurs de

Galbraith le ratent de quelques heures. Le surintendant, aussitôt averti, ne désarme pas. Il demande à la police australienne d'interpeller Maniguet à Sydney, afin de l'interroger.

Il reste tout de même aux détectives néo-zélandais les trois autres passagers de l'*Ouvéa* à passer au gril. Accompagnés de leurs collègues australiens, les détectives vont les réveiller à l'heure du laitier — 7 h 15 — dans leur hôtel, le South Pacific. Tous trois parlent très mal anglais et il faut faire appel à un traducteur pour questionner le skipper. Raymond Velche réagit très mal à cet interrogatoire matinal.

Premier réflexe du « marin », il veut téléphoner à son ambassade. « Pas question, répliquent les policiers ; d'abord, vous n'avez aucune raison de le faire, secundo, ce n'est pas pratique d'appeler de l'île. » Le ton est donné.

Très vite, on l'interroge sur le soi-disant rendez-vous du 8 juillet dans le bois de Topuni. Velche, surpris, reconnaît qu'il se promenait bien en voiture avec ses amis, ce jour-là, mais il ne s'est jamais arrêté dans un bois. Juré !

— On a pourtant relevé le numéro de votre voiture, insistent les détectives.

— Impossible, réplique sobrement Velche.

— C'est pourtant vrai.

Le skipper veut alors à nouveau appeler son ambassade.

— Impossible, rétorquent à leur tour les policiers.

Dialogue de sourds. On préfère changer de sujet. Les détectives lui demandent finement s'il a fait son service militaire en France.

— Un an dans l'infanterie, à Bayonne, répond Velche, mais il ne se souvient plus de son unité, un trou de mémoire...

Enfin la question à 100 000 dollars :

— Connaissez-vous l'organisation Greenpeace et le *Rainbow Warrior?*

La réponse en deux lettres :

— No !

Les enquêteurs ne tireront rien de plus de l'équipage de l'*Ouvéa*. En revanche, ils vont faire une découverte étonnante : les notes de frais détaillées des superespions. En fouillant le voilier, ils saisissent, en effet, trois enveloppes sur lesquelles sont écrits, en belles lettres manuscrites : « Nouvelle-Calédonie », « Nouvelle-Zélande » et « Norfolk » ! Elles contiennent chacune des notes d'hôtels, de restaurants et de shopping ramassées dans chaque pays. Incroyable mais vrai... Une mine de renseignements pour les policiers qui n'ont plus qu'à reconstituer l'itinéraire des pseudo-« touristes ». Suivez le guide : hôtels ? « Dome Valley Roadhouse » ; pensions ? « Northland

Harbow », « Paihia Autolodge » ; « Grand Hôtel de Whangarei » ; restaurants ? Cela va de la pizzeria jusqu'au restaurant chinois « King Dragon ». Enfin, il y a la liste complète des « courses » faites par les marins, une liste passionnante : on y trouve entre autres l'achat d'une pièce pour un moteur Suzuki (900 dollars !), un câble pour le système électronique Satnav et la facture de deux vestes chaudes « Gulf star coats ». Pire, on retrouve la note d'un hôtel, le « Beach Comber » où ont couché les Turenge...

Enfin, on exhume d'autres papiers bien « intéressants ». Une lettre de l'agence Odyssée, à Paris, adressée à M. Velche, 52, rue du Chemin-Vert, et signée par le directeur de l'agence, Claude Leroy. On s'étonne que Velche ait pu recevoir cette lettre. D'après les vérifications effectuées plus tard par la police française, il n'y a pas le moindre Velche, 52, rue du Chemin-Vert à Paris, un immeuble vétuste, sans gardien, qui abrite soixante et un appartements. On saisit également plusieurs cartes de Nouvelle-Zélande et le catalogue d'une agence de voyages spécialisée, « H and H Tours ». Les cartes vont révéler plusieurs indices importants. D'abord, la région de la forêt de Topuni, où avait eu lieu le contact entre l'*Ouvéa* et les Turenge, est entourée d'un cercle. Mince indice, mais voilà plus gros : sur une autre carte marine figure, écrite à la main, une adresse à Ponson-bay, un quartier d'Auckland. C'est le premier fil qui relie les hommes de l'*Ouvéa* à la taupe infiltrée sur place pour leur préparer le terrain. L'adresse correspond en effet à la maison d'un jeune artiste peintre qui a hébergé au mois de mai une Française sympathisante de Greenpeace. Cette jeune femme, Frédérique Bonlieu, qui se disait d'origine aristocratique, se faisait passer pour une géographe et avait réussi à se faire employer bénévolement par l'organisation pour traduire leur documentation. Le peintre « naïf » explique à la police qu'il a lui-même marqué son adresse sur la carte de la gentille Frédérique. Les hommes de Galbraith déterrent ainsi la taupe et reconstituent son emploi du temps. Chargée par la D.g.s.e. de préparer la mission, son rôle on le verra a été essentiel. Elle a expédié à la centrale tous les renseignements nécessaires à l'équipe d'Auckland.

Sur la brochure de « H and H » figure un autre indice capital. Le laboratoire de la police d'Auckland y découvrira, plus tard, l'empreinte du pouce de Sophie et d'un des doigts d'Alain. La preuve absolue du lien des deux équipes. En réalité, les traces viennent de Paris, les deux agents les ont laissées en manipulant les cartes à la « Piscine ». On ne saurait penser à tout...

Heureusement pour les marins de l'*Ouvéa,* les hommes de

Galbraith n'ont pas ces renseignements immédiatement. Pour l'heure, encouragés par la découverte des notes de frais, ils fouillent le yacht millimètre par millimètre, à la recherche d'éléments plus concrets : explosifs, détonateurs, allumeurs. Chou blanc. Consciencieux, ils relèvent aussi le numéro de l'appareil électronique Savnav, permettant de faire le point avec un satellite. Les trois touristes sont photographiés sous toutes les coutures ; on relève leurs empreintes digitales mais, finalement, on ne découvre aucun élément prouvant leur participation à l'attentat. Or, le temps presse. Les trois hommes trépignent pour repartir. « Vous n'avez pas le droit de nous retenir », clament-ils. Exact ! La Nouvelle-Zélande, faute de preuves, n'a pas lancé de mandat international contre eux. Galbraith est coincé. Consulté par téléphone, il est obligé de céder. Le bateau repart vent debout, le 17 juillet. De justesse. Le surintendant affirme, aujourd'hui, qu'une analyse effectuée plus tard a révélé la présence d'explosifs à bord. Mais il n'aura jamais l'occasion d'en apporter la preuve formelle. Les trois agents reviennent de loin ; ils ont bien failli rejoindre leurs deux camarades dans les prisons néo-zélandaises. Toutes voiles dehors, ils foncent vers les îles Loyauté et la Nouvelle-Calédonie, terre française, mère patrie. Mais l'affaire s'est déjà ébruitée. A Nouméa, on sait que trois « touristes » ont été interpellés à Norfolk. De nombreux journalistes les attendent sur le quai pour les interviewer. Ça ne fait pas, on s'en doute, l'affaire de la D.g.s.e. De plus, la police française s'en mêle aussi. Avertis par leurs collègues néo-zélandais, les inspecteurs de la P.j. ont quelques questions à poser aux navigateurs. Bref, ceux-ci risquent de faire une arrivée de vedettes, mieux que la Transat.

Le cabinet du ministre de l'Intérieur, charitable, affirme qu'il a lui-même prévenu le bureau de Lacoste : « Si vos agents débarquent à Nouméa, nous allons être obligés de les interroger ! » La D.g.s.e. y avait déjà pensé. Elle met en branle les grands moyens, le grand jeu. On va effectuer ce qu'on appelle, dans le jargon de l'espionnage, une exfiltration, le *nec plus ultra* du métier. Il s'agit de récupérer en douceur des agents en danger. La manœuvre est évidemment plus délicate lorsqu'il s'agit de sortir un espion d'un pays de l'Est, que de le repêcher au milieu du Pacifique Sud. D'ailleurs, si les Russes ont suivi l'opération, ils n'ont pas dû comprendre ce qui se passait...

L'*Ouvéa* s'approche d'abord normalement de la Nouvelle-Calédonie. Le 17 juillet, Velche transmet sa position à la station côtière de Nouméa : 70 milles nautiques au nord de l'île de Norfolk. « Tout va bien à bord. » Le 18, nouvel appel : 100 nautiques nord-ouest de Norfolk : « Le yacht marche surtout au moteur. Réserve de fuel suffisante. » Soudain, le 21, l'*Ouvéa* annonce une position impossible : 30 nautiques nord-ouest de l'île des Pins. Le sloop aurait brutalement changé de direction. L'opérateur demande des précisions. Silence radio. Pourtant, le 23 juillet, un journaliste parvient à joindre Velche. Ce sera sa seule et unique interview. Un document :

— Quand arrivez-vous à Nouméa ?

— C'est suivant le temps, répond complaisamment le skipper, le 24, le 25 ou le 26.

— Où étiez-vous au moment où le *Rainbow Warrior* a explosé ? Dans le port d'Auckland ?

— Négatif, négatif, nous étions au Nord, à Whangarei. (...)

— Pourquoi Xavier Maniguet est-il parti si rapidement ?

— Il en avait marre de naviguer, c'est tout. Nous, on a fait un peu de plongée ici, en Nouvelle-Calédonie, et ensuite un peu partout.

Interruption brutale de la communication. Ensuite, plus de nouvelles, plus de trace du bateau. Disparu. Coulé ? Les journalistes — encore eux — partent les premiers à sa recherche. Le 23 juillet, deux reporters du *New-Zeland Herald* et d'une chaîne de télévision australienne louent un avion Piper pour survoler la zone. Ils emmènent avec eux le patron du Nouméa-Yacht-Club qui a loué le bateau et peut le reconnaître. Après deux heures de vol, les trois hommes reviennent bredouilles. L'*Ouvéa* a disparu corps et biens.

Les honorables correspondants de la D.g.s.e., installés dans l'île, ont récupéré le commando. Une opération relativement classique pour le service. Lors de la préparation de la mission un plan de récupération est toujours étudié. Les correspondants sur place, généralement des réservistes du service Action, sont mis sur le pied de guerre. Un code secret radio et un lieu de rendez-vous sont fixés à l'avance.

De Nouvelle-Zélande, Velche a d'ailleurs prévenu son « contact » à Nouméa qu'un retour en catastrophe était prévisible. Quand le skipper apprend, en mer, qu'un comité d'accueil l'attend en Nouvelle-Calédonie, il déclenche le plan d'urgence et lance son appel radio de secours. Hélas, pour les amateurs de thrillers, le commando n'est pas récupéré par un sous-marin atomique jaillissant de l'écume, ni par une vedette rapide fendant les flots. Mais, plus banalement, par un bateau d'un modèle particulier « immatriculé à Nouméa », qui attend les agents à la limite des eaux territoriales françaises, au large de la Nouvelle-Calédonie. Impossible de le décrire sans dénoncer son propriétaire. Les trois marins sabordent alors leur embarcation et son précieux matériel électronique. Le responsable de la grande société d'électronique qui l'a gracieusement prêté sera d'ailleurs fait, quelques mois plus tard, chevalier de la Légion d'honneur... La patrie reconnaissante.

Les agents sont ensuite discrètement débarqués la nuit, près de Nouméa. Munis de nouveaux papiers — impeccables — ils regagneront ensuite la France, en empruntant le vol régulier d'U.T.A., plus facile, plus sûr et plus confortable que les gros Transall de l'armée, qui font la navette avec la métropole. Les Français ne remplissent pas de fiches de débarquement. Ni vu ni connu.

Dès leur arrivée, ils prennent la direction du centre de Cercottes, près d'Orléans, où ils subissent un sévère *débriefing.* Mais ils ne peuvent pas révéler grand-chose. Leur mission a été parfaitement accomplie : ils ont transporté en douceur les explosifs et le matériel et les ont remis, non sans mal, aux Turenge. Ensuite, leur travail terminé, ils ont joué à la perfection — trop peut-être — leur rôle de touristes-play-boys draguant la belle autochtone.

Sans l'arrestation des Turenge, leur départ de Whangarei serait passé inaperçu et ils n'auraient pas été retenus à Norfolk. Encore heureux qu'ils aient pu s'échapper à temps et alerter les « copains » de Nouméa. Après le *débriefing,* ils seront blanchis par leur hiérarchie, mais pas tirés d'affaire pour autant. Maintenant, c'est la police et la justice française qui les recherchent. Surréaliste.

Conséquence politique, inattendue, de leur « exfiltration » : certains honorables correspondants qui les ont récupérés — sur ordre — appartiennent au R.p.c.r. local, l'antenne du parti de Jacques Chirac. Embrouillamini. Ils alertent aussitôt le maire de Paris. Et son directeur de cabinet de l'époque — un certain Robert Pandraud — préviendra, quelques jours plus tard, l'Elysée : « Pas question de faire porter le chapeau de l'opération au R.p.r. » Message reçu.

Pour l'instant, le seul qui ne soit pas content, mais pas content du tout, c'est le patron de Nouméa-Yacht-Charters qui a perdu son bateau dans l'opération. Il porte rageusement plainte auprès de la gendarmerie maritime pour « abus de confiance et vol de voilier ». Il réclame 18 millions Pacifique (990 000 francs) de dommages et intérêts pour la perte du yacht et du matériel de plongée. Les braves gendarmes de Nouméa demandent benoîtement à Paris des renseignements sur les pseudo-marins. Réembrouillamini. A la D.g.s.e. on ne sait plus où donner du képi. Les Néo-Zélandais, eux, n'ont pas perdu tout espoir. Reste la piste du bon docteur Maniguet, le quatrième homme de l'*Ouvéa,* le seul dont l'identité soit authentique. « Celui-là, pensent-ils, doit bien savoir quelque chose. » Il leur a glissé entre les doigts à Norfolk en prenant in extremis l'avion pour Sydney. Ce n'est que partie remise. Ils le font arrêter à l'aéroport australien, juste au moment où il allait s'embarquer pour Singapour. Bien que ses bagages soient déjà enregistrés, on lui annonce qu'il ne peut quitter le pays ; il doit rester à la disposition des autorités qui attendent l'arrivée des détectives de Galbraith.

Désœuvré, Xavier Maniguet prend une chambre d'hôtel, et ouvre machinalement la télévision. Rude coup : un présentateur explique que les passagers du voilier *Ouvéa* seraient mêlés à l'attentat contre le *Rainbow Warrior,* et qu'un des terroristes français serait actuellement retenu à Sydney. Le terroriste c'est lui !

« Pour me détendre, raconte alors Xavier Maniguet, je suis allé au cinéma voir *Passage to India.* » Et là, merveilleux hasard, il entend parler français juste à côté de lui. Le président des résidents français de la zone Pacifique vient, lui aussi, se détendre au cinéma. La vie est bien faite. Maniguet lui confie ses malheurs. Hélas, trop tard. La police australienne les attend à la sortie. Le docteur est embarqué par les hommes de Galbraith, enfin arrivés. Son interrogatoire dure toute la nuit, jusqu'à 6 heures du matin. Il explique qu'il n'est pour rien dans le sabotage du *Rainbow Warrior* et qu'il connaît à peine ses coéquipiers de l'*Ouvéa.* Il les a rencontrés par hasard — eux aussi — à Paris en voulant s'initier à la voile. Air connu. En revanche, il livre aux policiers des détails fort intéressants sur leur traversée, de Whangarei à Norfolk, des détails qui prouvent que l'équipage n'a pu matériellement redescendre à Auckland pour poser les bombes. L'*Ouvéa* a quitté la Nouvelle-Zélande le 9 juillet au matin — la veille de l'attentat — il a fait route pendant deux heures en compagnie d'un gros voilier à coque rouge qui se dirigeait vers l'île de Poor Knights. L'équipage a également remarqué deux baleiniers russes qui les ont suivis pendant près de huit heures, après le North Cap (l'extrémité nord de la Nouvelle-Zélande).

Pourquoi Xavier Maniguet a-t-il quitté si vite ses compagnons à Norfolk ?

— J'en avais marre de la mer et de la tempête, répond-il. De plus, mon père m'avait téléphoné en Nouvelle-Zélande pour m'annoncer qu'une de mes tantes était mourante et que je devais rentrer au plus vite.

Il ne dit pas que, le 13 juillet, il a appris à bord par la radio que le *Rainbow Warrior* avait sauté et qu'un membre de l'équipage avait trouvé la mort.

Là encore, les policiers sont obligés de le laisser repartir. Aucune preuve contre lui. Ce « naïf » peut donc enfin regagner la France. Plus tard, dès que son nom apparaîtra, il ne cessera de clamer son innocence. Innocent comme l'agneau qui vient de naître ; un agneau ancien parachutiste, commandant de réserve, médecin spécialiste des accidents de plongée qui a eu l'imprudence de s'embarquer avec des inconnus pour apprendre la voile en pleine mer, au nord de la Nouvelle-Zélande. Le destin... En tout cas, un agneau patriote qui a assumé vaillamment les conséquences de sa mésaventure. Sans trop bêler.

Une dernière « proie » va encore échapper à Galbraith. Un autre suspect, reparti pour Tahiti, va lui aussi être innocenté. Le surintendant n'a décidément pas de chance. Preuve que l'opération n'était pas si mal montée que ça. Il s'agit du fameux François « Verlon », qui était monté à bord du *Rainbow Warrior* le soir de l'attentat. Il avait, on s'en souvient, quitté le bateau deux heures avant l'explosion pour s'envoler vers Tahiti. Les écologistes avaient relevé le nom de ce curieux sympathisant. Persuadé qu'il était mêlé à l'opération, Galbraith, toujours actif, transmet aussitôt une demande de recherche à la police de Papeete. Le patron de la sécurité publique de l'île, le commissaire Bennafessa, est bien embêté. La police des frontières retrouve sans difficulté une fiche au nom de François Régis Verlet — et non Verlon — né le 2 décembre 1958 à Caen. Mais sous quel motif l'appréhender ? Verlet est en villégiature dans la somptueuse île de Moorea, à côté de Tahiti. Le commissaire va le rencontrer en marchant sur des gros œufs : « Vous êtes naturellement libre de répondre à mes questions... » annonce-t-il. Le jeune homme, qui se dit programmeur dans une grosse société pétrolière française installée à Singapour, se prête aimablement au jeu. Sa société, très connue, a été rachetée par Elf Aquitaine en janvier 1981. Elle ne répugne pas, dit-on, à prêter parfois main-forte aux services spéciaux français. Le jeune « informaticien » paraît très à l'aise. Il bénéficie, dit-il, de longs congés qui lui permettent de voyager. Il est passé par la Nouvelle-Zélande et il a rencontré les gens de Greenpeace. Il a d'ailleurs appris la triste mésaventure survenue au *Rainbow Warrior* et n'a évidemment rien à voir avec ce lâche attentat. Il compte rester encore plusieurs semaines en Polynésie pour se livrer à son passe-temps favori, la photographie sous-marine, et ne voit aucun inconvénient à recevoir les détectives néo-zélandais.

Les hommes de Galbraith accourent et le pressent de questions. En vain. François Régis Verlet, décidément très complaisant, se laisse photographier et accepte qu'on relève ses empreintes. Les détectives retournent à Auckland sans avoir fait avancer d'un pouce leur enquête.

Aujourd'hui, François Régis Verlet a quitté son entreprise. A Singapour, on est sans nouvelles de lui : parti pour les Etats-Unis répond-on. Personne ne connaît sa nouvelle adresse. Au siège social de la société, avenue Victor-Hugo à Paris, on n'a plus aucune nouvelle de lui. La secrétaire du président, seule, connaît apparemment son existence. Elle promet de faire des recherches...

A Auckland, Galbraith tire toujours sa grosse pelote de fils. Les détectives découvrent une piste « sensationnelle » : le magasin où le Zodiac a été acheté par la D.g.s.e. Un joli coup !

Dès l'arrestation des Turenge, les détectives recherchent l'origine du Zodiac et de son moteur, récupéré dans les eaux de la baie. Un pêcheur a entendu le bruit lorsque l'agent l'a détaché du Zodiac. Les pêcheurs d'Auckland auront décidément été une calamité pour la D.g.s.e. Ce petit moteur Yamaha de 4 cv a été acheté, d'après son numéro de série, en 1982, par un pêcheur anglais de l'Essex. Scotland Yard frappe à sa porte. Le pêcheur l'a revendu, peu après, à un grand magasin de Londres, Barnet Marine, grand spécialiste de matériel maritime : trois vitrines sur Greenhill Parade. C'est également le fournisseur attitré de Greenpeace. Une référence pour la D.g.s.e.

Le propriétaire du magasin, David Keith Champan, et son vendeur, Christopher Jones, se souviennent parfaitement de l'acheteur du moteur qui a pris également un gros Zodiac. Il a laissé un souvenir impérissable.

Le 29 mai, un jeune homme qui se présentait comme l'animateur d'un club de plongée belge entrait dans le magasin à la recherche d'un moteur d'occasion et d'un gros dinghy. Le plongeur belge passe plus d'une heure à comparer les bateaux avant de porter son choix sur un gros Zodiac de type MK II et un petit moteur Yamaha. La discussion avec le vendeur est difficile ; l'acheteur ne parle pas un traître mot — c'est le cas de le dire — d'anglais. Heureusement Christopher Jones, l'employé, comprend un peu le français. Il se demande bien pourquoi ce soi-disant Belge a traversé la mer du Nord pour acquérir un Zodiac et un vieux moteur Yamaha. Mais ce n'est pas son affaire. De plus, le curieux client est très tatillon. Il exige qu'on gonfle devant lui, dans l'arrière-cour, le Zodiac pour être sûr qu'il correspond au modèle exposé. Un maniaque ! On lui fait la démonstration, puis on plie à nouveau le dinghy dans un volumineux sac bleu pesant 70 kilos. Il donne alors son nom : Eric Andreine, et une adresse, boulevard Lambermont à Bruxelles. Un nom qui fera sursauter les enquêteurs néo-zélandais. Eric Andreine ! L'un des hommes de l'*Ouvéa* ne s'appelait-il pas Eric Audrenc ?

L'homme verse 140 livres en billets neufs — très discret — et réclame ensuite qu'on lui appelle un taxi. Trois coups de fil suffisent aux enquêteurs du « Yard » pour retrouver le chauffeur du « cab »

Morris bleu, John Hefleman, qui a transporté Andreine. Le chauffeur se souvient parfaitement de ce drôle de client avec ses gros paquets « Je l'ai déposé, dit-il, à un petit hôtel de Cromwell Road, le Vanderbilt. Il a fallu l'aider à porter ses colis. »

Les employés de l'hôtel s'en souviennent aussi. Il avait réservé sa chambre depuis l'aéroport d'Heathrow. Oui, il arrivait de Paris. D'ailleurs, il parlait à peine anglais. Il a donné deux coups de fil en France.

Ce Zodiac a bien été acheté par « nos » gens, et c'est bien celui qui a servi à Auckland. Les agents de la D.g.s.e. voulaient utiliser un bateau qu'ils connaissaient bien. Comme il était impossible de se servir d'un Zodiac militaire, ils sont allés acheter le même modèle à Londres. La vérité est « cruelle », mais c'est la vérité.

Une autre découverte des Néo-Zélandais inquiète plus la « Piscine », celle-là plus difficilement explicable. Les plongeurs de la police n'ont pas repêché qu'un moteur dans la baie d'Hobson, ils ont également ressorti, le 16 juillet, une petite bouteille d'air comprimé, c'est-à-dire un petit accessoire attaché à une veste de sauvetage qu'on appelle « Fenzy » et qui permet de la gonfler en cas de danger ; la bouteille laisse échapper le gaz qui rend la veste insubmersible. Les nageurs de combat s'en servent également pour confectionner un appareil de plongée à l'oxygène pur. Une deuxième bouteille identique sera retrouvée, quelques jours plus tard, par un technicien militaire, échouée sur une petite île de la baie Pollen Island. Ces appareils ne sont utilisés, en général, que par l'armée et par des plongeurs professionnels. Ces deux-là portent cette mention à peine croyable : « Compagnie française des produits oxygène. Fenzy Paris. » Il ne manque que la carte de visite de la D.g.s.e. Comme l'écrit l'auteur du rapport technique — humour anglo-saxon ? — « cette indication paraît démontrer qu'il s'agit de matériel français ». Comment ces deux bouteilles ont-elles pu s'échouer dans la baie ? L'un des agents a commis, on le verra, une grosse faute technique.

Le 23 juillet, les hommes de Galbraith débarquent en force à la prison du Mount-Eden, pour soumettre Alain et Sophie Turenge à une nouvelle série de questions. Ils veulent recouper quelques informations qu'ils ont glanées. Les détectives vont être déçus.

— Vous avez été vue, disent-ils à Sophie, le 7 juillet en compagnie d'un homme sur le quai où était amarré le *Rainbow Warrior*. Vous avez même demandé à un vigile où se trouvait le navire. Confirmez-vous cette date ?

Pas de réponse.

— Avez-vous loué un bateau à Auckland ?

Pas de réponse.

— Vous avez demandé, au « Beach Comber motel » de Pahia, la facture de votre chambre d'hôtel d'une valeur de 116 dollars. Qu'est-ce que vous vouliez faire de ce reçu ?

Pas de réponse.

— Aucune de vos déclarations n'a été, jusqu'ici, confirmée par les autorités françaises. Voulez-vous enfin dire la vérité ?

Pas de réponse.

— Vous vous trouviez, le 10 juillet, dans le sud d'Auckland. Où avez-vous couché ce soir-là ?

Pas de réponse.

— Vous avez voulu louer du matériel de plongée, le 22 juin, à une boutique de camping, 483, Queen Street ?

Pas de réponse.

— Que faisiez-vous à l'aéroport d'Auckland le 8 juillet ?

Une question intéressante, qui révèle un détail ignoré de l'enquête. Le 8 juillet une infirmière néo-zélandaise, qui partait pour Israël, a remarqué deux hommes et une femme en grande conversation dans le hall de l'aéroport. La jeune femme, très nerveuse, fumait sans arrêt et l'un des hommes, le plus âgé, donnait des ordres aux autres. Il leur aurait même remis un rouleau de dollars. L'infirmière, venue spontanément témoigner à la police, reconnaît les photos d'Alain et de Sophie. Un témoignage contesté. Les Turenge nient absolument.

— Connaissez-vous Velche, Berthelo, Audrenc et Maniguet ?

Pas de réponse.

— Vous et votre femme avez été reconnus dans un parking près de la ville de Wellsford, à proximité de la forêt de Topuni. Vous parliez avec deux passagers d'une voiture Holden Commodore.

Les policiers « arrangent » un peu la vérité, l'ouvrier forestier n'a pas « vu » les Turenge en contact avec les occupants de la Commodore. Pas de réponse.

— Au poste central de la police, on a surpris cette conversation entre vous : « Je me demande comment ils vont faire pour payer Berthelo. »

Autre intox ou simple malentendu. Les policiers croyaient peut-être encore avoir affaire à des mercenaires. Pas de réponse.

— Vous avez appelé à plusieurs reprises, depuis la Nouvelle-Zélande, le 884.68.79 à Paris. Ce numéro correspond à un certain Jacques Verouin, qui habite 11-13, rue Faidherbe, au Pré-Saint-Gervais. Ce numéro est attribué à ce nouvel abonné depuis le 1er juillet 1985. Qui est Verouin ?

Pas de réponse.

Enfin, la dernière question, la plus intéressante.

— Nous savons que la jeune femme qui se faisait appeler Frédérique Bonlieu est une complice à vous. Elle est venue pour espionner Greenpeace. Elle s'intéressait aux conditions de location de bateaux. Deux amis à elle devaient venir d'Europe pour « visiter » la Nouvelle-Zélande. Connaissez-vous cette femme ?

Pas de réponse.

Les hommes de Galbraith ont bien déterré la taupe, mais ils ignorent encore son véritable nom. La police française va le livrer un peu plus tard.

— Vous ne voulez vraiment pas répondre ? Tant pis pour vous.

Les détectives repartent, furieux. Le lendemain, les Turenge sont déférés devant la District Court. Leur avocat français, Me Derouin, débarque enfin de Paris. Les Turenge l'accueillent comme le messie ; ils espèrent encore que tout va s'arranger. Malheureusement l'avocat ne peut guère les rassurer. Les consignes de la « maison » sont contradictoires : d'un côté, on s'apprête à livrer leurs vrais noms, de l'autre, on envisage de les faire disparaître des listes de la D.g.s.e. L'avocat, lui, ne sait même pas le véritable nom de ses clients — il ne l'a pas demandé. De toute façon, pour les Néo-Zélandais il ne représente en aucun cas le gouvernement français. « Surtout pas ! »

Une seule certitude, qu'il leur transmet : la France n'a engagé aucune négociation secrète avec Wellington ; il faut aller jusqu'au procès et plaider l'innocence ; la police ne pourra rien prouver. Un accord aurait dû intervenir entre « pays amis ». C'est la coutume. Or, les voilà livrés à la justice néo-zélandaise. Coincés dans cette prison, à l'autre bout du monde et peut-être rayés de l'armée. Du coup, ils se sentent encore plus abandonnés, lâchés par Paris. L'audience du tribunal les assomme définitivement : le juge Gilbert les inculpe d'incendie et de destruction volontaire (peine passible de quatorze ans de prison), d'association de malfaiteurs (quatorze ans) et enfin, le plus grave, de meurtre (détention à perpétuité). La note est salée. Pas de liberté provisoire. Prochaine audience, où l'on fixera le calendrier de la procédure, 14 août. Fermez le banc. En cellule, avec la perspective d'y passer vingt ans.

Alain, enfermé dans le silence, ne bronche pas. Mais Sophie, plus sensible, accuse le coup. Les traits tirés, elle prend soudain conscience qu'elle risque vraiment la prison perpétuelle. Pour la première fois, elle répète cette phrase obsédante qui reviendra ensuite comme un leitmotiv :

— Nous serons encore là pour Noël...

Le lendemain, l'avocat peut enfin les rencontrer longuement, au parloir de la prison, une pièce nue avec un mur vitré, une table en formica et deux chaises. Alain lui apparaît en bonne forme physique, vêtu d'un survêtement, d'un pull ras du cou et chaussé de tennis. Me Derouin lui remet un transistor et plusieurs livres dont *Le Diable en rit encore* de Régine Desforges. Il lui apporte aussi le soutien de sa famille et des « copains » de la « maison ». Il examine surtout avec lui le dossier des charges : les quarante-cinq minutes passent trop vite. En partant, Alain réclame une cornemuse pour apprendre à jouer, et des livres. Il désire la biographie de Joseph Kessel ainsi que les œuvres complètes de Victor Hugo. Une occasion unique de les lire, plaisante-t-il.

En passant au quartier des femmes, Me Derouin découvre Sophie beaucoup plus anxieuse. Elle se plaint qu'on n'ait rien fait pour les sortir de là. Elle voudrait surtout savoir si la « maison » les a « lâchés » ou non. Elle réclame des renseignements sur sa situation militaire, pour « tester les réponses ». Et puis, elle s'est aperçue qu'on pouvait sans difficulté l'appeler au téléphone depuis Paris. La loi anglo-saxonne est beaucoup plus souple à cet égard que les règlements pénitentiaires français. Plusieurs copains sont parvenus à la joindre pour lui remonter le moral. Dans cette situation terrible d'isolement, elle n'a confiance qu'en une seule personne, pour savoir ce qui se passe : son mari. Elle veut l'entendre. Il faut qu'il appelle. Sinon, elle prendra l'initiative. Aucun problème, puisqu'on doit révéler son identité. « Les conditions de détention sont très dures », confie-t-elle. Elle doit dormir en permanence avec une veilleuse, comme dans les quartiers des condamnés à mort. Elle demande, elle aussi, des livres, classiques et modernes : Chateaubriand, Marcel Aymé, Albert Camus. Pas de trop gros bouquins. Par superstition. Elle a acheté de la laine et, pour s'occuper, tricote un chandail. Me Derouin repart le soir même, la dernière vision qu'il emporte de Sophie étant ses yeux embués de larmes derrière ses grosses lunettes.

— Je pleure, dit-elle, mais je tiendrai, vous savez... Seulement, il faut que mon mari m'appelle, ça m'aidera.

Chaque jour elle attend cet appel. En vain. Sophie, dans sa prison, broie du noir. Elle sait que son mari, militaire lui aussi, doit déménager le 31 juillet. Il doit quitter l'appartement de fonction de sa caserne. Après cette date, elle ne pourra plus le joindre. Alors, elle attend le dernier jour. Et le 31, n'y tenant plus, elle demande à appeler sa famille en France. Pour entendre sa voix, faire le point et se prouver qu'elle existe encore pour quelqu'un. Les détectives sautent sur l'occasion. Le numéro est très soigneusement noté La sonnerie résonne dans un grand appartement au dernier étage de la caserne des sapeurs-pompiers de la rue du Vieux-Colombier, au cœur du quartier Latin. A Paris, les pompiers appartiennent à l'armée, et son vrai mari, le capitaine du train Joël Prieur, ancien saint-cyrien, assure le commandement de cette caserne. Joël Prieur n'est pas totalement pris au dépourvu. Depuis plusieurs jours, il sait que sa femme est arrêtée. Mais il l'a appris par hasard. Les activités clandestines de Sophie, capitaine à la D.g.s.e., l'ont conduit à conclure une sorte de pacte avec elle. Il ne lui demande jamais où elle part en mission. Début juillet, il ignorait qu'elle « baroudait » en Nouvelle-Zélande. Mais le 15, ouvrant la télévision en battant des œufs pour se faire une omelette, il a vu apparaître le visage de Sophie sur l'écran : « Voici les deux touristes suisses arrêtés à Auckland, soupçonnés d'avoir participé à l'attentat contre le *Rainbow Warrior.* » Joël Prieur a eu juste le temps de poser sa poêle — il n'avait plus faim — que le ministère de la Défense l'appelait pour lui annoncer la mauvaise nouvelle.

— Je sais, répondit sobrement le capitaine.

Quinze jours plus tard, l'appel de sa femme ne l'étonne donc pas. Au contraire, il est ravi d'avoir de ses nouvelles. Pourtant, cet appel va provoquer une tornade politique à Paris en dévoilant définitivement le pot aux roses : Sophie Turenge appartient bel et bien à la D.g.s.e. Les policiers français en avaient l'intime conviction, ils en ont maintenant la preuve. Un samedi soir, ils vont même chercher Joël Prieur à la gare de Lyon, alors qu'il est allé rassurer sa belle-mère en province. Ils l'entendent jusqu'à 23 heures. La hiérarchie du capitaine a donné son accord et l'officier dûment mandaté confirme que sa femme appartient à l'armée française. C'est alors que la machine policière s'emballe. Le ministère de l'Intérieur poursuit l'enquête comme si de rien n'était. Les hommes de la P.j., parfois réticents, ont l'ordre de retrouver la trace et d'identifier des militaires français en mission à l'étranger. Une grande première dans l'histoire de la République. L'affaire Dreyfus à l'envers.

Chapeau melon contre pieds palmés

« C'est l'histoire du Petit Poucet que vous me racontez là, s'exclame un membre du cabinet de Pierre Joxe au commissaire qui lui raconte l'histoire. Ce n'est pas possible qu'ils aient laissé tant de traces, ils l'ont fait exprès. » Trop c'est trop, à force de collectionner les fausses barbes, les policiers se posent des questions : « Et si c'était une machination pour accuser les services français ? »

Malheureusement, ils se rendent vite à l'évidence. La D.g.s.e. a bien monté ce coup « fumant ». Tout l'accable. « Nous savions, expliquent aujourd'hui les enquêteurs, que les Turenge étaient piégés. Ils ne pouvaient pas s'en sortir, les preuves étaient trop nombreuses. Alors, nous avons essayé de gagner du temps, d'éviter le pire. »

A ce moment-là, le pouvoir peut encore choisir. Le Président Mitterrand a toutes les cartes en main. Ou il brise net les ponts avec Auckland et refuse de répondre aux Néo-Zélandais — c'est une sorte d'aveu, mais il est possible de l'assortir de négociations diplomatiques ; ou bien, il continue de nier et les Turenge vont s'enfoncer. Dans ce cas, la France est obligée de coopérer, c'est la règle entre pays démocratiques.

Le Président, probablement rassuré par Charles Hernu qui lui affirme que les agents ne risquent rien, laisse les mains libres à la police. « Aucun danger, a promis en substance le ministre de la Défense. La D.g.s.e. a verrouillé l'affaire et les agents n'avoueront jamais. » Bel optimisme pour camoufler une belle bavure.

La P.j., inconsciente de l'arrière-fond politique de l'affaire, continue immuablement son enquête sur la D.g.s.e. Les deux « maisons » sont toujours en contact. Le contrôleur général François Le Mouël, qui coordonne l'affaire, reste en relation avec le patron du contre-espionnage, le colonel Moreau. Il suit les dossiers terroristes de la D.g.s.e. et participe, à ce titre, aux séances du B.l.a.t. (Bureau de liaison antiterroriste).

A l'occasion de ces réunions, les policiers attirent l'attention du colonel : « Attention, nous allons entreprendre une recherche dans tel secteur. » A la D.g.s.e., on reste de marbre. On affiche la confiance tranquille : « Cherchez, cherchez, vous ne trouverez rien, ce n'est pas nous. » Manque de chance, les policiers trouvent à chaque fois. Eternelle guéguerre des services. Les enquêteurs détournent même la première torpille, destinée aux Turenge. Lorsque la P.j. reçoit l'un des numéros en liste rouge (le 884.68.79 : Tonton Emile), elle s'aperçoit, on l'a vu, que l'abonné a été changé en catastrophe, le propriétaire de la ligne, Jacques Verouin, n'a jamais existé. Une pure fiction.

Un chef de service des P.t.t. avoue ingénument aux policiers qu'il s'agissait d'un ancien numéro militaire. « Le ministère de la Défense… mais chut ! » On frôle la comédie policière. Ce renseignement accablant pour les Turenge et pour la « Piscine », la police ne le communique quand même pas aux Néo-Zélandais. Le 25 juillet,

Auckland réclame l'identification du numéro. Paris répond qu'il s agit d'un certain Jacques Verouin, représentant de commerce. Pieux mensonge. Malheureusement, la P.j. ne va pas s'en tenir là. Très vite, elle sera amenée à fournir d'autres renseignements, bien vrais ceux-là. La D.g.s.e., on l'imagine, ne comprend pas cette attitude ; elle sous-estime en permanence la réalité judiciaire. Dans le monde clos de l'espionnage, la vérité paraît à géométrie variable, affaire d'intox, de manipulation et de désinformation. La P.j., elle, patauge dans le réel ; elle écarte chaque jour le rideau. Les deux logiques sont inconciliables. Mais le contre-espionnage a quelques raisons d'être effrayé. « Nous ne nous attendions pas à être trahis par l'Intérieur, constate amèrement l'un de ses responsables. Une telle enquête paraissait délirante. » C'est la situation qui est délirante : deux services de l'Etat, opposés par le pouvoir, se combattent.

Le 13 juillet, Auckland communique les pseudo-identités des « touristes » de l'*Ouvéa.* Pour vérification. Tous les noms sont faux, bien sûr. Certains détails font néanmoins sursauter les enquêteurs. Le numéro de passeport d'un des marins correspond à celui d'un gendarme de la garde républicaine. Un copain... Les deux permis de conduire internationaux des Turenge ont été obtenus le plus officiellement du monde par la préfecture de police. Et il n'est pas difficile de prouver que les demandeurs ont une fausse identité. Ce dernier point mettra en rage les responsables de la « Piscine » : « A la préfecture, au moins, on espérait que les secrets étaient bien gardés. » Tout fout le camp.

Autre anecdote. Le couple possédait un appareil photo très perfectionné. Les Néo-Zélandais communiquent son numéro de série. Il a été acheté à la Fnac des Halles par deux hommes qui ont laissé leur nom et leur adresse sur le bon de garantie. Les noms sont bidons et l'adresse correspond à un immeuble détruit dans un incendie. La marque de fabrique du Service Action. En renflouant le *Rainbow Warrior,* les détectives « kiwis » découvrent l'étrier qui a servi à fixer la bombe sous le gouvernail. C'est un outil français, acheté à Paris. Ce ne sont plus des traces, ce sont des aveux, ironisent les policiers français. En Nouvelle-Calédonie, les enquêteurs envoyés en mission ramènent aussi quelques jolies perles dans leurs filets. La plus rare : lorsque Velche est allé chercher, en juin, l'*Ouvéa,* il est descendu avec ses coéquipiers au « Nouméa Beach Hôtel ». De là, il a appelé plusieurs fois Paris. A qui téléphonait-il ? Aucun suspense : le 848.86.66 est le numéro protégé du fort militaire de Romainville, près de Paris, l'une des annexes de la « Piscine ». Les policiers trouvent trop facilement. Mais là encore, comme disait Jacques Brel, « on n'apprend pas à se méfier de tout ».

Malgré tout, le commissaire Emmanuel Farrugia de la P.j., qui enquête aux antipodes, freine des quatre fers ; il garde pour sa maison ses principales trouvailles. En réalité, tout le réseau polynésien de la D.g.s.e. sera mis à jour par la police. Mais aucune de ces informations ne transpirera en Nouvelle-Zélande. Solidarité professionnelle et, quand même, patriotisme.

Deux des correspondants que Velche a appelés de Nouvelle-Zélande sont retrouvés à Nouméa : Jean Pelissier et Didier Leroux, le propriétaire de l'*Ouvéa* qui a loué son yacht et le jeune président de la Fédération patronale de Nouvelle-Calédonie. Jean Pelissier, directeur de Nouméa-Yacht-Charters, reconnaît volontiers que le skipper l'a contacté le 28 juin. Un étrange appel. « Il m'a expliqué, dit-il, que l'équipage ne s'entendait plus et que Maniguet souhaitait rentrer en avion. Il voulait savoir si on pouvait récupérer le sloop à Whangarei. » « Impossible, répondit Pelissier, je n'ai personne sous la main. »

Didier Leroux, qui est une personnalité importante et très influente dans l'île, raconte qu'il connaît Velche depuis longtemps. « Je l'ai rencontré, dit-il, au Grand Pavois de La Rochelle, une régate très courue. Il venait prendre livraison d'un voilier. » Les deux hommes ont sympathisé. Velche s'est présenté, paraît-il, comme un skipper professionnel, spécialisé dans les charters, notamment aux Antilles. Didier Leroux lui a remis sa carte de visite : « Si vous passez par la Nouvelle-Calédonie... » En avril 1985, Velche l'a appelé de Paris : « Connaissez-vous un établissement susceptible de louer un bateau pour une croisière dans le Pacifique ? » Le jeune patron lui a indiqué Nouméa-Yacht-Charters qui possède deux bâtiments de 11 mètres. C'est ainsi que le voilier sera réservé par une agence « spécialisée », l'agence Odyssée.

Quand le pseudo-skipper débarque, en juin, prendre livraison du yacht, il appelle Didier Leroux pour lui dire bonjour. Celui-ci se trouve en Australie. On retrouvera la trace de son appel au secrétariat du jeune patron. Une quinzaine de jours plus tard, Velche lui téléphone de Nouvelle-Zélande, en pleine nuit. Il lui fait apparemment la même demande qu'à Jean Pelissier. Mais cette fois, le temps presse. « Connaissez-vous un équipage qui pourrait ramener l'*Ouvéa* en Nouvelle-Calédonie ? » Une curieuse requête, décidément. Velche veut éviter un retour en fanfare à Nouméa. Il lance aussi un message au secours destiné à une autre personne : « Venez vite nous récupérer. » D'après ses déclarations à la police, le jeune patron n'a pas compris. Il a simplement répondu à Velche que c'était impossible et il s'est rendormi sur ses deux oreilles. Les enquêteurs n'insistent pas.

Le message, en tout cas, est bien passé quelque part puisque les agents ont été « exfiltrés » le 23 juillet, au large des côtes calédoniennes, par un autre bateau « ami ». Les chemins des espions, comme ceux du Seigneur, sont impénétrables.

Et l'enquête continue. De plus en plus fort. A Paris, certains policiers, conscients du risque, tentent, eux aussi, d'arrêter la machine. Mais c'est impossible sans ordre politique, elle avance toute seule. Les télex d'Auckland s'accumulent. Et Galbraith teste astucieusement la bonne volonté française ; il envoie des demandes dont il connaît la réponse. Pour voir... Du coup, Paris se croit obligé de dire un peu plus la vérité. Les lignes chauffent entre les deux pays. A tel point que le 25 juillet Interpol se retire de l'affaire sur la pointe des pieds. « Inutile de passer par nous, dit l'organisation, les liaisons bilatérales entre la Nouvelle-Zélande et la France suffisent largement. Plus besoin de nos antennes. » En clair : réglez vos histoires en famille, nous ne voulons plus servir d'intermédiaires.

Les informations continuent de pleuvoir des deux côtés. Auckland communique les caractéristiques de l'appareil électronique de mise au point par satellite dont l'*Ouvéa* était équipé, un Satnav 601 S. Et revoilà les moustaches qui pointent à l'horizon. L'appareil a été acheté à une entreprise spécialisée de Port-Grimaud, « Grimaud Marine Electronique », pour le compte d'une société d'Orléans travaillant pour l'armée. Elle est installée non loin de Cercottes, le centre d'entraînement de la D.g.s.e. Cette fois il s'agit d'une confusion. Celui qui équipait le voilier avait été prêté gracieusement par la société Thomson. Celui dont les policiers ont retrouvé la trace a servi pour une autre mission.

A la P.j., certains ouvrent les aérofreins en grand. Pas question d'aller perquisitionner à Port-Grimaud ou à Orléans. Ils ne proposent pas, non plus, d'aller visiter le Centre d'entraînement des nageurs de combat de Corse (Cinc), installé à Aspretto, près d'Ajaccio. Le nom de cette unité qui travaille pour la D.g.s.e. leur siffle en permanence aux oreilles. Tous les agents qui ont participé à l'opération, on le verra, viennent de là. Mais motus et bouche cousue.

Les hommes de l'Intérieur finissent par se dire, naïvement : « Si on nous laisse ainsi la bride sur le cou, c'est qu'il existe une raison supérieure. Un intérêt caché de l'Etat qui nous échappe. Sinon, on nous arrêterait. » Pas du tout, en réalité, c'est l'appareil d'Etat lui-même qui cafouille, qui a des ratés.

Durant cette période chaude, Pierre Joxe voit régulièrement Charles Hernu. Ils se rencontrent même une fois en présence de l'amiral Lacoste. Selon le ministre de l'Intérieur, les deux hommes nient farouchement : « Nous n'avons jamais coulé ce bateau. »

L'entourage de Joxe le voit revenir tout « regonflé », persuadé de leur innocence. Et pourtant, chaque jour, sa police lui apporte des confirmations nouvelles. Invraisemblable époque. Et Joxe, indécis, laisse ses hommes continuer : « Cherchez encore. Mais attention. » Depuis peu, l'Intérieur est enfin appuyé par la Justice.

La commission rogatoire internationale arrive d'Auckland le 31 juillet. Désormais, tous les messages suivront la voie officielle. Un circuit très compliqué. Les questions transitent par le Quai d'Orsay, le Parquet de Paris, le doyen des juges d'instruction chargé de l'affaire. Elles arrivent en fin de course dûment photocopiées et rephotocopiées entre les mains des policiers de la P.j. qui répondent par le même circuit. La justice, néanmoins, apparaît très peu dans l'affaire Greenpeace. Une discrétion exemplaire. Plusieurs réunions se sont pourtant tenues à la Chancellerie pour régler l'épineux problème des éventuelles poursuites en France. En effet, si les hommes de l'*Ouvéa* sont identifiés et, pourquoi pas, arrêtés, faudra-t-il les traduire devant un tribunal français ? « Absurde », rétorque-t-on place Vendôme. De toute façon, sauf en cas de crimes contre l'humanité, les militaires ne peuvent pas être poursuivis pour avoir obéi à des ordres. Le garde des Sceaux, Robert Badinter, pense que l'affaire est plus politique que judiciaire. Il évitera soigneusement que la justice n'y laisse des plumes ; elle en sortira blanche comme l'hermine. Un bon point pour l'habile garde des Sceaux qui désapprouve pourtant formellement, d'un point de vue moral, l'affaire Greenpeace.

En soute, les policiers travaillent toujours. Car voici la dernière révélation, le bouquet final. La P.j. découvre, grâce aux numéros communiqués par les « Kiwis », que la « taupe » Frédérique Bonlieu a appelé trois fois la France lors de son séjour à Auckland. Elle a téléphoné à une amie officier, casernée à Besançon (Doubs). Elle a utilisé un autre numéro secret de la D.g.s.e., le 549.12.86. Ça n'étonne plus les enquêteurs désormais blasés ! Mais, encore plus imprudent, elle a appelé sa mère qui réside à Pau, dans les Pyrénées-Atlantiques. Frédérique Bonlieu est démasquée. Elle s'appelle en réalité Christine Cabon ; sa mère Odile habite avenue de la Résistance. La P.j. expédie aussitôt une petite troupe d'inspecteurs frapper à la porte de sa mère et de sa sœur, Annie, qui est mariée à un médecin. Christine vient-elle souvent à Pau, demandent-ils ? De quand date sa dernière visite ? Les étapes de sa carrière militaire ? Avant de partir, ils lancent : « Frédérique Bonlieu, ça ne vous dit rien ? » « Non », répondent en chœur les membres de sa famille qui n'y comprennent rien. Mais le couffin des enquêteurs est archiplein.

Christine Cabon, alias Frédérique Bonlieu, est militaire, si l'on peut dire, de grand-père en fille. Son grand-père servait dans l'armée, son père était capitaine de corvette et son frère, breveté pilote d'hélicoptère. Cette jeune femme, solide, intelligente et pleine d'énergie, née à Fublaines (Seine-et-Marne), avait pourtant tenté d'échapper à la vocation familiale. Après des études sans histoire chez les sœurs, puis au lycée Marguerite-de-Navarre à Pau, elle s'est inscrite à la fac de lettres, a préparé un diplôme de français et suivi les cours de licence de géographie. Manifestant également une véritable passion pour l'archéologie, une spécialité qui lui fournira plus tard une couverture idéale, elle a suivi, en auditeur libre, des cours sur la préhistoire d'un maître de recherche au C.n.r.s., Georges Laplace. Il lui a confié la responsabilité d'un chantier de fouilles à Arudy, dans la vallée de l'Ossan, en 1977. Elle lui a parlé alors de son désir de s'engager dans l'armée. « Elle avait besoin de gagner sa vie, expliquera le professeur au *Journal du Dimanche ;* son père était décédé et elle ne vivait que de son traitement de maître auxiliaire. Elle espérait être géographe au ministère de la Défense. » La D.g.s.e. va lui ouvrir d'autres horizons.

Au moment de l'affaire Greenpeace, à 34 ans, elle vient de passer capitaine et parcourt le monde camouflée en géologue. La récolte d'informations de Pau est excellente. Le 1er août exactement, à la surprise de certains policiers, un télex de l'Intérieur livre aux Néo-Zélandais le véritable nom de Christine Cabon et son grade exact. Pourquoi cette précipitation et cette violation du secret défense ? « Au stade où en étaient les choses, ripostent-ils, ce n'était plus possible de le dissimuler. » Pas sûr ! De toute façon, les autorités seront mal placées ensuite pour s'indigner des « fuites » dans la presse. Dans cette affaire, la place Beauvau a largement donné l'exemple en informant Auckland. Un peu plus tard, Paris récidive en livrant le véritable nom de Sophie Turenge, Dominique Prieur. Ce nom-là, les détectives de Galbraith risquent de le découvrir tout seuls, puisqu'ils débarquent en France pour enquêter. Dans cette affaire, on marche décidément sur la tête.

Le surintendant, galant, envoie d'abord une jeune femme, Cushla Watson, qui se rend à Lyon vérifier les passeports des Turenge au consulat de Suisse. Elle est rapidement suivie par trois enquêteurs : Bert White, Lex Dinby et Mick Hall. Toujours piégé par le « droit international » et le mensonge officiel — « ce n'est pas nous ! » — Paris doit les accueillir « amicalement ».

Les Français espèrent au moins leur arracher, au passage, quelques confidences. Ils leur font faire la tournée des grands-ducs et ramassent ainsi quelques miettes d'enquête. Par exemple, on a relevé sur l'*Ouvéa* des traces de peinture provenant du moteur du Zodiac abandonné à Hobson Bay. Un indice qui établit la liaison entre les gens de l'*Ouvéa* et les saboteurs. Mais ça, les policiers le savaient depuis belle lurette. Ils s'aperçoivent aussi, au gré des conversations, que Galbraith bluffe beaucoup. Son fameux dossier superexplosif fait souvent long feu. Les vraies preuves sont rares.

La « collaboration » réserve aussi quelques surprises. Les Néo-Zélandais ne peuvent entendre les « témoins » qu'en présence de policiers français. Ils voudraient, par exemple, rencontrer le Dr Maniguet. La P.j. l'a déjà interviewé, mais elle veut bien faire plaisir à ses hôtes. On perquisitionne chez le bon docteur, puis on le convoque place Beauvau. Avant de l'entendre, les « Kiwis » se mettent d'accord avec les Français sur les questions à poser. C'est la coutume. On prépare un « questionnaire ». Xavier Maniguet arrive. Le dialogue s'engage bien. Tout à coup, les détectives se mettent à déraper. Ils lancent des questions non prévues, portant sur des faits nouveaux. « *No fair play* », s'écrient les Français. La P.j. arrête immédiatement l'interrogatoire. Elle renvoie Maniguet à sa Normandie natale et les chers collègues à leur hôtel parisien. La comédie continue. Mais voici que d'autres acteurs, plus importants, entrent en scène : les premiers rôles politiques.

LE GRAND DÉBALLAGE

N'avouez jamais

L'explosion du *Rainbow Warrior* a secoué de nombreux Etats dans le monde, et puisque aucune négociation souterraine n'est engagée par la France pour se justifier, de nombreux responsables étrangers « au parfum » se manifestent pour obtenir des explications. La plupart se contentent d'explications feutrées, confiées dans les salons des chancelleries. Mais il en est un qui va taper sur la table. Il est concerné au premier chef, c'est le bouillant Premier ministre de Nouvelle-Zélande, David Lange. S'étonnant de ne rien voir venir — encore une occasion manquée — il donne le coup d'envoi politique de l'affaire. Les Français, qui ne le connaissent pas encore, vont découvrir ce personnage turbulent, haut en couleur, capable de changer d'avis comme de « *shirt* », et de proclamer la même semaine, selon son intérêt, une chose et son contraire. Cet habile politicien, un peu agité, aime faire souffler le chaud et le froid. Il refuse de se laisser enfermer dans une stratégie trop rigide : pragmatique, très anglo-saxon, il paraît figé sur des principes immuables. En réalité, il est très ouvert à l'idée de négociations, à condition qu'elles demeurent « convenables et discrètes ».

Un état d'esprit très éloigné du fond latin des Français qui pensent toujours qu'un « bon arrangement vaut bien mieux qu'un mauvais procès ». Alors que les Anglo-Saxons font passer les principes — bons ou mauvais — avant les compromis. Du moins en apparence.

Pour l'instant, les Français n'écoutent pas encore David Lange. Ils ont tort. Le 23 juillet, il lance depuis Auckland des phrases au bazooka, un message destiné à des oreilles averties :

> « J'ai des renseignements sur l'auteur du sabotage et ses motivations. L'opération qui a détruit le bateau et coûté la vie à un membre de l'organisation a une connotation politique. L'attentat a fait l'objet d'une préparation minutieuse avec la participation d'éléments étrangers. »

On peut difficilement être plus clair. Ce n'est plus une perche que Lange tend à la France, mais une grande échelle de pompiers. D'autant que cette déclaration canon est totalement contraire à la tradition néo-zélandaise issue du droit anglais. Un homme politique ne se prononce jamais sur une affaire en cours. On ne badine pas, là-bas, avec la séparation des pouvoirs. Le superintendant Galbraith fait d'ailleurs grise mine : « Les Turenge doivent repasser devant le tribunal le 14 août, de quoi se mêle le Premier ministre ? »

David Lange a compris que l'affaire était d'abord politique. Il sait, désormais, que les Turenge sont français et qu'ils appartiennent très vraisemblablement aux services secrets. Il lance donc une fusée éclairante en direction de Paris. Quel est le message exact ? Espère-t-il l'ouverture de négociations secrètes ou s'attend-il à des aveux suivis d'excuses spectaculaires ? Difficile de savoir avec ce personnage fantasque.

La France, en tout cas, ne rattrape pas cette balle au bond. Au contraire. François Mitterrand entreprend bien un mystérieux voyage, mais pas dans cette direction. Le mardi 23 juillet, le jour où les Turenge sont inculpés de meurtre, le président de la République se présente au volant d'une R 25 noire au poste frontière de Verrières, sur la route de Pontarlier à Neuchâtel. Le douanier, sidéré, ravale son « z'avez rien à déclarer ? » François Mitterrand, simple citoyen, est accompagné du ministre des Relations extérieures, Roland Dumas, et cette petite incursion surprise en Suisse n'était prévue par aucun programme. Le voyage est pourtant bien préparé. Le chef de l'Etat est accueilli au poste suisse par Pierre Aubert, chef du Département fédéral des Affaires étrangères (l'équivalent helvétique de Roland Dumas), qui le guide jusqu'à sa propre propriété située à Auvernier au bord du lac. Les trois hommes sont rejoints, au déjeuner, par Kurt Furgler, le président de la Confédération helvétique. Une sorte de sommet franco-suisse, avec, comme temps fort, une longue promenade de trois heures en bateau sur le lac. De quoi parlent les quatre hommes ? Pourquoi cette réunion improvisée ? « Je suis venu pour le plaisir de rencontrer des amis qui sont des hommes politiques, qui ont beaucoup de choses à se dire, comme j'en ai moi-même à leur confier. Cette journée, conclut François Mitterrand énigmatique, a été pour moi un moment heureux de détente, mais aussi utile pour les deux pays. » Côté Suisse, mutisme total, aucun commentaire.

Si l'affaire Greenpeace n'est pas le but principal de cette « virée » improvisée de François Mitterrand, il est difficile d'imaginer que les deux présidents n'aient pas abordé la question. L'affaire des faux passeports suisses utilisés par la D.g.s.e. a provoqué un tollé général au sein des services secrets suisses et du ministère des Affaires étrangères. On a trouvé, à Berne, pour le moins « inélégant » qu'un pays ami se serve de faux papiers helvétiques pour monter un attentat mortel. On frôle d'autant plus l'incident diplomatique, que les Suisses tiennent autant à l'intégrité de leurs documents administratifs, garants de leur neutralité, qu'à leur secret bancaire. C'est dire... Or, une protestation officielle de Berne aurait mis la France dans l'embarras. L'affaire n'est toujours pas publique... Comme les deux pays n'ont aucun intérêt à se provoquer, François Mitterrand rattrape habilement le pas de clerc de la D.g.s.e. La Suisse protestera quand même pour le principe, mais beaucoup plus tard... Au mois de septembre, à la suite de la révélation, par *L'Express,* de cette affaire, un député genevois posera la question à Pierre Aubert devant le Conseil général. Le ministre répondra sur un ton mi-ironique, mi-bucolique : « Ce fut une admirable journée d'amitié. C'est encore possible dans le monde d'aujourd'hui. » Cette réponse « nostalgique » n'empêchera pas le porte-parole du ministère des Affaires étrangères suisse de parler, à propos de ces révélations, de « fantaisies journalistiques ». Mais il se refusera, bien sûr, à indiquer sur quels sujets ont porté les entretiens...

Si à l'époque François Mitterrand s'évertue à consolider les fils diplomatiques, c'est qu'il a décidé de « couvrir » l'affaire Greenpeace. Dans la deuxième quinzaine de juillet, alerté par plusieurs de ses conseillers et par Pierre Joxe, le Président a rouvert le dossier et souhaite connaître tous les détails de l'opération. Au moment de la décision, on le verra, l'amiral Lacoste l'a informé d'une action contre ces gêneurs du Pacifique qui voulaient déstabiliser la région. Fin juillet, après le coulage du bateau, à la lumière des événements et des bavures en série — mort imprévue du photographe, arrestation des Turenge — il apparaît que ce plan était quelque peu « angélique »... Et le Président souhaite comprendre comment les choses se sont passées. L'amiral Lacoste lui remet alors un rapport précis sur la préparation et la réalisation de l'opération : le nombre d'hommes engagés, les moyens utilisés, l'objectif poursuivi. *Le Canard Enchaîné* fera d'ailleurs, quatre mois plus tard, état de ce document. L'amiral propose également plusieurs solutions pour sortir les Turenge de prison, ce qui demeure l'objectif principal de la D.g.s.e. Malgré l'opposition totale d'Hernu, Pierre Lacoste pense qu'il est encore possible de négocier avec les Néo-Zélandais. L'affaire n'est pas apparue sur la place publique et l'on peut engager des pourparlers secrets. Mais Pierre Lacoste est un militaire discipliné, prêt à suivre les ordres. Si on décide, en haut lieu, de cacher la vérité, il obéira. Il croit sincèrement qu'il est possible de l'étouffer publiquement. Ni les Néo-Zélandais, ni, a fortiori, les policiers français ne sont capables, selon lui, de prouver la culpabilité de ses hommes. La D.g.s.e. est déjà « conditionnée » à cette thèse, prête à se battre, bec et ongles contre tous les « accusateurs », d'où qu'ils viennent.

Le Président se rend pourtant aux raisons de Charles Hernu. Il est préférable de temporiser. Pour autant qu'on puisse reconstituer les méandres, souvent complexes, de sa pensée, le chef de l'Etat n'est pas « troublé » par l'affaire. Il estime qu'une opération de la D.g.s.e. était nécessaire pour défendre nos intérêts dans le Pacifique. Elle est donc justifiée. Ce qui l'est moins, ce sont les bavures et les maladresses de nos services spéciaux. Mais cela, François Mitterrand ne s'en sent pas comptable. Il sait, en outre, à quel point ces opérations sont relativement courantes. La mort du photographe de Greenpeace est à mettre au compte de la raison supérieure des Etats. Tous les services spéciaux des grandes puissances qui comptent agissent de même. Ce jeu, certes dangereux, évite nombre de conflits « ouverts » et règle dans l'ombre beaucoup de problèmes d'ingérence. Après tout, Greenpeace n'est-il pas, lui aussi, un « *lobby* » utilisé par d'autres puissances ? « Pas de raisonnement évangélique dans ce domaine. »

Le président répugne également à faire appel aux « alliés » anglais ou américains pour qu'ils servent d'intermédiaires. Il n'est pas convaincu qu'une telle démarche serait efficace, alors qu'elle mettrait à coup sûr la France en situation d'infériorité. Enfin, il croit surtout que l'affaire ne va pas s'ébruiter. Si, comme le lui affirme Hernu, les Turenge seront acquittés à Auckland (faute de preuves), alors elle s'enlisera d'elle-même. C'est sans doute là l'erreur fondamentale de l'Elysée. François Mitterrand est trop habitué au secret, il vit avec en permanence. Et il aime jouer, comme tous ses prédécesseurs, avec la machine merveilleuse du service Action. « *Le* D.g.s.e. », comme on appelle le patron du service, incarne le mystère et une certaine puissance, et ne rend compte qu'à une infime poignée d'hommes : le Président, certains de ses conseillers triés sur le volet, le ministre de la Défense et son entourage direct. Tous les autres responsables politiques, et même le Premier ministre n'ont pas droit aux confidences de ce personnage redouté.

Le Président croit fermement tenir le secret. Si la France est prise en flagrant délit de mensonge, outre les ravages à l'extérieur, les conséquences en politique intérieure seront incalculables. On peut glisser vers un Watergate à la française. Pour une affaire de cet ordre ? Le Président n'y croit pas. L'opinion n'est pas assez concernée. Habile raisonnement.

Non, décidément François Mitterrand n'a pas d'état d'âme sur le sabotage du *Rainbow Warrior.* En revanche, élément capital, il sait que plusieurs de ses ministres risquent d'être « troublés » au nom des droits de l'homme, de la morale socialiste ; que la bêtise d'une telle opération peut aussi les heurter. Robert Badinter, Pierre Joxe et même son Premier ministre, Laurent Fabius, vont rechigner. Charles Hernu, bien plus tard, opposera d'ailleurs en privé les ministres « réalistes », Roland Dumas et lui-même, aux « moralistes » choqués par l'affaire : Laurent Fabius et Robert Badinter, qui n'ont cessé, dit-il, de lui mettre des bâtons dans les roues.

Que peut faire le Président vis-à-vis de son Premier ministre ? Ne pas l'informer, c'est lui faire injure par manque de confiance et bafouer sa fonction de chef de gouvernement ; lui avouer toute la vérité, c'est le placer dans une situation intenable, l'obliger à cautionner une affaire qu'il désapprouve viscéralement et qui peut, en outre, ruiner son avenir politique.

Sur l'attitude choisie par François Mitterrand, deux versions circulent, apparemment aussi étayées l'une que l'autre et pourtant totalement contradictoires. Les voici toutes les deux.

Selon une source très sérieuse, fin juillet, le chef de l'Etat remet à Laurent Fabius un dossier complet sur l'affaire, lui déclarant, en substance : « Vous devez savoir la vérité, voici pour vous seul les éléments dont je dispose. » La découverte de cette vérité aurait porté un coup terrible au Premier ministre. Il s'aperçoit que l'homme qu'il admire le plus, celui qui l'a fait naître à la politique, hissé au sommet du pouvoir, ne lui fait pas totalement confiance. Pendant quinze jours, il lui a dissimulé les faits. Pourtant, si le scandale éclate, c'est bien lui, Fabius, qui va en assumer les conséquences. Qu'il est dur d'admettre que le Président ait pu lui mentir, à lui, son favori, son dauphin!

Sur le principe d'une action, rien à dire. Il n'appartenait pas au Premier ministre, domaine réservé, chasse gardée du Président. Laurent Fabius n'est pas choqué de n'avoir rien su *avant.* Non, ce qui demeure inacceptable, c'est que « son » ministre de la Défense lui ait menti *après*. A la suite de l'arrestation des Turenge, l'affaire Greenpeace devenait une affaire d'Etat et le Premier ministre devait tout en savoir.

Cette version expliquerait l'accablement de Laurent Fabius, constaté à l'Elysée, lorsque la presse révèle le rôle des services secrets. « Début août, raconte un proche du Président, il fallait " regonfler " le Premier ministre deux heures par jour, il était défait, effondré par cette histoire. » Cela justifierait également l'acharnement de Laurent Fabius à obtenir ensuite la démission d'Hernu. Et cette quête permanente de la vérité, pour bien démontrer qu'il a été abusé, qu'il n'a jamais cautionné cette « opération stupide ».

« Absurde, inconcevable, rétorque-t-on dans l'entourage de Laurent Fabius; si le Premier ministre avait appris si tôt la vérité, il n'aurait jamais réagi comme il l'a fait. Dès qu'il a eu la conviction que la D.g.s.e. avait coulé le bateau, il a cru qu'il s'agissait d'une opération " subalterne ", un coup monté " en solo " par le service Action. Au pire, le sabotage aurait été " commandé " sur un malentendu. La D.g.s.e. aurait reçu un vague signe d'acquiescement de Charles Hernu. Une sorte de feu vert ambigu. Hernu aurait été bien obligé ensuite de couvrir ses militaires. Non sans l'aval de l'Elysée. Sinon la situation et la suite de l'affaire sont inexplicables. »

Selon cette version, la position de Laurent Fabius est évidemment plus claire. Dès le début, il ne veut pas être entraîné dans ce coup tordu — il l'estime stupide et préjudiciable à la France. Il refuse de le couvrir d'aucune façon et ne veut pas risquer d'être un jour accusé de faux témoignage. Dès le naufrage du *Rainbow Warrior,* le 10 juillet, le chef du gouvernement s'interroge sur le rôle du ministre de la Défense. Mais, selon ses proches, le démenti absolu de Charles Hernu, à la réunion du 16 juillet, a momentanément apaisé ses craintes. Ensuite, au fil des événements, Fabius se persuade que les services secrets sont bel et bien responsables du sabotage. Mais il pense que l'opération a été réalisée par un ordre « confus » de Charles Hernu, une sorte de « borborygme » dont il a, paraît-il, le secret, surtout à certaines heures. C'est cette thèse du « borborygme » qui va, affirme-t-on, guider l'action de Matignon, après le 6 août. Date charnière.

Ce jour-là, Laurent Fabius est convoqué en catastrophe à l'Elysée pour un entretien qui n'était pas programmé. François Mitterrand vient d'apprendre que deux journaux vont sortir l'affaire le lendemain. Il est urgent de réagir. La rumeur courait déjà depuis plusieurs jours dans Paris. « C'est la D.g.s.e. qui a fait le coup d'Auckland. » Voici trois semaines que les Turenge sont arrêtés. *V.S.D.* et *L'Evénement du Jeudi* sont les premiers à la saisir au vol : Pascal Kropp, dans *L'Evénement du Jeudi,* écrit que « les enquêteurs néo-zélandais sont convaincus de la complicité d'officiels français dans la préparation de l'attentat ». André Largeau, alias Jacques-Marie Bourget, dans *V.S.D.* révèle que les « espions du S.A.S. britannique auraient reconnu à Londres en Sophie-Claire Turenge un capitaine de la D.g.s.e. ».

Le feu dans la poudrière. Le Président reste cependant ferme sur ses positions : la France doit nier. Il met donc au point, avec Laurent Fabius, le texte d'une stupéfiante correspondance qui sera rendu publique en pleine nuit, à une heure du matin, par l'Hôtel Matignon. On aurait voulu dramatiser l'événement qu'on n'aurait pas fait mieux.

« Monsieur le Premier ministre et cher ami, écrit le Président, je vous remercie des informations que vous m'avez communiquées au sujet du *Rainbow Warrior.* Je suis tout à fait d'accord avec vous pour estimer qu'il convient d'ordonner sans délai une enquête rigoureuse, et je vous invite à la mener de telle sorte que si la responsabilité est démontrée, les coupables, à quelque niveau qu'ils se trouvent, soient sévèrement sanctionnés. Croyez, Monsieur le Premier ministre et cher ami, à l'expression de mes meilleurs sentiments. »

On remarque d'abord que le Président parle du *Rainbow Warrior* comme si la France entière connaissait son existence et savait qu'il s'agissait d'un bateau de Greenpeace coulé en Nouvelle-Zélande. Il évite soigneusement de qualifier l'affaire ; les mots sabotage, attentat, victime ou Greenpeace sont soigneusement omis. Sur le fond, François Mitterrand frappe très dur : « La responsabilité », les « coupables », « quelque niveau qu'ils se trouvent », « sévèrement sanctionnés ». C'est l'arme lourde, la position la plus haute : « Trouvez-moi les coupables et je serai sans pitié. » Le Président, qui défend les grands principes, sait aussi, sans doute, que les vrais coupables sont hors d'atteinte.

Réponse de Laurent Fabius :

« Monsieur le Président, je vous ai indiqué qu'un lien avait été avancé entre les deux personnes inculpées par les autorités néo-zélandaises dans l'affaire du *Rainbow Warrior* et des services français. J'estime nécessaire de demander à une personnalité incontestable de réunir des éléments de toute nature sur cette affaire, afin de m'indiquer de la façon la plus nette si des agents, services ou autorités français ont pu être informés de la préparation d'un attentat criminel ou même y participer. Cette personnalité devra me faire connaître dans les meilleurs délais ses conclusions sur les faits et, le cas échéant, sur les responsabilités.

« Je demande aux ministres de la Défense, de l'Intérieur et à leurs services de lui apporter leur concours sans aucune réserve et de lui offrir toutes les informations de quelque nature que ce soit et sans exception aucune. S'il apparaissait dans le cours de l'enquête administrative des faits de nature à être poursuivis pénalement en France, cette personnalité en saisirait immédiatement les autorités judiciaires françaises. »

Un texte qui laisse rêveur et qui plaide, évidemment, en faveur de « l'innocence » du Premier ministre. Sinon quelle duplicité, quels risques inutiles ! Pourquoi s'engager à poursuivre en justice les coupables si on sait que c'est impossible ? Pourquoi désigner un super-enquêteur au-dessus de tout soupçon, si on est déjà assuré qu'on va lui mentir ? Troublante dialectique. A moins d'y avoir été quasiment contraint par François Mitterrand, au nom de la raison d'Etat, Laurent Fabius n'avait aucun intérêt à écrire ce texte. Veut-il prouver sa bonne conscience ? « Je rechercherai la vérité à tout prix. » Bien périlleux.

Après la visite impromptue à l'Elysée, le Premier ministre décide de nommer un superenquêteur, susceptible de faire avouer les militaires. Il s'agit toujours, selon Matignon, de trouver la faille, de confronter les déclarations des agents de la D.g.s.e., afin de découvrir celui qui a pris la mauvaise décision. On écarte toujours d'emblée l'hypothèse d'un ordre transparent du Président ou de Charles Hernu.

Qui peut assurer une telle mission ? On avance d'abord le nom de Jeannou Lacaze, le chef d'état-major des armées. Le « Sphinx », comme on le surnomme, véritable légende militaire, est unanimement respecté. Seulement, il a occupé longtemps le poste de n° 2 de la D.g.s.e. Il serait délicat de le faire enquêter sur son ex-maison. Finalement, Laurent Fabius choisit une personnalité qu'il connaît bien, Bernard Tricot, l'ancien secrétaire général de l'Elysée au temps du Général. Un gaulliste incontesté et « incontestable ». Une « relique », diront même les mauvaises langues. Un choix apparemment très habile, mais qui, « à l'usage », va se transformer en un boomerang politique, une arme difficile à manœuvrer, qui revient dangereusement au visage de celui qui l'a lancé.

Sa mission est claire, définie par une lettre — encore une — du 8 août :

« Un lien a été avancé entre deux personnes inculpées (...) et les services secrets. Les autorités judiciaires françaises apportent déjà à présent, comme c'est leur devoir, le concours sans restriction que leur ont demandé les autorités néo-zélandaises dans le cadre d'une commission rogatoire.

« Parallèlement, je vous demande de bien vouloir réunir dans un rapport les éléments de toute nature sur cette affaire, afin de m'indiquer de la façon la plus nette si des agents, services ou autorités français ont pu être informés de la préparation d'un attentat criminel ou même y participer (...). Les conclusions de votre rapport seront rendues publiques. (...) S'il apparaissait dans le cours de votre enquête administrative des faits de nature à être poursuivis pénalement en France, vous les ferez connaître immédiatement aux autorités judiciaires françaises. »

Cette nomination surprise prend le monde politique à contre-pied. L'opposition ne peut pas crier haro sur cette « personnalité incontestable », issue de ses propres rangs. Certains, à droite, y voient l'ombre d'une trahison ou le dernier tour de piste d'une vedette oubliée. Mais aucun n'ose l'écrire. Tous l'approuvent, plus ou moins discrètement. A peine si l'opposition remarque que M. Fabius n'a décidément pas très confiance dans ses propres troupes pour aller débaucher dans la maison d'en face. Mais ce sont là des « gentillesses » politiques sans conséquence.

En nommant Bernard Tricot, le Premier ministre vise d'ailleurs plusieurs cibles à la fois. D'abord, il connaît bien le conseiller d'Etat, président de la sous-section du contentieux qui l'a accueilli jeune auditeur, lors de son passage au Palais-Royal. Il avait apprécié, alors, le grand commis de l'Etat. Mais aussi, autre avantage, l'ancien secrétaire général de l'Elysée connaît de près la « chose » militaire et les services spéciaux. Il avait, au temps de la guerre d'Algérie, démêlé pour le compte du Général de très nombreuses affaires délicates. C'est lui qui a suivi, à l'Elysée, le dossier algérien de 1959 à 1962, les années chaudes. Il avait même chaussé des rangers pour des missions sur le terrain. En 1960, il avait rencontré clandestinement, en Algérie, Si Salah, le chef de la Wilaya IV, qui était prêt à se rendre ; il l'avait amené jusqu'à l'Elysée pour lui faire signer une « paix séparée ». Une affaire qui tourna mal, puisqu'une partie de la Wilaya IV fut exterminée par le F.l.n. alors qu'une autre était, dit-on, réduite au silence par les hommes du 11e choc, l'ex-bataillon du service Action. Pour qu'il ne subsistât aucune trace de cet épisode compromettant de la guerre secrète.

Bernard Tricot a également participé aux négociations d'Evian, qui ont scellé la paix en Algérie. Mais le Général lui a demandé plus encore. En 1962, il le bombardait secrétaire général de l'Administration au ministère des Armées, chargé, aux côtés du ministre Pierre Messmer, de réorganiser les unités militaires traumatisées par l'O.a.s. et les événements algériens. Bernard Tricot connaît donc à la fois le langage musclé des états-majors et celui, plus feutré, des cabinets ministériels.

Il va trouver la vérité, espère le Premier ministre, toujours fidèle à sa ligne de conduite. Qu'il ait été ou non informé par le Président, Laurent Fabius n'en démordra pas : il ne veut pas s'enfoncer dans le bourbier du mensonge d'Etat. Trop dangereux ! De plus, Bernard Tricot le rassure, « même s'il découvre des horreurs dans les arrière-boutiques de la D.g.s.e., il a suffisamment de sens de l'Etat pour s'en tirer en finesse ». Bref, le Premier ministre est ravi de sa trouvaille et du mauvais tour qu'il joue à Charles Hernu. Le ministre de la Défense, en effet, n'apprécie pas, mais pas du tout, la nomination de ce « superflic politique » qui va piétiner ses plates-bandes. Il peut y causer de sérieux dégâts. Pour l'heure, le ministre a d'autres soucis en tête. Ce 8 août, il vient d'annuler, pour cause de scandale, un séjour privé au Maroc et un voyage officiel au Japon. Mitterrand l'attend de toute urgence dans sa résidence de Latche. Dans l'hélicoptère qui le conduit de l'aéroport à la bergerie des Landes, Charles Hernu doit ruminer de biens sombres pensées. Ses collaborateurs, à Paris, l'ont trouvé nerveux et très déprimé. Il ne croyait pas que l'affaire sortirait si tôt et ferait la une des journaux : « Satanés journalistes ! » De plus, bien qu'il soit assuré de l'amitié et du soutien inexpugnable du Président, il doit être, malgré tout, bien inquiet. C'est quand même lui qui a ordonné l'opération, lui encore qui a menti effrontément à Laurent Fabius ! Et si Greenpeace tourne mal, François Mitterrand sera peut-être obligé de sacrifier le « fusible » Hernu. « Impossible », doit songer ce grognard, fidèle d'entre les fidèles, l'un des premiers qui ait soutenu « François » à l'époque héroïque de l'éphémère F.g.d.s., en 1967. Que de chemin parcouru côte à côte depuis ce temps ! Avec, chaque année, le « pèlerinage sacré » de Pentecôte à la roche de Solutré. Pourtant « François » l'impressionne toujours, comme aux premiers jours. Comment va-t-il l'accueillir, exigera-t-il sa démission ? « Jamais je n'ai menti au Président », jure encore aujourd'hui le vieux « grognard ».

Du tête-à-tête de deux heures entre les deux hommes, rien ne filtrera. On sait seulement qu'aucune décision n'en est sortie : Charles Hernu reste ministre de la Défense, ce n'est toujours pas la D.g.s.e. qui a coulé le *Rainbow Warrior,* Bernard Tricot a toujours quinze jours pour découvrir l'impossible vérité, la police française enquête toujours aux côtés des détectives néo-zélandais et le Premier ministre compte toujours les points. Seules certitudes : les Turenge sont toujours emprisonnés à Auckland, et, en ce paisible et ensoleillé mois d'août, la presse française se déchaîne.

Pour les Turenge, on a tout de même décidé quelque chose, cette fameuse nuit du 7 août. On réexpédie à Auckland leur avocat, Me Derouin. Il doit leur confirmer qu'on va... dévoiler leur véritable identité. Euphémisme officiel : la police française a déjà communiqué le nom de Dominique Prieur. Mais on sauve les apparences. Selon le schéma prévu, Charles Hernu doit faire une déclaration à Paris, pour annoncer qu'ils sont bien officiers de l'armée française. Et, lors de l'audience prévue le 14 août, ils se présenteront sous leurs vrais noms. Ce qui devrait satisfaire les autorités néo-zélandaises. Un geste de bonne volonté de la part de la France. Une marque de confiance. Le 10 août, l'avocat débarque. Il rencontre d'abord ses clients, qui réagissent assez mal. Ils songent à leurs proches, à leurs familles. Aux risques encourus. Mais puisque c'est une décision gouvernementale...

L'avocat avertit ensuite discrètement la justice néo-zélandaise. Or, rien n'arrive. Pas la moindre déclaration d'Hernu, pas le plus petit message de Paris. Silence radio. L'avocat n'y comprend rien. Ses clients non plus. Le 14, très désorientés, ils se présentent à l'audience sous leur pseudonyme suisse. Le juge doit fixer la date de la comparution en Haute Cour (Hight Court). « Nous possédons, affirme le procureur Michael Parker, plus de mille pièces à conviction, dont quatre cents, au moins, seront produites devant le tribunal. Cependant, l'enquête est loin d'être close. Des centaines de témoins sont prévus et encore entendus actuellement. » Selon lui, le procès ne pourra pas se dérouler avant le début du mois de novembre : « Je demande ce délai pour amasser des preuves. »

Le défenseur néo-zélandais des Turenge, Me Gérard Curry, tente d'accélérer les choses : « Chaque jour qui passe voit s'accentuer les spéculations des médias, plaide-t-il, ce qui risque d'influencer le jury. Je demande que les audiences commencent plus tôt. Aussi, je suggère, Votre Honneur, la date du 30 septembre. »

Brève réponse du juge Blackwood : « Sir, ce que vous dites au sujet de la presse est vrai, mais ce n'est pas du ressort de la Cour. La pıocédure réclamée par la Couronne (l'accusation) me semble nécessaire. Je propose la date du 4 novembre. » Tout est dit. Les Turenge ont encore perdu deux mois. Ils sont d'autant plus désappointés que personne, à Paris, n'a l'air de s'intéresser à leur sort. Ni leur hiérarchie, ni le pouvoir ne les interroge — via leur avocat — sur l'échec de la mission. Personne ne se préoccupe de ce qui est arrivé.

Cette « absence » de curiosité peut légitimement les inquiéter. Sont-ils lâchés ? Question sans réponse. Ils ne mesurent pas la tempête qui se lève à Paris. Pour une fois, en France, ce sont les journalistes qui mènent le bal. Les politiques, en effet, sont tous paralysés. Le pouvoir fait le gros dos et laisse passer l'orage. Il s'est débarrassé momentanément de son fardeau sur Bernard Tricot. A lui de se débrouiller. L'opposition, elle, a pris ses distances ; elle ne souhaite pas attaquer sur le terrain sensible de la défense et des services secrets. D'autant qu'elle sent les Français hésitants. Elle se démarque en « douceur ». Le R.p.r. a déjà pris les devants. Craignant d'être entraîné malgré lui dans le scandale, dès qu'il a appris l'affaire par ses correspondants R.p.c.r. de Nouvelle-Calédonie — « témoins » de la disparition de l'*Ouvéa* — Robert Pandraud, alors directeur du cabinet de Jacques Chirac à l'Hôtel de Ville, on l'a vu, est passé à l'offensive. Il a appelé, le 31 juillet, devant deux de ses proches collaborateurs, Daniel Nafstalski et Michel Roussin, le secrétaire général de l'Elysée, Jean-Louis Bianco, pour l'avertir solennellement que le R.p.r. n'étant pas mouillé dans l'affaire Greenpeace, il réagira à toute tentative de l'y impliquer. A bon entendeur... Alors que l'affaire est encore ultra-secrète, Jean-Louis Bianco n'a pas eu l'air surpris. Il a pris bonne note de l'appel. Et, lorsque la marmite éclate, on se souvient de l'avertissement. Le 8 août, le jour des premières révélations faites dans la presse, on dépêche le général Roger Emin, n° 2 de la D.g.s.e., en émissaire à l'Hôtel de Ville. L'entretien dure à peine quelques minutes. Le général présente « ses devoirs » et confirme que le message a été reçu 5 sur 5. Aucun risque de télescopage : la cohabitation est déjà en marche. Le R.p.r., apaisé, ne bougera plus. Un peu plus tard, le 19 août, Charles Pasqua mettra violemment en cause le Premier ministre au Sénat ; mais sur un plan strictement politique. Pas de coup bas, une polémique de bonne guerre.

> « Si la preuve était apportée que les services français étaient impliqués dans cette affaire, alors la responsabilité ne pourrait être que recherchée au niveau du Premier ministre, car c'est à lui, et à lui seul, qu'il appartient de déterminer et de conduire la politique de la France. (...) A qui ferait-on croire que les militaires agissent sans ordres ? Le gouvernement a des responsabilités, qu'il les assume. (...) S'il en est incapable, alors le moment est venu de dire à M. Laurent Fabius de s'en aller. »

L'ancien ministre de l'Energie, André Giraud, spécialiste du nucléaire, ne mâche pas ses mots. Dans une chronique au *Figaro,* il pose quelques questions de fond :

> « S'agissant d'une opération comportant des risques certains d'accidents mortels et d'incidents diplomatiques graves, la décision était, à l'évidence, du

ressort d'une autorité couvrant à la fois la Défense et les Relations extérieures. Il n'y en a que deux : le Premier ministre et le Président. La question a-t-elle été soumise à l'examen interministériel ? » (...)

Deuxième observation d'un habitué des coulisses :

« L'affaire a eu lieu le 10 juillet. Pourquoi, le 8 août, soit un mois plus tard et dans la nuit — comme s'il s'agissait d'un cauchemar subit — le président de la République a-t-il écrit au Premier ministre pour lui demander de faire réaliser une enquête ? Et pourquoi celui-ci s'est-il, comme un facteur, borné à répercuter cette instruction sur un haut fonctionnaire ? MM. Mitterrand et Fabius ignoraient-ils ce qui s'est passé ? Si oui, voilà un bien singulier gouvernement qui ne décide rien et ne sait rien d'une affaire où le crédit international de la France est en cause, alors que le problème s'étale dans les journaux. (...) Peut-on imaginer que le ministre de la Défense n'ait pas, dès le lendemain de l'affaire, remis tous les éléments d'information nécessaires ? »

Encore des questions qui vont rester longtemps sans réponse. Toutes les parties prenantes de cette formidable affaire s'ingénient à enfouir, encore plus profond, la vérité.

La police, par exemple, coincée entre sa hiérarchie, la D.g.s.e. et les Néo-Zélandais, œuvre le plus silencieusement possible. Le pouvoir a d'ailleurs instauré une discipline de fer. « Le premier qui parle sera viré », a promis Pierre Joxe aux enquêteurs. Ils ont compris. La grande « maison » se claquemure frileusement sur elle-même.

C'est donc la presse qui va jouer un rôle décisif — informer les Français d'une affaire qui, depuis quinze jours, donne de la fièvre aux principaux responsables politiques. La tâche des journalistes spécialisés, qui « flairent » quelque chose, n'est pas facile. Car, tout au début, ce « fait divers » qui se passe au bout du monde a des allures de mauvais roman d'espionnage. Il est volontairement entouré d'un épais rideau de fumée. Tout se mêle pour dissimuler les pistes : les informateurs véreux, véritables escrocs aux renseignements, les fausses confidences politiques soigneusement distillées par le pouvoir, les « bons tuyaux » fabriqués par la D.g.s.e. qui démasque, à l'occasion, quelques-uns de ses honorables correspondants. Bref, c'est le grand festival des affaires tordues, avec sa cohorte habituelle de mythomanes, d'escrocs, de crédules, de malins et de manipulateurs professionnels, le gratin parisien.

Même les journaux, qui avaient tapé les premiers dans la cible, se laissent abuser. La première version qui circule, comme par hasard, arrange bien la D.g.s.e. : « L'attentat a été commis, assure-t-on, par une équipe de mercenaires, dont certains ont appartenu, autrefois, à la “ Piscine ”. Ils ont été spécialement recrutés pour cette mission. »

On cite même des noms. On ressort le vieux catalogue des « affreux » qui ont servi en Afrique ou, plus récemment, au Tchad. Tout y passe, le célèbre colonel X et l'ineffable adjudant Y. Variante « orientée » de cette thèse : des hommes de main d'extrême droite ont monté un « coup », une « provoc » contre le pouvoir socialiste. On met en cause les milieux R.p.r. de Nouvelle-Calédonie. *Le Monde,* tenté un temps par cette hypothèse, cite même nommément le responsable de la sécurité du gouvernement territorial de Dick Ukeiwe, un ancien colonel de la D.g.s.e. à la retraite. Le colonel poursuit en diffamation le quotidien et contre-attaque à la roquette : « Le gouvernement cherche un bouc-émissaire pour se démarquer de la situation délicate, sinon impossible, où il se trouve. »

L' « intox » se poursuit de plus belle. Voici qu'un discret journaliste de France-Inter, Gilbert Picard, jusqu'ici inconnu et responsable des « informations téléphoniques », « téléphonées » ironiseront ses confrères, auteur de romans policiers et secrétaire général de l'Association des journalistes parachutistes, s'est procuré le prétendu ordre de mission des Turenge. Un « *scoop* » apparemment pêché dans la « Piscine ». D'abord, qu'on se rassure, les deux militaires n'appartiennent pas à la D.g.s.e. — ouf ! — mais à une équipe spéciale chargée de la surveillance des sites nucléaires du Pacifique. Ensuite, ils n'ont naturellement jamais participé à un attentat. Leur mission consistait à « surveiller la constitution de la flotte Greenpeace du Pacifique et à faire parvenir des informations susceptibles de déployer un dispositif de prévention et d'identifier les principaux responsables de l'opération ». Une thèse bien intéressante qui restera, jusqu'à la fin, l'ultime ligne de défense de la D.g.s.e. : « Les Turenge étaient uniquement en Nouvelle-Zélande pour une mission de renseignement. » C'est d'ailleurs cette version qu'on va servir bientôt, toute chaude, à Bernard Tricot.

Dans la foulée, le « journaliste » de France-Inter explique que le *Rainbow Warrior* était bourré de matériel électronique « made in U.R.S.S. », que le photographe tué appartenait au mouvement de la paix dont les amitiés sont bien connues... Suivez mon regard... La ligne bleue d'Ukraine. Bien plus tard, dans un roman policier savoureux, intitulé *O.K. à Auckland,* Picard ne racontera pas l'histoire de la même façon. Il évoquera l'existence d'une troisième équipe. Mais, moralité oblige, les Russes nous doubleront au dernier moment pour poser la bombe... Enfin, il se pourrait bien que nos « amis » anglais du M.I.6., l'Intelligence Service britannique, aient fait sauter le bateau au nez de nos agents, histoire de nous punir d'avoir fourni des missiles Exocet à l'Argentine durant la guerre des

Malouines. A moins que le K.g.b. n'ait doublé l'opération : la fameuse thèse du sabotage du sabotage.

Pendant ce temps, d'autres journalistes tentent de percer le mur du silence. Ils s'efforcent de recueillir des indices sur le terrain, à Paris et à Auckland, et de s'en tenir aux faits : « *Facts just facts* », comme disent les Américains. Les enquêtes de Stéphane Murracciole, correspondant du *Matin* en Nouvelle-Calédonie, de Frédéric Filloux et de Laurent Bijard, envoyés spéciaux du *Monde* et de l'A.f.p. en Nouvelle-Zélande, permettent de reconstituer, dans le détail, le périple des Turenge et des hommes de l'*Ouvéa.* Leurs articles démontrent que nos agents ont eu une activité très intense, plus axée sur l'action que sur le renseignement. Le 15 et le 23 août, *L'Express* révèle l'identité véritable de Dominique Prieur et de Christine Cabon ainsi que le pseudonyme du responsable de la mission à Nouméa, Philippe Dubast, et reconstitue les grands traits de l'opération. Le rôle de la D.g.s.e. ne fait plus aucun doute. Rien ne peut plus empêcher le suspense de l'été 1985 de devenir une affaire d'Etat. Europe 1 apporte d'ailleurs des précisions inédites sur le rôle des services secrets et les découvertes des hommes de Galbraith à Auckland. L'hebdomadaire *Minute,* enfin, publie le véritable nom d'Alain Turenge, le chef de bataillon commandant Alain Mafart, ancien n° 2 de la base d'Aspretto qu'il avait quittée, à la fin de 1984, pour préparer l'école de guerre avant d'être rappelé pour la mission d'Auckland.

Cette avalanche d'informations surprend le pouvoir qui n'est pas habitué à une telle « combativité » de la presse. La D.g.s.e., elle non plus, n'en revient pas ; elle pensait qu'on pouvait « tenir » la presse comme on protège les secrets militaires. Les services secrets, qui ne le sont plus beaucoup, vivent des heures difficiles ; renfermés dans leur cocon, peaufinant laborieusement et contre leur gré une version de l'histoire qui tienne debout. L'amiral Lacoste, lui, se sent pestiféré. Plus personne ne veut le rencontrer. « Pire que si j'avais attrapé le Sida », plaisantera-t-il plus tard. Les portes de l'Elysée et de Matignon lui sont fermées. Il est « indésirable » dans tous les ministères, sauf à la Défense. Et encore... On ne lui répond plus au téléphone. Il se sent bien seul dans sa piscine qui prend l'eau. On serait d'ailleurs bien content, du côté de la Défense, qu'il livre quelques lampistes, des subordonnés irresponsables qui auraient pris l'initiative de faire sauter ce foutu rafiot. Mais l'amiral n'acceptera jamais. Il coulera s'il le faut, mais seul, à la tête de son navire. Une vieille tradition de la marine.

Le seul qui va le rencontrer longuement, c'est Bernard Tricot. Apparemment ravi que la presse défriche son chemin, l'ancien secrétaire général de l'Elysée entreprend consciencieusement son enquête. Il se veut ouvert à toutes les hypothèses et prêt à tout entendre. Il s'est longuement entretenu avec Laurent Fabius. Et il doit s'attendre à découvrir quelques officiers « félons » ou insubordonnés. L'O.a.s qui recommence. Mais il se heurte à un bloc compact et bétonné de mensonges. La plus belle brochette de menteurs qu'un haut fonctionnaire puisse rencontrer. C'est simple, du haut en bas de la hiérarchie, du ministre à l'adjudant de l'*Ouvéa,* tout le monde s'est donné le mot et réparti les rôles. « Pour la bonne cause », croit-on à la D.g.s.e. Mais enfin, on se croirait à un concours de galéjades. Si la réputation et la crédibilité de l'Etat n'étaient pas en cause, cela ferait une formidable séquence de film comique. La scène des militaires, dans « *Z* » de Costa Gavras.

Pourtant, le superenquêteur de Matignon ne ménage pas sa peine. Il est secondé par un haut fonctionnaire qui croit détenir toutes les clés de la maison militaire, le conseiller d'Etat François Bernard, ancien directeur de cabinet de Charles Hernu, puis secrétaire général pour l'Administration des armées. Les deux hommes font un travail minutieux. Ils rencontrent plusieurs fois Charles Hernu, l'amiral Lacoste, l'amiral Fages, patron, à l'époque, des essais nucléaires dans le Pacifique. Ils reconstituent par le menu la chronologie des réunions qui ont précédé l'affaire. Ils exhument et compulsent les rares notes écrites qui subsistent. Bernard Tricot soulève ainsi un curieux point de vocabulaire. La seule bavure qui paraît le faire tiquer est d'ordre sémantique : le verbe « anticiper » souligné deux fois par Charles Hernu dans une note qui lui a été adressée le 1er mars 1985.

« Anticiper », qu'est-ce à dire ? s'interroge le superenquêteur. En clair, n'était-ce pas l'ordre déguisé de couler le bateau avant son appareillage ? Que nenni, conclut le grammairien Bernard Tricot : l'amiral fautif a reconnu avoir commis une « redondance » regrettable, n'ayant « jamais eu la pensée de passer aux actes et encore moins à des actes de violence ». Ainsi n'y a-t-il même pas eu délit d'intention.

Le superenquêteur ne se contente pas d'auditionner les chefs ou d'analyser les rapports, il veut aussi rencontrer les hommes de terrain, du moins certains. Curieusement, la taupe Cabon, officier de la direction Recherche, ne l'a pas intéressé, sous prétexte qu'elle n'était pas sur les lieux au moment de l'attentat. Et puis, coup de chapeau implicite à la presse : « Chacun sait maintenant qu'elle était chargée d'infiltrer le mouvement Greenpeace. »

En revanche, le rapporteur veut à tout prix interroger le mystérieux Dubast. Celui-ci le mène aussi, si l'on ose dire, « en bateau ». Sa mission à Nouméa, du 9 au 14 juin, avait, écrit Tricot, un certain lien avec les préparatifs de départ de l'*Ouvéa* vers la Nouvelle-Zélande. Il s'agissait, pour lui, de s'assurer que le bateau et son équipage ne faisaient pas l'objet d'une surveillance suspecte. Cet agent a aperçu deux ou trois fois Velche et ses compagnons, sans toutefois les aborder. « Il n'a rien constaté d'anormal autour d'eux et de leur bateau. » On est très sobre dans les explications, à la D.g.s.e.

Mais le « clou » de son enquête, c'est la rencontre mouvementée avec les équipiers de l'*Ouvéa.* Malgré les réticences de la « Piscine », on lui explique que les trois hommes sont « cachés et recherchés ». « Une rencontre, avec les déplacements qu'elle allait comporter pour eux, présentait des risques. » Tentative d'intimidation ? Qu'importe, le conseiller d'Etat est prêt à payer de sa personne ; il ne reculera devant rien. Du coup, la D.g.s.e. lui organise un spectacle digne des grandes superproductions d'Hollywood, James Bond dépassé. On l'embarque le soir dans une voiture qui, après avoir tourné et viré dans la banlieue parisienne, le dépose dans un fort militaire entièrement dans l'obscurité (le fort de Romainville). Tout juste si on ne lui bande pas les yeux. On n'ose tout de même pas. De là, on le conduit à tâtons jusqu'à un hélicoptère, lui aussi tous feux éteints, qui s'envole aussitôt dans la nuit. Vol risqué, frissons garantis. L'engin se pose en plein milieu d'un champ. Les lumières d'une ville (Orléans) brillent à l'horizon, mais il est impossible de l'identifier. On le fait un peu marcher dans la boue, accompagné du chef du service Action, le colonel Lesquer, qui lui sert de « sherpa » et de garde du corps. Les deux hommes débouchent enfin sur une clairière où se trouvent deux camionnettes bâchées, naturellement, tous feux éteints ! Là, il peut entrevoir les agents de l'*Ouvéa* et les interroger longuement, d'abord ensemble, puis séparément. Visiblement, le haut fonctionnaire est séduit. Cette escapade rocambolesque lui rappelle de bons souvenirs. Il trouve les agents « excellents sportifs, d'une attitude très militaire mais sans raideur ». Il serait même surpris qu'ils soient « légers ou imprévoyants ».

« Velche, en particulier, écrit-il, m'a paru très réfléchi, organisé et prudent. J'ai bien sûr évoqué, devant chacun d'eux, cette possibilité [1] : la réaction a été chaque fois de me dire qu'une telle initiative les aurait dépassés de beaucoup et qu'ils n'y auraient jamais songé. Il m'a semblé qu'il s'agissait là, de leur part, moins d'une défense qui aurait été teintée d'indignation, que du rappel d'une vérité d'évidence. »

Les trois hommes ne mentent pas complètement. Ils n'ont pas coulé le *Rainbow Warrior,* ils ont transporté les explosifs. Ils n'ont pas

---

1. Qu'ils aient pris la décision de couler le *Rainbow Warrior.*

pris d'initiative, ils agissaient sur ordre. Bernard Tricot relève même le charme viril de nos beaux militaires, un clin d'œil destiné aux médias :

« J'ai cru comprendre aussi, mais ceci ne fut vrai, bien entendu, que pour les célibataires, que nos compatriotes portèrent une attention soutenue à la partie féminine de la population. »

Une fine allusion qui a fait plaisir en Nouvelle-Zélande.

Plus sérieusement, le haut fonctionnaire reconstitue avec précision leurs allées et venues dans l'île : « Six voyages effectués en automobile, dont deux vers le nord et quatre vers le sud. » Il révèle aussi leur véritable identité : Roland Verge, Gérald Andries et Jean-Michel Bartelo, avec une erreur qui bénéficiera à « Bartelo ». Tant mieux pour lui. Il leur délivre enfin un certificat d'innocence : « Je n'imagine pas ces hommes prenant une décision aussi contraire aux instructions reçues, que d'aller couler le *Rainbow Warrior.* » Bernard Tricot est toujours piégé par sa logique. Il recherche quelqu'un qui a menti dans la hiérarchie. Or, personne n'a désobéi, mais les ordres n'étaient pas ceux qu'il imagine.

Il conseille aux « agents » de se présenter à la direction de la police judiciaire pour mettre fin à une situation ridicule. Ils y seront entendus et laissés en liberté. A la P.j., on les trouve « intimidés ». On s'étonne tout de même que le haut fonctionnaire ne relève pas les incohérences de leur récit : « Ils devaient, écrit-il par exemple sans rire, s'entraîner à la navigation dans la zone Pacifique sud. » Il ne trouve pas curieux que ces agents chargés, soi-disant, « d'infiltrer les milieux de la navigation néo-zélandaise et de s'imposer dans la flottille de Greenpeace », ne parlent pas un mot d'anglais. Et pourquoi choisir, pour cette mission « pacifique », des nageurs de combat appartenant, le rapporteur le confirme, au centre d'entraînement d'Aspretto ? Car il se serait agi, selon lui, de les envoyer là-bas pour « réfléchir aux voies et moyens de contrecarrer la campagne de Greenpeace. » Un groupe de réflexion musclé ? De même, il se dit totalement convaincu par la sincérité du Dr Maniguet et de son rôle de naïf « sponsor » désireux de « barrer » dans les eaux du Pacifique Sud. Il n'est pas surpris qu'une mission secrète se soit encombrée d'un si innocent touriste. Peut-être à cause « de l'aisance de l'attitude » du médecin lors de leur entretien. Bref, Bernard Tricot fait tellement la bête, qu'on se demande s'il ne fait pas aussi l'ange, l'ange gardien de la D.g.s.e.

Les torpilles de Tricot

Pourtant, si on lit attentivement son rapport, on s'aperçoit que ce « grand naïf » apparemment berné par les militaires, truffe son exposé de quelques bombes à retardement, qui exploseront après son passage.

Première torpille téléguidée : le mécanisme financier de l'opération. Bernard Tricot dévoile, en effet, un point capital de la mission : elle a nécessité une demande de fonds supplémentaires accordée — excusez du peu — par le chef d'état-major particulier de François Mitterrand. Un gros pavé dans la cour de l'Elysée.

« Comme il s'agissait, écrit le superenquêteur, d'envoyer plusieurs agents dans le Pacifique Sud et de louer un bateau, la dépense était de celle qui dépassait les charges courantes du service et qui donne lieu à l'attribution de fonds exceptionnels. Cette attribution fut demandée et accordée dans des circonstances normales, c'est-à-dire avec l'accord du chef de l'état-major particulier du président de la République. J'ai vu le général Saulnier, qui exerçait à l'époque ces fonctions — (il a été nommé ensuite chef d'état-major des armées). Il se souvient bien que l'affaire lui avait été soumise et qu'il s'agissait uniquement d'accroître l'effort de renseignement et qu'il donna son accord. »

Ce brutal coup de projecteur déclenche un magnifique son et lumière sur l'Elysée. Il désigne en effet obligatoirement François Mitterrand. S'il est établi un jour que la D.g.s.e. a commis l'attentat — ce que ne croit naturellement pas Bernard Tricot — alors la responsabilité du Président sera forcément engagée. Réfléchissons. Trois hypothèses seulement :

— L'amiral Lacoste ment au général Saulnier, son correspondant habituel à l'Elysée. Mais dans quel but ? Une seule possibilité : l'amiral a reçu l'aval direct du Président, et il n'est pas tenu d'informer le chef de l'état-major particulier.

— Le directeur de la D.g.s.e. a révélé au général l'objectif exact de la mission — le sabotage — et Jean Saulnier a « oublié » d'informer le Président. Absurde. Ou alors le général aurait été « sacqué » par François Mitterrand. Le poste de chef d'état-major des armées n'est pas considéré comme une disgrâce. C'est le plus important poste stratégique de l'armée française.

— Enfin, hypothèse farfelue, l'amiral ment à tout le monde, au Président et au général Saulnier. Mais pourquoi donc ? Cela ne ressemble guère à l'image de ce militaire, prudent et discipliné. Et l'on ne voit pas son intérêt.

Dans tous les cas, la révélation du mécanisme financier est forcément désagréable pour l'Elysée. Bernard Tricot en est tellement conscient, qu'il demande discrètement à Laurent Fabius, avant de rédiger son rapport : « Dois-je mentionner le rôle de l'état-major particulier du président de la République ? » « Aucune objection », rétorque le Premier ministre. Justification de Matignon : « C'est une question de principe, nous avions décidé de faire la vérité, toute la vérité. Il fallait à tout prix éviter un Watergate à la française. En dehors des aspects strictement protégés par le secret défense, il n'y avait aucune raison de cacher le mécanisme financier, d'ailleurs fort connu des spécialistes. »

N'empêche ! L'Elysée accuse le coup. L'affaire Tricot repose la question des relations entre le Président et son Premier ministre. « Normales et sans nuage à ce moment-là », assure-t-on à Matignon. « Dures, dures », rétorque-t-on dans l'entourage de François Mitterrand. Difficulté d'écrire l'Histoire. Mais Laurent Fabius « souffrira » lui aussi, par contrecoup, de ces révélations financières. Elles conduisent également tout droit à sa porte. Bernard Tricot ne le dit pas, mais la presse va le découvrir, le chef d'état-major donne son feu vert à un décret exceptionnel. Pour débloquer l'argent, ce décret doit être signé par le Premier ministre en personne. Un curieux décret d'ailleurs, intitulé « décret des dépenses accidentelles », un joli nom qui désigne des dépenses non prévues au budget de l'Etat... et aussi celles qu'on veut dissimuler. « Les « dépenses accidentelles » sont utilisées, par exemple, pour dédommager une région qui a subi une catastrophe naturelle, inondation, tornade. Elles n'apparaissent donc pas lors du débat budgétaire à l'Assemblée. Très utile pour les fonds secrets. Pour peu que ce décret — c'est le cas — soit protégé par le secret défense, il devient presque totalement clandestin, inviolable ; c'est le décret invisible. Bien pratique. Seule une poignée de conseillers de la Cour des comptes, accrédités au secret, peuvent approcher ce document. Mais, pour que l'argent soit versé à la D.g.s.e. par la paierie générale, il doit porter la griffe du Premier ministre... Indispensable. L'état-major de Matignon se rue sur les décrets pour vérifier et trouve, en effet, la trace de ce fameux document, évidemment jamais publié au *Journal Officiel.* Laurent Fabius avait donné pour consigne de ne pas demander d'explications sur les demandes de la D.g.s.e., avalisées par l'état-major particulier du président. C'était, en quelque sorte, la cuisine spéciale de l'Elysée. N'ayant aucun pouvoir de décision, le chef du gouvernement laissait François Mitterrand agir à sa guise. Il ne voulait pas, disent ses proches, « faire la mouche du coche ». Une pratique qui n'était pas, semble-t-il, celle de ses prédécesseurs. Pierre Mauroy s'est vanté, plus tard, d'avoir arrêté quelques « coups tordus » montés par les services spéciaux et bénis par l'Elysée. Il en a aussi couvert d'autres, notamment certaines opérations « délicates » au Liban.

Sous Fabius, la rue de Varenne vérifiait seulement que l'ordre provenait bien du cabinet militaire. Le décret était ensuite ratifié par la griffe officielle du Premier ministre ; une griffe automatique qui ne devrait pas exister, puisque les décrets doivent être, en théorie, signés de sa main même. Dans la pratique, elle est utilisée en permanence pour soulager l'emploi du temps du chef du gouvernement.

Mais le superenquêteur Tricot a encore une botte secrète. Celle-là causera plus tard bien des dégâts. Finalement sur quoi repose sa conviction que la D.g.s.e. est innocente ? D'abord, il n'a décelé aucune « faille » dans la hiérarchie. Tous pour un, un pour tous, disent les nageurs de combat. Aucun officier n'a « failli ». Pour que les services spéciaux soient coupables, il faudrait que tous lui mentent :

« Je suis, bien sûr, obligé de ne pas exclure l'hypothèse où ces officiers se seraient concertés pour me taire une partie de la vérité, dit-il. Je dois aussi ne pas laisser de côté le cas où les libellés des missions confiées aux agents, qui m'ont été montrés, ne seraient pas complets ou auraient été accompagnés de commentaires verbaux qui en auraient altéré le sens. »

Supposition aussitôt repoussée vertueusement :

« Cette hypothèse pessimiste me paraît exclue à la fois par la formation de ces officiers et leur caractère tels que nos entretiens l'ont fait apparaître. (...) La façon dont la D.g.s.e. a compris son rôle (...) me paraît donc avoir été conforme aux directives reçues par le service. »

Tricot avance encore. Il ne se fie pas seulement à la bonne mine et aux bonnes intentions des hommes de la « Piscine », il cherche à savoir s'ils ont pu « matériellement » commettre l'attentat. C'est la partie la plus importante du rapport, celle qui va entraîner la catastrophe. Les déductions du haut fonctionnaire sont simples : les occupants de l'*Ouvéa* ont quitté la Nouvelle-Zélande, le 9 juillet au matin, la veille de l'explosion et leur bateau ne s'est jamais amarré à Auckland. Ils n'ont donc pas pu poser les bombes sous le *Rainbow Warrior*. Eliminés. Les Turenge, seuls, n'ont pas pu faire le sabotage : Dominique Prieur souffre d'une vieille blessure au dos et elle n'est pas entraînée à la plongée. Quant à Alain Mafart, il n'a pu nager en solo sous le bateau et récupérer ensuite un autre plongeur à Hobson Bay : éliminés aussi. Conclusion : la D.g.s.e. n'est pas responsable du sabotage ; C.Q.F.D

L'amiral Lacoste est d'ailleurs très ferme sur ce point : les yeux dans les yeux, il jure à Bernard Tricot qu'aucun autre agent de la D.g.s.e. n'était en mission là-bas. Ce qui fera dire plus tard à l'un de ses collaborateurs : « L'amiral est un saint capable de mentir comme un voleur au nom de la raison d'Etat. » Son argument paraît imparable ; pas d'autres participants, pas d'attentat. Et si quelqu'un prouvait l'existence d'une troisième équipe ?

Pour l'instant, le brave conseiller d'Etat est persuadé de l'innocence de la D.g.s.e. Il fait part de sa conviction au cabinet de Fabius : « Elle n'est pas dans le coup. » A la fin de son enquête, il hésite un peu : les preuves ramassées par Galbraith, que l'ambassadeur de Nouvelle-Zélande lui laisse consulter sous le sceau du secret, l'inquiètent. Il découvre, par exemple, la tentative de rendez-vous entre les hommes de l'*Ouvéa* et les Turenge. « Des faits troublants plus que convaincants », écrit-il dans son rapport. Finalement, faute de preuve, le « juge » Tricot acquitte la D.g.s.e. au bénéfice du doute. Il lave par la même occasion le gouvernement de tout soupçon :

« Tout ce que j'ai entendu et vu, conclut-il, me donne la certitude qu'au niveau gouvernemental il n'a été pris aucune décision tendant à ce que le *Rainbow Warrior* soit endommagé. »

Mission accomplie. Non sans mal. Tricot ménage ainsi l'intérêt de l'Etat, tout en n'accablant pas les militaires. Un tour de force. Mais il est conscient des lacunes de son enquête. Comme il cite les vrais noms des gens de l'*Ouvéa,* il propose d'abord qu'on ne publie que des extraits de son rapport. « Trop difficile et surtout sujet à caution », répond-on à Matignon. On chercherait les passages censurés. Le Premier ministre, qui a le texte complet entre les mains le 23 août, décide de le rendre public le lundi 25. Les journalistes se ruent, à midi, à l'hôtel Matignon et s'arrachent les exemplaires encore humides de l'imprimerie.

Dans l'ensemble, ils sont profondément déçus. Ce « blanchissage » en règle du pouvoir est jugé peu probant, voire carrément laudatif. Pas pour longtemps. Voici que, soudain, coup de théâtre. Bernard Tricot lui-même est saisi par le doute, comme M. Le Trouhadec par la débauche. Curieux phénomène psychologique, au fur et à mesure que le haut fonctionnaire raconte son enquête aux radios ou devant les caméras de télévision, il paraît de moins en moins sûr de lui, comme s'il remarquait soudain, en les répétant, la faiblesse de ses arguments et les bizarreries inexpliquées de l'affaire Sa conviction s'affaiblit et va decrescendo.

26 août — TF1 : « Il est possible que dans des cas où j'ai cru qu'on m'aidait, on ne m'aidait pas. »

Europe 1 : « Il n'est pas inconcevable que des chefs de la D.g.s.e. m'aient caché une partie de la vérité, qu'ils se soient trouvés en face d'un conflit de devoir. »

Antenne 2 : « Je n'exclus pas que j'ai été berné, qu'il y ait eu une sorte d'entente générale pour ne pas me dire la vérité. »

Fidèle serviteur de l'Etat, certes oui, crédule enquêteur manipulé, pas vraiment. Le plus scandaleux finalement est qu'on se soit servi de lui au plus haut niveau, pour cette mascarade politique.

Bernard Tricot s'en tire honorablement ; il rachète par la lucidité de la fin sa naïveté du début. Outre les deux bombes amorcées qu'il laisse derrière lui, sa grande vertu est de ne pas avoir abandonné à leur sort les lampistes, tout en cherchant à sauvegarder l'honneur de l'Etat. Aux responsables politiques de faire le ménage. Laurent Fabius hérite alors de ce bébé encombrant. Ce rapport « mi-chèvre, mi-chou » l'embarrasse terriblement. Ou le Premier ministre, informé par le Président, sait déjà la vérité et il espérait bien que Tricot allait la révéler, ce qui lui aurait permis de pourfendre Hernu. Dans ce cas, l'opération est ratée. Ou il ne sait encore rien de précis et ce rapport inutile ne lui apporte aucun élément nouveau. On ne sait toujours pas qui a coulé le *Rainbow Warrior.* Et Matignon ne dispose d'aucun coupable de rechange. Pire, ce rapport met Fabius dans une position politique impossible. Il aurait normalement toutes les raisons de se réjouir, il devrait brandir ce texte et se féliciter bruyamment de l'innocence de son gouvernement. Mais ce rapport est trop beau pour être vrai et Fabius sait qu'il faut préserver l'avenir. Alors, que faire ? « Il ne peut pas non plus, comme l'écrit Christian Fauvet dans *L'Express,* donner l'impression de faire la fine bouche devant un rapport si gentil pour son gouvernement ; ni se montrer déplaisant à l'égard d'un serviteur de l'Etat qui lui a rendu si fier service. » Cruel dilemme qui lui lie les mains. Avant cette « superenquête », Charles Hernu avait, à plusieurs reprises, proposé sa démission au Premier ministre : « Mon mandat est à ta disposition. » Mais on sait à Matignon que cette démarche était purement formelle. Le ministre de la Défense pensait, à juste titre, que l'Elysée le couvrirait et il ne croyait pas une seconde à son limogeage. Fabius, de son côté, n'avait rien de précis pour l'accuser, si ce n'est la thèse de « l'ordre borborygme ». Thèse difficilement plaidable devant l'opinion. Si Tricot avait trouvé la vérité, tout était différent, mais là, impasse totale : impossible de « virer » Hernu après un rapport si favorable pour ses services

Pourtant, Fabius est trop fin politique pour penser que l'affaire va s'arrêter là. D'abord, les Néo-Zélandais ont peut-être amassé des preuves contre la D.g.s.e. qu'ils risquent de sortir lors du procès, prévu le 4 novembre. Déjà, les conclusions du rapport Tricot ont provoqué, à Auckland, la colère de David Lange qui s'exclame, furieux : « Ce rapport est incroyable. » Il exige des « excuses immédiates et officielles de la France ». Encore un épisode absurde qui n'a pas arrangé nos rapports avec la Nouvelle-Zélande.

Laurent Fabius sait que cette affaire inachevée peut rebondir à tout moment et déstabiliser son gouvernement. Elle pèse désagréablement au-dessus de lui comme une épée de Damoclès. Il va donc essayer de louvoyer habilement. Impossible de contredire ouvertement le conseiller d'Etat — ce serait un comble — impossible, également, de se donner le ridicule de prendre le rapport au pied de la lettre, d'être plus royaliste que Tricot lui-même. Alors, le chef du gouvernement botte en touche et change de terrain. Tour de passe-passe : il découvre miraculeusement, dans le rapport, un élément qui ne s'y trouve pas. « M. Tricot a mis en lumière, déclare le Premier ministre, des carences importantes dans le fonctionnement même de la D.g.s.e. » L'ancien collaborateur du général de Gaulle n'a rien décelé de tel, mais tant pis... Fabius demande à Charles Hernu de poursuivre les investigations et de lui proposer une réforme des services secrets.

> « Tant qu'on n'aura pas trouvé qui est à l'origine, qui est le coupable du coulage du bateau, insiste-t-il à la télévision, toutes les hypothèses continueront et cela ne sera pas terminé. Voici ma ligne de conduite, il n'y en a pas d'autre. Des interrogations subsistent. J'ai des doutes. Je demande la vérité. »

Il apaise même, dans la foulée, les Néo-Zélandais, en affirmant que « des poursuites judiciaires seraient immédiatement exercées s'il apparaissait que des faits criminels ont été commis par des Français ».

Un joli retournement de situation, avec renvoi de la grenade politique. Mais cette volonté farouche de ne pas enterrer l'affaire n'est-elle pas aussi la marque d'un homme blessé face au Président qui l'a trompé ? On pense à la formule d'un Premier ministre britannique du XVIIIe siècle, Robert Walpole qui, fort de son expérience, estimait « que peu d'hommes doivent devenir Premier ministre car il ne convient pas qu'un trop grand nombre sache combien les hommes sont méchants ».

François Mitterrand, on s'en doute, souhaiterait en finir au plus tôt avec cette affaire, et le rapport Tricot était une belle occasion de tourner définitivement la page. L'obstination de Fabius doit donc l'exaspérer. A moins qu'il ne l'estime cyniquement nécessaire pour calmer l'opinion. Il n'empêche que le Premier ministre s'est pris les doigts dans son propre piège et que le rapport Tricot n'a pas fonctionné ; il doit bien s'avouer momentanément vaincu. Hernu a gagné, il conservera son ministère. François Mitterrand est soulagé, il a évité une grave crise ministérielle et sauvé son vieux grognard. Son choix du début s'avère justifié : ne jamais avouer. Sauf rebondissement imprévu, l'affaire est pratiquement enterrée. Surtout si c'est Charles Hernu qui est chargé de mener l'enquête...

Il ne reste plus qu'à sortir les Turenge de prison et la bavure sera effacée, « oubliée ». Les projecteurs s'éteindront. Faute de carburant, la machine journalistique s'arrêtera aussi. Attitude typiquement française. Tout le monde sait que Bernard Tricot s'est fait « rouler dans la farine » comme l'a écrit *Libération,* et que l'Elysée ne dit pas la vérité. Mais, pas vu, pas pris. Tant pis pour les principes, tant mieux pour le Président. Au pays de Mandrin et de Lupin, on admire la fraude, si elle est faite élégamment. L'esprit frondeur des Français a encore frappé. Mais cette fois, l'affaire est trop grave, elle met en cause la crédibilité des institutions. Et la vérité, comme on dit dans les livres, va finir par triompher. « L'ennuyeux avec elle, a dit un philosophe, c'est que, quand on la cherche, on finit toujours par la trouver. »

Pour l'instant, l'intérêt politique étant tombé, l'actualité se reporte sur les Turenge. On s'intéresse à leur détention en Nouvelle-Zélande. Par peur d'une opération commando, on vient de les changer de prison : Alain Mafart a été enfermé dans le quartier de haute sécurité de la Centrale de Paremoreno, près d'Auckland. Dominique Prieur a été transférée, en pleine nuit, par avion militaire spécial, dans une prison sinistre de l'île du Sud, à proximité de la ville de Christchurch. Les deux agents se morfondent en attendant leur procès, tandis que leur avocat parisien, Me Derouin, exhorte les Français à leur écrire pour leur soutenir le moral.

Au début du mois de septembre, le vice-consul de France à Wellington rend visite aux Turenge. C'est la première fois qu'un diplomate rencontre les agents en prison, signe définitif — et tardif — de leur reconnaissance officielle. A ce moment-là, François Mitterrand est tellement sûr de tenir l'affaire en main, qu'il adresse, le 16 septembre, une lettre confidentielle au Premier ministre, David Lange, lui déclarant sèchement « qu'il serait bon que les griefs accumulés et les accusations infondées dont la France est l'objet soient évités ». Aucun doute, le Président pense qu'il a joué la bonne carte, celle du silence et des principes. Il espère récupérer les Turenge en évitant une crise politique et le départ du vieux compagnon Hernu.

Il invite de nouveau David Lange — qui a déjà refusé — à visiter l'atoll de Mururoa pour constater par lui-même l'innocuité des essais nucléaires français. Il conclut en espérant « que les relations traditionnellement bonnes entre la France et la Nouvelle-Zélande pourront être préservées ». Comment espère-t-il récupérer les Turenge ? On ne sait. Mais, politiquement l'affaire s'assoupit. Deux jours plus tard, c'est le réveil en fanfare.

La troisième équipe coule Hernu

Ce mardi 17 septembre, François Mitterrand visite le site de Bribacte, dans le Morvan, où Vercingétorix a été désigné chef des Gaulois. Symbole politique : dans ce décor à la Astérix, le chef de l'Etat veut en profiter pour exalter la « nécessaire cohésion nationale », version gauloise de la future cohabitation. Mais l'après-midi, le ciel va tomber sur la tête de l'Elysée. Une tornade politique traverse Paris. Un titre choc s'étale à la Une du journal *Le Monde* sur quatre colonnes : « Le *Rainbow Warrior* aurait été coulé par une troisième équipe de militaires français. »

Cet article tonitruant, signé de Bernard Le Gendre et Edwy Plenel, spécialistes des affaires judiciaires et policières au quotidien (voir chapitre précédent) balaie d'un coup le rapport Tricot et la thèse soigneusement fignolée par la D.g.s.e. et Charles Hernu. Selon des « sources concordantes » recueillies par *Le Monde,* l'attentat d'Auckland a été « perpétré par deux nageurs de l'armée française ». Les deux journalistes lèvent un voile sur leurs « sources » : anciens et proches de la D.g.s.e., « honorables correspondants » de ce service secret, policiers ayant eu connaissance de l'enquête néo-zélandaise, membres de cabinets ministériels placés à des postes sensibles, militaires ou cadres de réserve collaborant avec les partis d'opposition, nombreux sont ceux qui parlent. Et ce qu'ils disent aboutit aux mêmes conclusions. Qui a agi ? A les en croire, « une troisième équipe (...) : deux nageurs de combat — un par explosif — de l'armée française. Chacun ayant posé une charge ».

Le quotidien lâche aussi une bordée politique : outre l'amiral Lacoste fort discipliné, qui n'a pas pu faire « cavalier seul », trois autres responsables auraient été, selon *Le Monde,* dans la confidence.

« Il s'agirait des généraux Jeannou Lacaze, alors chef d'état-major des armées, de Jean Saulnier, alors chef d'état-major particulier du président de la République (...), mais aussi du ministre de la Défense lui-même. »

En revanche, affirment les auteurs de l'article, le Président n aurait rien su de cette affaire :

« M. Mitterrand n'aurait pas été informé par le ministre de la Défense, ni avant ni après l'attentat. On lui aurait au moins menti par omission. »

Abomination des abominations :

« La lecture du rapport de Bernard Tricot lui aurait appris un fait qu'il ignorait : l'implication de son chef d'état-major particulier (...) dans le feu vert financier donné à une opération de surveillance qui s'est avérée du sabotage. »

Difficile de suivre *Le Monde* sur ce terrain-là : ce dernier détail laisse sceptique.

On imagine mal le chef de l'Etat découvrant, soudain, que le général affecté à son cabinet et spécialement chargé de le renseigner lui aurait menti. Et pourquoi donc ? D'autant que le Président vient de le nommer chef d'état-major des armées. D'ailleurs, une dizaine de jours plus tard, les deux journalistes reviendront sur leur jugement, estimant le rôle du Président plus décisif...

Ce jour-là, Le Gendre et Plenel évoquent une nouvelle fois leurs sources pour « crédibiliser » l'article et répondre par avance aux accusations de manipulation :

« Recueillies et recoupées jusque dans l'entourage de M. Mitterrand, ces informations ne sont évidemment pas désintéressées. Certains de nos interlocuteurs, liés à l'opposition, agissent ainsi en pensant aux prochaines échéances électorales ; d'autres, liés au pouvoir actuel, souhaitent que la vérité soit rapidement rendue publique pour échapper à l'engrenage du mensonge. »

La révélation de cette « troisième équipe » fait littéralement exploser la version de la D.g.s.e. Elle provoque deux types de réaction.

On s'interroge d'abord — naturellement — sur sa véracité. Son existence sape, en effet, la base même du rapport Tricot : si d'autres agents secrets étaient présents en Nouvelle-Zélande, alors la France a commis l'attentat. C'est le chaînon manquant qui explique toute l'opération. Le seul qui permette « logiquement » de reconstituer ce qui s'est passé à Auckland. *Le Monde* ne livre cependant aucun détail, il affirme plus qu'il ne prouve. Mais on imagine mal que le quotidien joue toute sa crédibilité et sa réputation sur une information qui ne serait pas certaine, « bétonnée », dit-on dans le métier. On attend cependant d'autres précisions. Mais elles viendront des confrères. La presse française a pris goût au jeu de la vérité.

Deuxième réaction, plus politique : pourquoi *Le Monde* lance-t-il une telle machine infernale ? Quelle est la main qui tient l'allumette ? Beaucoup y voient la « patte » de Pierre Joxe, qui, en « liquidant » définitivement l'affaire, voudrait protéger le président de la République. Edwy Plenel, qui suit au *Monde* les affaires de police, a signé plusieurs articles très favorables à l'action du ministre, et passait pour l'un de ses « relais » politiques. Le journaliste s'en défendra peu après, dans un article intitulé « Gorge profonde » (rappel de l'informateur du *Washington Post* dans l'affaire Watergate que la presse américaine avait surnommé *Deep Throat :* gorge profonde) :

> « M. Joxe n'était pas notre informateur. Sur le fond cette " traque " (aux sources) a de quoi surprendre, écrivent Le Gendre et Plenel, dans la presse américaine, elle paraîtrait incongrue (...). Ce qui importe, c'est que les informations soient fiables, crédibles (...). Vouloir à tout prix identifier nos informateurs ne relève-t-il pas d'une conception... policière de l'histoire où derrière toute révélation journalistique, il devrait forcément y avoir un complot : l'opposition contre le pouvoir, les policiers contre les militaires (...), le K.G.B. contre la force de frappe ? »

Sans vouloir faire un « procès de Moscou » au *Monde,* il est normal que l'on s'interroge sur l'attitude politique du quotidien. Soutien déclaré de la gauche, le voilà qui lance une grosse bombe sur le toit du ministère de la Défense.

Aussi incroyable que cela paraisse, dit-on au quotidien, on n'a pas, passionné par le *scoop,* mesuré immédiatement l'énormité du coup politique. Depuis l'affaire des Irlandais, les deux reporters ont donné au sage et austère quotidien de la rue des Italiens le goût des « coups ». Sans compter que la situation financière du quotidien n'est pas, à l'époque, florissante et que le digne journal a aussi besoin de faire parler de lui. Ce jour-là, ses ventes augmentent de 25 %. Et le surlendemain, de 50 %. Dans le cas de la troisième équipe, la rumeur de son existence courait dans Paris depuis plusieurs jours et était parvenue à quelques rédactions. *Le Canard enchaîné* l'a d'ailleurs attrapée au vol, le même jour que *Le Monde,* et s'en fait l'écho — très prudemment, avec deux versions contradictoires — le lendemain, mercredi. *L'Express,* mis en pages mardi soir, va, lui aussi, confirmer l'existence de la troisième équipe dans son édition mise en vente le vendredi suivant. Les journalistes du *Monde* tenaient donc, avant tout, à « défendre » leur *scoop.* Comment l'ont-ils obtenu ? C'est une autre histoire. Ils affirment qu'il découle d'une longue enquête et qu'il ne leur a pas été, comme on l'a dit, apporté sur un plateau, déposé au journal par un motard du ministère de l'Intérieur. Il est effectivement rare que les informations inédites soient glissées à l'oreille par les ministres eux-mêmes. Les hommes politiques, en France, sont bien trop prudents pour se « mouiller » directement ; ils chargent généralement les conseillers de cette besogne. Toujours est-il que, le lundi matin, les deux journalistes ont leur information. Elle n'est pas très précise, mais, selon eux, absolument sûre, recoupée à plusieurs sources. Ils en parlent à deux rédacteurs en chef, Daniel Vernet et Claude Salges, qui donnent leur feu vert. Ils ne savent alors ni l'importance qu'elle aura, ni la place qu'elle tiendra dans le journal. Mais ils se battent pour obtenir la une. Ils ne rencontrent même pas le patron du *Monde,* le directeur de la rédaction André Fontaine. Toute la journée, jusqu'à minuit, ils écrivent leur article. Le lendemain matin, à 8 h 15, à la sacro-sainte réunion des chefs de service qui se tient traditionnellement debout, on décide de passer l'article en une. André Fontaine ajoute seulement, par-ci, par-là, des conditionnels pour « adoucir » le texte, et il demande au chef du service politique, Jean-Marie Colombani, de prévenir l'Elysée, par politesse. Tous se réjouissent du « bon *scoop* » du journal. Ce n'est qu'à l'imprimerie que Le Gendre et Plenel découvrent que leur article occupe quatre colonnes à la Une — une audace folle, historique, pour *Le Monde.*

Les « gorges profondes » qui ont soufflé l'existence de la troisième équipe ont dû, elles-mêmes, être étonnées par l'effet produit. L'information, lâchée avec un tel éclat, déclenche une crise politique au sommet de l'Etat. Plus exactement, cela va permettre à Laurent Fabius de remporter la guerre qu'il mène, depuis plus d'un mois, contre Charles Hernu. L'article tombe à pic pour lui. Il recherche de nouvelles armes pour éliminer le ministre de la Défense et enterrer — vite — l'infernale affaire Greenpeace. Il saisit l'occasion. Mais l'article ne suffira pas à lui tout seul, il faudra d'autres éléments. Voici l'histoire complète de cette extraordinaire guérilla au sein du pouvoir. Dès le mardi après-midi, le psychodrame politique commence. Premier acte : « Y a-t-il un coupable dans la salle ? »

En fin de matinée, Charles Hernu est prévenu de la sortie de l'article du *Monde* par un journaliste « ami », qui lui affirme que « l'info » vient de Joxe. Le ministre de la Défense se précipite sur l'interministériel. Pierre Joxe jure au téléphone qu'il n'a rien à voir dans l'affaire. Il en profite pour lui répéter : « Qu'est-ce que tu attends pour virer Lacoste ? » Raisonnement de Pierre Joxe : l'amiral est responsable de la D.g.s.e., c'est à lui de payer les pots cassés. Insuffisant sur l'échelle de Richter politique. On sait dorénavant qu'un « responsable politique » de haut niveau doit « trinquer ». De plus, Hernu peut difficilement faire plonger l'amiral sans couler avec. Pierre Lacoste a sa musette remplie de munitions : de quoi entraîner le ministre au fond. « L'ordre de couler le *Rainbow Warrior* a été donné par un politique, grogne-t-on déjà à la D.g.s.e. Pas touche au patron ! »

Un peu plus tard, tandis qu'il déjeune avec Christine Clerc du *Figaro-Magazine,* le ministre de la Défense reçoit un exemplaire du *Monde.* Il le parcourt sans broncher et lâche seulement : « Je sais qui a fait le coup. »

Il sent surtout qu'il est dans la ligne de mire de Matignon. En plein dans le collimateur. S'il veut sauver son poste, il doit reprendre le sentier de la guerre. Et vite. Il s'informe à l'Elysée de la « résistance » du parapluie présidentiel qui le couvre. Apparemment, la protection tient encore bon. Le Président lui lance même au téléphone : « Battez-vous. » Du coup, dans la soirée, Hernu nie tout en bloc. Il est d'ailleurs encouragé par les militaires qui se relaient dans son bureau pour le soutenir ; ils le poussent à charger : « Hardi, Hernu ! » Il publie donc un démenti cinglant, rédigé curieusement à la troisième personne :

> « Le ministre de la Défense, Charles Hernu, s'élève avec force contre la campagne de rumeurs et d'insinuations menée contre des responsables français à propos de l'attentat contre le *Rainbow Warrior.* Il estime inacceptable que plusieurs officiers généraux français, exerçant ou ayant exercé les plus hautes responsabilités dans notre appareil militaire, soient mis en cause. »

Ça, c'est pour calmer les généraux. A son tour, maintenant :

> « Il affirme qu'aucun service, qu'aucune organisation dépendant de son ministère n'a reçu l'ordre de commettre un attentat contre le *Rainbow Warrior.* Il affirme qu'à sa connaissance la D.g.s.e. n'avait pas alors, en Nouvelle-Zélande, d'autres agents. (Que ceux reconnus.) Il rappelle enfin que cet attentat est injustifiable et qu'il s'est engagé à tout mettre en œuvre pour établir la vérité : s'il était établi que des responsables avaient contrevenu à ses ordres ou lui avaient menti, il le ferait immédiatement savoir et demanderait au gouvernement d'en tirer toutes les conséquences, mais rien, pour l'instant, ne lui permet de penser que tel est le cas ».

La meilleure défense, disait déjà Foch, c'est l'attaque. « Attaquons, attaquons comme la lune ! » disait aussi le général de Lanrezac. Mais là, c'est un cas d'école. On serait tenté d'écrire : quel culot ! Mais aussi, quel risque ! Les assurances reçues sont vraiment très fortes pour qu'il prenne ainsi celui de se mettre à découvert. C'est la première fois, en effet, qu'il rompt avec la ligne de discrétion qu'il s'était prudemment fixée. Jusqu'ici, Charles Hernu avait toujours refusé de parler directement de l'affaire ; quelques confidences discrètes, mais aucune prise de position publique. Et voici qu'il brise le silence et qu'il fait la grosse voix : « s'élève avec force », « inacceptable », « j'affirme », « j'affirme », « démenti catégorique ». Toutefois, sur la présence d'autres agents en Nouvelle-Zélande le ministre entrouvre une porte de sortie — une sortie de secours — « il affirme qu'à sa connaissance... » Nuance prudente qui annonce la dernière ligne possible de flottaison avant le sabordage : « On m'aurait menti, je serais victime de mes services qui m'auraient caché la vérité. » Mais de repousser aussitôt cette version indigne — « rien ne me permet de penser que tel est le cas ». S'il a été manipulé par ses militaires, il doit évidemment démissionner. Mais Charles Hernu estime qu'il n'a rien à craindre.

Ce communiqué, en tout cas, ne convainc pas tout le monde, y compris parmi les socialistes. D'ailleurs, le ministre de la Défense se garde bien de paraître, le soir, au banquet des 1000 (socialistes), qui se tient à Issy-lès-Moulineaux, en présence d'une vingtaine de ministres. Les socialistes ne sont plus que 999 et tous, émus, ne pensent qu'à ce « grand absent » — un seul ministre vous manque... Après le toast de Laurent Fabius, lorsque Lionel Jospin accuse violemment la droite « d'assaillir le Président dans une affaire où ses positions ont été, dès le début, claires, fermes, conformes à nos principes, conformes à l'idée de la France et à notre morale », chacun, dans la salle, retient son souffle et songe à « Charles », dont Jospin ne dit pas un mot. Une mauvaise nuit pour le ministre de la Défense.

Le lendemain, le combat continue. Un journaliste du *Monde* est « convoqué » à un petit déjeuner rue Saint-Dominique, où il se trouve face à un tribunal d'officiers supérieurs. Un véritable procès dirigé par Hernu. « Ce que vous avez fait là, s'emporte le ministre, c'est pire que vos articles sur le Cambodge (allusion à une série d'articles favorables aux Khmers rouges). Après le Conseil des ministres, je vais faire une déclaration sur le perron de l'Elysée. Si vous ne publiez pas les noms des hommes de la troisième équipe, c'est que vous n'avez pas de preuves. Alors, je vous attaque en diffamation. » Curieux argument : en clair, c'est la vérité, mais vous êtes incapables de la prouver. Alors, comme on dit dans les chambrées : « Ça va saigner ! » Un autre haut fonctionnaire, membre du cabinet du ministre, déclare le même jour à *L'Express* : « On va " casser " *Le Monde* ! »

Outre les échauffourées publiques, les communiqués sanglants, d'autres scènes se jouent, plus discrètement, côté cour : Matignon a repris l'affaire en main et mène à nouveau son enquête. Le bras de fer engagé avec Hernu recommence de plus belle. Laurent Fabius exige que le ministre de la Défense interroge l'amiral Lacoste. Hiérarchie oblige. Le patron de la D.g.s.e. confirme-t-il le passage du rapport Tricot concernant l'absence d'autres agents français en Nouvelle-Zélande ? Et Fabius veut que l'amiral réponde par lettre, le jour même. Le Premier ministre en a « marre » des belles paroles, souvent contradictoires ; il veut du « concret », des écrits qui, c'est bien connu, restent. Dorénavant, toutes les relations « officielles » entre la D.g.s.e., Charles Hernu, Matignon et l'Elysée se font par courriers spéciaux... la confiance règne.

L'amiral, toujours aux ordres, répond sans sourciller : « Aucun autre agent de la D.g.s.e. n'était présent à Auckland le jour du sabotage. » Les services secrets s'enfoncent, mais Charles Hernu joue les prolongations, il gagne du temps. Pourtant la pression politique grimpe encore.

Les éditorialistes se déchaînent. Serge July, « conscience » de la gauche, n'y va pas avec le « dos de la cuillère » le mercredi matin, dans *Libération :*

> « Le piège du mensonge d'Etat : Ça commence comme un kyste et ça s'achève par un cancer généralisé, écrit le journaliste. Il est désormais manifeste qu'un ou plusieurs membres du gouvernement de Laurent Fabius et la haute hiérarchie militaire ont menti. (...) Le " piège à cons " du rapport Tricot a parfaitement fonctionné. (...) Toute contradiction dans sa version se retourne contre Charles Hernu. (...) Tout mensonge ministériel ou gouvernemental, a fortiori élyséen, même pour protéger une pièce de l'importance de Charles Hernu, se révélera meurtrier pour le pouvoir politique. »

Une enquête très fouillée de l'envoyé spécial du journal en Nouvelle-Zélande, Lionel Duroy, étaye la thèse du patron de *Libé;* elle démontre sur le terrain, dans le détail, toutes les omissions et les contradictions du rapport Tricot.

Le bateau tangue, mais Charles Hernu s'accroche à la barre. Le Conseil des ministres du mercredi matin est pesant. Personne n'a à cœur la préparation du budget 86. Le conseil s'éveille seulement lorsque Roland Dumas évoque enfin l'affaire Greenpeace par le biais des réactions des pays du Pacifique à la visite du chef de l'Etat à Mururoa. François Mitterrand conclut le Conseil par un bref : « Je veux savoir. » Mais il rappelle auparavant, à Charles Hernu, qu'il doit diligenter l'enquête sur les carences de la D.g.s.e. Une façon de désigner le coupable. Personne d'autre ne prend la parole, surtout pas Hernu, crispé sur son maroquin.

Georgina Dufoix, porte-parole du gouvernement, confirme, sur le perron de l'Elysée, la remarque du Président. Elle confie aussi, hors micros, que l'article du *Monde* ne contient pas l'ombre d'une preuve... et qu'on se demande bien qui a pu couler ce bateau puisque, affirme-t-elle, « ce n'est pas l'autorité politique qui a donné l'ordre ». Le Saint-Esprit? persiflent les journalistes qui attendent, en vain, la sortie du ministre de la Défense. François Mitterrand l'a retenu quelques instants après le Conseil et l'a fait quitter l'Elysée par une porte dérobée. Pas de déclaration ronflante sur le perron. L'entretien redonne quand même des ailes au vieux grognard. A 16 h 30, Charles Hernu réunit une conférence de presse à son ministère. Le dernier coup de force de ce ministre fonceur. Cette fois, ça passe ou ça casse. Cette initiative personnelle sidère Matignon qui n'était pas informé. Charles Hernu joue son va-tout. Il jette tous les arguments dans la balance. Il défend d'abord, ardemment, l'armée française : « Je vous ai réunis, aujourd'hui, pour vous faire part de mon indignation devant la campagne de calomnies menée contre des responsables militaires français. » Il rappelle ensuite — fermement — les trois points de son communiqué de la veille : aucun service n'a reçu l'ordre de commettre l'attentat. La D.g.s.e. n'avait pas d'autres agents que ceux qu'on connaît, le ministre s'est engagé à établir la vérité, si on lui a menti, il en tirera les conséquences. Mais après, quelle envolée ! Tout y passe : l'illustration et la défense de l'état-major des armées : « Je ne laisserai pas mettre en cause les responsables actuels ou passés de l'état-major des armées françaises. On ne saurait porter atteinte à l'honneur d'officiers généraux ayant servi ou servant la France. » L'amour de la patrie : « Nos officiers, nos sous-officiers, nos soldats sont des républicains au service de la Nation, de l'Etat, de la République, en un mot de notre Patrie. » Le sort des Turenge : « Il y a le sort d'un homme et d'une femme (...) qui font l'objet de poursuites judiciaires. Ils sont dans des quartiers de haute sécurité. Je réclame pour eux, c'est bien le moins, la présomption d'innocence. On ne joue pas avec ces choses-là, c'est de l'irresponsabilité. »

Le ministre, dans son élan, va même jusqu'à reconnaître :

> « Je le dis avec tranquillité, ces deux officiers, comme l'équipage de l'*Ouvéa,* étaient des agents de renseignement en mission. Oui, je le savais (mouvement dans la salle) et c'est même moi qui l'ai ordonné, et je l'affirme, ils ne faisaient que leur devoir en défendant les intérêts de la France. Qu'on ne s'y trompe pas cependant, entre le renseignement et l'attentat qu'on leur impute à tort, il y a un abîme. »

Il ajoute aussi un zeste de mystère pour ménager le suspense, laissant entrevoir — pour plus tard — des révélations spectaculaires : « Je vous dirai en confidence que je sais bien qu'il y a dans cette affaire, dans ces zones d'ombre, de la malignité, et c'est cela que je m'efforce de mettre en lumière. » Charles Hernu reviendra plusieurs fois sur la thèse de l'« esprit malin », mais malheureusement, il ne voudra jamais l'identifier et donner sa couleur. Rouge ? Le K.G.B. Noire ? La droite. Bleu étoilé ? La Grande-Bretagne. Enfin, dernier argument massue : la défense de notre dissuasion nucléaire.

« Au moment où le président de la République vient d'aller solennellement réaffirmer notre détermination en matière de dissuasion nucléaire, ce n'est peut-être pas le seul fait du hasard si tous ceux qu'on attaque sont des hommes de la chaîne nucléaire. Je m'adresse à vous tous : que personne ne tombe dans le piège du contournement de la dissuasion nucléaire (...). »

Fin de conférence de presse : garde à vous... Rompez les rangs ! Les journalistes se dispersent, stupéfaits, sous le coup de cette avalanche de mises en garde. En résumé : attaquer Charles Hernu et rechercher la vérité dans l'affaire Greenpeace, cela revient à déshonorer l'état-major des armées, insulter la patrie, enfoncer les Turenge, mettre en doute — ce qui, apparemment, est au moins aussi grave — la sincérité du ministre de la Défense, et, surtout, ultime message, s'attaquer à la force de frappe française, c'est-à-dire, en somme, faire le jeu de l'étranger, voire de l'ennemi. Bref, être un mauvais Français. Comme l'écrira *Libération,* c'est un peu « *too much* ». Même parmi les socialistes — ne parlons pas de Matignon — on commence à trouver que « Charles » en fait beaucoup. « Des tonnes », s'exclame même, trivial, un journaliste d'un périodique de gauche. Comme si les dreyfusards, au temps de l'Affaire, avaient soutenu l'état-major !

Pourtant, chaque pas en avant l'amène aussi inconsciemment plus près du précipice. Hernu se met, par exemple, dangereusement la corde autour du cou en reconnaissant ouvertement, pour la première fois, qu'il a donné l'ordre d'expédier les Turenge et l'équipage de l'*Ouvéa* en Nouvelle-Zélande. C'est le syndrome Tricot qui recommence. Si on prouve un jour que nos agents n'étaient pas simplement là-bas pour une « mission de renseignement », mais avec l'ordre exprès de couler le *Rainbow Warrior,* alors tout désignerait le ministre de la Défense.

Mais, pour l'instant, Charles Hernu est ravi de son « coup ». Il pense que les boulons sont définitivement resserrés et que tout danger est écarté. Il a repris le contrôle des opérations. La forteresse militaire a tenu, l'inondation est enrayée. Pourtant, l'eau monte encore. Le monde politique apprécie en connaisseur la prestation de Charles Hernu. Au dîner de 150 couverts donné, le soir à l'Elysée, en l'honneur du président argentin, Raoul Alfonsin, on ne parle que de l'affaire et de la riposte d'Hernu. « Partira, partira pas ? » Les paris sont ouverts autour de la monumentale table de réception. Entre le suprême de turbot Marguerite et le navarin de canard au ris de veau, le président argentin doit s'interroger sur ce qui se passe : tous les convives chuchotent avec leur voisin et personne ne s'intéresse à lui !

D'ailleurs, dès qu'il le peut, François Mitterrand confie Alfonsin à Pierre Mauroy, qui le connaît bien, pour s'isoler dans un coin avec Laurent Fabius et Charles Hernu. « Ils sont bizarres ces Français », doit songer le président argentin. Le ministre de la Défense, lui, a encore gagné une nuit. Mais, le lendemain, patatras, le fragile barrage cède de nouveau.

Le Monde du jeudi 19 septembre cite abondamment les précisions qui seront apportées par le numéro de *L'Express*. Elles confirment l'existence de la troisième équipe :

> « Aux côtés des faux époux Turenge et des trois navigateurs du voilier *Ouvéa* se trouvait bien une troisième équipe de la D.g.s.e. constituée de deux plongeurs militaires de la base d'Aspretto (Corse). Il s'agit d'un capitaine et d'un sergent-chef du centre d'instruction des nageurs de combat. Ils s'étaient longuement entraînés au minage sous-marin de jour et de nuit dans le golfe d'Ajaccio. »

Nous n'avons pas publié alors les noms des deux militaires pour ne pas les dénoncer à la justice néo-zélandaise. Nous révélions également des détails sur le financement de l'opération et sur la façon dont l'ordre avait été donné.

A l'Hôtel Matignon, c'est le tumulte. Laurent Fabius pique une colère noire. La presse sort des informations que lui, Premier ministre, n'a pas. Et sur une affaire qui engage le gouvernement. Situation grotesque et insupportable, s'emporte-t-on, sincèrement ou non, à Matignon. Il faut en finir. Afin d'acculer Charles Hernu à avouer, le chef du gouvernement soumet les trois militaires cités dans *Le Monde* et dans *L'Express* à un exercice d'écriture : les généraux Lacaze, Saulnier et l'amiral Lacoste doivent répondre nettement à trois questions : « Avez-vous eu connaissance d'instructions concernant une opération sur le *Rainbow Warrior* ? » « *Après le sabotage,* avez-vous eu connaissance de l'opération ? » Enfin, « d'autres agents de la D.g.s.e. étaient-ils en mission en Nouvelle-Zélande ? » Charles Hernu ajoute, de lui-même, une quatrième question qui, paradoxalement, va causer sa perte. Pressé sans doute d'en découdre avec la presse, il demande à l'amiral Lacoste si les précisions apportées par *L'Express* sont exactes. Le ministre espère, évidemment, une réponse négative, qui lui permettrait de riposter en force. Une enquête serrée de la sécurité militaire a déjà fourni au gouvernement les initiales du capitaine et du sergent-chef : K. et C. Nous verrons comment un peu plus tard. Mais elle ne parvient pas à confirmer leur véritable identité.

Charles Hernu demande donc aux généraux et à l'amiral de répondre précisément : est-ce bien les initiales appartenant à des nageurs de combat de la base d'Aspretto ?

Les lettres partent dans l'après-midi, retour du courrier une heure plus tard : les deux généraux répondent d'une même voix : « Non, non, non et non ! » aux quatre questions. L'amiral craque à la quatrième : c'en est trop pour cet honnête officier, rigide et respectueux. Il souhaite, avant tout, protéger ses hommes. Pas question de livrer le moindre détail sur eux. Il l'a déjà fait savoir. Plutôt sombrer. Cette fois, il est acculé, il sait bien que les grades et les initiales de ces deux hommes correspondent à la vérité. Et il ne craint pas que les révélations de la presse. Au même moment, des inspecteurs de la P.j. consultent les fichiers des personnels des armées pour retrouver leurs traces ; ils peuvent parfaitement les identifier et, pourquoi pas, livrer leurs noms aux Néo-Zélandais. Charles Hernu affirmera, plus tard, en privé, qu'il a démissionné pour cette seule et unique raison : empêcher la police de révéler le nom de ces militaires. Le ministre refait un peu l'histoire à sa convenance.

L'amiral connaît aussi le projet de réforme de la D.g.s.e. confié par Fabius au ministre : il s'agit, en fait, de virer tous les subordonnés qui ont participé à l'opération. Le chef des services spéciaux rue alors — enfin — dans les brancards. Il a atteint la limite du « supportable », le niveau où il fixe son honneur militaire. Il a menti pour protéger ses hommes, pas pour les dénoncer. Il écrit simplement : « Je n'ai rien à ajouter aux propos tenus à Bernard Tricot. » Une déclaration ambiguë, qui fait tiquer Matignon. Laurent Fabius veut une réponse claire et nette. Pas d'échappatoires ; il exige de l'amiral une nouvelle lettre, plus précise. « Il la veut, il l'aura », pense Pierre Lacoste qui, cette fois, claque la porte :

« En tant que directeur général, j'ai l'obligation morale absolue de défendre l'honneur et la sécurité de la D.g.s.e. Si je répondais aux demandes, je mettrais en péril la vie de certains officiers et sous-officiers qui ont accompli des missions particulièrement dangereuses. Le précédent d'une telle divulgation serait de nature à tarir tout recrutement ultérieur pour des missions secrètes et compromettrait l'ensemble de la sécurité du service, sans pour autant servir à établir la vérité. La confirmation de ces rumeurs ne profiterait qu'à une puissance étrangère. »

C'est une sorte de hara-kiri professionnel qui remet les pendules à l'heure et éclaircit la situation. C'est surtout la première fissure dans le système de défense Hernu/Lacoste, la preuve qu'on a menti à Matignon. Or, le directeur de la D.g.s.e. n'a évidemment pas le droit de désobéir au chef du gouvernement. L'autorité militaire dépend totalement de l'autorité politique, c'est l'un des piliers de la Constitution.

Fabius s'engouffre dans la faille. Il a trouvé, comme disent les alpinistes, la bonne passe. Pour la quatrième fois, il réclame au Président la démission d'Hernu. Mais, cette fois, il a la Constitution avec lui, François Mitterrand ne peut pas refuser. « Charles Hernu aura été berné par son chef des services secrets. » Personne n'y croit, mais ce sera la version officielle... Laurent Fabius sait que cette affaire détestable ne prendra fin qu'avec la désignation d'un responsable politique qui endosse tout : la conception, la réalisation et la dissimulation du sabotage. Au niveau où en est le scandale, trois responsables seulement peuvent faire « l'affaire » : Charles Hernu, le Premier ministre ou le président de la République. On a choisi le premier de la liste. Laurent Fabius estime Hernu réellement responsable et s'il a agi avec l'assentiment du Président, c'est encore plus dangereux. Le Premier ministre a encore plus intérêt à s'en débarrasser. Dans tous les cas, fidèle à sa décision, il ne veut pas « couvrir l'affaire » ; une seule solution : « shooter » le vieux grognard.

Le Président comprend que la situation est intenable, il faut sacrifier l'ami de toujours, celui qui l'a secondé dans les périodes difficiles; le compagnon politique aussi, qui a fait accepter aux socialistes l'arme nucléaire et qui les a presque réconciliés — avant l'affaire — avec les militaires. Enfin, le ministre le plus cohabitable de son gouvernement, qui a de nombreux amis dans l'autre camp. Très utile pour l'avenir. Mais les dés ont roulé, impossible d'y échapper. François Mitterrand, viscéralement fidèle en amitié, va longuement lui parler. Il lui explique qu'il ne s'agit que d'une péripétie, que son avenir politique est devant lui. Peut-être même lui fait-il entrevoir un destin national. Qui sait ? L'instinct du chef de l'Etat ne le trompe pas sur le fond. Charles Hernu va paradoxalement sortir triomphant de l'affaire Greenpeace.

Mais, pour l'instant, il fait grise mine et le Président rédige, jeudi soir, une lettre — encore une — pour Laurent Fabius, qui condamne le ministre de la Défense.

« (...) Malgré les investigations que vous avez ordonnées à l'occasion du rapport du conseiller d'Etat Tricot, il nous faut constater que la presse fait état d'éléments nouveaux dont nous ne pouvons apprécier la réalité faute d'avoir obtenu des services compétents les informations nécessaires.

« Cette situation ne peut plus durer. Le moment est venu de procéder sans délai aux changements de personnes et, le cas échéant, des structures qu'appellent ces carences. Vous voudrez bien prendre les mesures utiles à cet effet.

« Croyez-moi fidèlement et amicalement vôtre. »

Laurent Fabius a les mains libres. Le travail d'investigation de la presse, souligné par le Président, a dégagé la voie. Mais la plupart des journalistes ne « roulaient » ni pour le Président ni pour le Premier ministre. Sans les enquêtes journalistiques, l'affaire aurait fini aux oubliettes.

Le chef du gouvernement rattrape la balle au bond. Une partie qu'il a longuement répétée. D'abord, faire partir l'amiral Lacoste qui veut bien sombrer, mais dignement et à trois conditions. Qu'on ne casse pas le service Action. On se contentera de fermer la « boutique » d'Aspretto, devenue un lieu de pèlerinage pour touristes et l'on ressuscitera le 11e choc parachutistes. (Souvenirs, souvenirs ! — une unité qui avait été dissoute à la suite des événements d'Algérie.)

Autres exigences du marin : qu'on protège les Turenge et qu'on ne poursuive pas les exécutants et les lampistes. « Accordé », répond, sans hésitation, Fabius. Pour plus de sûreté, l'amiral adresse à ses hommes, en partant, un message qui a valeur d'avertissement : « Si des soldats devaient être jugés pour cette affaire, je viendrais témoigner au procès. » Traduction, en clair : « Je veux bien me taire et prendre l'affaire sous ma casquette, mais pas question qu'on attaque ensuite mes subordonnés. » Tout le monde comprend.

Reste maintenant à « remercier » Hernu. Tout se passe bien. Le ministre de la Défense est prévenu et lorsque, tôt le vendredi matin (20 septembre) le directeur de cabinet de Laurent Fabius l'appelle pour lui demander de venir voir le Premier ministre, à 11 h 30 à Matignon, et de passer par la petite porte de derrière... Charles Hernu a compris : les jeux sont faits, rien ne va plus. L'entretien est, dit-on, de part et d'autre « très digne ». Sa démission était prête.

Le Premier ministre la propose l'après-midi, par lettre, au président de la République. Une lettre flamboyante qui reprend toute l'affaire, un long plaidoyer *pro domo* qui souligne la justesse de vue, depuis le début, de Matignon.

On ne s'est, en tout cas, jamais autant écrit entre la rue de Varenne et la rue du Faubourg-Saint-Honoré. Les motards se croisent sur le pont Alexandre-III.

« Dans l'affaire de l'attentat contre le *Rainbow Warrior,* j'ai toujours considéré, écrit Laurent Fabius, qu'une exigence devait conduire le gouvernement français à la recherche de la vérité. C'est pour établir cette vérité que j'ai chargé M. le conseiller d'Etat Tricot de mener une enquête.

« C'est en fonction de la même exigence que, le 27 août, après la publication du rapport de M. Tricot, j'ai immédiatement demandé au ministre de la Défense de poursuivre sans délai ses investigations en même temps qu'il procédait à un examen attentif des carences de la D.g.s.e. (...) C'est toujours pour rechercher la vérité que, le 17 septembre, dès la publication d'informations nouvelles à propos de l'implication des services français, j'ai demandé, après vous en avoir rendu compte, au ministre de la Défense d'inviter les responsables cités dans ces articles à lui indiquer, par écrit, s'ils avaient donné l'instruction ou reçu une information relative à l'attentat contre le *Rainbow Warrior* (...). L'amiral Lacoste a refusé de répondre au ministre de la Défense en invoquant sa conception de ses devoirs.

« Il est évidemment impossible d'accepter une telle situation. C'est pourquoi (...) je vous propose de mettre fin immédiatement aux fonctions de l'amiral Lacoste.

« D'autre part, j'ai reçu ce matin le ministre de la Défense. M. Hernu, qui a toujours montré un sens élevé de ses fonctions, a estimé qu'il convenait qu'il présente sa démission. Je vous propose de l'accepter. Son successeur devra poursuivre les investigations et aboutir dans les jours qui viennent. »

Ça « chauffe » entre Matignon et l'Elysée. Le message de Fabius est limpide : « Si nous m'aviez écouté depuis le début, on n'en serait pas là. » Une sévère leçon et une version « pour l'histoire » qui doivent souverainement déplaire au Président. Une blessure qui laissera des traces. La première crise de confiance entre François Mitterrand et son favori Fabius. Une crise qui annonce déjà le « Je suis troublé » que le Premier ministre lancera à la Chambre, lorsqu'il s'apercevra que le Président ne l'a pas — une nouvelle fois — prévenu de la visite en France du président polonais, le général Jaruzelski.

Pour l'heure, le chef de l'Etat riposte, à sa manière, en adressant une lettre ouverte — une de plus — à son « ami » Hernu, une missive affectueuse qui peut surprendre, adressée à un ministre « démissionné » pour faute grave :

« Au moment où vous demandez à quitter vos fonctions, je tiens à vous exprimer ma peine, mes regrets et ma gratitude.

« Ma peine, car l'amitié qui nous unit depuis plus de trente ans m'a toujours rendu précieuse votre présence à mes côtés. Mes regrets pour un départ qui ne retire rien à vos mérites au service du pays. Ma gratitude pour avoir dirigé avec honneur et compétence le ministère de la Défense.

« Votre sens du devoir vous conduit à prendre en charge les responsabilités qu'implique tout commandement. Je le comprends et je l'accepte.

« Vous gardez toute mon estime, vous gardez celle des Français qui savent reconnaître les bons serviteurs de la France.

« A l'heure de l'épreuve, je suis comme toujours votre ami. »

Une formidable brassée de fleurs. Plus que n'en a jamais récolté Laurent Fabius pour avoir établi la vérité. « L'honneur et la compétence du ministre », soulignés par le Président, constituent un certificat d'innocence pour Charles Hernu. Encore une fois il estime qu'une action contre Greenpeace était acceptable. Ce qui doit l'agacer, ce sont les maladresses, l'incompétence des soi-disant agents secrets. Ils l'ont engagé dans ce guêpier et l'obligent à sacrifier son fidèle Hernu. Impardonnable.

Ce vendredi 20 septembre, à 13 heures, tous les journalistes font le pied de grue devant l'Hôtel Matignon, attendant la déclaration du gouvernement. Aux actualités de la Une, Yves Mourousi et Marie-Laure Augry improvisent leur journal au gré des événements. Enfin, à 13 h 15, le porte-parole annonce que « l'amiral Lacoste a quitté ses fonctions ». « Charles Hernu a présenté sa démission », confirme, un peu plus tard, l'Elysée. Paul Quilès le remplace au pied levé. Seule surprise de ce scénario, la nomination de Quilès-la-tendresse, comme le présentait ses affiches électorales. Un homme de confiance du Président, propulsé à la tête des armées, alors qu'il connaît à peine les dossiers militaires. Il est, certes, fils d'officier, polytechnicien et capitaine parachutiste de réserve, mais n'a jamais suivi ce secteur au P.s.

Baroud d'honneur juste avant l'annonce officielle de son départ, Charles Hernu avait expédié une courte lettre — la dernière ! — au Premier ministre pour expliquer sa démission :

« (...) A l'issue des investigations que j'ai personnellement menées sans aucune complaisance et avec une détermination totale, je sais, depuis hier soir (jeudi), de manière incontestable que des responsables de mon ministère m'ont caché la vérité. Cela, je ne puis l'admettre.

« J'en tire toutes les conséquences et je vous demande donc d'accepter ma démission et de la transmettre au président de la République. »

L'après-midi même, exercice pénible, Charles Hernu passe le flambeau à Paul Quilès. L'ancien directeur de campagne de François Mitterrand, en 1981, qui s'est surtout fait remarquer au congrès de Valence du P.s. en réclamant que le pouvoir fasse tomber des « têtes », est très ému. « Je veux dire à quel point le fils d'officier que je suis est fier de se voir confier une tâche que tous les Français s'accordent à reconnaître comme essentielle », déclare-t-il.

Mais le ministre n'a pas le temps de s'endormir sur ses lauriers, il doit courir dans toutes les directions pour éteindre l'incendie Greenpeace. Dans sa précipitation, il va même en allumer quelques autres.

Sa première mission, priorité absolue — consiste à établir la vérité sur l'affaire du *Rainbow Warrior.* Laurent Fabius lui a donné huit jours. Mais Quilès travaille plus vite que son ombre. Malgré quelques documents qui auraient, paraît-il, disparu (c'est de la blague, tous les doubles sont conservés au fort de Noisy, Q.G. d'Action), il reconstitue l'opération en vingt-quatre heures.

En réalité, la hiérarchie de la D.g.s.e., qui n'est plus protégée par

Pierre Lacoste, accepte de dire enfin toute la vérité et de révéler les détails de l'opération.

La rumeur court alors qu'un certain nombre d'officiers et de sous-officiers, mêlés à l'affaire, doivent être « virés » avant le Conseil des ministres. La liste, dit-on, est déjà dressée. Pour bloquer cette charrette, les chefs de la « Piscine » et celui de la mission Louis-Pierre Dillais, sont prêts à tout expliquer à Paul Quilès, à condition qu'aucun des participants, à quelque niveau, ne soit sanctionné. Le samedi matin, Paul Quilès peut tout raconter à Laurent Fabius. Selon ses proches, le Premier ministre est vraiment surpris : l'opération *Rainbow Warrior* n'a pas été décidée sur un « borborygme » de Charles Hernu ou de l'amiral Lacoste, ce n'était pas non plus une initiative malheureuse d'exécutants trop zélés ou qui auraient mal interprété les consignes. Il s'agit d'une opération militaire très importante, l'une des plus importantes de l'année pour la D.g.s.e. ; une mission soigneusement préparée qui a reçu tous les feux verts nécessaires, y compris, bien sûr, ceux des responsables politiques. D'après ce rapport, il ne fait aucun doute que Charles Hernu a donné l'ordre. Il est également plus que probable que le Président lui-même a eu connaissance de l'objectif. Même si, selon les spécialistes, la D.g.s.e. entre rarement dans tous les détails concrets et précis d'une opération, il n'existe jamais d'ordre écrit concernant une telle affaire. Tous les documents « officiels » sont faux et font état d'une « mission » de renseignement. C'est ainsi qu'on a pu mentir à Tricot et monter différentes « intoxes ».

Cette opération a exigé de très grands moyens. D'où la demande de fonds spéciaux accordés par l'état-major particulier du président de la République. Plusieurs dizaines d'agents de la D.g.s.e. ont été engagés sur le terrain et une quinzaine d'entre eux se trouvaient en Nouvelle-Zélande.

Laurent Fabius triomphe. Pour la première fois, il a toutes les cartes en main. Pouvant enfin prendre l'initiative, aller de l'avant, il ne laisse pas passer l'occasion. Il faut, pense-t-il, aller vite, très vite. Après avoir prévenu par téléphone le Président, qui donne son accord, il monte une grande opération médiatique pour frapper l'opinion. La presse est convoquée d'urgence, dimanche soir (22 septembre) à l'hôtel Matignon. A 20 h 25, les Français voient soudain apparaître au journal télévisé le Premier ministre, costume noir, solennel, un air de deuil. A deux pas derrière lui se tient figé, les mains jointes, le nouveau ministre de la Défense, Paul Quilès, lui aussi vêtu de sombre. La vérité sort enfin, non pas du puits, mais de la « Piscine » :

« Mesdames et Messieurs, le nouveau ministre de la Défense vient de m'informer des premières conclusions de l'enquête menée sur l'affaire du *Rainbow Warrior,* déclare Laurent Fabius, le ton grave. J'ai tenu à vous les faire connaître immédiatement. Ces conclusions permettent désormais de cerner la vérité.

« Ce sont des agents de la D.g.s.e. qui ont coulé ce bateau. Il ont agi sur ordre. Cette vérité a été cachée au conseiller d'Etat Tricot.

« J'ai rendu compte au président de la République de ces faits graves. Et nous avons estimé que des mesures immédiates s'imposent.

« 1°) Un nouveau chef de la D.g.s.e. sera nommé dès le prochain Conseil des ministres. Il devra prioritairement réorganiser l'ensemble de ces services.

« 2°) Le gouvernement est favorable à la création d'une commission d'enquête parlementaire.

« Les simples exécutants doivent évidemment être mis hors de cause. Il serait inacceptable d'exposer des militaires qui n'ont fait qu'obéir aux ordres et qui ont parfois accompli, dans le passé, pour votre pays, de très dangereuses missions.

« Mesdames et Messieurs, la vérité sur cette affaire est cruelle, mais il importe, comme je m'y suis engagé, qu'elle soit clairement et totalement établie. »

Coup au but : Laurent Fabius prend un risque. Il fait l'aveu qui coûte. Il sait qu'il était impossible de faire autrement. Ce qu'il vient d'avouer, la presse le disait depuis plus d'un mois. Et la majorité des Français en étaient convaincus : 52 % d'entre eux, interrogés par l'Ifop, pensent que le gouvernement connaît la vérité depuis le début. Chaque jour apportait sa moisson d'informations inédites — vraies ou fausses. Il fallait arrêter l'hémorragie ; et griller le fusible politique avant que le feu n'atteigne la maison. Mais il subsiste des foyers secondaires.

Le Premier ministre doit se battre sur plusieurs fronts. D'abord, il faut apaiser la hiérarchie militaire. La reconnaissance de la culpabilité des services secrets, cheval de bataille de l'amiral Lacoste, affole l'armée. L'état-major craint d'être pris dans la tourmente. Si le ministre reconstitue dans le détail la chaîne de l'action et de la décision, les militaires de haut rang sont en péril. Et on ne pourra plus envoyer en mission un seul agent. Pour ne pas soulever cette tempête, le Premier ministre a repris, dans son allocution, presque mot pour mot les propos de l'amiral Lacoste. Les exécutants ne seront ni poursuivis ni inquiétés. C'était promis. Un véritable ballon d'oxygène pour l'armée. Paul Quilès, dans l'ordre du jour qui est traditionnellement adressé aux troupes lors de la prise de fonction d'un nouveau ministre, enfonce le clou :

« Au moment où se développent, de plusieurs origines, des campagnes multiples et insidieuses, je veux que vous soyez assurés de ma détermination. Je ne laisserai pas porter atteinte, de quelque manière que ce soit, à l'honneur de nos armées. »

Le Premier ministre veut aussi enrayer les fuites qui continuent ; elles peuvent faire éclater la vérité de façon « incontrôlée », très dangereuse pour le pouvoir. Il faut faire peur aux bavards. Mais tout en rassurant, exercice difficile. Ce sera le travail du nouveau chef de la D.g.s.e. qui doit être nommé en Conseil des ministres. Laurent Fabius l'a choisi et il travaille déjà à la « Piscine ».

Le chef du gouvernement tente aussi de ramener l'affaire sur le terrain politique et de « mouiller » l'opposition. Il accepte bien volontiers la création d'une commission d'enquête parlementaire ; tous les partis y seraient représentés et tous devraient s'engager. C'était à l'origine une demande de l'opposition et Fabius espère la prendre à son propre piège. Mais le R.p.r. ne tombe pas dans le panneau : « Pas question, rétorque Claude Labbé, patron du groupe à l'Assemblée. Nous n'admettons pas que soit, par ce moyen, reportée sur l'armée une responsabilité qui appartient tout entière au pouvoir politique. » Pas question de se mettre les militaires à dos. De plus, les députés n'auraient accès à aucun dossier classé « secret défense » ; ils en seraient réduits à faire de la figuration pour le compte du pouvoir. Le « coup » de la commission est un peu usé.

Le Premier ministre a d'autres préoccupations en tête. Il a franchi, aujourd'hui, une grande étape, il a reconnu que la France avait commis l'attentat. La question suivante s'impose : « Qui a donné l'ordre ? » Impossible d'y échapper ou de s'y dérober. Laurent Fabius compte répondre lors de son émission télévisée mensuelle « Parlons France », qui est programmée pour le mercredi 25 septembre. Il affûte soigneusement ses arguments. Juste avant, Paul Quilès entreprend une manœuvre de diversion, à grand spectacle, destinée à « calmer » l'armée. Une histoire rocambolesque, jamais entièrement racontée, qui fait partie du dispositif « offensif » mis au point par le pouvoir, un roman dans le roman.

Et revoilà le capitaine Barril

Depuis le début de l'affaire, les services de sécurité de la D.g.s.e. sont sur les dents. Objectif : identifier d'éventuelles sources qui alimenteraient les journalistes. Le climat à la « Piscine », on s'en doute, est totalement délétère. Il faut imaginer ces militaires, qui vivent en permanence dans la hantise des fuites, baignant dans le secret, et qui voient tout à coup leur maison devenir transparente, se transformer en cage de verre. Un vrai cauchemar. Leurs missions les plus protégées, illégales, dangereuses, qui mettent leur vie en péril, s'étalent à la Une des journaux ; leurs activités réelles, secrets d'Etat de la République, qu'ils cachent depuis des années à leur famille et à leurs amis, sont disséquées et analysées dans des rapports livrés en pâture à l'opinion publique. Pis encore, des noms et des pseudos de mission, secrets enfouis au plus profond d'eux-mêmes, sont relevés par un conseiller d'Etat et paraissent dans les journaux : on sait tout, par exemple, des Turenge, leur famille a été retrouvée et interviewée.

Les agents, on les comprend, sont complètement déboussolés. Explications maison : « Et si les Turenge avaient été donnés ? Si l'opération avait été balancée par une taupe française au service des Russes ? » Ça expliquerait tout : les pseudo-bavures, les prétendues maladresses, l'échec de la mission. Tout. Ces questions trottent sous tous les képis et chacun participe discrètement à la chasse à la taupe. Tous cherchent à se renseigner, à comprendre. On fait appel aux vieux copains ; on se regroupe entre amis sûrs. Ce climat est encore surchauffé par l'enquête menée, tambour battant, par le patron de la sécurité de la « Piscine », un colonel de gendarmerie redouté et redoutable, Jean-Michel Vernière, qui ne fait pas « dans la dentelle ». Tout est bon : écoutes téléphoniques, filatures, robustes interrogatoires. Il est normal que la D.g.s.e. soit surveillée et tous les agents le comprennent. Mais il y a la manière...

Début septembre, le colonel reçoit le renfort du patron de la Direction de la protection et de la sécurité de la Défense (D.p.s.p.), l'ancienne Sécurité militaire, le général Deiber, qui n'a pas non plus la réputation d'être un tendre. Des moyens considérables sont mis en œuvre. Il en va de la réputation du nouveau service. La « Piscine » et le centre d'Aspretto sont écoutés. On filtre le maximum de conversations. On examine à la loupe les informations parues dans la presse pour « détecter » leurs origines. On accroche finalement un petit poisson. C'est lui qui fera déborder la « Piscine ».

Le 5 septembre, quinze jours avant les révélations du *Monde* et de *L'Express,* les « grandes oreilles » de la D.g.s.e. avaient intercepté une conversation téléphonique entre deux anciens d'Aspretto, un adjudant muté en Bretagne, Richard Guillet, et un capitaine affecté à la direction du contre-espionnage à Paris, Alain Borras. Leurs propos faisaient vibrer les écouteurs : « Oui, mon capitaine, j'ai du nouveau, dit l'adjudant qui se trouve à Perpignan. La troisième équipe qui a mis les bombes existe bien, elle est composée d'un officier et d'un sergent-chef que vous connaissez bien. » Les deux hommes n'échangent aucun nom, mais ils citent deux initiales..

A la « Piscine » c'est l'affolement. La révélation d'une troisième équipe en Nouvelle-Zélande flanque par terre tout le montage de la Direction. Une véritable catastrophe. De plus, les deux militaires apparaissent en contact avec un journaliste. Dans leur conversation, le capitaine parle d'un rendez-vous à Paris avec un certain « Bernard Colas ». Il n'existe aucun militaire qui porte ce nom : ça ne peut être qu'un journaliste. L'horreur...

La sécurité militaire compulse fébrilement les dossiers des deux soldats. L'un d'eux, Richard Guillet, est, comme on dit, très connu des services. C'est une « star » à la D.g.s.e., un « emmerdeur de première » qui a un dossier épais comme un paquetage : deux fois muté, sanctionné, condamné avec sursis par le tribunal militaire de Bordeaux, un cas ! L'adjudant Richard Guillet estime tout simplement qu'il a été victime de la droite. Voici son histoire telle qu'il l'a racontée à plusieurs journalistes, dont Véronique Brocard de *Libération.*

En mars 1981, il appartenait au désormais célèbre centre des nageurs de combat d'Aspretto. Avant les élections, le colonel Grillot, alors patron du service Action, organise, d'après lui, une réunion au centre où il met en garde les plongeurs contre l'arrivée de la gauche au pouvoir. Richard Guillet réagit et proteste. L'affaire en reste là et l'adjudant va suivre un stage de moniteur parachutiste. A son retour, François Mitterrand a été élu président. Mais Grillot est toujours là. Le sous-officier s'indigne qu'un patron, qui a dénigré les socialistes, soit encore en poste. Toujours selon lui, le capitaine Mafart, alors n° 2 du centre (le futur Alain Turenge d'Auckland), le met en garde et lui conseille fermement d'être plus prudent. En octobre, Guillet est muté sous le prétexte, affirme-t-il, d'une faute de sécurité commise avec trois camarades lors d'une mission d'entraînement. A Paris, les quatre hommes, qui ne devaient pas se rencontrer, ont dîné ensemble dans un bistrot. L'adjudant, qui croit à une brimade politique, refuse la sanction et adresse une protestation au directeur général de la D.g.s.e. Convoqué à Paris, il se fait passer un savon et accepte, finalement, une mutation à Pau avec promesse d'avancement à la clé. Elle ne vient jamais. Quatre autres militaires passent avant lui. Guillet, furieux, dérobe, le 13 février 1982, son dossier administratif et celui des quatre promus. La sanction tombe, infligée par le patron de l'armée de terre d'alors, le général Imbot : soixante jours d'arrêts de rigueur et une peine avec sursis prononcée par le tribunal des forces armées de Bordeaux. Rien n'y fait, Guillet s'obstine ; il écrit directement au président de la République, le 4 octobre 1982, pour dénoncer les « droitiers » d'Aspretto et demander réparation.

Du coup il est muté une deuxième fois, sans explications, au centre d'entraînement commando de Quelern (Finistère). Le sous-officier contacte alors des journalistes. Il tire même la sonnette de la Ligue des droits de l'homme, le comble pour un agent des services secrets.

Cette version des événements n'est pas partagée par certains cadres d'Aspretto. Selon eux, Richard Guillet était déjà une « forte tête » avant d'arriver au centre, en 1979, et il aurait été muté uniquement pour des motifs disciplinaires.

Lors d'un stage aux « techniques spéciales » qu'il subit à Cercottes, début 1981, il commet, affirment ses supérieurs, une faute grave de sécurité et entraîne avec lui trois de ses camarades. A leur retour à Aspretto, lors du rapport de stage, les quatre hommes sont mis à l'index. Le chef du centre, le commandant Dillais (le futur patron de l'opération néo-zélandaise), propose à Paris la mutation de Guillet. Le chef en second, Alain Mafart, approuve. Le militaire part pour l'Etap (l'école des troupes de Pau). Cette mutation pour faute technique l'empêche alors de passer adjudant. Un grade dont il rêve depuis longtemps. Guillet s'empare donc de son dossier. Le chef du Centre de Pau lui ordonne de rendre les documents. Le militaire refuse : bilan, plusieurs mois de mise à pied au 1/5e de solde. « Alain Mafart n'est pour rien dans cette histoire, affirment les patrons d'Aspretto. D'ailleurs, du 15 septembre 1980 au 6 mars 1981, il était en mission à l'étranger. Ensuite, il a pris quinze jours de permission. Il n'était donc pas en Corse au moment des démêlés de Guillet avec sa hiérarchie. Mais le jeune militaire s'est juré de se venger des patrons d'Aspretto et il a inventé cette affaire de règlement de comptes politique. » Une histoire de Clochemerle militaire.

Mais le correspondant qui appelle Richard Guillet, le 5 septembre 1985, est d'un tout autre calibre, il s'agit du capitaine Alain Borras, bras droit du colonel Fourrier, le chef adjoint du service de contre-espionnage de la D.g.s.e., l'un des *big bosses* des services secrets français. On examine à la loupe le dossier Borras : irréprochable. Trois générations de militaires dans la famille, enfant de troupe à 16 ans, école d'officiers de Strasbourg, diplôme spécial de nageur de combat. Entré par la grande porte à Aspretto, il suit les cours d'Alain Mafart avant de prendre la tête de la section de pointe du C.i.n.c. Il dirige la formation, en particulier, de Richard Guillet et les trois sous-officiers, futurs « touristes » de l'*Ouvéa.* En 1981, le capitaine est choqué à son tour par les prises de position politiques du colonel

Grillot et de certains cadres du centre. S'estimant un pur technicien apolitique, irréprochable sur le plan professionnel, il est pourtant contraint de quitter Aspretto en 1982. On lui reproche officieusement des contacts avec des indépendantistes corses.

Peu après l'arrivée de Pierre Marion, nouveau directeur de la D.g.s.e., Borras est rappelé à la centrale. On lui confie un poste au service de contre-espionnage. Il devient donc l'adjoint du colonel Joseph Fourrier, 57 ans, un « vieux de la vieille », une grande figure de la « Piscine ». « Joseph » est également le patron du service antiterroriste de la D.g.s.e. C'est l'une des grandes « mémoires » de la maison. En contact permanent avec les services spéciaux du monde, C.i.a., Mossad, M.I. 6, il peut réciter par cœur la liste de toutes les opérations spéciales depuis la guerre, et les noms de leurs participants. Un officier de tradition incapable d'indiscipline. Il a d'ailleurs, ironie du sort, été fait commandeur de la Légion d'honneur par François Mitterrand, le 14 juillet 1985, quatre jours après le coulage du *Rainbow Warrior.* La sécurité militaire n'y comprend rien. Ces deux officiers irréprochables seraient donc les taupes tant recherchées, les auteurs de fuites qui mettent la maison en péril ? Pour le savoir, il faut identifier le mystérieux Bernard Colas. La sécurité militaire ne lâche plus le capitaine Borras d'une semelle. Elle attend ce rendez-vous fixé — par téléphone — le 17 septembre, à 15 heures, au bar *Le Fétiche*, rue Richepanse. Le 16 au soir les guetteurs voient Guillet qui arrive de province et passe la soirée chez le capitaine. La tension monte. Alain Borras, lui aussi, « sent » quelque chose : réflexe professionnel ; il a l'impression d'être suivi et ne sort plus de chez lui qu'un gros colt 45 dans la ceinture. On frôle la bavure.

Le lendemain, l'officier déjeune avec son patron à la D.g.s.e., puis se rend au fameux rendez-vous, bientôt rejoint par Guillet. Mais le mystérieux Colas, qui n'est pas tombé de la dernière pluie, a repéré les voitures de planque du bon général Deiber : ces deux motards qui repassent négligemment devant le bar ; les amoureux dans la voiture garée devant le bar munis de volumineux appareils photos... Il entre par une autre porte, avertit les deux hommes, fixe un autre rendez-vous et disparaît au nez et à la barbe des photographes de la sécurité militaire. Bredouilles. Colas invisible.

Cet échec provoque la colère du colonel Vernière et du général Deiber. « Si c'est ainsi, on va employer les grands moyens. » Le lendemain, le général se rend par avion spécial en Corse, à Aspretto, pour savoir si les initiales correspondaient bien à des plongeurs du service. Le général ne trouve rien. Encore une bizarrerie de l'affaire. Quand il était en poste en Corse, le général Deiber avait été l'invité d'honneur du centre d'Aspretto ; il avait même déjeuné au carré des officiers, à côté du capitaine de la troisième équipe. Mais ce qui compte actuellement, ce n'est pas la vérité, c'est de trouver l'origine des fuites. Il faut démasquer le diabolique Bernard Colas, ce « journaliste » si doué pour déjouer les filatures.

Le lundi 23 septembre, le général décide d'utiliser la manière forte. A 18 heures, le capitaine Borras est interpellé dans son service. Il est transféré en grand secret au siège de la D.p.s.d., caserne Saint-Thomas-d'Aquin. Là, il est pris en charge par deux « spécialistes », interrogé de 19 heures à 10 heures du matin. Sans relâche, sans pouvoir ni dormir, ni manger, ni boire. On l'empêche même, à certains moments, de s'asseoir. On le fait d'abord parler de ses relations, de ses liens avec les Corses, de ses informateurs arabes. Puis, peu à peu, on en vient à l'affaire Greenpeace. Le capitaine, harassé, s'aperçoit que depuis un mois il est suivi jour et nuit, son téléphone écouté, ses visiteurs photographiés. A deux heures du matin, enfin, on lui pose « la » question : « Qui est Bernard Colas ? Pour quel journal travaille-t-il ? Comment l'avez-vous connu ? » Le capitaine, interloqué, refuse d'abord de répondre. Enfin, à 10 heures du matin, épuisé, il trouve que la séance a assez duré : « Maintenant, ça suffit, donnez-moi du papier, je vais vous faire une déclaration par écrit. » Les interrogateurs exultent : « Enfin... » Malheureusement pour eux, Bernard Colas n'est pas celui qu'ils croyaient : « Il s'agit du capitaine Paul Barril, ancien chef du G.i.g.n., écrit Borras, que j'ai connu dans le cadre de mes activités professionnelles. Je l'ai contacté sur l'ordre de mon patron, le colonel Fourrier. »

Le général Deiber manque d'en avaler ses galons : Barril, le supergendarme de l'Elysée, l'ex-adjoint du commandant Prouteau, aujourd'hui préfet, chargé de mission à la présidence, un proche de François Mitterrand (voir chapitre précédent). Barril, le Zorro de la cellule antiterroriste qui a été mêlé à l'affaire des Irlandais de Vincennes, d'Action directe, des indépendantistes corses. « Il ne manquait plus que lui », s'exclame le général en triturant son képi de rage.

Le capitaine Borras refuse d'en dire davantage. Il est placé en cellule comme un dangereux malfaiteur et gardé en permanence par deux gendarmes.

Le général Deiber avertit aussitôt le ministre de la Défense, Paul Quilès. Au cabinet du ministre, on ne prend ni la peine de réfléchir ni celle de vérifier l'information, on décide de communiquer la nouvelle toute chaude à la presse. Pour une fois, elle peut servir. « Ça fera réfléchir les militaires, pense-t-on, et ça stoppera les fuites. » De plus, ça dramatise la situation comme le souhaite le Premier ministre : il faut montrer à l'opinion qu'on agit enfin. On met donc le « paquet » : la nouvelle, livrée à l'A.f.p., parle de « traîtres », d' « officiers félons » qu'il a fallu protéger contre la colère des autres militaires. On cite nommément le capitaine Borras. Mais « l'info » est reprise, à 13 heures, dans le journal de TF 1, par Yves Mourousi. Ce bon « tuyau » est donné en priorité à un journal ami, *Le Matin.* Le lendemain mercredi, le quotidien, proche du pouvoir, n'y va pas « de main morte ». Il titre en Une, avec une ironie involontaire : Les « Balances » :

« Deux agents de la D.g.s.e. et un colonel sont accusés d'avoir fait transmettre des informations secrètes et importantes sur le *Rainbow Warrior.* Ils ont été identifiés. (...) L'un d'eux est passé aux aveux hier matin. C'est le capitaine Borras. »

Les autres journaux, plus prudents, mettent la pédale douce, et parlent d'information émanant du ministère de la Défense (*Libération*[1]).

En fin de matinée, le colonel Fourrier est arrêté à son tour, ainsi que l'adjudant Guillet. On interpelle même un malheureux sergent-chef d'Aspretto, Bernard Daviet, que Guillet a appelé pour lui demander des nouvelles de sa mère. Tous sont gardés à vue, à la caserne des Minimes, à Paris. Le général Deiber voudrait, dans la foulée, mettre la main sur Paul Barril ; il pourrait ainsi présenter la bande des « félons » au grand complet. Un beau coup de pub, qui ferait oublier, pense-t-on, les cafouillages du pouvoir. Mais le célèbre capitaine, échaudé par l'expérience, a disparu. Il s'est mis en « cavale », refusant de porter le « képi » du scandale et craignant pour sa vie.

Cette disparition « casse » le coup « médiatique ». D'autant qu'il ne reste plus grand-chose dans l'escarcelle judiciaire. Que reproche-t-on aux quatre hommes ? D'avoir parlé de Greenpeace avec Paul Barril ? La France entière suivait alors avec passion les épisodes de l'affaire. Tricot avait révélé les noms des agents de l'*Ouvéa.* Le secret militaire est un peu éventé.

On lance alors un avis de recherche contre Barril. Fausse manœuvre. L'apparition du mirobolant capitaine fait sourire tout le monde. Barril a, en France, remplacé Tintin dans la mythologie de l'aventure ; il est difficile de lui faire endosser un plus mauvais costume que celui

1. *Le Matin* et Yves Mourousi ont été condamnés en mai 1986 pour diffamation.

de traître. Ça ne passe pas. Quant aux gendarmes qui ont reçu l'avis, ils l'adorent ; il a transformé l'image du pandore campagnard et pantouflard en un James Bond, mélange détonant de Musclor et de Superman. L'avis de recherche risque d'être apposé à l'envers...

Les quatre militaires sont enfin présentés à un juge d'instruction : inculpés, mais laissés en liberté. Pas longtemps. La sécurité militaire les attend à la porte du magistrat pour les conduire en forteresse, à l'isolement absolu. Une lettre de cachet militaire. Il faut faire un exemple. Comme Fantômas, Paul Barril s'est glissé avec eux, au dernier moment, dans le cabinet du juge. Il savait alors qu'il ne risquait plus rien. Il a été aussi inculpé. Mais en tant qu'officier en disponibilité, il échappe à la forteresse.

Quel est le fin mot de cette histoire incroyable ? La vérité est plus simple que ne l'imagine le général Deiber. Le 12 juillet, le capitaine Borras a appris, par un télex, l'attentat contre le *Rainbow Warrior*. Le « batracien », comme l'appellent ses collègues, ancien nageur de combat d'Aspretto, songe aussitôt à une opération montée par le service Action et ses « copains » d'Aspretto. Il en parle à son patron, le colonel Fourrier, pour qu'il se renseigne auprès de Lacoste. Le capitaine fait son métier. L'information intéresse d'autant plus le service du contre-espionnage auquel il appartient, que le mouvement Greenpeace est suivi par lui. Puis il part en vacances, le soir même, dans sa famille, en Corse.

Fin juillet, il tombe par hasard, en lisant un journal, sur la photo de Mafart, alias Alain Turenge. Il n'a aucune peine à le reconnaître et à identifier l'équipage de l'*Ouvéa*. Le capitaine est effaré : tous ses anciens collègues, ses élèves sont pris dans la nasse. « Que s'est-il passé ? Comment expliquer tant d'erreurs et de maladresses, contraires à toutes les consignes de la maison ? » L'ancien plongeur n'en revient pas. On présente ses amis comme des incapables.

Le 19 août, très troublé, il reprend son travail à la Centrale, à Paris. Malheureusement, le colonel Fourrier est parti à son tour en vacances. Alain Borras ne sait pas à qui se confier. Le climat est survolté, chacun s'observe en chiens de faïence. Il reçoit alors un coup de fil de son ancien élève, l'adjudant Guillet, qui est, lui aussi, très inquiet. Richard Guillet décide d'aller se renseigner en Corse, à Aspretto. Il a l'impression qu'on ment. « D'autres copains d'Aspretto étaient à Auckland, dit-il. Je vais aux nouvelles. — Tenez-moi au courant », répond le capitaine Borras. En attendant, l'officier s'agite. Il pose des questions, se fait remarquer. Début septembre, Joseph Fourrier rentre enfin. Borras lui fait part de ses craintes. Le colonel lui conseille alors de prendre contact avec un « expert », le capitaine

Barril. Les deux hommes se connaissent depuis longtemps ; ils ont participé ensemble, à l'époque héroïque de la cellule élyséenne, à de nombreuses réunions antiterroristes et ils échangent encore souvent des informations. La hiérarchie de la D.g.s.e. est naturellement au courant. Le colonel pense que Barril a encore ses grandes entrées à l'Elysée. Il pourra le rassurer : ou la Présidence est au courant et tout va bien ; sinon, il faut l'informer. Borras rencontre Barril une première fois, le 3 septembre. Deux jours plus tard, il échange ce fameux coup de fil, intercepté par la sécurité militaire, avec l'adjudant Guillet. Il arrange alors un nouveau rendez-vous avec Barril qui, maniaque de la sécurité, se fait appeler Bernard Colas. C'est la fameuse rencontre du 17 septembre.

Quand Alain Borras est interpellé, deux jours plus tard, par la sécurité militaire, il n'est pas inquiet. Il pense qu'il va pouvoir s'expliquer avec ses chefs. Il se retrouve au secret en forteresse. Un mauvais rêve.

La situation est en effet paradoxale : ceux qui sont soupçonnés d'avoir recherché et raconté la vérité sont bouclés, alors que ceux qui ont effrontément menti à Tricot et tronqué des documents secrets sont en liberté, tranquilles comme Baptiste. Moralité : ça coûte plus cher de dire la vérité à un journaliste que de mentir à un conseiller d'Etat, désigné par le Premier ministre et le président de la République. Curieuse République.

Silence, on verrouille !

Ce coup de barre « à droite » n'est que le premier volet de la stratégie de reprise en main élaborée par Laurent Fabius. Objectif : colmater les brèches et, surtout, ébranler l'opinion par des coups de théâtre en série. Deuxième assaut : son quart d'heure télévisé de « Parlons France ». Ce mercredi soir (25 septembre) il s'est engagé à dire définitivement la vérité sur l'affaire Greenpeace. Suspense. Il est aussi difficile de mettre fin au scandale que de terminer une grève. La technique du Premier ministre est simple, évidente :

> « C'est le retour à la case Hernu, commente Noël-Jean Bergeroux de *L'Express*. Le ministre de la Défense n'a pas joué tout son rôle protecteur. Fabius n'a pas le choix : ou Hernu sert de fusible politique, ou c'est lui, le Premier ministre, qui devra y passer. Donc Fabius doit tenter à toute force de rentabiliser la démission de Charles Hernu. »

Dans cette nouvelle partie, Laurent Fabius affirme qu'il a le Président derrière lui. Il lui force la main, mais François Mitterrand n'a plus le choix : ou l'on redresse la barre ou le bateau coule. Les rancœurs seront pour plus tard. Il convoque discrètement, l'après-midi, juste avant l'émission, l'amiral Lacoste et Charles Hernu. Il veut porter le fer dans la plaie et désigner Hernu comme seul responsable politique. Il commence sans doute par s'étonner, auprès de l'amiral, des informations diffusées la veille par Europe 1 : « De sources proches de la D.g.s.e. », affirmait Charles Villeneuve. Le Premier ministre aurait été mis au courant de l'affaire dès le mois de juillet par Charles Hernu. On aurait proposé une solution négociée avec la Nouvelle-Zélande et le Premier ministre aurait refusé, expliquant que l'affaire était « inavouable ». « Tissu de mensonges », a aussitôt répliqué Matignon. Mais Fabius voulait sans doute s'en expliquer avec Pierre Lacoste. Sur le fond, maintenant que l'affaire est dévoilée, l'amiral peut reconnaître que l'ordre a été donné par le ministre de la Défense.

Mais Charles Hernu, qui lui succède dans le même fauteuil, ne l'entend pas de cette oreille. Il avait, en quelque sorte, pris les devants, en déclarant la veille à Villeurbanne : « Je n'ai jamais donné l'ordre stupide de “ neutraliser ” le *Rainbow Warrior* dans un port étranger. » Pas question d'assumer la responsabilité politique. « N'avoue jamais », telle est toujours la devise de l'ancien ministre de la Défense, encouragé *mezzo voce* par le Président. Il ne changera jamais de tactique. Laurent Fabius a beau faire, l'aveu ne passera jamais ses lèvres.

Le soir, à la question tant attendue, posée par le journaliste Jean Lanzi . « Qui a donné l'ordre aux services secrets de couler le navire ? », le chef du gouvernement ne peut parler que de sa « conviction ». C'est faible mais suffisant :

> « La réponse n'est pas facile, explique-t-il, parce que, vous l'imaginez bien, il n'y a pas d'ordre écrit. Mais c'est la question que je me suis posée, comme beaucoup de Français. Pour y répondre, j'ai disposé de l'enquête qui a été effectuée par M. Quilès, le nouveau ministre de la Défense, samedi et dimanche. Mais ce n'était pas assez. Alors, cet après-midi même, dans ce bureau, à votre place, j'ai convoqué successivement l'amiral Lacoste et Charles Hernu, et je leur ai posé des questions. Ma conviction (...), c'est que c'est à leur niveau que se situe la responsabilité. »

Un ange politique passe.

> « Mais j'ai des choses à ajouter : la décision était mauvaise, son exécution malheureuse a entraîné des circonstances et des conséquences graves. L'amiral Lacoste a été relevé de ses fonctions, Charles Hernu a démissionné. Mais je dois, pour compléter ma réponse, être parfaitement clair, dire précisément ceci : dans une démocratie comme la nôtre, la

responsabilité de ce genre de décision incombe à l'autorité politique, c'est-à-dire au ministre. »

— Mais alors, demande Lanzi, pourquoi avoir attendu si longtemps pour répondre ?

« Cela a été assez long précisément parce qu'on a caché longtemps, assez longtemps en tout cas, la vérité au président de la République, à M. Tricot et à moi-même. Et vous remarquerez que c'est depuis que l'amiral a été relevé de ses fonctions et que le ministre a démissionné que la vérité a avancé à grands pas. »

Deuxième passage de l' « ange », les ailes en berne.

— Vous, personnellement, depuis quand êtes-vous au courant de l'implication des services secrets ?

Brève hésitation et la réponse fuse :

« Exactement samedi dernier. Je n'ai jamais été informé par le ministre de la Défense de la préparation du projet et, quand l'attentat a eu lieu, à mes questions : les services secrets sont-ils impliqués, sont-ils responsables ? La réponse a toujours été “ non ”. »

Conclusion : Hernu, soutenu par les militaires, a menti à tout le monde. Fermez le ban. Exit l'affaire Greenpeace.

Première réaction « d'ambiance » à cette interview. Elle est mal passée. Les Français n'ont pas aimé le ton du Premier ministre ; ils ont trouvé que Fabius jouait un mauvais rôle, celui du bon élève qui « dénonce » le dernier de la classe. « Avait-on jamais vu Premier ministre accuser ainsi un membre de son gouvernement ! écrit le rédacteur en chef du service politique du *Point,* Denis Jeambar. Il y avait du Fouquier Tinville dans ce terrible réquisitoire, ce massacre en six cent dix-neuf lignes et treize minutes. » L'opinion estime qu'un chef de gouvernement est responsable de ses ministres. Si l'un d'eux lui ment et qu'il ne s'en aperçoit pas, il est aussi fautif que lui ; il doit prendre ses responsabilités et n'a pas à se « défiler » en accusant le « menteur ». Une réaction qui irritera profondément Laurent Fabius, peut-être parce qu'elle touche juste.

Sur l'affaire elle-même, la déclaration est habile : Charles Hernu a donné l'ordre, le responsable politique, c'est lui. Il a payé et quitté le gouvernement. Pouce ! On arrête le jeu de massacre. Le Président n'était pas au courant. Le Premier ministre n'a appris la vérité que samedi dernier. Tricot s'est fait « rouler dans la farine » par les militaires. Tout est clair. On referme le couvercle de la marmite et on laisse refroidir.

Les militaires sont satisfaits. Le large sombrero politique d'Hernu les couvre. La hiérarchie n'est pas attaquée. Personne ne lui demandera des comptes. Personne ne cherchera à savoir qui a menti et pourquoi. On passe l'éponge.

Quelques questions demeurent pourtant en suspens. Pas un mot dans l'interview sur le rôle joué par l'Elysée et par le chef d'état-major particulier du Président. Pieux silence de l'opposition. On ne touche pas au Président : Cohabitation commande. Il faut ménager l'avenir et personne ne souhaite à l'époque (septembre 1985), des élections présidentielles anticipées. Surtout pas le R.p.r., car Raymond Barre caracole alors en tête des sondages. De plus, personne ne veut provoquer une crise sur les problèmes de défense et d'espionnage. Trop délicat à manier. L'intérêt national est en jeu. Le tir groupé de l'opposition se porte donc sur le Premier ministre, mais pas sur l'occupant de l'Elysée, miraculeusement épargné. Le député R.p.r. de Lyon, Michel Noir, monte timidement au créneau, estimant que Laurent Fabius était au courant : et il l'a nié, voilà qui n'est pas très courageux. On a vu pire attaque. Les ténors du mouvement ont laissé les couteaux au vestiaire. A l'U.d.f. on est plus virulent. Le président du groupe, Jean-Claude Gaudin, déclare avec « l'accent » : « M. Fabius s'étant attribué le premier prix d'excellence moral, il doit l'assumer. A sa place, je partirais. » Jean Lecanuet surenchérit : « L'ordre n'a pu émaner que de l'Elysée et de Matignon (...). Le pouvoir a préféré le sabotage au ratissage des écologistes car les socialistes, à cause de leurs liens avec ceux-ci, ne voulaient pas avoir à les expulser de Mururoa. » Curieux raisonnement.

Mais l'explication politique du Premier ministre ne suffit pas à faire tomber la tension. L'opinion reste sur sa faim, elle s'est habituée au feuilleton de l'été, le Greenpeace-Dallas. Il faudra, pour clore le débat, un électrochoc passionnel, une « chute » inattendue qui termine la pièce en apothéose. Un militaire en grand uniforme va porter l'estocade. Juste retour des choses, l'affaire a commencé avec un amiral, elle se termine avec un général. C'est la deuxième pièce essentielle du jeu de Fabius, le « joker » de la D.g.s.e., le grand méchant loup des services secrets.

Le Conseil des ministres du mercredi 25 septembre — le jour de la prestation de Fabius — désigne le remplaçant de l'amiral Lacoste. Le gouvernement choisit un « dur », une « culotte de peau », comme on dit dans l'armée, le général René Imbot, 60 ans, chef d'état-major de l'armée de terre. Ce solide militaire rustique et sans état d'âme a l'habitude de marcher au pas, mais il n'aime pas qu'on lui marche sur les pieds.

« La veille d'être nommé, confie-t-il à Guillemette de Sairigné pour *L'Express,* j'ai posé deux conditions : qu'on me garantisse que, dans mon action, je ne serai pas amené à trahir ma fidélité à l'amiral Lacoste, un camarade, un ami, non plus qu'à Hernu qui a été le premier défenseur de notre institution militaire. »

Les « conditions » remontent jusqu'à l'Elysée, via Quilès et Fabius. Vingt-quatre heures plus tard, elles seront acceptées. Le général va devenir célèbre grâce à un mémorable « coup de gueule ». On va l'entendre. Mais, d'abord, un bref coup d'œil sur sa carrière. René Imbot est un baroudeur à la Bigeard, qui allie l'expérience au sens de la discipline. Fils d'un mineur d'ocre du Vaucluse grand invalide de la guerre de 1914, il devient enfant de troupe à Epinal, comme ses deux frères. « L'armée, explique-t-il à *L'Express,* c'était notre vie ; servir le pays sous les armes, une évidence jamais remise en question. » Elevé au prytanée de La Flèche, il passe le concours de Saint-Cyr et, au lendemain des épreuves, il rejoint, à 19 ans, le maquis. Caporal-chef à la libération, puis élève officier en Algérie, à Cherchell, où l'école de Saint-Cyr s'est repliée en 1943, il choisit, en mai 1945, la Légion étrangère. Il accumule alors les campagnes et les citations. L'Indochine (13e demi-brigade de la Légion). Première blessure à 21 ans et la Légion d'honneur pour un fait d'armes exceptionnel : cerné par les Khmers issaraks, il tient trois jours avec ses 24 légionnaires formés au carré... un héros à la Kessel.

Ensuite, c'est l'Afrique du Nord, le Maroc, l'Algérie. Enfin, la France, le commandement de l'Ecole d'application de l'infanterie de Montpellier. Imbot possède également une solide formation stratégique et internationale : entré et sorti premier de l'Ecole de guerre, diplômé de l'école américaine de Fort Leavenworth, il a aussi servi comme officier à la section des plans atomiques au groupe Armée Centre Otan à Heidelberg, en Allemagne de l'Ouest. Il y travaillait à la planification des objectifs nucléaires jusqu'au parallèle de Minsk : « Gagnant plus tard Berlin par le train, raconte-t-il avec malice à Guillemette de Sairigné, il m'est arrivé, en passant sur un pont, de me dire, celui-ci, c'est du 25 kilotonnes. A 5 heures précises, la police militaire nous retirait tous nos instruments de travail et les enfermait dans un coffre. » Il parle en outre couramment l'anglais, l'allemand et l'italien.

Ce rugueux général aime aussi la terre, la sienne, qu'il cultive avec amour dans sa résidence d'Apt, restaurée avec ses deux fils. Une carrière accélérée : il est devenu, un peu plus tôt que prévu, chef d'état-major de l'armée de terre, remplaçant au pied levé le général Delaunay qui a démissionné en 1983, pour protester contre le projet de réduction des effectifs. René Imbot est alors le plus jeune général de corps d'armée. Lui qui s'apprêtait à prendre sa retraite en mars 1986 et à s'installer dans sa Provence natale, ne s'attendait certes pas à être bombardé patron de la D.g.s.e., après le limogeage de son « ami » Lacoste. Le pouvoir fait appel à cet « homme à poigne » pour remettre de l'ordre dans la vieille maison chahutée. Ayant fait accepter ses deux conditions, le voici promu chef des services secrets français. Et, deux jours plus tard, il devient paradoxalement le général le plus connu des Français. Grâce à une apparition musclée à la télévision. Le vendredi (27 septembre) le général Imbot convoque les trois chaînes de télévision dans son appartement privé de l'hôtel des Invalides. Le patron de la D.g.s.e., qui donne une interview, cela vaut le déplacement. Les journalistes qui accourent ne seront pas déçus.

Le général, en grand uniforme, bardé de médailles, coiffure réglementaire en brosse, le ton rogue, charge, sabre au clair.

« Au-delà des péripéties de l'affaire que nous connaissons, je dois vous dire que j'ai, à ma profonde stupéfaction, découvert, et je pèse mes mots, une véritable opération maligne de déstabilisation de nos services secrets, je dirais même de destruction de nos services secrets.

« Bien entendu, j'ai aussi trouvé des gens qu'il fallait sanctionner. J'ai coupé les branches pourries. Maintenant, j'ai autour de moi une équipe soudée avec laquelle je vais aller de l'avant (...). Là, je suis clair et net. Et je vous dis tout de suite que j'ai verrouillé ce service, et quand je dis verrouillé, ceux qui ont servi avec moi, les officiers et les sous-officiers qui m'entendront ce soir, quand je dis verrouillé, ils savent ce que ça veut dire...

« Et je suis le rempart de ce service. Je serai le rempart de ce service. Ce que je veux dire, c'est qu'à partir de maintenant, toute information que l'on prétendrait retenir ou recueillir de ce service est mensonge, parce que j'ai verrouillé ce service.

« Et si j'ai accepté cette mission, c'est pour l'honneur de nos armées et je la conduirai à bien. »

Les journalistes, abasourdis, tentent d'en savoir plus :

— Les termes « d'opération maligne, de déstabilisation », c'est une parole grave ?

— Je pèse mes mots.

— A quoi faites-vous allusion ?

— Je ne fais pas d'allusion. Je suis chef des services secrets, vous m'accorderez que je puisse garder les secrets. Tous les officiers savent que je suis un homme de droiture et de fidélité. Quand je viens de vous dire ce que je viens de vous dire, j'ai pesé mes mots. J'ai découvert une véritable opération de déstabilisation de nos services secrets et c'est une gravité qu'il faut mesurer aujourd'hui.

— Les hommes qui ont déstabilisé, ce sont les quatre militaires qui sont inculpés ?

— Oh ! pauvres, non, d'autres ont une charge de branche pourrie, et j'ai fait allusion à ceux-là. J'ai coupé les branches pourries.

— Il y a d'autres hommes impliqués.

— Non, répète obstinément le général, j'ai coupé les branches pourries.

— Y avait-il des puissances étrangères impliquées dans cette entreprise ?

— Je n'en dis pas plus, je suis chef des services secrets.

Les Français sont stupéfiés. Il y a de quoi : depuis la guerre d'Algérie, c'est la première fois qu'un militaire en uniforme intervient à la télévision dans une affaire politique. Même les gens du service de presse de l'armée, le Sirpa, n'en reviennent pas. Atterrés, ils foncent, une cassette à la main, alerter le ministre : « Ne laissez pas passer ça, c'est la guerre », veulent-ils dire. A peine sont-ils entrés dans le bureau de Paul Quilès, qu'Imbot pénètre par une autre porte et... se fait chaleureusement féliciter par le ministre : « C'était très bien, mon général, très bien... » Les officiers du Sirpa rempochent discrètement leur cassette.

Le ministre mesure peut-être déjà l'effet que va avoir cette déclaration canon. Comme on dit dans le *show-biz,* le général a fait un « malheur », un véritable « tabac ». Le lendemain, la France entière ne parle plus que de lui : « Imbot superstar ». Le style imagé du baroudeur en campagne a séduit les Français : « J'ai coupé les branches pourries », ou « j'ai verrouillé ce service », un ton Bigeard bis qui a toujours marché. Plus profondément, l'opinion est soulagée de voir enfin quelqu'un dans cette sombre affaire prendre ses responsabilités. Et sans complexe. Le général, sans l'avoir voulu, est tombé juste au bon moment : cette histoire rocambolesque d'espions palmés a fait beaucoup rire les Français au début. Mais maintenant, ils trouvent qu'on pousse le bouchon un peu loin. Esprit cocardier pas mort. L'aspect ridicule de nos agents « les Charlots dans le Pacifique », c'était drôle, mais ça commence à bien faire. Il était temps, estime-t-on, qu'on relève la tête et que quelqu'un défende nos « braves petits ». Enfin un homme d'ordre qui tape sur la table et qui sauve l'honneur national. Le vieux truc du militaire salvateur. Deux hommes vont profiter de ce retournement de l'opinion : le général Imbot, qui fige l'affaire comme une image de cinéma arrêtée — personne n'ose plus bouger ! — et Charles Hernu, qui va devenir, un moment, à sa grande surprise, une sorte de héros national.

Ce qu'a dit le général aurait pourtant dû relancer l'affaire plutôt que l'enterrer. Si les Français ont apprécié l'autorité et la « musique » du militaire, ils n'ont pas compris les paroles. Personne, en effet, n'a bien saisi ce que voulait dire le volcanique général en parlant de « déstabilisation » et de « destruction » des services secrets. L'hermétisme même des phrases d'Imbot a joué en sa faveur. « Malignité » d'abord, un mot magique, déjà lancé par Charles Hernu lors de son ultime conférence de presse.

Le général a pourtant bien pesé ses mots. Il le répète lui-même deux fois pendant l'interview. Dans son style « fleuri », il délivre deux messages à « l'armée » et à « l'ennemi ». Le premier est transparent : « j'ai coupé les branches pourries » et « j'ai verrouillé ce service », un avertissement à usage interne. Les « branches pourries » ce sont, évidemment, les bavards sanctionnés. Un terme excessif mais bien dans le style du général qui déteste la désobéissance sous toutes ses formes, même la plus bénigne. On ne rigole pas avec Imbot.

Mais il veut surtout annoncer, haut et fort, qu'il a terminé le ménage. La place est nette, nettoyée, plus rien à craindre... « avec mon équipe soudée, je vais aller de l'avant ». Les militaires peuvent se rassurer, la tronçonneuse est passée, elle ne repassera pas. On peut respirer et se remettre au travail. Evidemment, il ne faudrait pas recommencer. C'est la deuxième menace : « Je passe l'éponge, mais faut pas y revenir ! Ou alors, je serai sans pitié. » « Tous les officiers et sous-officiers qui m'entendront ce soir savent ce que verrouiller veut dire. » Vulgairement parlant, ça voudrait plutôt dire « dérouiller ». Vous me connaissez, ou bien renseignez-vous... Maintenant, on ne plaisante plus : silence dans les rangs !

Il est tout de même curieux, particulièrement sous la gauche, qu'un militaire puisse tenir un tel langage. Surtout à propos d'une affaire d'Etat où l'armée est engagée. Les responsables politiques, le ministre de la Défense en tête, donnent l'impression de se cacher derrière les épaulettes d'un général. Le général, lui, ne sera pas content du tout en regardant son interview à la télévision. Il s'aperçoit qu'on a coupé tout le début de son texte où il rendait hommage à son prédécesseur, l'amiral Lacoste ; il y voit une censure politique émanant du Premier ministre. Plusieurs personnalités de l'opposition crieront au scandale à ce propos.

L'autre partie de son intervention est tout aussi passionnante et elle n'a, finalement, jamais été expliquée. Que veut dire le général Imbot quand il parle de « déstabilisation et de destruction » de nos services secrets ? Il fait apparemment référence à une analyse de la D.g.s.e. et d'autres services étrangers, selon laquelle le K.g.b. s'est livré, en cet été 1985, à une vaste entreprise de sape de plusieurs services spéciaux occidentaux. Greenpeace aurait été la première opération contre la France, suivie de près par une autre tentative de déstabilisation des services d'Allemagne de l'Ouest. Un bref aperçu des coulisses agitées de la guerre secrète.

A la mi-août, l'un des grands manitous du contre-espionnage de la R.F.A., Hans Joachim Tiedge, 48 ans, est passé à l'Est. Une véritable catastrophe pour les services d'Allemagne fédérale. Tiedge était, depuis 1979, chef de service de la section 4 spécialisée dans les opérations sur l'Allemagne de l'Est, il connaissait toutes les méthodes du contre-espionnage, l'identité de tous les agents et le rôle de chacun. Or, il est passé avec armes et bagages de l'autre côté du mur ; il a emmené avec lui toute son équipe : une petite escouade d'espions disséminée dans les recoins les plus variés : la secrétaire du ministre de l'Economie, Sonia Lüneburg ; la documentaliste de l'Union des réfugiés de l'Est — un poste stratégique ! Ursula Richter, qui servait d'agent de liaison à la première ; un employé du ministère de la Défense, Lorenz Betzing, qui s'occupait des abris antiatomiques réservés au gouvernement en cas de guerre ; et, enfin, une secrétaire de la présidence, Margaret Hoeke, qui avait accès aux télégrammes secrets des ambassades. Tous sont repartis vers le froid avec leur patron. Un réseau bien structuré, qui devait travailler depuis très longtemps pour l'autre camp. Le vendredi 23 août, les communistes allemands s'offrent même le luxe d'annoncer officiellement, par le biais de l'agence de presse officielle A.d.n., l'arrivée triomphale de Tiedge en R.D.A. Le chef du contre-espionnage était pourtant connu pour ses excès de boissons et son besoin permanent d'argent. A tel point qu'on a cru, un moment, qu'il avait disparu... pour se suicider. Un joli coup du K.g.b., via Markus Wolf, le célèbre patron des très compétents services secrets est-allemands.

Un peu plus d'un mois après le « show » du général Imbot, on découvrira que ce même mois d'août les Américains, eux aussi, ont peut-être été victimes d'un coup tordu. Un vieux classique de l'espionnage : le faux agent retourné. Le 1er août, le nº 5 du K.g.b., Vitaly Yourtchenko, en « voyage d'affaires » à Rome, est tombé dans les bras de la C.i.a. ; il a profité d'une visite au Musée du Vatican pour s'éclipser et se rendre à l'ambassade américaine où il a demandé le droit d'asile. Les services secrets américains ne veulent pas rater une pareille aubaine : Yourtchenko a dirigé, à la Centrale de Moscou, l'une des directions de la section K — contre-espionnage — et il est resté plusieurs années en poste à l'ambassade d'U.R.S.S. à Washington. Une mine de renseignements. Le transfuge est envoyé aux Etats-Unis où il subit une longue période de « débriefing » à Langley, en Virginie, au siège de la C.i.a. Il dîne même un soir avec William Casey en personne, le *big boss* de l'agence. Les éléments qu'il fournit paraissent convaincants.

Mais, début novembre, Yourtchenko disparaît à nouveau à Washington. On le retrouve le lendemain — retour au bercail — à l'ambassade d'U.R.S.S., donnant une conférence de presse pour dénoncer les méthodes des « tortionnaires » américains. Il prétend que la C.i.a. l'a enlevé en Italie, puis drogué tout au long de son séjour à Langley. On l'aurait enfin menacé pour l'obliger à parler. Heureusement, il a pu s'enfuir à temps, et il va bientôt retrouver sa chère toundra.

Que s'est-il passé ? Yourtchenko est peut-être un véritable transfuge qui a ensuite craqué à cause du « mal du pays ». On dit aussi qu'une belle conseillère de l'ambassade d'U.R.S.S. au Canada lui avait promis de le suivre et qu'elle lui aurait fait faux bond au dernier moment. A moins, pense la D.g.s.e., qu'il ne s'agisse d'un vrai complot monté par le K.g.b. pour intoxiquer l'adversaire, le bourrer de fausses informations et étudier les mécanismes de « débriefing » de la C.i.a. « Je vous connais mieux maintenant que si j'avais lu mille livres », a lancé Vitaly aux services américains, lors de sa conférence de presse.

Une curieuse affaire qui amène a posteriori de l'eau au moulin du général Imbot. Pour lui, Greenpeace est un coup monté des Russes, une entreprise « maligne » pour intoxiquer et même casser les services français. Selon les stratèges de la « Piscine », Greenpeace entre même dans un jeu international encore plus important. Il faut mettre la France en état de faiblesse, à la veille de la visite de Gorbatchev à Paris. C'est aussi la position de la France, par rapport à la fameuse guerre des étoiles, qui est visée. Paris s'est toujours opposé à l'I.d.s. américaine, défendant une version européenne de la Défense et refusant de se placer sous la seule couverture militaire des Etats-Unis. Une opération qui déstabilise et discrédite les services secrets occidentaux ne peut donc qu'aider les Russes.

La D.g.s.e. croit réellement, à l'époque, que nos agents ont été suivis par des agents soviétiques présents en Nouvelle-Zélande. Les Turenge auraient même été observés de loin, avec des jumelles infrarouges, qui permettent de voir la nuit. Ce serait les « Popov » qui, sans se démasquer, auraient prévenu la police d'Auckland, et mis les hommes de Galbraith sur la bonne piste. C'est la fameuse thèse du « sabotage du sabotage », ardemment soutenue par Charles Hernu.

La version du général surprend même Matignon qui ne s'attendait pas à une version si « *hard* ». Deux jours plus tôt, lors de sa prestation télévisée, le Premier ministre avait évoqué l'hypothèse et il n'apparaissait pas très convaincu. A la question : « L'affaire est tellement visible qu'elle pourrait être un montage destiné à nuire au gouvernement. Qu'en pensez-vous ? » Laurent Fabius avait répondu :

« Je suis plus prudent. Je crois que dans l'initiative de l'affaire, la réponse est " non ". (...) On ne peut pas du tout accuser une volonté de déstabilisation gouvernementale dans le projet. Je constate, comme vous, beaucoup de maladresses pour employer un terme neutre, et je me pose des questions. Le général Imbot devra faire la lumière. Est-ce qu'on n'a pas essayé de saboter le sabotage ? Je n'en sais rien. Mais c'est la question que je me pose. »

Le général Imbot répond, lui, sans hésiter, « affirmatif ». Mais, comme on dit dans l'armée, il n'a pas beaucoup de « biscuits » car, c'est le plus incroyable de l'affaire, le gouvernement n'a pas demandé leur avis aux intéressés eux-mêmes, c'est-à-dire aux Turenge. Ils étaient pourtant aux premières loges et peuvent expliquer, mieux que quiconque, pourquoi l'opération a échoué. Le 1er octobre, le nouvel avocat désigné par le ministre de la Défense, Me Daniel Soulez Larivière, leur rend visite à Auckland et leur pose enfin la question : Dominique et Alain respirent. « Paris s'intéresse enfin à nous et à ce qui s'est passé. »

Le gouvernement apprend alors qu'il n'y a pas de « sabotage du sabotage » ou d' « espions russes embusqués avec des jumelles ». Pas de diables malicieux cachés dans la boîte. La vérité, hélas, est bien plus simple. Sans les pêcheurs sur le pont d'Hobson Bay et les deux vigiles du Yachting-Club, les Turenge n'auraient pas été arrêtés. Et la mort du photographe de Greenpeace a encore dramatisé l'affaire. Personne n'a prévu qu'il allait remonter à bord pour récupérer ses appareils. Les autres agents ont pu quitter le pays sans se faire prendre. Ça n'a pas été facile, on le verra. Même les marins de l'*Ouvéa* sont passés à travers les mailles, ce qui est miraculeux. Avec le recul, on peut dire que les hommes d'Action ont eu beaucoup de chance dans leur malheur : dix d'entre eux pourraient dormir, aujourd'hui, en prison ou se morfondre sur un atoll du Pacifique. De plus, l'enquête néo-zélandaise est finalement assez squelettique : les détectives n'ont pas retrouvé la trace des rendez-vous secrets entre les différentes équipes ; ils ignorent combien de militaires français étaient sur place et comment ils ont saboté le bateau. Ils ont également recueilli de nombreux faux témoignages. Les témoins se trompent de toute bonne foi : ils confondent les Turenge avec d'autres touristes, ils mélangent les équipes entre elles, le camping-car de Dillais et celui de Mafart... L'enquête a même, parfois, carrément dérapé : ils se trompent sur les rendez-vous entre les équipes.

En revanche, les détectives ont quelques certitudes bien gênantes : la preuve que les Turenge ont participé à l'attentat (sans connaître leur rôle exact) ; ils savent qu'ils appartiennent au service secret français. De quoi les condamner très lourdement. Dominique et Alain risquent de payer pour leurs collègues.

Leur nouvel avocat ajuste donc sa défense. Paris souhaitait un avocat qui ne soit pas lié à la D.g.s.e. comme Me Derouin, appelé par la « Piscine » le 14 juillet. Depuis, Me Derouin s'était lancé dans la gageure d'une procédure juridique complexe. Dès son retour à Paris, après l'audience du 12 août, il est allé voir le juge d'instruction français chargé du dossier et a réclamé la communication de la commission rogatoire internationale. L'avocat voulait connaître la teneur des renseignements échangés entre les polices française et néo-zélandaise. Louable intention. Le juge refuse tout net. Me Derouin s'entête. Il espère aussi limiter le nombre d'informations données par la France et découvrir — qui sait ? — un vice de forme qui annulerait la procédure. Le 26 août, il dépose une requête sur le bureau du juge. Le magistrat ne répond même pas. Sans se démonter, il prépare alors une deuxième requête devant la chambre d'accusation. Il va même frapper à la porte de Roland Dumas pour qu'il alerte la Chancellerie. Fin septembre, alors qu'il s'apprête à déposer sa requête, son confrère Soulez Larivière est désigné par le ministre de la Défense. C'est le bâtonnier de Paris qui a avancé son nom. Cet avocat de 43 ans, réputé au barreau, est un spécialiste du droit anglo-saxon ; il a étudié aux Etats-Unis, parle couramment l'anglais et son cabinet d'affaires civiles et pénales s'occupe notamment de transactions internationales. Il a également consacré un chapitre de son livre sur les avocats — *L'Avocature*[1] — à ses confrères américains. Daniel Soulez Larivière connaît aussi le monde de l'espionnage. Une expérience professionnelle assez rare.

Au début de sa carrière, deuxième secrétaire de la Conférence du stage, il a été commis d'office pour défendre un agent de l'ex-Sdece, Eugène Rousseau, accusé de trahison au profit des Yougoslaves, mais gracié très rapidement par le président Pompidou.

Un peu plus tard, Me Soulez Larivière devenait le conseil de Léopold Trepper, l'ancien chef de l'Orchestre rouge, le légendaire réseau d'espionnage soviétique qui a lutté contre les nazis durant la dernière guerre. L'histoire mouvementée de ce réseau hors pair a été racontée dans un best-seller signé Gilles Perrault. Or, en 1972, le patron de l'Orchestre rouge a attaqué en diffamation le chef de la D.s.t. de l'époque, le préfet Rochet, qui l'avait accusé d'être un traître. Un procès épique qui a fait alors la notoriété de Soulez

1. Editions Ramsay, 1982.

Larivière. Beaucoup plus discrètement, l'avocat travaillait pourtant déjà en coulisse pour le ministère des Affaires étrangères ; il négociait un échange d'espions entre la France et l'Allemagne de l'Est. La R.D.A. n'était pas encore reconnue par Paris et ses « échanges » clandestins se faisaient par l'intermédiaire d'avocats. Me Souliez Larivière a ainsi réussi à faire libérer une Française condamnée, en 1971, à dix ans de prison à Prague pour espionnage : Miléna Koubias, interprète à l'ambassade de France en Tchécoslovaquie. La jeune femme avait, en réalité, soutenu les partisans de la libéralisation au printemps 1968. Grâce aux bons offices de l'avocat, elle a fait partie, sans le savoir, d'un « lot » d'échanges négociés avec l'Allemagne de l'Est. Comme dans tous les bons films d'espionnage, elle a été libérée le 27 janvier 1972, Check Point Chaussestrasse, à Berlin, le poste frontière entre les deux Allemagnes.

L'avocat connaît donc bien les méandres politiques de ces dossiers explosifs, ce qui lui permet d'entrer de plain-pied dans l'affaire Greenpeace. Le cas des Turenge est particulièrement délicat. Avant d'examiner leur situation judiciaire — pas brillante — penchons-nous sur leur passé. Ils sont devenus, par la force des choses, de véritables « vedettes » en France. Leurs faits et gestes, en prison, sont rapportés par la presse. Les Français ont le coup de foudre pour ces deux militaires piégés aux antipodes, qui ont l'allure de ces vieilles gloires de l'Empire colonial. Un souffle d'aventure. De « vrais » agents secrets, comme dans les romans.

Comment devient-on agent secret ?

Ce 2 novembre 1985, il fête ses 35 ans dans la solitude d'une prison des antipodes. Le commandant Alain Mafart, alias Alain Turenge, se prépare à comparaître devant la justice néo-zélandaise en grattant la guitare et en dévorant la biographie et les œuvres de Joseph Kessel : *Le Lion, Hong Kong et Macao, Mermoz, Les Fils de l'impossible.* Autant de livres qui ravivent ses rêves d'adolescent prolongé élevé aux colonies : l'aventure, les grands espaces, les espèces sauvages, le panache, le drapeau, la patrie. Autant d'idéaux qu'il a tenté de vivre en perpétuant la tradition militaire des Mafart : le grand-père Théophile, capitaine sorti du rang, héros de la guerre de 14-18, qui a fini sa carrière au Maroc ; le père, Yves, né en 1919 dans les Côtes-du-Nord, enfant de troupe au prytanée de La Flèche (Sarthe), reçu à 18 ans à l'Ecole de santé militaire de Lyon, qui en a fait un médecin-major réputé. Avec lui commence l'errance familiale à travers l'Empire français de l'époque. De son mariage à Bamako avec un médecin des écoles naîtront trois enfants : Françoise, Alain et Bertrand.

Alain a passé les premiers mois de sa vie en Indochine, à Tourane, où il est né le 2 novembre 1950. Quatre ans plus tard, la famille s'installe à Dakar, où le Dr Mafart est nommé médecin-chef du 1er régiment d'artillerie coloniale. C'est là que le jeune Alain découvre une Afrique dont il s'imprègne pour la vie, et qu'il fait ses premières classes chez les pères missionnaires. Au lendemain de l'indépendance du Sénégal, en 1961, les Mafart partent pour Marseille, où le père dirige un service de l'hôpital militaire Lavéran avant d'occuper, comme professeur agrégé, la chaire de médecine tropicale au service de santé du Pharo. Ils partagent leurs vacances entre la Bretagne, où la sœur du Dr Mafart, Micheline Le Gad, tient une pharmacie dans le Morbihan, et la Suisse, où, l'hiver, ils louent un chalet.

A douze ans, Alain Mafart poursuit ses études secondaires au collège de Provence, l'établissement huppé des jésuites, dans le quartier du Prado. Il y laissera le souvenir d'un élève très brillant mais chahuteur, très sportif aussi, rivalisant notamment avec Patrick de Boissieu, neveu du gendre du général de Gaulle. A seize ans, bac math élém. En guise de récompense, et pour le détourner aussi d'une passion trop prononcée pour les motos, ses parents l'envoient découvrir l'Amérique, un autre de ses rêves d'enfant.

A son retour, dans l'espoir de retrouver « son » Afrique, il devance l'appel et s'engage pour trois ans dans les paras. Reçu premier à l'Ecole spéciale militaire interarmes de Coëtquidan, il sort major de sa promotion en 1974. Il a vingt-quatre ans. Depuis trois ans, il a perdu sa mère, son père a quitté l'armée avec le képi étoilé de général, et son frère cadet a repris le flambeau pour devenir médecin-major à l'hôpital Jules-Cantini de Marseille ; Alain, lui, a choisi l'arme la plus rude, celle qui répond le mieux à son tempérament de baroudeur et à sa soif d'aventure : les troupes de marine, puis le centre d'instruction des nageurs de combat, à Aspretto, en Corse, vivier et fer de lance du service Action de la D.g.s.e. Il effectue des missions secrètes en Afrique, notamment au Tchad, et, plus récemment, au Liban.

Son goût du risque ne le quitte guère dans ses périodes de congé : en 1980, à bord d'un canoë-kayak, il tente et réussit, avec un compagnon, la traversée Saint-Tropez-Ajaccio en soixante-quatre heures et demie... Il passe d'autres vacances à étudier les mœurs des baleines, qu'il suit à la trace tantôt au Groenland, tantôt au sud de la Californie, dans le Scamon Lagoon, où se reproduisent les cétacés descendus de l'Alaska, tantôt dans les régions australes, près de la Terre de Feu, où, l'hiver 1984, il a réalisé un extraordinaire reportage photo. Sur ce plan-là, il pourrait en remontrer aux écologistes de Greenpeace... Le reste de ses loisirs, ce grand séducteur célibataire les consacre volontiers à « la partie féminine des populations », selon la formule désormais célèbre du rapport Tricot sur la mission de nos agents en Nouvelle-Zélande.

A la base aéronavale secrète d'Aspretto, Alain Mafart prend du galon avec autant de fougue qu'il en montre à courser les dames ou les baleines : capitaine à vingt-neuf ans, il devient chef de bataillon à trente-quatre ans à peine, le 1er octobre 1984. Il a alors demandé son détachement du Centre d'instruction des nageurs de combat pour l'Unité de commandement du service Action qui se tient au fort de Noisy. Il prépare également l'Ecole de guerre. Muté, en mars 1985, il n'aura pas l'occasion de se présenter au concours : au début de juillet, il atterrit à Auckland sous l'identité d'un paisible touriste suisse, Alain Turenge...

Depuis qu'il est enfermé dans le bloc D de la prison de Paramoremo, à l'écart des cent soixante-huit détenus de droit commun qui purgent leur peine dans cet établissement moderne de haute sécurité, il n'a droit, pour défouler son trop-plein d'énergie, qu'à une sortie hebdomadaire en plein air. Il en est réduit, les autres jours, à « faire des pompes » pour exercer ses abdominaux barrés d'une longue cicatrice — vestige non d'un exploit guerrier, mais d'une péritonite — dans l'espace des deux cellules qui lui sont imparties : une pour le jour et une pour la nuit.

Entre les lectures des journaux, de l'*Histoire de France* du duc de Castries et des poèmes d'exil de Victor Hugo, il s'était d'abord mis à la cornemuse. Mais, comme cet instrument troublait le repos des prisonniers et des gardiens, il fait maintenant des progrès en guitare, sous la houlette d'un professeur inattendu : Me Daniel Soulez Larivière, qui lui a apporté conseils et méthodes. Il attend son sort avec flegme et placidité.

Changeons de prison, voici le capitaine Prieur, la mascotte du service Action.

Ses yeux verts s'embuent facilement de larmes, mais, derrière cette émotivité à fleur de peau, s'affirme le caractère sans faille d'une « pro » du renseignement. Elle en a donné la preuve lorsqu'elle est devenue la première femme officier du service Action, le bras armé des services secrets français. Une femme menue et blonde, dont le charme et l'élégance ont ravi son avocat néo-zélandais, Me Gérard Curry.

Dominique Angèle Prieur, 37 ans, n'a pourtant rien d'une Mata Hari ou d'une James Bond's girl. Cette espionne new-look est une intellectuelle à l'esprit caustique, bardée de diplômes universitaires, docteur en sociologie. Elle doit sans doute sa personnalité complexe et mouvante à une enfance enracinée dans le culte des héros.

Son père, Louis Maire, quatre fois évadé, quatre fois repris par les Allemands, a fini la guerre dans les maquis F.t.p., de sa Franche-Comté natale. En représailles, ses deux grands-parents maternels, sa grand-mère paternelle et sa tante ont été fusillés le 27 août 1944 à Valdahon (Doubs), dix jours avant la Libération. Au lendemain de la guerre, sa mère, Renée Rouge, a épousé Louis Maire, qui venait de reprendre le commerce de vins de ses parents, dont il était l'employé. De l'union de ces deux orphelins de la Résistance est née Dominique, le 21 juin 1949 à Valdahon — sur les lieux mêmes du martyre de leur famille.

Deux ans plus tard, son père, ruiné, va chercher fortune en Nouvelle-Calédonie, où il est embauché en qualité de gérant d'une grande surface de produits de nécessité à l'usage des deux mille employés de la société Le Nickel. Licencié, il se met alors à parcourir le Caillou pour le compte d'une société de minerais avant de trouver enfin, en 1958, un emploi plus stable de dessinateur cartographe à l'antenne du Bureau de recherches géologiques et minières. La petite Dominique, qui a commencé sa scolarité à l'école publique de la place des Cocotiers à Nouméa, rentre en France avec sa mère, pour recevoir, à neuf ans, la médaille de la Résistance de sa grand-mère, assassinée par les Allemands.

« Ma fille n'était pas une surdouée, raconte Louis Maire, mais une élève sérieuse et bûcheuse, toujours classée dans les deux premières. Sa mère l'a ramenée définitivement au pays lorsque nous nous sommes séparés. »

C'est donc au lycée de Besançon-Palente que Dominique effectue ses études secondaires. Bachelière en 1968, elle entame des études de médecine, qu'elle abandonne deux ans plus tard. Elle doit faire la pionne à Pontarlier, pour passer une maîtrise de lettres modernes, qui va lui permettre d'enseigner l'anglais comme auxiliaire au C.e.g. de Valdahon. Mais elle se lasse vite d'une situation qui ne satisfait guère ses aspirations ; il lui faut relever de plus exaltants défis : brevetée parachutiste pendant sa scolarité, elle se blesse au dos lors d'un saut audacieux.

C'est alors qu'elle renoue, comme Mafart, avec la tradition

patriotique de sa famille. Sa mère a trouvé un emploi de secrétaire au camp militaire de Valdahon ; son oncle paternel a servi comme pilote dans l'armée de l'air ; son oncle maternel est major dans la gendarmerie ; un petit-cousin de son père est colonel de la Légion... En 1975, elle s'engage dans le corps féminin de l'Armée et réussit les concours d'entrée à l'école des officiers de Strasbourg et de Caen. Elle en sort sous-lieutenant en 1976, et, versée dans un cadre spécial, elle choisit l'arme qui lui semble la plus « intellectuelle » : la recherche du renseignement.

Elle s'intéresse, en particulier, à la politique libyenne, ce qui la conduit à achever parallèlement ses études supérieures au département de sociologie politique de l'université de Nanterre, où elle prépare un diplôme d'études approfondies (D.e.a.), consacré au *Livre vert* du colonel Kadhafi. Elle réussit le concours d'entrée à Sciences po. Le 30 janvier 1984, elle soutiendra avec succès une thèse du 3e cycle sur l'agence d'information libyenne Jana et sa représentation du monde en 1980. Le professeur Annie Kriegel, qui collabore au *Figaro* et qui a dirigé sa thèse, se souvient d'elle comme d'une étudiante réservée, mais sans problèmes ni états d'âme. La qualité de son travail l'avait même heureusement surprise : peut-être sa « thésarde » avait-elle bénéficié de sources particulières... La directrice de thèse savait, en tout cas, avoir affaire à un militaire domicilié à la caserne de la 4e compagnie du régiment des sapeurs-pompiers de Paris, rue du Vieux-Colombier.

Dominique Maire avait, en effet, épousé à Valdahon, le 6 septembre 1980, le lieutenant du train Joël-Patrick Prieur, affecté à l'encadrement de cette compagnie, et qu'elle avait rencontré deux ans plus tôt au bal du Triomphe de Saint-Cyr, quand il y était aspirant.

Poussée par sa passion du secret à aller toujours plus loin, Dominique Prieur sera donc le premier agent féminin de la D.g.s.e. à pénétrer dans le sanctuaire du service Action. Lors de son stage au camp d'entraînement de Cercottes (Loiret) où certains l'appellent Doumi ou, plus finement « la fille Maire », elle en devient vite la mascotte. Nommée capitaine le 1er août 1982, elle a déjà beaucoup voyagé : son père, resté à Nouméa, a reçu des lettres de l'île Maurice, de la Tunisie, du Maroc, etc. Elle lui a même rendu visite avec son mari, en septembre 1981. « Quand me donnerez-vous des petits-enfants ? » leur a-t-il alors demandé.

A la caserne du Vieux-Colombier, dont son mari a pris le commandement tout en préparant l'Ecole de guerre, cette femme sans enfant évolue dans un vaste appartement de fonction. Elle est respectée pour sa « poignée de main militaire ». Au printemps de

1985, elle y reçoit à plusieurs reprises l'une des ses vieilles connaissances du service Action, le commandant Alain Mafart, dont elle deviendra bientôt la fausse épouse sous le nom de Sophie Turenge. Pour les autres résidents de la caserne, elle part, en juin, voir son père, malade à Nouméa. Et, pour son père, elle est partie du 24 mai au 6 juin en vacances en Bretagne...

Les uns et les autres manifesteront de la stupéfaction et de l'inquiétude quand ils la reconnaîtront sur la première photo publiée de la prisonnière d'Auckland : c'est bien son regard, malgré ces grosses lunettes et cette nouvelle coiffure qui ont modifié sa physionomie. A sa comparution devant le juge de la *district court,* qui l'avait inculpée de meurtre le 24 juillet, elle avait donné une impression de fragilité en essuyant ses larmes. Mais quand le surintendant Alan Galbraith lui propose l'immunité en échange d'aveux, elle se mure dans un silence définitif.

Sa première période de détention est extrêmement pénible, car les autorités néo-zélandaises, atteintes d'une sorte de paranoïa antifrançaise, disent redouter un raid de commando. Séparée de Mafart, elle est expédiée, menottes aux poignets, dans une lointaine prison du Sud, à Christchurch, où elle change de cellule tous les jours sous la surveillance permanente de quatre gardiens en armes. Elle retrouvera par la suite un traitement plus humain au camp militaire d'Ardmore, à 35 kilomètres d'Auckland, où, seule prisonnière, elle est installée dans deux pièces d'un cottage en bois, a, à son service, un cuisinier et dispose d'un poste de télévision. Elle a de quoi occuper son temps avec ses tricots — bien utiles en cette fin d'hiver austral — et ses lectures : non seulement des polars, mais aussi des auteurs classiques, comme Chateaubriand, des modernes, comme Radiguet *(Le Diable au corps),* et surtout des ouvrages sur la psychanalyse : *La Bataille de cent ans,* d'Elisabeth Roudinesco, *Les Fils de Freud sont fatigués,* de Catherine Clément.

Le seul souci qui semble l'obséder, en cette veille de préprocès, est la crainte de passer au moins un Noël loin de sa mère et de son mari, à l'autre bout du monde. Elle court, en vérité, un risque bien plus grave.

Procès à Auckland

Les faux Turenge sont inculpés de *murder* (meurtre), crime passible de la prison à vie sans possibilité de circonstances atténuantes. L'enquête policière prouve qu'ils n'ont pas posé les bombes eux-mêmes, mais, dans le code néo-zélandais, la complicité n'est pas considérée comme une moindre culpabilité. Il suffit de « commettre un acte illégal risquant d'entraîner la mort » pour encourir la peine maximum.

Dès lors, Me Soulez Larivière, aidé par son confrère d'Auckland, Me Gérard Curry, n'a qu'une alternative pour tenter de sauver les Turenge. Il peut plaider l'innocence. Ses clients ne sont pas responsables de la mort du photographe ; ils n'ont pas participé directement au sabotage. Et, de toute façon, ils agissaient sur ordre ; ce sont leurs supérieurs qui ont décidé l'opération et qui les ont expédiés sur place. Ils ne sont que des exécutants et, encore, de seconde main.

Une défense difficile qui consiste, d'abord, à réfuter un par un les centaines de témoignages et d'éléments recueillis par les hommes de Galbraith ; à se battre pied à pied contre les déclarations de l'accusation. Or, il est exclu de pouvoir faire venir à la barre les « vrais » responsables : le colonel Lesquer, patron d'Action, l'amiral Lacoste, chef de la D.g.s.e. ou le ministre de la Défense, Charles Hernu, pour revendiquer la paternité de l'attentat et remplacer aussitôt les Turenge en prison. L'échec prévisible d'une telle défense risque de coûter la perpétuité à Dominique et Alain. Une éventualité à faire frémir les agents et leurs commanditaires parisiens et malheureusement probable : les Néo-Zélandais ont quand même quelques cartouches dans leur besace judiciaire : Laurent Fabius a reconnu que des agents de la D.g.s.e. ont coulé le navire. Les grades des inculpés, commandant et capitaine, n'en font pas des sous-fifres. Ils ont, sans conteste, récupéré un plongeur. Enfin, leurs empreintes digitales ont été retrouvées sur des cartes dans l'*Ouvéa* ainsi qu'un reçu d'hôtel à leur nom.

L'autre méthode, plus subtile, consiste à obtenir une modification du chef d'accusation. En clair, à transformer l'inculpation de « meurtre » en celle d'homicide involontaire (*manslaughter*), passible d'un maximum de quartorze ans de prison. Cette dernière solution présente en outre un gros avantage pour les deux pays. Elle permet à chacun de sauver la face. A condition d'utiliser à fond toutes les finesses de la procédure anglo-saxonne. Une procédure radicalement différente de celle de la justice française. Le procès, d'abord, se déroule en deux temps. Il n'y a pas d'instruction secrète, pas de juge qui décide, dans la solitude de son cabinet et sur son intime conviction, d'inculper et d'écrouer un suspect. L'enquête est menée à égalité par les deux parties, la police et la défense ayant le pouvoir d'agir, chacune de son côté.

Contrairement à la loi française, les avocats ont le droit de poursuivre leurs propres investigations, de faire procéder à des expertises privées et surtout de présenter leurs propres témoins. Scènes de films américains cent fois vues : l'avocat sort de sa poche in extremis le témoin miracle qui sauve son client, généralement innocent.

Accusation et défense se présentent publiquement devant un tribunal qui décide si les charges sont suffisantes pour inculper, mettre en prison ou laisser en liberté un suspect. Elément choquant pour un juriste français : la police mène son enquête à sa guise, hors de tout contrôle par un magistrat. C'est que l'idée même qu'un policier pourrait mentir ou tromper un juge serait si scandaleuse, qu'elle paraît invraisemblable.

Lorsque les deux camps ont fourbi leurs armes, ils se rencontrent, dans l'arène judiciaire, pour une audience préliminaire, le *preliminary hearing,* moment clé de la procédure anglo-saxonne. C'est ce qui attend les Turenge, le 4 novembre. Ce jour-là, l'accusation doit déballer ses preuves et faire défiler ses bataillons de témoins. La défense peut répliquer ou laisser faire, selon son intérêt. Au terme de plusieurs semaines de débat, le juge de district décidera s'il existe suffisamment d'éléments pour un procès en Haute Cour (*High Court*). Dans la négative, il libère les accusés — peu d'espoir, pour les Turenge. Sinon, toute l'affaire est reprise quelques mois plus tard de zéro, sous l'arbitrage d'un autre juge. Cette fois, la défense est obligée de se battre et le verdict prononcé par un jury — à l'unanimité et non à la majorité comme en France — est définitif. C'est dire l'importance de l'audience du 4 novembre pour Dominique Prieur et Alain Mafart. Elle va réellement décider de leur sort.

Mais il existe encore une autre subtilité dans la loi anglo-saxonne, dont peuvent jouer les avocats des Turenge. Dès le *preliminary hearing* les prévenus peuvent plaider « coupables ou non coupables » *(guilty or not guilty).* S'ils plaident non coupables, le procès se poursuit normalement : témoins, preuves, plaidoiries, réquisitoire, jury, verdict. Mais, s'ils s'avouent coupables, alors tout s'arrête miraculeusement. Le rideau tombe. Curiosité de la loi anglo-saxonne pragmatique et efficace : si les prévenus reconnaissent leur culpabilité, sans autre explication, inutile de perdre du temps à faire un procès ! Plus la peine de déplacer les témoins ou d'étudier les preuves. On renvoie à une petite audience rapide, où seuls les avocats auront la parole. Ensuite, le juge décide de la peine. Et c'est fini. Le dossier n'est pas ouvert, rien n'est déballé ;

tout est expédié en un tour de main. Une procédure expresse absolument inconcevable dans les pays latins.

Les avocats des Turenge vont se précipiter vers cette porte de secours du système judiciaire. Leurs clients plaideront coupables si l'on change leur inculpation de meurtre en homicide involontaire. Une solution qui arrange tout le monde. Les accusés ne risquent plus la perpétuité, mais quatorze ans maximum, sans avoir à subir l'humiliation d'un long procès terminé au plus tôt au mois de juin 1986 ; le gouvernement français éviterait ainsi que soit évoquée tous les jours, pendant six mois, l'affaire Greenpeace et révélé dans le détail le travail de ses agents secrets. La police néo-zélandaise y trouve aussi son compte : une longue audience mettrait en évidence les « trous » et les « échecs » de l'enquête « modèle » annoncée par Galbraith. Dans ces conditions, la condamnation des faux Turenge, ce serait une victoire à la Pyrrhus qui se retournerait finalement contre la Nouvelle-Zélande, accusée d'avoir « chargé » des lampistes.

Me Soulez Larivière caresse aussi un autre espoir. Le juge a le pouvoir, après le verdict, d'expulser les condamnés étrangers vers leur pays d'origine. S'il ne le décide pas, le ministre de l'Immigration peut renvoyer à tout moment les Turenge chez eux. Une solution honorable, pensent un peu vite les Français, qui permettrait au Premier ministre David Lange de sortir de cette impasse politique sans compromettre la justice. Reste à convaincre l'opinion publique néo-zélandaise : Plus la phase judiciaire sera courte, plus les hommes politiques auront les mains libres pour négocier.

Pour l'instant, l'avocat s'apprête à sauter le premier obstacle : troquer « l'homicide involontaire » contre le « meurtre ». Une négociation serrée. Il débarque à Auckland, le 29 septembre. Retranché au Regent, un immense hôtel de luxe en marbre rose qui domine le port où a été coulé le *Rainbow Warrior*, il va se battre pied à pied pour obtenir satisfaction. Au début, tout va bien. Trop bien. Le surintendant Galbraith, qui connaît son dossier, et le procureur Fardell approuvent l'idée de l'avocat. Le policier, Ecossais d'origine et formé à Scotland Yard, reconnaît que l'homicide involontaire convient mieux aux Turenge. Il soutient Soulez Larivière, qui obtient une sorte d'accord tacite. Mais il faut aussi convaincre Paris. L'avocat repart en trombe, le 3 octobre. Il explique la situation au ministre de la Justice, Robert Badinter, ancien avocat rompu aux pratiques anglo-saxonnes. Il repart avec l'accord du gouvernement, les coudées franches et une véritable marge de manœuvre. Badinter a dû convaincre quelques politiques et des hauts fonctionnaires qui étaient particulièrement anxieux.

Le 15 octobre, de retour à Auckland, l'avocat participe à une autre réunion avec Galbraith et Fardell. Mais, cette fois, les *big bosses* sont réunis à Wellington : Ken Thompson, le directeur des polices, et, surtout, la plus haute autorité judiciaire du pays, le *sollicitor general* Paul Neazor, l'équivalent du directeur des affaires criminelles en France. Les avocats des Turenge remontent à la charge et présentent leur nouvelle demande de qualification. Dans le camp néo-zélandais, l'affaire paraît conclue, mais on demande un délai de « réflexion ». « Dépêchez-vous de répondre, plaident Mes Curry et Soulez Larivière, d'ici à quinze jours toute la presse internationale va débarquer, une véritable meute. »

Le 25, après une semaine de réflexion, douche froide. Paul Neazor, soucieux avant tout de préserver l'indépendance de la justice — un principe sacro-saint dans les pays anglo-saxons — refuse la solution d'un « réajustement des charges ». Tout est à recommencer. C'est la crise. Me Soulez Larivière, à la stupéfaction de son collègue Curry, pique alors une grosse colère ; il menace les Néo-Zélandais de tout dévoiler et de faire un scandale public. « On ne se moque pas ainsi du gouvernement français », clame l'avocat en ébullition, avant de s'enfermer dans son bunker de marbre rose. « Si c'est comme ça, je ne discute plus, on sait où me trouver. Je dirai tout aux médias, qu'ils jugent eux-mêmes ! » Panique à Wellington. Les autorités judiciaires du pays, flegmatiques et paisibles, n'en reviennent pas. Du coup, après avoir beaucoup tergiversé, le *sollicitor* fait le premier pas. Le 30 octobre, cinq jours avant l'ouverture du procès, il retourne à Auckland pour rencontrer Soulez Larivière. Une réunion tendue. A 18 heures, il cède enfin, le *murder* sera transformé en « homicide involontaire », si les Turenge plaident coupables. A ce moment-là, dans le camp français on pense vraiment qu'on a sauvé les Turenge et qu'ils seront en France dans un mois, expulsés après le procès. Pour éviter les fuites, ou de nouvelles déconvenues, l'avocat reste prudent avec Paris. Le Quai d'Orsay se décide enfin à envoyer un émissaire particulier. Mais, en raison du décalage horaire, le jeune diplomate arrivera à Auckland après la clôture du procès.

Pour plaider coupables, les Turenge exigent un ordre de leur hiérarchie qui leur donne le feu vert. Mais la nouvelle doit rester ultra-secrète jusqu'au procès. Le jour J, 147 journalistes, venus du monde entier, s'entassent dans une salle vidéo et dans le petit prétoire du tribunal d'Auckland qui ressemble à une chapelle : murs lambrissés et plafond en bois. Les Turenge surgissent d'une trappe au milieu du prétoire. Alain Mafart, veste chinée, coiffure mode, style play-boy, très raide, très militaire. Dominique Prieur, elle, s'est composé un visage de circonstance, outrageusement maquillée, teinte en blonde, d'immenses lunettes aux verres fumés cachent ses yeux. « Méconnaissable », dira son mari, Joël Prieur, qui assiste à l'audience. Elle lui fait juste un petit signe avant de coiffer un casque de traduction simultanée. Le *sollicitor general* Neazor, qui siège exceptionnellement en personne, se lève et annonce que l'accusation a accepté un changement d'inculpation : les Turenge sont poursuivis pour « homicide involontaire » et « dommages délibérés par explosifs ». Les journalistes se figent sur leur banc. Me Soulez Larivière sourit discrètement. La jolie greffière du tribunal demande alors aux accusés ce qu'ils plaident : « *Guilty* » (coupable), répond Dominique après le retour de la traduction. « *Guilty* », tonne Alain d'une voix claire. Le *sollicitor general* fit alors un court résumé de l'affaire qui tient en huit feuillets : « L'enquête de la Couronne (l'accusation), précise-t-il, n'établit pas d'autre rôle aux accusés que celui de soutien à ceux qui ont posé la bombe. (...) Les identités de ceux-là n'ont pas été établies. » Il ne reste plus au juge Ron Gilbert, qui préside la séance, qu'à fixer la date du verdict — le 22 novembre — et à lever l'audience. On ferme. Le public hésite à se lever. Surtout David Mac Taggart, le président de Greenpeace, assis au premier rang, visiblement très déçu. Le spectacle est trop court : trente-six minutes exactement pour un procès qui devait durer un mois et faire toute la lumière sur l'affaire du *Rainbow Warrior*. Les Néo-Zélandais, eux aussi, sont frustrés. Ils ont l'impression qu'on a confondu politique et justice, que leur pays s'est livré à des tractations inavouables et « répugnantes » avec les « *froggies* » (les Français en argot). Une accusation qui ne pardonne pas dans un pays anglo-saxon.

Ce ressentiment est aggravé par les grosses bourdes politiques commises de part et d'autre. La veille de l'audience, par exemple, David Lange a déclaré à une télévision australienne : « Je suis presque certain que les deux accusés n'ont jamais eu physiquement rien à faire durant la nuit du 10 juillet. » Une révélation troublante qui choque les Néo-Zélandais. Comme si le Premier ministre anticipait sur le verdict.

Mais, ce qui fait sauter le bouchon, ce sont les clameurs triomphales de certains membres du gouvernement français qui tirent à eux, bruyamment, la couverture du succès. Un ministre affirme que « la première partie de " l'opération " est réussie ». Un autre explique qu' « il ne s'agit pas de " marchandage " entre Paris et Auckland, mais de " négociations ". » Une subtilité linguistique qui échappe à l'homme de la rue néo-zélandais. Pour lui, son gouvernement a « vendu » les Turenge contre du beurre, des moutons ou des kiwis. C'est d'ailleurs ce que proclame, à longueur de colonnes, la presse française. Un malentendu qui va coûter très cher aux Turenge. On s'attendait à un verdict modéré : six à sept ans de prison. Le 22 novembre, malgré une brillante plaidoirie de Me Gérard Curry, le juge Ronald Davison, illustration vivante de la dignité britannique, mince, impassible, tête perruquée, rétablit à sa manière la primauté de la justice. Il tape en haut de l'échelle : dix ans ferme et pas question d'expulsion. « *It's up to the minister* » (cette décision est du domaine des ministres), lance-t-il du bout des lèvres, comme pour bien séparer la pure et blanche justice de la noire et basse politique, magouille et moutons.

Du coup, David Lange, qui a compris la leçon, fait précipitamment marche arrière. Il songe à ses élections qui auront lieu, au plus tard, en novembre 1987. Pas question de se mettre l'opinion à dos. Lui qui évoquait, le 22 octobre, la nécessité de « panser les blessures entre la France et la Nouvelle-Zélande » déclare, deux jours après le verdict :

« Je prendrai mon repas de Noël en Nouvelle-Zélande, Alain Mafart et Dominique Prieur également. Le système judiciaire néo-zélandais n'est pas à vendre. Nous maintiendrons ce principe jusqu'au jour où, peut-être, le National Party (l'opposition) décidera de vendre ce pays au plus offrant. Ce type d'attitude équivaut à de la prostitution internationale. »

David Lange place quand même un bémol :

« Les deux agents feront au moins cinq ans de prison. Ici, comme en France, précise-t-il, les détenus ont la possibilité de demander une remise de peine lorsqu'ils ont purgé la moitié de leur temps de réclusion. »

Même en faisant la part des rodomontades, ces déclarations de Lange auraient dû faire dresser l'oreille aux autorités françaises. Leur avocat avait bien travaillé et sans doute évité le pire. Aux politiques de prendre le relais. A eux de négocier et d'essayer de trouver un terrain d'entente. Or, aucun négociateur spécialisé ne s'installe à Auckland, personne ne va observer de près le fonctionnement des institutions néo-zélandaises. Bien sûr, l'ambassade de France à Wellington suit la situation sur place, mais cette « affaire particulière » nécessitait la présence d'un « envoyé spécial » permanent du gouvernement.

Les négociations vont donc se dérouler en terrain neutre. D'abord à New York, dans les couloirs de l'O.n.u., le ministre des Affaires extérieures, Roland Dumas, et le diplomate français chargé du dossier, Gilbert Guillaume, rencontrent pendant le procès Geoffrey Palmer, vice-Premier ministre de Nouvelle-Zélande, et Christopher Beeby. Rien à faire. Les « Kiwis » restent fermes sur leurs positions.

Dès lors, David Lange mène une nouvelle danse, le dernier tango des négociations : un pas en avant vers la France — « on pourrait les libérer s'ils étaient détenus dans un département d'outre-mer » — deux pas en arrière pour son électorat : « Pas question qu'ils sortent avant leur mi-peine. » « D'ici au scrutin de 1987, confie-t-il, le plus beau coup de l'opposition contre moi serait d'obtenir une photo de Dominique Prieur en train de se faire bronzer sur la Côte d'Azur. » Ces séances de « douche néo-zélandaise » sont entrecoupées d'autres gaffes françaises. Comme ce coup de téléphone en direct d'Antenne 2, passé par le ministre de la Défense, Paul Quilès, aux deux officiers. Il a fallu, pour réaliser ce « duplex », réveiller à 6 heures du matin le directeur de la prison d'Auckland — il y a douze heures de décalage horaire entre Paris et la Nouvelle-Zélande — afin que l'appel du ministre tombe au milieu du journal de 20 heures. Un coup de « pub » guère apprécié en Nouvelle-Zélande.

Cependant, David Lange ne veut pas avoir l'air de reculer devant le Goliath français. Surtout à un an des élections. Il faut trouver un compromis qui ménage la susceptibilité des deux parties. Pas facile. Il faudra attendre le changement de majorité en France pour débloquer la situation. Avant d'en arriver là, levons les derniers secrets de l'opération

L'OPERATION ARC-EN-CIEL

Le 26 avril 1985, une réunion confidentielle se tient à l'Hôtel Matignon, sous la direction du Premier ministre, le Comité interministériel des sites lointains (C.i.s.l.). Elle regroupe une trentaine d'officiers supérieurs, de hauts fonctionnaires et quelques ministres. Elle fixe, chaque année, le nombre de tirs nucléaires français et ses « retombées » financières, souvent très lourdes. On y examine également la situation des sites. Cette année, le patron de la Direction des centres nucléaires (Dircen), l'amiral Henri Fages, « planche » sur la reprise de la contestation dans le Pacifique. Un thème qui lui tient très à cœur. L'amiral sait depuis peu que l'organisation écologique Greenpeace va se déchaîner contre les essais nucléaires français de Mururoa, en Polynésie. Avant que l'amiral ne commence son exposé, le ministre de la Défense se penche vers un responsable militaire et lui glisse à l'oreille : « N'ayez crainte, nous nous occupons des écologistes... » Une phrase qui n'étonne pas ce haut gradé, il connaît la vieille querelle qui oppose l'armée à Greenpeace. Mais il s'en souviendra plus tard...

Voilà plus d'un mois que, dans le secret absolu, l'opération « *Arc-en-ciel* » est déclenchée (nom de code d'une opération spéciale confiée à la D.g.s.e.). Il s'agit d'espionner l'organisation, puis de saboter son navire amiral, le *Rainbow Warrior.* A l'époque, le lieu de l'attentat n'est pas encore fixé. Il aura finalement lieu dans le port d'Auckland, en Nouvelle-Zélande, provoquant la catastrophe qu'on connaît. De mémoire d'officiers de renseignement, c'est la première fois que deux agents secrets se font cueillir publiquement, en opération, depuis le pilote américain de l'avion espion U.2. intercepté par la chasse russe en 1960. Le « clash » d'Auckland est donc un événement quasi historique, étudié et disséqué dans toutes les écoles d'espions du monde.

L'affaire, en fait, a commencé au début de mars 1985. Lorsque l'amiral Henri Fages, 60 ans, directeur des Centres d'essais nucléaires du Pacifique a demandé un entretien d'urgence au ministre de la Défense, Charles Hernu. L'amiral, qui a la responsabilité des tirs souterrains dans les atolls de Mururoa et de Fangataufa, est très inquiet. Il vient d'apprendre, par les services de renseignement de la marine, que Greenpeace repart en campagne contre les nouvelles expérimentations qui doivent avoir lieu pendant l'été. La guéguerre qui oppose l'organisation à la France remonte à plus de quinze ans. Les deux camps se sont déjà violemment opposés. Mais, cette fois, les « écolos » vont utiliser les grands moyens : Greenpeace lance dans la bagarre une flottille de quatre bâtiments dirigée par un ancien chalutier de 48 tonnes, rebaptisé Combattant de l'Arc-en-ciel, le *Rainbow Warrior.* Un bateau d'un tel tonnage n'est pas facile à intercepter. Il peut tenter de passer en force et d'atteindre l'atoll. Il peut aussi, projet plus subtil, s'arrêter à la limite des eaux territoriales et débarquer de petites embarcations, des pirogues, dirigées par des Polynésiens français, sympathisants des mouvements indépendantistes tahitiens. Un coup de poignard dans le dos... Comme il s'agit de Français, leur arrestation sera plus délicate. Dans les deux cas, si les marins emploient la force, il peut y avoir de la « casse » et, qui sait, des noyés et des tués.

Fidèle à sa technique médiatique, Greenpeace a équipé le *Rainbow Warrior* de matériel de réception moderne. Il sera bourré, craint le marin, de caméras et d'appareils photo. On parle même d'une retransmission en direct du débarquement. Une hypothèse qui fait dresser la casquette sur la tête de l'amiral. Les télévisions diffuseraient ainsi les scènes d'interception de la flottille par la Royale et les « bavures » qui pourraient se produire. On imagine l'effet de ce « spectacle » dans les Etats du Pacifique, déjà opposés aux expériences nucléaires. De plus, il est persuadé que la marine ne pourra pas arrêter en douceur ce gros bateau de 48 tonnes. On devrait sans doute employer la force et tirer dessus. Ce qui aggraverait encore le scandale.

L'amiral Fages a développé tous ses arguments dans un rapport qu'il a remis, selon l'habitude, au cabinet de Charles Hernu, quatre jours avant le rendez-vous fixé, au 4 mars. Ses conseillers peuvent ainsi étudier le dossier et « briefer » le ministre avant l'entretien. Le document, évoque l'affaire Greenpeace en deux endroits : au paragraphe 5 et à l'avant-dernier alinéa.

Henri Fages réclame des moyens énergiques pour contrecarrer l'offensive « verte ». Il souhaite une matraque juridique et une massue opérationnelle, le sabre et la balance. Il faut commencer, recommande-t-il, par interdire le passage des bateaux étrangers le long des atolls, pendant toute la durée des expériences nucléaires. Pour cela, le haut-commissaire de la région doit prendre un arrêté publié au *Journal officiel* de Polynésie. La marine pourra alors intervenir légalement. Voilà pour le droit. Reste la stratégie, la guerre... L'amiral exige que les services de renseignement — la D.g.s.e. — s'agitent un peu. Il voudrait qu'on intercepte les communications radio U.H.F. et V.H.F. entre les quatre bateaux de la flottille, ce qui permettrait de connaître la composition exacte des équipages et les zones de débarquement prévues. Il aimerait aussi qu'on lui fournisse des commandos spécialisés dans l'interception en mer. Les affaires africaines, le Tchad en particulier, ont dégarni les troupes en Polynésie. Pour l'heure, le plus urgent, c'est d'obtenir des informations précises sur le projet des écolos. L'amiral insiste d'autant plus vigoureusement qu'il a déjà failli se faire surprendre par Greenpeace. En octobre 1982, David Mac Taggart, le responsable de Greenpeace, qui a une dent contre la France, avait envoyé l'un de ses bâtiments, le *Vega,* à l'assaut des sites nucléaires. Or personne n'avait averti l'amiral Fages, pris de court par ce petit voilier, pourtant inoffensif. Il a fallu le prendre à l'abordage et arrêter son équipage composé de trois hommes, deux Australiens et un Tahitien français qui dormait à la barre. Un danger redoutable pour la Royale...

Deux mois plus tard, en décembre 1982, Henri Fages avait rencontré le nouveau patron de la D.g.s.e., Pierre Lacoste, à Paris, et lui avait reproché de n'avoir « pas traité l'affaire avec une grande priorité ». Un euphémisme militaire qui signifie que la D.g.s.e. l'avait laissé tomber et qu'elle n'avait rien fait. Cette fois, Henri Fages compte sur elle pour obtenir des renseignements précis, le nerf de la guerre moderne. Et le temps presse. D'après ses « propres sources », le débarquement de Greenpeace est prévu durant le festival des Arts du Pacifique, qui doit se dérouler à Tahiti, le 24 juin 1985. L'amiral a reconstitué le trajet du *Rainbow Warrior.* Il doit partir des Etats-Unis le 15 mars — dix jours après l'entretien — du port de Jacksonville en Floride. Le bateau entreprendra ensuite un périple à travers les îles du Pacifique : Hawaii, Marshall, Vanuatu, avant de faire escale en Nouvelle-Zélande, à Auckland, où l'organisation Greenpeace est très implantée et compte de nombreux sympathisants. De là, il devrait relâcher aux îles Cook, avant de gagner Papeete où il embarquera des militants indépendantistes. Enfin, il se présentera devant l'atoll de Mururoa au moment des essais atomiques. L'amiral Fages espère que la D.g.s.e. pourra lui confirmer cet itinéraire et lui préciser la date exacte où la marine devra passer à l'action.

Il reste à peine quatre mois pour mettre au point la riposte. Un conseiller très proche du ministre, qui parcourt le dossier de l'amiral, remarque une petite phrase intéressante .

> « Une intensification de la recherche de renseignements concernant la position et les déplacements du *Vega* et du *Rainbow Warrior* a été suggérée afin de prévoir et d'anticiper les actions de Greenpeace. »

Le verbe « anticiper » lui plaît bien. Il le souligne deux fois à l'intention du ministre, pour lui suggérer que la D.g.s.e. pourrait faire plus que du renseignement. Elle pourrait « agir préventivement » et tuer dans l'œuf l'offensive des Verts. Une idée qui séduit Charles Hernu. Comme bon nombre de ses prédécesseurs, il raffole des actions spéciales, l'un des rares domaines de l'Etat où les ministres jouissent vraiment du pouvoir sans avoir à en rendre compte devant le Parlement ou devant leurs électeurs. Le secret défense a du bon.

De plus, selon un important responsable de la « Piscine », les socialistes ont été dans ce domaine pires encore que les autres. Le syndrome de l'opposition, dit-il : « Pendant vingt-cinq ans, ils ont imaginé que la droite montait les pires coups tordus. Quand ils ont pris le pouvoir, ils ont voulu en faire autant... » Or, si la « droite » a effectivement réalisé quelques jolies opérations clandestines, elle ne s'est jamais fait prendre. Une réussite qui, on le verra, tient beaucoup au savoir-faire de deux hommes exceptionnels : Alexandre de Marenches, directeur historique de la « Piscine » de 1970 à 1981, un record, et le colonel Alain Gaigneron de Marolles, patron réputé du service Action. Mais les deux hommes ont quitté la D.g.s.e. Et, sous la direction « agitée » de Pierre Marion, les services secrets ont multiplié les « coups », avec plus ou moins de réussite[1]. « La demande du cabinet du ministre, affirme ce responsable, n'a jamais été aussi pressante. Nous devions sans cesse guerroyer pour refuser telle ou telle opération " casse-gueule ". »

Bref, le 4 mars, Charles Hernu est déjà « sensibilisé » lorsque l'amiral Fages, dont la longue silhouette évoque irrésistiblement le général de Gaulle, pénètre dans son bureau. L'amiral n'a entre les mains qu'une petite fiche de synthèse de trois feuillets. L'entretien est court — trente-cinq minutes — mais efficace. Le patron de la Dircen développe les thèmes de son rapport. Il plaide habilement sa cause, évoque les dégâts que la campagne des écologistes va déclencher dans la région : déstabilisation, perte de prestige, campagne de presse anti-française. Il se montre inquiet et pressant : il faut, dit-il, agir vite. « J'ai besoin des renseignements de la D.g.s.e. »

L'amiral prêche un convaincu. Charles Hernu est tout à fait séduit. Ce discours musclé rejoint ses préoccupations du moment et, surtout, celles du président de la République. Le chef de l'Etat souhaite renforcer la protection de la zone Pacifique. La France, estime-t-il, demeure très vulnérable dans cette région sur le plan militaire. Seule la Légion stationnée à Tahiti et sur les sites polynésiens assure sa protection. Le dispositif est trop faible. Les sites nucléaires, essentiels à la force de dissuasion française, sont trop exposés. Le Président souhaite la création d'une véritable base aéronavale installée en Nouvelle-Calédonie ; il l'a révélé lors du voyage éclair qu'il a effectué dans le territoire, en janvier 1985. Quelques mois plus tard, l'état-major a remis à Charles Hernu un rapport détaillé sur la question, rédigé par le vice-amiral Bernard Louzeau. Ce plan, qui a reçu l'aval de François Mitterrand, définit les conditions d'aménagement d'une base militaire à Nouméa au cas où la Nouvelle-Calédonie, indépendante, confierait sa défense à la France. Le projet très complet prévoit, outre cette base navale, une base aérienne à Tontouta, à 60 kilomètres de la capitale, et l'installation d'un gros camp militaire près de Plum, à vingt kilomètres de Nouméa.

Les inquiétudes militaires du Président trottent dans la tête de Charles Hernu, tandis qu'il écoute l'amiral Fages. Tant que cette base n'existe pas, la France est, comme disent les militaires, « balançable »

1. Voir chapitre 3, l'Adieu au Liban.

dans cette région. Ce qui ferait bien plaisir à certains Etats proches, prétendus amis, qui seraient ravis de nous voir tourner les talons et abandonner nos essais nucléaires. Les militaires demeurent persuadés que l'Australie et la Nouvelle-Zélande, qui critiquent la bombe française, entretiennent en sous-main les mouvements indépendantistes en lutte contre la France. La situation la plus explosive se trouve, bien sûr, en Nouvelle-Calédonie.

Le jour même où Charles Hernu reçoit l'amiral Fages — le 4 mars — le délégué du gouvernement, Edgar Pisani, envoie deux escadrons de gendarmerie tenter de « libérer » la ville de Thio à l'est du territoire. La situation sur le « Caillou » est quasi insurrectionnelle. Toute une partie de l'île est contrôlée par le F.l.n.k.s. de Jean-Marie Tjibaou. L'opération lancée par Edgar Pisani tourne mal : les gendarmes sont accueillis par des volées de pierres, des automobiles appartenant à des Caldoches blancs sont défoncées à coups de hache. Quatre jours plus tard, le 9 mars, un major de la gendarmerie est assassiné au coupe-coupe à un barrage. C'est le quatrième gendarme tué en Nouvelle-Calédonie, depuis janvier 1983.

Ces images là aussi défilent dans l'esprit du ministre de la Défense, tandis que l'amiral Fages parle de la campagne antinucléaire de Mururoa. Il ne faut pas, pense-t-il, ouvrir un autre front d'agitation en Polynésie. Un débarquement par Greenpeace d'indépendantistes tahitiens pourrait tourner mal et mettre le feu aux poudres. Hors de question de laisser les « écolos » tourner autour des sites, surtout avec des caméras et le tam-tam des médias. Et puis une action violente, spectaculaire, n'arrangerait pas les rapports entre le P.s. et les mouvements écologistes français, dont il faut ménager le soutien pour les prochaines élections législatives. L'amiral a raison : il faut agir vite et frapper fort. La D.g.s.e. est là pour ça. Elle a d'ailleurs déjà étudié la question. Ce n'est pas la première fois qu'elle se collette avec les Verts...

Le jour même, le ministre convoque le patron des services spéciaux, l'amiral Pierre Lacoste. L'ancien patron de l'escadre de la Méditerranée tient actuellement les vannes de la « Piscine ». Un exercice périlleux. Pierre Lacoste a pris possession de ce service à un moment difficile de son histoire [1]. Il a été choisi pour rassurer l'armée. Après le passage de Pierre Marion, un civil contesté, la nomination d'un militaire de carrière devait apaiser « la maison ». L'amiral a une réputation de solide soldat, connu pour sa loyauté et son sens de la

1. Voir Prologue.

discipline. Depuis trois ans, il tient bon la barre, un œil rive droite, sur l'Elysée, l'autre rive gauche, sur le ministère de la Défense, un strabisme divergent très perturbant. C'est le lot de tous les patrons de la « Piscine », Alexandre de Marenches excepté, qui refusait de rendre compte à un « subordonné » : Yvon Bourges, le ministre de la Défense... Et ne parlait qu'au chef de l'Etat.

Pour l'instant, l'amiral Lacoste prend connaissance dans le bureau de Charles Hernu de la note du patron de la Dircen. Le ministre est catégorique : il faut empêcher le débarquement des « écolos » à Mururoa; que la D.g.s.e. prenne l'affaire en main et qu'elle présente un plan d'intervention, ce qu'on appelle en termes militaires un « contre ». Exécution.

L'amiral Lacoste retourne à la caserne Mortier, très soucieux. Cette mission ne l'emballe pas. Bien sûr, la « Piscine » connaît Greenpeace depuis belle lurette. Cela fait plus de dix ans que l'organisation est « suivie » par le groupe du colonel Fourrier, l'adjoint du colonel Moreau, le patron du contre-espionnage. Ce groupe, composé d'une vingtaine de personnes, est chargé de la lutte antiterroriste, mais s'occupe également des « mouvements humanitaires » dont fait partie Greenpeace. Un dossier bien intéressant que l'amiral Lacoste consulte aussitôt. Il comprend la réaction de son « collègue » Fages. La guerre entre Greenpeace et la marine a commencé en 1973. Depuis ce temps, la Royale rêve d'en découdre avec ces « emmerdeurs » qu'elle soupçonne d'être comme les tomates : vertes au début et rouges à l'arrivée. « Vert écolo, rouge sovieto », ironisent les hommes du renseignement. Selon eux, Greenpeace est un mouvement de naïfs et de « gogos », manipulé et infiltré par les Russes et par d'autres. Il a fait parler de lui pour la première fois en 1970. Une petite troupe de hippies chevelus, composée d'écolos canadiens et de réfugiés américains refusant d'aller au Vietnam, s'embarquaient à Vancouver dans un rafiot surnommé la *Paix Verte* (Greenpeace). Ils voulaient empêcher l'armée américaine de faire exploser une bombe atomique expérimentale à Anichinkta, dans l'archipel des Aléoutiennes. La déflagration risquait, selon eux, de provoquer une vague géante qui déferlerait sur la côte Pacifique des Etats-Unis. Les garde-côtes américains les arrêtèrent sans difficulté. Mais la publicité faite par les médias à leur tentative leur ouvrit des horizons. Sous la pression de l'opinion, le gouvernement américain renonça aux essais des îles Aléoutiennes. Un succès inespéré pour les « chevelus » qui faisaient ainsi reculer les Etats-Unis. Du coup, Greenpeace chercha une autre cible spectaculaire. Justement, la France commençait sa campagne d'essais nucléaires — à ciel ouvert —

dans le Pacifique, à Mururoa. Les « écolos » décident de foncer là-bas. Mais comment ? Ils passent une annonce dans un journal de Wellington pour trouver un bateau susceptible de les conduire de Nouvelle-Zélande à Mururoa. Un ancien promoteur californien de 39 ans, ancien champion de badminton, se présente. David Mac Taggart, plaqué par sa femme, sillonne le Pacifique pour oublier ses peines. La cause écologique lui plaît. Il embarque en 1972 la petite troupe dans son voilier de douze mètres, le *Vega,* et vogue la galère vers Papeete. Il ne s'attend pas à un pareil accueil. La marine française lui bloque le passage. Comme il insiste, un dragueur de mines, la *Paimpolaise,* l'éperonne carrément. Le voilier doit être remorqué jusqu'à Tahiti où il sera restitué à son propriétaire. Mac Taggart est tenace et il a la mémoire longue.

Il revient l'année suivante, en 1973, accompagné d'une armada antinucléaire française dirigée par « l'amiral » Jean-Jacques Servan-Schreiber, le fondateur de *L'Express,* escorté de Brice Lalonde, des Amis de la Terre, et du général de La Bollardière, farouche adversaire de la force de frappe. Cette fois, les militaires cognent fort. La Royale attaque. Les marins grimpent à bord du *Vega* et tabassent l'équipage. Mac Taggart est sérieusement blessé à l'œil. Un souvenir cuisant qu'il n'oubliera jamais. Son voilier sera saisi et à nouveau restitué. Mais son organisation gagne ses premiers lauriers de « martyr ». David Mac Taggart et Robert Hunter, le fondateur du mouvement, désormais célèbres, se lancent dans une autre campagne, encore plus populaire : la défense des baleines massacrées par les navires russes et japonais. Coup d'éclat : les « Greenpeace » s'interposent entre les cétacés et un navire-usine soviétique, le *Vostok*, qui n'hésite pas à tirer, sans les atteindre. Ces images choc font le tour du monde. Greenpeace est définitivement lancée. Rien n'arrêtera son ascension. Des comités de la Paix verte sont constitués dans presque tous les pays, surtout anglo-saxons.

« En 1976, écrit Annette Levy-Williard de *Libération,* la petite tribu est devenue une association de 10 000 membres. » Elle rapporte beaucoup d'argent. Les Russes financent en sous-main, affirme la D.g.s.e. qui n'a jamais apporté de preuves. Un an plus tard, la vente d'un 45 tours en Hollande permet, d'après l'organisation, d'acheter pour 80 000 dollars un ancien chalutier de la mer du Nord. Elle le retape, peint un arc-en-ciel dessus et le rebaptise d'un nom anglais imprononçable en français : le *Rainbow Warrior.*

Le bateau-amiral se bat sur tous les fronts écologiques : déchets radioactifs, assassinat des bébés phoques. Greenpeace tente même, pour se dédouaner, disent les services français, deux incursions en

U.R.S.S. : à Leningrad, en 1982, et en Sibérie, en 1983, pour prendre des photos des baleiniers russes. Leurs militants sont arrêtés et expulsés. L'organisation ressemble alors à une multinationale écologiste. Plus d'un million et demi de membres dans quinze pays (600 000 aux Etats-Unis). L'argent provient, assure Mac Taggart, des cotisations et de la vente de matériel publicitaire et des reportages. Le budget de tous les Greenpeace du monde — qui tendent la main — s'élève à dix millions de dollars, une véritable fortune. L'organisation travaille, dorénavant, comme une superagence de « pub » : elle prépare ses campagnes comme le lancement d'un produit, étudie l'objectif et exploite à fond les médias. Mais Mac Taggart n'a jamais oublié Mururoa, son seul échec. D'autant qu'il soupçonne la France d'avoir frappé en douce l'organisation à plusieurs reprises.

Il n'a pas tort. Lors de la première campagne de tir de Mururoa, le service Action a réussi au moins trois opérations sans bavure : un bateau écolo a brûlé dans un port australien, un autre a perdu son hélice en mer à la suite d'un mystérieux sabotage, l'équipage d'un troisième a été victime d'une très singulière épidémie. Mais jamais de victime humaine. Il existerait même, dans les archives, la trace d'une action plus « dure », un bâtiment de l'organisation aurait été coulé dans un port chilien, par suite d'un curieux attentat à l'époque où Pierre Messmer était ministre de la Défense. « De la belle ouvrage, dit-on à la Piscine ; pas une vague, pas une protestation officielle. Rien. » Le contentieux entre Action et Greenpeace n'est donc pas nouveau.

Après quatre années de répit, Mac Taggart repart à l'assaut de Mururoa, en 1982, au grand dam de l'amiral Fages. Le *Vega,* on l'a vu, est intercepté par la marine. Il en faut plus pour décourager l'Américain. En 1985, il projette une autre campagne, plus spectaculaire, s'appuyant essentiellement sur les médias. « Il nous refait le coup des baleiniers russes, grognent les militaires, mais, comme par hasard, l'objectif est plus stratégique. »

Mais que peut faire concrètement la D.g.s.e. ? Outre une mission de renseignement déjà décidée, peut-elle aller plus loin ? Toutes les opérations « contre » militaires nécessitent un soutien d'agents locaux, les fameux honorables correspondants, qui jouent le rôle d'appui logistique. Or, le service ne possède pas de réseaux partout. Si l'on suit le parcours du navire, où frapper ? Impossible de « taper » en zone américaine : Floride, Honolulu. Trop dangereux, trop loin de nos bases et peu amical vis-à-vis des « cousins ». Le Vanuatu ? Surtout pas. Le régime du pasteur Walter Limi, sympathisant libyen, est violemment anti-impérialiste et anti-français. Si les agents se font arrêter là, ils risquent d'être fusillés. La Nouvelle-Zélande ? Intéressant. Ce n'est pas trop loin de Papeete et de Nouméa et il s'agit d'un gouvernement socialiste « ami ». Mais la D.g.s.e. n'a plus personne là-bas. Un dernier honorable correspondant avait, on s'en souvient, quitté l'île, rappelé par Pierre Marion qui estimait ce « poste » inutile et coûteux. Sa couverture, il est vrai, frôlait le gag : fabricant de pâte d'huîtres en tube... Restent les îles Cook, archipel associé à la Nouvelle-Zélande et surtout Tahiti, capitale de la Polynésie française. L'opération serait bien sûr cousue de fil blanc, mais ne présenterait aucun risque. Et puis, toutes les autres « manips » sont possibles. Un amiral du Pacifique a expliqué sans sourciller aux auteurs de ce livre que les « écolos » de Greenpeace emportaient toujours du haschisch avec eux, et qu'il était possible d'en ajouter un peu...

L'amiral Lacoste estime qu'une opération militaire est trop risquée. Il retourne voir, fin mars, Charles Hernu pour lui conseiller d'utiliser les moyens classiques, l'interception par la marine dans les eaux territoriales. La France aurait alors le droit pour elle, et personne ne trouverait rien à redire. Le ministre ne veut pas en entendre parler : trop voyant. Beaucoup trop de publicité. Et puis, un gros problème technique se pose. La marine affirme qu'elle n'est pas capable d'arrêter le *Rainbow Warrior.* « Nous ne sommes pas équipés, dit-elle, pour intercepter un bâtiment de 48 tonnes à “ coque épaisse ”. C'est un bateau très puissant qui pourrait à la limite remorquer nos remorqueurs. » On imagine le ridicule s'il fallait essayer de le tracter jusqu'à Mururoa. Pour le stopper définitivement, il faudrait tirer dessus à coups de canon, avec tous les risques que cela comporte. Une hypothèse qui fait aujourd'hui sourire les experts néo-zélandais chargés d'examiner le bateau de Greenpeace : selon eux, le *Rainbow Warrior* ne peut tracter plus de 6,6 tonnes. Pas de quoi déplacer un remorqueur.

Cette « impuissance technique » est l'une des explications de ce sabotage, apparemment absurde. « Si le *Rainbow Warrior* force le passage, ont prévenu les amiraux, la marine ne peut que le couler par la force. » Hypothèse qui fait frémir Charles Hernu. Les « écolos coulés. » Il imagine le titre de *Libération.* « Pas question ! » Il faut agir dans l'ombre. Pierre Lacoste subit un véritable pilonnage moral de la part du ministre et de son cabinet. On lui explique que le service Action est fait pour ce type d'opération et qu'il doit être utilisé. L'amiral a déjà refusé d'autres missions considérées comme « impossibles », mais cette fois il doit « y aller » et présenter un plan d'intervention rapide, un « contre » efficace. Le patron de la D.g.s.e. subit aussi une autre pression, venant de l'intérieur de sa maison. Le tout nouveau patron du service Action, le colonel Lesquer, est prêt à relever le défi ; le service veut montrer ce qu'il sait faire. Cette volonté de son chef est une autre clé de l'affaire Greenpeace. C'est à ce niveau crucial que la décision technique a été prise entre Charles Hernu, l'amiral Lacoste et le colonel Jean-Claude Lesquer.

Sous la pression politique d'Hernu, qui veut une intervention « musclée », l'amiral et le colonel acceptent de monter une grosse opération militaire très importante. Exemplaire, pense même le chef d'Action, qui s'affirme en tant que patron et veut redorer le blason de son service, bien chahuté depuis dix ans et qui a besoin de refaire ses preuves.

Après l'époque équivoque de la guerre d'Algérie et de l'O.a.s., Action avait été repris en main par un grand du renseignement, le colonel de Marolles. Placé à sa tête par Alexandre de Marenches, le colonel de Marolles connaissait bien l'action directe. Pendant la guerre d'Algérie, jeune lieutenant détaché à Action, il avait été lâché en plein djebel pour négocier avec le chef d'une Wilaya la « paix des braves ». Pendant plusieurs semaines il avait vécu avec ses hommes dans les territoires contrôlés par le F.l.n., faisant des conversions en masse. Une opération héroïque que les jeunes officiers se racontent encore aujourd'hui.

Mais il n'était pas qu'un homme de terrain. Il avait ensuite suivi des cours des universités américaines avant de passer en France son doctorat en droit. Brillant colonel, une fois nommé à la tête du service Action, qu'on surnomme « R1 » à la D.g.s.e., il s'était évertué à « ouvrir » le service. L'action strictement militaire, pensait-il, doit être utilisée en dernier recours. Après avoir épuisé toutes les autres possibilités et évalué les risques. Pour cela, Marolles s'emploiera à recruter un réseau d'anciens réservistes du service, fonctionnaires supérieurs. Ces bataillons de civils lui permettaient d'être informé et d'atteindre le but recherché sans employer la force. Le service doit intervenir lorsque tous les moyens diplomatiques ou légaux ont échoué. Il ne faut pas croire pour autant que ses agents soient des magiciens, capables de faire des miracles. Ce sont des professionnels qui apportent un service « différent » et ce service doit être estimé à son juste prix. Les moyens militaires sont les plus chers et les plus dangereux. S'il est impossible de faire autrement, alors on prépare un « acte de guerre » en présentant aux politiques la note des risques.

Ou l'opération est carrément impossible et il faut la refuser, quitte à mettre sa démission dans la balance. Ou elle est réalisable en estimant le pourcentage d'échecs. Par exemple, on sait qu'en utilisant des hélicoptères, on augmente le danger de 30 %. Les Etats-Unis en ont fait l'amère expérience en 1980, lors du raid pour libérer leurs otages de l'ambassade américaine de Téhéran. Leurs hélicoptères, qui se sont télescopés dans le brouillard, ont pris feu. Si le risque est « raisonnable », alors on fonce. En procédant ainsi, Action n'a jamais connu de gros pépins en dix ans, bien qu'il ait réalisé quelques opérations délicates, dont la préparation du raid de Kolwesi.

Mais, en 1980, le colonel était promu. Il prenait la tête de la direction du renseignement et devenait le n° 2 de la « Piscine ». Réflexe normal, il emmenait avec lui les meilleurs éléments du service Action, suscitant pas mal de jalousie des autres services. « R1 » ne sera jamais plus le même. Un peu plus tard, Marolles était piégé, dit-on, par les Russes.

Il a été remplacé à la tête d'Action par un « dur de dur », un combattant émérite, le colonel Georges Grillot, cavalier et parachutiste, célèbre adjoint du général Bigeard en Algérie. Grillot possède la médaille militaire la plus chargée de l'armée française, il a même donné son prénom à des commandos redoutables, les commandos Georges. Mais ce guerrier hors pair, qui avait même été « prêté » un temps à Hassan II par de Marenches pour qu'il forme l'armée marocaine dans la guerre du Sahara, n'est pas vraiment un « politique ». Déjà, sous l'effet de cet officier de choc, Action se remilitarise.

Le phénomène s'accentue avec l'arrivée de la gauche et la prise en main de la D.g.s.e. par Pierre Marion, un proche d'Hernu, ami de François de Grossouvre. Dans un premier temps, le nouveau directeur général envisage de supprimer carrément le service Action, suppôt, estime-t-on, de mercenaires qui ont servi la droite et particulièrement le président Valéry Giscard d'Estaing dans de basses besognes africaines, du style récupération in extremis des archives de Bokassa en Centrafrique, après la chute de l'Empereur[1].

Mais, très vite, Marion s'aperçoit qu'« R1 » est indispensable à certaines missions militaires. Il sert à préparer à des opérations de guerre nécessaires en cas de conflit. De plus, il est composé d'officiers et d'hommes généralement fidèles au pouvoir, quel que soit ce pouvoir. Le problème de l'armée, dit un homme politique, ce n'est pas qu'elle désobéisse, c'est qu'elle obéisse trop...

On réduit simplement ses effectifs. Ainsi « R1 » ne peut plus utiliser les soldats du 1er régiment parachutiste d'infanterie de marine (le 1er R.p.i.m.a.) qu'il avait, comme on dit, autorité pour emploi ; c'est-à-dire que le patron d'Action pouvait y puiser les meilleurs

---

1. Voir *Enquête sur les « Affaires » d'un septennat,* par les mêmes auteurs.

officiers et les meilleurs hommes. Action doit se contenter du Centre d'entraînement des réserves parachutistes, le fameux centre de Cercottes près d'Orléans, et du désormais célèbre Centre d'instruction des nageurs de combat, le C.i.n.c., d'Aspretto, en Corse.

Dans la foulée, Pierre Marion nomme, en 1982, un nouveau patron d'Action, l'un des adjoints du colonel Grillot, le colonel Laure-Blanchet, surnommé « Milord » par ses hommes. Celui-ci doit passer par les quatre volontés du nouveau directeur général. Selon certains anciens, « R 1 » se fourvoie alors dans des missions plus que discutables. Il va jusqu'à monter des opérations franco-françaises — ce qu'Alexandre de Marenches avait toujours refusé. Il faut faire sauter, par exemple, dans l'île d'Elbe, l'émetteur de Radio-Corse international, un poste jugé subversif. Il renoue avec la tradition en participant à un coup d'Etat au Bénin, en Afrique. Mais Action réalise aussi d'autres missions moins « classiques ». Sur l'ordre d'un conseiller de l'Elysée, des agents infiltrent des maquis d'Amérique du Sud hostiles à Castro. On monte également un « coup » très tordu au Chili. Des grandes premières à la D.g.s.e. Le service Action se lance également à cœur perdu dans la fournaise libanaise où il connaît deux échecs retentissants[1].

En décembre 1984, l'amiral Lacoste remplace le colonel Laure-Blanchet, qui part à la retraite, par un ancien de la maison, le colonel Jean-Claude Lesquer, qui effectue un retour remarqué. Cet ancien nageur de combat, qui a dirigé la base d'Aspretto en 1973, avait brillamment réussi l'Ecole de guerre. Après un tour à l'état-major, il a réintégré, en juin 1984, le giron des services secrets. Il est nommé à la Direction générale, chargé de la production, un poste essentiel au Renseignement, mais le colonel souhaiterait un service moins sédentaire. Six mois plus tard, l'amiral le nomme à la tête de son ancien service, patron d'Action. Mais la « boîte » a bien changé depuis son départ. Son étoile a pâli après les tentatives avortées du Liban et la plupart des correspondants civils, fierté de Marolles, se sont esbignés depuis longtemps. Ils ne se sentaient plus en sécurité et surtout ne savaient plus à quelle porte frapper : les responsables valsaient si vite. Ils se sont mis d'eux-mêmes en disponibilité, reprenant le train-train tranquille de leur vie quotidienne.

Le service Action se retrouve à nouveau très militarisé, dirigé par un patron qui apprécie les missions musclées. Il sera comblé avec Greenpeace. Comment répondre, en effet, au défi des écologistes ?

---

1. Voir le chapitre suivant : « Adieu au Liban ».

L'opération paraît très dure à monter. La D.g.s.e. ne découvre pas le problème. Plusieurs projets avaient déjà été étudiés avant l'arrivée de Lesquer. Depuis plus de six mois, le service « planche » sur le sujet.

Au mois de mars, l'amiral examine avec le chef d'Action et son bras droit, le lieutenant-colonel Faberon, toutes les hypothèses possibles : H 1, H.2, H.3, disent les militaires. La plus élaborée consiste à neutraliser le bateau à Tahiti même. Un endroit idéal. La D.g.s.e. dispose d'un réseau très fourni dans l'île, du fait de la présence militaire. Beaucoup d'anciens ou d'amis du service sont prêts à donner un coup de main « pour le plaisir ». Les réseaux sont mobilisés. Mais, évidemment, une intervention dans l'île française est très visible. Trop. Autant laisser la carte de visite de la D.g.s.e. De plus, la « Piscine » va rapidement apprendre par un agent infiltré que le *Rainbow Warrior* a pris du retard et qu'il risque de sauter l'escale de Papeete. Tahiti restera néanmoins la plaque tournante de l'opération. De nombreux agents partiront ou reviendront par là, ce qui évite d'éveiller l'attention de la police de l'air néo-zélandaise qui s'étonnerait de voir tout à coup débarquer des hordes de Français venant de Paris.

Le staff de la « Piscine » envisage alors une H.2, une opération en haute mer. On peut sans difficulté fixer sous le bateau une bombe a retardement qui exploserait ensuite au large. Inconvénient majeur : cet attentat peut être très meurtrier et entraîner de nombreux morts parmi l'équipage. L'amiral Lacoste s'y oppose formellement. Le sang ne doit pas couler. Dès le début, il exige que la mission ne fasse aucune victime. Peut-être répercute-t-il aussi une consigne qui lui a été donnée en « haut lieu ». Pas d'opération « homo » (assassinat) comme on dit dans la terminologie d'Action.

Il ne reste plus qu'une solution (H.3) : frapper le bateau dans un port. Le plus accessible est celui d'Auckland, en Nouvelle-Zélande. On sait avec certitude que le *Rainbow Warrior* doit y faire escale. La ville est reliée avec Papeete et Singapour par des vols réguliers. On peut y pénétrer sans se faire trop remarquer. De plus, on l'a dit, un parti socialiste, théoriquement ami, est au pouvoir — un argument qui fait quelque peu sourire aujourd'hui. Une difficulté, pourtant : comme la D.g.s.e. ne dispose d'aucun allié sur place, il lui faudra amener beaucoup de monde là-bas. Beaucoup plus qu'on ne l'a dit. De fait, plusieurs dizaines d'agents vont être mobilisés pour l'opération « Arc-en-ciel ». Et une vingtaine participeront directement à l'action sur place. Ultime question : comment neutraliser ce gros rafiot ? On peut utiliser une méthode « douce », provoquer une belle avarie, hélice faussée, moteur cassé, gouvernail coincé. Le service

Action sait faire. C'est une technique qu'il maîtrise bien pour l'avoir utilisée plusieurs fois. Il peut provoquer toute une gamme « d'accidents » adaptables aux besoins. Mais l'amiral et le colonel Lesquer craignent que, cette fois, cela ne suffise pas. Il faut neutraliser « définitivement » le bateau puisque la marine affirme ne pas pouvoir l'arrêter. Impossible de « rater » son coup.

Supposons qu'après le passage des saboteurs, Greenpeace parvienne à réparer et à repartir, impossible de renvoyer ensuite les « gars » à Auckland. On n'a pas le droit à un deuxième coup ; il faut mettre dans le mille, tout de suite. Pour cela, il n'existe qu'une méthode sûre, imparable, une bombe sous le bateau à quai. « C'est la seule solution » pensent les cerveaux de la « Piscine ». Ce plan retenu, on entre dans les détails : combien de bombes et quel type de bombes ? Les techniciens penchent pour une petite charge, qui ferait exploser le moteur ou l'hélice. Le navire serait hors d'usage pour un bon moment. Le temps de réparer et cela ferait belle lurette que la France aurait fait exploser sa grosse bombe souterraine à Mururoa. Les écolos en seraient quittes pour revenir l'année suivante.

Ce plan est proposé à Charles Hernu qui l'estime insuffisant. Le ministre et son entourage veulent une action plus radicale. Ils ordonnent qu'on coule carrément le *Rainbow Warrior.* Pas de victime, mais que ce « rafiot » soit dans l'incapacité de venir se balader dans les eaux du lagon. La seule sécurité, c'est qu'il soit envoyé par le fond définitivement « neutralisé ». A la manière, croient-ils, des grands services secrets occidentaux, C.i.a., M.I.6., Mossad qui n'auraient pas hésité. D'après les militaires, le pouvoir a une autre arrière-pensée politique : éviter à tout prix un affrontement public avec les écologistes à neuf mois des élections législatives. Cela ferait mauvais effet auprès des « écolos » français qui pourraient s'abstenir. Mieux vaut agir « en douce », en secret. Mais cette interprétation relève sans doute du mauvais esprit militaire... L'ordre, en tout cas, est formel. Le service Action décide donc d'employer deux bombes. Il faudra les faire exploser exactement à l'heure voulue, lorsqu'on sera sûr de ne pas faire de victime. Une grosse bombe située sous la salle des machines provoquera une énorme voie d'eau incontrôlable, qui entraînera rapidement le bateau par le fond. Une seconde, plus légère, détruira l'hélice et le moteur et fêlera définitivement la coque. Certes, deux précautions valent mieux qu'une, mais beaucoup d'agents du service, en vrais « pros », trouvent cette solution stupide. Il n'est pas nécessaire, pour neutraliser le *Rainbow Warrior,* de provoquer ce « gros trou » très dangereux et inutile, disent-ils. La destruction des machines suffirait largement. Mais il n'y a pas à discuter ; l'ordre vient des « politiques », leur dit-on gravement. — « Alors, si c'est politique ! » Les agents vont partir comme à la guerre, mais l'esprit troublé, car ce plan comporte deux grands risques qui vont d'ailleurs faire capoter l'opération.

D'abord, ne pas faire de victime signifie que les agents doivent être présents sur les lieux lors de l'explosion, pour estimer la situation et pour déclencher la charge au bon moment, le moins dangereux. Cette obligation technique a plusieurs conséquences. Beaucoup de personnes doivent être sur place, pour servir de relais, passer les consignes et les ordres. Quelqu'un doit même finalement monter sur le bateau pour observer la situation et s'assurer que tout est normal. Un Français sympathisant du mouvement, par exemple, qui se promènerait par là. En gros, deux équipes vont se partager l'opération. D'une part, les militaires actifs qui vont apporter l'explosif et placer les bombes ; de l'autre, plusieurs « honorables correspondants » de la zone Pacifique, regroupés à Auckland, dont il est impossible d'établir les liens avec la D.g.s.e. Rien ne les relie directement à la « Piscine » ; pour trouver, il faudrait étudier leur passé et surtout consulter leur livret militaire. Heureusement, les Néo-Zélandais n'y ont pas encore accès. Autre inconvénient, cette petite troupe ne peut pas se ruer à l'aéroport le lendemain de l'attentat. Pour ne pas attirer l'attention, il faudra que les agents restent dans l'île une semaine ou deux, pour s'y livrer aux joies du tourisme hivernal. Le temps de laisser retomber l'excitation. Un très gros risque. Les « gars » doivent avoir le cœur bien accroché. Seuls, ceux qui se seront volontairement mis en avant devront repartir avant l'heure H.

On le voit, l'affaire n'est pas facile à monter. Elle donne beaucoup de peine aux responsables qui doivent élaborer le programme et contacter les « H.C. » Or, et c'est la deuxième faiblesse de l'opération, elle est préparée en un temps record. Beaucoup trop vite. Pour être au point, estiment les « pros », une mission aussi pointue nécessite six mois, voire un an de préparation. Plusieurs équipes doivent se relayer pour étudier le terrain ; des agents de la Recherche doivent reconnaître les lieux avec une telle précision que les exécutants pourront y évoluer les yeux fermés, comme s'ils y avaient vécu. C'est ce qu'on apprend à Aspretto. Toutes les planques, les caches, les contacts doivent être préparés à l'avance et le scénario doit être répété dans le détail à Paris. Pour qu'il n'y ait pas, sur place, la moindre fausse note. L'affaire d'Auckland a été montée en catastrophe, en trois mois à peine. Ce sera la cause principale de la débâcle du service, « ce Waterloo d'Action », comme le dit un plongeur poète

Inconsciente de la future catastrophe, la D.g.s.e. boucle son projet dont elle est très fière : « Il n'y aura pas de victime et la France ne sera jamais impliquée. » C'est en tout cas ce que l'amiral Lacoste va dire au Président. Car François Mitterrand a bien été informé. Ses conseillers connaissaient l'affaire depuis quelques mois. Dès février 1985, un proche d'Hernu en avait parlé à l'Elysée. Au mois d'avril, la « Piscine » lui avait consacré plusieurs de ces fameuses notes bleues d'information destinées au cabinet du Président. Mais aucune n'envisageait l'hypothèse d'un sabotage. Lors d'une réunion qui s'est tenue au « Château » début mai, en présence du général Saulnier et de l'amiral Lacoste, l'un des conseillers de François Mitterrand se rappelle très bien que l'amiral a abordé le cas du *Rainbow Warrior.* Avec d'autres affaires qui paraissaient plus importantes. « Ce n'est pas la première fois que la D.g.s.e. fait un coup militaire dangereux sans nous avertir », confie-t-il. Personne n'a donc été prévenu dans l'entourage présidentiel de la préparation d'un attentat à Auckland. Certains se sont souvenus *après* de certaines petites phrases — " On va s'occuper des écologistes " — qui auraient dû les mettre sur la voie. En réalité, deux hommes seulement savaient : le général Saulnier et le président de la République. Le chef des services secrets, *le* D.g.s.e., comme on dit respectueusement à Matignon et à l'Elysée, est un personnage à part, qui ne rend compte qu'au président de la République. Une pratique encore renforcée par François Mitterrand. A plusieurs reprises l'amiral Lacoste avait demandé à rencontrer le Premier ministre pour évoquer certaines affaires. Laurent Fabius avait prudemment tâté le pouls de l'Elysée. La réponse était tombée, catégorique : " Le Président ne le souhaite pas. "»

Le chef de l'Etat gardait un contact unique et personnel avec le patron des services spéciaux. Autant il laissait du champ à Laurent Fabius en ce qui concerne la politique intérieure — la politique politicienne (il avait totalement confiance) —, autant il se réservait pour lui les domaines de la politique étrangère — la géopolitique — de l'armée et des « coups » du contre-espionnage. François Mitterrand rencontrait en tête à tête le chef de la « Piscine », plusieurs fois par mois si l'actualité s'y prêtait. Seul le chef de son état-major particulier pouvait être informé de la préparation d' « affaires spéciales ». Et encore, à la condition expresse que François Mitterrand ait autorisé l'amiral à lui en parler.

Ce type d'affaires est tellement sensible et secret qu'Alexandre de Marenches avait instauré, raconte-t-on à la D.g.s.e., une sorte de rite. Lorsqu'il proposait à Valéry Giscard d'Estaing une opération dangereuse ou périlleuse, ou bien le Président répondait « non », ou bien il ne disait rien et changeait de sujet. Ce qui signifiait qu'il avait donné son feu vert. Mais tous deux pouvaient jurer sans parjure que le Président n'avait jamais dit « oui »... François Mitterrand, lui, est, paraît-il, beaucoup plus direct et positif. On n'a pas exposé au Président tous les détails de l'affaire, mais on lui en a livré les grandes lignes, l'objectif final, la méthode...

L'amiral a aussi insisté sur les garanties de l'opération : pas de victime, pas de trace, pas d'implication de la France. Cela suffisait au Président pour donner son accord. Mais ces conversations appartiennent au niveau le plus élevé du secret d'Etat, au domaine le plus confidentiel de la fonction présidentielle. Il est évident pour les deux interlocuteurs que personne ne saura jamais ce qui s'est dit exactement. D'ailleurs, ce dialogue n'a même jamais existé. Il n'en subsiste aucune trace. Aucun souvenir. Le vent du scandale l'a balayé, effacé.

Mais, pour l'amiral tout commence. Il doit régler les problèmes d'intendance, étudier le financement de l'opération, la cuisine administrative. On établit un dossier « d'objectif » et le lieutenant-colonel Faberon détermine les moyens à mettre en œuvre : agents, H.C., billets, locations, matériel, etc. Puis il fait un devis détaillé. L'affaire entre dans sa phase comptable. Dûment tamponné du sceau « secret défense », le document est examiné par le directeur général de la « Piscine » qui donne son accord « technique ». Il est ensuite étudié par la direction des services financiers, qui cherche sur quel budget l'imputer. Un dernier retour chez l'amiral Lacoste, qui le paraphe définitivement.

L'opération Greenpeace n'est pas une petite affaire : chiffrée à 3 millions de Francs, c'est une des opérations les plus lourdes de l'année. On aura besoin pour la mener à bien de faire appel aux fonds spéciaux. On se heurte alors à une difficulté financière. Pour être accepté, le budget de cette grosse mission trop importante doit être scindé en deux parties. L'affaire Greenpeace tombe mal. La D.g.s.e. a déjà engagé de fortes dépenses pour développer son matériel informatique, recruter de nouveaux H.C. et intensifier la lutte antiterroriste. De plus, les deux trésoriers maison, le préfet Philippe Parant et son adjoint, Alain Christnacht, savent, en vieux routiers, qu'en période électorale une partie des fonds spéciaux est gelée pour la préparation de la campagne.

Les deux « économes » de la Piscine n'utilisent donc pas les fonds spéciaux « classiques » qui figurent à la ligne 37-91 du budget, ils font appel au fameux budget de fonds accidentels géré par Matignon, qui ne laisse aucune trace. C'est le chef d'état-major particulier du président de la République, à l'époque le général Jean Saulnier, qui est habilité à les débloquer. La D.g.s.e. ne fait pas appel à cette cagnotte spéciale uniquement pour l'affaire Greenpeace. Plus de 8 millions de Francs passeront, en 1985, par cette filière. Une partie servira à financer des opérations spéciales libanaises et, aussi, à payer des intermédiaires qui négocient — déjà — la libération de nos otages à Beyrouth.

Pour l'affaire du *Rainbow Warrior,* l'amiral Lacoste va rencontrer le général Saulnier à l'Elysée. Naturellement, le projet d'attentat n'apparaît pas sur les documents. On n'y parle que d'une mission d'information. Tous les détails de l'opération y figurent, à l'exception des explosifs qui seront débloqués par un autre canal, encore plus secret. Les bombes sont entreposées dans un bâtiment à part de la base de Cercottes, près d'Orléans où l'on ne pénètre qu'avec un laissez-passer spécial et elles ne sont délivrées que sur la présentation d'une note signée du directeur général de la D.g.s.e.

Mais retournons à l'Elysée, dans le bureau du général Saulnier. Pour justifier sa dépense exceptionnelle, Pierre Lacoste explique au chef d'état-major particulier la nature de l'opération. Pourquoi lui mentirait-il ? Il lui parle de l'objectif « final », l'attentat, les bombes. L'affaire ne suscite aucune réaction de la part du général, il n'est qu'un intermédiaire entre le président et la D.g.s.e. Puisque Pierre Lacoste a obtenu le feu vert, il répercute les ordres et présente à l'Hôtel Matignon une demande d'engagement de dépenses accidentelles. Il n'a pas à expliquer la nature de l'opération. On l'a dit, depuis le départ de Pierre Mauroy, l'état-major particulier s'est substitué au directeur de cabinet de Matignon. C'est maintenant l'Elysée qui gère, seul, les services secrets. Matignon ne fait qu'entériner les décisions.

Après l'affaire, Jean Saulnier a affirmé à plusieurs reprises qu'il n'était au courant de rien ; l'amiral Lacoste n'aurait jamais évoqué l'hypothèse d'un attentat par explosif. Le général l'a répété, on s'en souvient, dans les lettres qu'il a adressées à Laurent Fabius, en septembre, juste avant le départ d'Hernu. Il l'a même confié, en octobre 1985, à Philippe Bouvard dans *France-Soir :* « Les gens que j'ai pu rencontrer sont persuadés que je sais beaucoup de choses. Or, ils me prêtent des connaissances que je n'ai pas. » C'est la parole de l'amiral Lacoste contre celle du général Saulnier. Mais l'un des deux a été promu plus rapidement que l'autre...

L'autorisation de retrait d'argent est présentée très normalement à Matignon, aux services financiers du gouvernement. Le secrétaire général, alors Jacques Fournier, vérifie que l'ordre vient de l'Elysée. Il appose alors la griffe du Premier ministre, et c'est lui qui donne l'ordre à la paierie générale des Impôts de verser la première partie du budget : 1,8 million, en liquide, à la D.g.s.e.

Les comptes ne seront présentés à Matignon que début juillet, au moment du départ du général Saulnier. Le préfet Parant apporte alors la facture annuelle de la D.g.s.e. au cabinet de Laurent Fabius. Elle est réglée sans difficulté. Les spécialistes auront quelque peine, un mois plus tard, à retrouver la trace du « bon » décret, celui qui concerne l'affaire.

Une fois les sommes débloquées, la mission peut commencer. En réalité, elle est déjà précédée d'une « préop » comme disent les agents (préopération). Un officier de la direction du Renseignement, le capitaine Christine Cabon, s'est infiltré dans le mouvement sous le pseudonyme de Frédérique Bonlieu, une « géomorphologiste » passionnée par l'écologie. Le capitaine s'est bien préparé. Dès le mois de janvier 1985, elle est entrée en contact avec un écologiste, Jean-Marie Vidal, pour obtenir une lettre de recommandation. Elle s'est également présentée au bureau de Greenpeace à Paris où la responsable, Louise Trussel, l'a trouvée « très intelligente ». Avant de débarquer à Auckland, le 23 avril, cette jeune scientifique de trente-trois ans a effectué un grand périple dans le Pacifique, un périple qui suit curieusement le trajet du *Rainbow Warrior* : Floride, Honolulu, les îles Fidji. Pour justifier sa visite impromptue à Auckland, elle raconte qu'après un voyage professionnel à Tahiti, elle a décidé de s'offrir quelques vacances en Nouvelle-Zélande. Des vacances en plein cœur de l'hiver, alors qu'il fait un temps de rêve à Papeete, les « écolos » sont sympas mais naïfs. Très rapidement, « Frédérique » ne quitte plus les gens de Greenpeace. « Elle avait une attitude typiquement française, a raconté une militante à Frédéric Filloux du *Monde.* Elle passait un temps infini à discuter avec tout le monde et paraissait très convaincue et convaincante. Elle rédigeait beaucoup de rapports sur notre lutte qu'elle envoyait en France pour, disait-elle, une publication. » La gazette de la D.g.s.e. sans doute...

Malgré son « activisme » écologique, elle ne cache pas ses opinions anti-soviétiques, ce qui étonne un peu les « Verts ». Mais la jeune femme déborde tellement d'énergie ! Elle aide le mouvement à déménager, le 18 mai. C'est elle qui propose d'envoyer une lettre à François Mitterrand pour protester contre les essais nucléaires français. Tous les matins, elle travaille bénévolement au bureau de Greenpeace, traduisant la documentation pour la France. Elle pose des tas de questions : quand va arriver le *Rainbow Warrior* ? Comment va se dérouler la campagne de Mururoa ? Les possibilités touristiques de Nouvelle-Zélande l'intéressent également : location de véhicules, de bateaux, de chambres d'hôtel. Elle se procure tout un stock de cartes routières et maritimes très détaillées et prend de nombreuses photographies de la baie, du port. Tous ces éléments, elle les envoie à Paris, à un mystérieux correspondant, un « consultant scientifique indépendant », explique-t-elle. Frédérique Bonlieu se dit d'origine noble : « Mes parents sont séparés et ma mère vit à Pau, dans les Pyrénées-Atlantiques. » Pour se constituer une « légende », les agents mêlent habilement le vrai et le faux, ce qui leur permet de se raccrocher plus facilement à la réalité. A tel point qu'elle appelle sa véritable mère de son hôtel, le Youth Hostel, pour lui dire bonjour, ce qui permettra plus tard, à la police néo-zélandaise et française, de retrouver sa trace. Autre imprudence apparente, elle téléphone à une amie militaire, Aline, cantonnée au fort de Besançon. Là encore, il faut avoir, apprend-on à l'école d'espionnage, une attitude normale et appeler de temps en temps ses parents ou ses amis, c'est l'inverse qui paraîtrait suspect. L'agent loge ensuite dans une auberge de jeunesse, puis chez une journaliste néo-zélandaise, sympathisante de Greenpeace. Elle manifeste même l'intention d'aller visiter les plages du Nord — une consigne donnée par Paris, c'est là où l'*Ouvéa* doit aborder. Mais faute de temps, elle doit renoncer à son projet. Outre la préparation matérielle de la mission, elle annonce surtout à Paris que le *Rainbow Warrior* a pris beaucoup de retard sur son programme et qu'il ne fera pas forcément escale à Papeete. Le navire s'est en effet arrêté à Bikini, un atoll dévasté par les essais nucléaires américains des années 50, puis à Kwajalein, des îles qui servent de cibles aux missiles MX tirés depuis la Californie. « Il transporte même des indigènes soi-disant contaminés. » Il a fait enfin une dernière halte au Vanuatu (ex-Nouvelles-Hébrides). Il est attendu à Auckland vers le 7 juillet, d'où il repartira quelques jours plus tard pour la Polynésie française. Une information capitale pour la Piscine qui va accélérer l'opération. Autre erreur.

Son travail terminé, « Frédérique » reprend l'avion pour Tahiti le 24 mai, afin, explique-t-elle, de participer à une conférence sur les récifs et les coraux. Au passage, elle intercepte, à Papeete, le courrier du consul de Suède, Bengt Danielsson, savant gourou des actions antinucléaires. Véritable globe-trotter, elle repart aussitôt pour Israël. Neuf jours après l'attentat du 10 juillet, elle envoie une carte à ses amis écologistes d'Auckland, depuis le kibboutz de Pardes Hannah, pour exprimer son indignation : « Je suis sous le choc de cette monstruosité », écrit-elle.

Mais dès que son pseudo apparaît dans la presse néo-zélandaise, elle quitte précipitamment Israël, le 26 juillet, pour gagner, dit-elle, le

Liban où elle a déjà séjourné. Elle regagne en réalité la « Piscine » pour se mettre à l'abri. En France, la police lâchée à ses trousses l'identifiera sans peine.

Entre-temps, grâce à l'excellence de ses renseignements, la mission du service Action s'est mise en route. Pour l'exécuter, le colonel Lesquer a choisi des hommes sûrs, le « gratin » de la maison ; il fait appel à son ancien service : les nageurs de combat. Un corps très particulier. Les candidats sont sélectionnés après huit mois d'épreuves terribles qui se déroulent à la base de Saint-Mandrier. Les rares éléments reçus sont versés soit dans les commandos Hubert de la marine, qui servent essentiellement à des missions de soutien purement militaires, soit à Aspretto, au service Action, où ils participent à des opérations clandestines. Le C.i.n.c. d'Aspretto est un lieu « à part ». Bien qu'appartenant à l'armée de terre, on y respecte à la lettre les traditions de la marine. Le carré des officiers, par exemple, grande pièce lambrissée aux murs recouverts de plaques au nom de tous les sous-marins existants, ruisselle de cuivres et de bronzes étincelants. Les officiers attendent pour s'asseoir l'entrée du « pacha », le patron de la base. Son second se tient en face de lui et l'invité d'honneur, s'il y en a, est assis à sa droite. Cérémonial immuable. Le centre, qui comprend une quarantaine d'agents opérationnels, est divisé en quatre sections : le commandement, le pacha et son adjoint ; une section de base qui accueille et forme les « novices » ; une section intermédiaire spécialisée dans les moyens nautiques ; et, enfin, une section de pointe très sophistiquée, qui enseigne les techniques d'attaque. L'entraînement est très poussé : simulation d'attaques sous-marines de jour et de nuit en mer et en fleuve à gros trafic — il faut, par exemple, regonfler dans l'obscurité un Zodiac en pleine mer ou tenir une longue plongée à l' « oxy », appareil à l'oxygène pur qui ne dégage pas de bulles et permet des immersions de plusieurs heures. Enfin, les élèves palmés s'initient aux techniques de la clandestinité. Dans ce monde confiné, ultra-secret, ultra-protégé contre l'extérieur — surtout en Corse — les querelles de personnes sont très vives. Une sorte de carmel militaire, le vœu de chasteté en moins.

Pour diriger la mission d'Auckland, le patron d'Action fait appel à deux ex-vedettes d'Aspretto, le commandant Dillais, l'ancien « pacha » de la base, et son bras droit, le commandant Mafart. Originaire du Sud-Ouest, fils d'un homme de loi, Pierre-Louis Dillais a été élevé à la dure chez les jésuites. Sportif émérite, passionné de plongée et de voile, il a dirigé quelques années le C.i.n.c. au côté d'Alain Mafart, un tandem de choc qui a fait ses preuves. Leur palmarès, évidemment top secret, est, paraît-il, très impressionnant. Les deux hommes ont quitté depuis peu le terrain. Nommé au Q.g. opérationnel du service Action au fort de Noisy, Dillais, avec son fidèle adjoint, prend la direction des opérations secrètes. Le colonel Lesquer leur demande de piloter personnellement la mission de Nouvelle-Zélande. Elle est, dit-il, essentielle pour l'avenir du service. Dillais sera le patron sur place ; c'est lui qui dirigera la manœuvre et assurera le contact avec Paris. Alain Mafart aura le rôle de l'officier traitant (O.t.), il coordonnera les différentes équipes sur place et s'occupera de l'acheminement du matériel dans le pays. Pour être plus crédible, il sera accompagné d'une jeune épouse, une nouvelle venue au service Action, une « intello », Dominique Prieur. Tout le reste de l'équipe est composé d'agents d'Aspretto. Son nouveau chef, le commandant D., supervisera l'opération depuis la Nouvelle-Calédonie.

Un chef de section, le capitaine K., et son adjoint, le sergent-chef C., poseront au dernier moment les bombes sous le bateau. Ils seront couverts par ce qu'on appelle la « protection surface » : deux autres sous-officiers du centre dont l'un est surnommé « Pierre le marin » devront surveiller le port, récupérer le matériel laissé par les nageurs et l'amener au couple Turenge qui le fera disparaître.

Les explosifs, réceptionnés en Nouvelle-Calédonie, seront transportés en Nouvelle-Zélande par trois sous-officiers qui piloteront un voilier, le « vecteur de pénétration », dit-on dans le jargon de la base. Enfin, tout ce dispositif sera soutenu sur place par une dizaine d'honorables correspondants voyageant sous leurs vrais noms, avec des « couvertures » en béton. Une très grosse machinerie. Pour « R1 », l'opération de l'année.

On le voit, la troisième équipe a bien existé. Mais il n'y avait pas qu'elle. Seulement ce terme était à une époque « explosif » : il démontrait que d'autres agents étaient sur place, en dehors des membres de l'*Ouvéa* et des Turenge. Dès lors, il était certain que la D.g.s.e. avait commis l'attentat. Les journalistes étaient simplement très en dessous de la vérité. L'affaire a été une opération militaire montée par des militaires, avec des moyens militaires ! Une sorte de mini-débarquement français en Nouvelle-Zélande.

Le 15 mai, le plan est bouclé. On sonne la charge. C'est parti. Tout commence avec un beau médecin aux cheveux blonds et aux yeux bleus, play-boy baroudeur, véritable modèle de série télévisée.

Le Dr Xavier Maniguet a eu une vie mouvementée : commandant de réserve de la marine, breveté pilote, spécialiste des atterrissages sur glaciers, adepte du parachutisme et de la plongée sous-marine, il roule en Porsche et exerce son art sur les plates-formes pétrolières d'Abu Dhabi dans le golfe Persique. Son histoire, il l'a racontée à sa façon, dans un livre amusant et très « sobre » : *L'Aventure pour l'aventure*[1]. Disposant d'un peu de temps, il voulait embarquer sur un bateau pour visiter les îles Fidji. Des îles merveilleuses qu'il ne verra jamais. En revanche, un petit crochet par Auckland lui fera connaître l'aventure et la célébrité. Ce sportif en quête de sensations fortes se présente, un beau matin du mois de mai, dans une agence de voyages spécialisée dans les croisières de luxe, la société Odyssée, rue du Ranelagh, dans le XVIe arrondissement de Paris. L'agence Odyssée est une maison sûre qui présente, dit-on, de sérieuses références ; ce n'est pas la première fois qu'elle organise de telles croisières.

Le Dr Maniguet, qui voulait « s'initier à la voile dans le Pacifique », en a entendu parler, dit-il, au cours d'un dîner par un « cousin » ou des amis. Mais il ne se souvient plus lesquels. Ces « amis » lui ont conseillé de s'adresser au directeur de l'agence, le discret M. Leroy, pour louer un bateau outre-mer. Le médecin tombe à pic. Quelques jours plus tôt, un skipper professionnel, Raymond Velche, s'est présenté à son tour à la même agence, en quête avec deux amis d'un quatrième partenaire pour faire de la voile à Nouméa. Elémentaire, mon cher gorille.

Xavier Maniguet propose généreusement d'avancer les trois quarts du prix de la location, 90 000 Francs en espèces. Le bon docteur a un gros avantage, il offre une couverture parfaite, cousue main.

Le 28 mai, Raymond Velche, alias l'adjudant-chef Roland Verge, quinze ans d'armée, onze ans de D.g.s.e., marin exceptionnel formé à Aspretto, s'envole pour Nouméa. Ce beau navigateur aux cheveux ondulés va inspecter consciencieusement le voilier *Ouvéa,* loué par la société Nouméa-Yacht-Charters, pour le compte de son propriétaire, Jean Pélissier. L'agence Odyssée sert de « courtier » et d'intermédiaire financier. Sur le contrat de location du bateau, établi le 30 mai, Velche s'engage à limiter sa navigation aux eaux territoriales mélanésiennes et à rendre le yacht le 26 juillet, à 8 heures, au port de Nouméa. Il remplit une fiche d'expérience nautique : dix ans de navigation comme chef de bord, deux ans de charter aux Antilles et un louage de bateau à une société inconnue, du nom de Locazur. Après avoir réglé la chambre 302 du Nouméa Beach Hotel et le prix de deux appels longue distance en liquide, Raymond Velche reprend l'avion,

1. Carrère-Lafon.

le 31 mai, pour Paris : ce qui représente soixante heures de vol et dix-huit heures de décalage horaire en moins de quatre jours !

Il revient le 7 juin, en compagnie de ses deux amis Eric Audrenc, photographe privé, et Jean-Michel Berthelo, agent commercial. Le trio dédaigne l'accueil de l'agence et loue, chez Hertz, un véhicule Combi Volkswagen dont il a fait ôter le siège arrière pour entasser du matériel. Des sacs marins trop lourdement chargés leur valent quelques démêlés avec la douane. Les trois agents emportent en effet dans leurs valises le fameux Satnav (Système de navigation par satellite), un pilote automatique et un poste émetteur-récepteur B.l.u. avec quartz de 8 mégahertz. Un tel poste permet de communiquer sans difficulté avec Paris.

Le 7 juin, le trio occupe les chambres 302, 206 et 202 du Nouméa Beach, en même temps qu'un quatrième larron, plus gradé, qui est arrivé par le même vol U.t.a., Philippe Dubast, un « analyste » né à Reims, le 4 avril 1936, et qui loge au même étage, chambre 208. En fait, sûrement le commandant de la base d'Aspretto, le commandant D. Après avoir donné deux coups de fil locaux, Dubast quitte l'hôtel le 14 juin pour retourner, dit-il, à Paris. Il règle lui aussi sa note en liquide (3 190 Francs).

Velche s'emmêle légèrement avec sa fausse identité : alors que son passeport indique qu'il est né en 1950 et qu'il habite 52, rue du Chemin-Vert à Paris XIe, il écrit sur sa fiche d'expérience nautique qu'il a trente-deux ans et, à son retour dans le territoire, il déclare comme adresse 58 (au lieu de 52) rue du Chemin-Vert. Autre erreur, Philippe Dubast, qui n'est pas censé connaître les trois hommes, réclame chez Hertz le Combi Volkswagen loué par eux. Broutilles...

Durant quatre jours, les trois navigateurs s'affairent à bord du voilier pour y installer leur équipement technique inégalé, fourni gracieusement par une grosse société française d'électronique. L'agence de location leur propose ses services pour les aider à la préparation du bateau, mais ils refusent fermement. Selon l'employé de Nouméa-Yacht-Charters, Roger Chatelain : « Velche paraissait le plus sérieux. Audrenc et Berthelo, je les classerais " petits branleurs ", toujours à rivaliser sur leur force, à dire que l'autre était le plus con. »

Le 8 juin, Velche remet un premier chèque de 53 125 Francs tiré sur l'Européenne de banques à Paris par la société Odyssée. Le deuxième chèque, du même montant, tiré sur le même compte, est donné la veille du départ, le 12 juin.

Le 11, Velche est allé chercher à l'aéroport le quatrième larron de l'équipée, le commandant de réserve Xavier Maniguet. L'équipage loue encore au magasin Corail Marine un compresseur, trois détendeurs et une bouteille de plongée. En revanche, le skipper refuse de prendre à bord une petite embarcation de secours orange que lui propose Roger Chatelain. Finalement, sur l'insistance du loueur, Velche finit par accepter, déclarant qu'au retour, il ferait peut-être une halte à Vanuatu et que l'embarcation pourrait être utilisée pour la plongée...

Roger Chatelain veut, comme d'habitude, vérifier l'accastillage du bateau et si l'équipement est bien conforme à la liste remise au skipper. Velche refuse encore. Il affirme qu'il a tout vérifié lui-même et que ça suffit ! Le soi-disant marin rend quatre des huit couchages qui équipent le voilier, il faut de la place pour loger le matériel, le Zodiac gris et les explosifs.

L'*Ouvéa* prend la mer le 13 juin. Neuf jours plus tard, le faux couple Turenge s'envole de Londres à destination d'Auckland. Ils débarquent à l'aéroport le 22 juin et se font conduire à l'hôtel Travel Lodge. Le même jour, l'*Ouvéa* fait une entrée difficile dans la baie très dangereuse de Parengarenga, à l'extrémité nord de la Nouvelle-Zélande. Un exploit salué par les habitants de ce petit village perdu, très difficilement accessible par la mer. La première bavure de l'opération : les cartes marines fournies par Christine Cabon n'étaient pas assez précises, elles ne signalaient pas ces bas-fonds où l'*Ouvéa* a failli se briser. Il faut toute l'habileté professionnelle de Velche pour parvenir à « glisser » de bancs de sable en bancs de sable, jusqu'à la bonne passe. Si le voilier s'était échoué avec sa dangereuse cargaison, les agents de la D.g.s.e. auraient eu « bonne mine »...

Le lendemain, à 8 h 30, le « big boss » arrive de Paris, via Los Angeles. Pierre-Louis Dillais, qui a pris le pseudonyme de Jean-Louis Dormand, descend à l'hôtel South Pacific. De sa chambre 819, située au huitième étage, il domine tout le port d'Auckland. Vue imprenable sur le Warden Wharf où doit s'amarrer le *Rainbow Warrior.* Il coordonne les mouvements des équipes sur place et rend compte scrupuleusement tous les jours à Paris. Il appelle le 887.48..., le numéro d'un honorable correspondant, pour rassurer le colonel Lesquer : « Tout va bien ? — R.A.S., tout va bien ! » Les appels varient d'une minute à six minutes et demie, une vraie fortune pour le contribuable. Pour se fixer des rendez-vous secrets et éviter de communiquer entre eux, les agents passent le plus souvent par Paris qui transmet les messages. Cette coordination depuis le P.c. du fort de Noisy explique leur téléphonite aiguë qui étonnera tellement les enquêteurs néo-zélandais. C'est habile : ils ne peuvent se téléphoner d'un hôtel à l'autre sans laisser de traces, mais quoi de plus normal qu'un Français appelant la France ? Le périple des agents commence : allées et venues incessantes à travers tout le pays. Leurs mouvements tracés sur une carte donne le tournis. Les trois équipes sillonnent, en effet, l'île du Nord en tous sens, jouant à fond leur rôle de touristes (excursions, promenades, visites) tout en préparant activement leur sabotage.

La D.g.s.e. ne livrera jamais le « modus operandi » de la mission. Question de principe. Ce serait dévoiler sa façon de travailler, ses « trucs » opérationnels, dénoncer d'anciennes actions et aider la « concurrence », amie ou ennemie. Respectons ses raisons. On peut néanmoins décrire le travail de ses hommes, confirmer certains faits et révéler quelques points. L'équipage de l'*Ouvéa* amène bien les explosifs, le Zodiac et le matériel de plongée. Il cache le matériel compromettant dans un coin secret de la côte sauvage, entre le 22 et le 28 juin, alors que le voilier descend de Parengarenga au port de plaisance de Whangarei. C'est l'unique explication de l'arrivée du petit sloop dans ce coin perdu où il a failli briser sa coque. L'*Ouvéa* prend son temps. Il descend lentement le long de la côte. Les 23 et 24 juin, il mouille en pleine nature, au milieu de la baie inhabitée de Kaouou, entouré de fjords dangereux. Détail curieux, ce nom que les policiers retrouveront, plus tard, sur le livre de bord de l'*Ouvéa,* était totalement inconnu des Néo-Zélandais. Ils ont cru qu'il s'agissait d'un code secret utilisé par les agents français. Finalement, ce nom figure sur les cartes maritimes des baleiniers du XIXe siècle. Christine Cabon et la D.g.s.e. avaient de très vieilles sources.

Durant ces deux jours, l'équipage trouve l'endroit propice pour dissimuler les bombes, vraisemblablement près du petit village de Kaitai, dans une région quasi désertique. Le 25, les marins reviennent à la civilisation, ils s'abritent dans le petit port d'Opua. Ils en profitent pour appeler Auckland et annoncer à Dillais qu'ils sont bien arrivés. « Mais on a eu chaud... » Le 26, ils gagnent Paihia, une petite ville qui servira de plaque tournante à toutes les équipes. Le lendemain, ils dorment à Tutukaka, un port de pêche au gros. Enfin, le 28 juin, le voilier s'amarre aux pontons de Whangarei, une grosse bourgade touristique, à 170 kilomètres au nord d'Auckland. Il n'en bougera plus. Les ordres sont formels, interdiction de descendre plus bas. Il ne faut faire aucun lien entre la présence de l'*Ouvéa* et l'action en préparation contre le *Rainbow Warrior* à Auckland. Contrairement à certaines affirmations, les agents-marins ne participeront en aucune façon à l'atentat.

Le 30 juin, le Dr Maniguet, qui ne doit pas être mêlé à l'affaire, part pour Auckland en balade touristique. Au passage, il en profite pour obtenir un équivalent néo-zélandais de sa licence de pilote, ce qui lui permet de louer un avion. On ne sait jamais. Il souhaite, dit-il, exercer sa spécialité, l'atterrissage sur glacier. D'Auckland, il prend le vol régulier pour Christchurch, dans l'île du Sud, à plus de 1 000 kilomètres. Celle-ci est séparée de sa voisine du Nord par un détroit qu'on traverse en ferry. C'est là qu'iront se réfugier les équipes après l'attentat. Justement, encore un hasard, Xavier Maniguet explore les lieux où les poseurs de bombes iront faire de l'alpinisme. Il visite la ville de Queenstone et surtout le Mount Cook, endroit réputé pour les sports d'hiver. Notre médecin n'est pas emballé. Ses « vacances » sont vraiment courtes. Dès le 4 juillet, il retourne à Auckland où il reprend la Mitsubishi qu'il avait louée. Puis il part pour Whangarei retrouver ses coéquipiers. Sa traversée fulgurante de la Nouvelle-Zélande est jonchée de conquêtes féminines, l'autre spécialité de ce play-boy médical. Il drague quelques jolies autochtones, dont une jeune femme qu'il amène prendre un verre au bar du palace d'Auckland, le Régent.

Pendant son absence, les hommes de l'*Ouvéa* n'ont pas chômé. Ils préparent la récupération du matériel et sa remise aux autres équipes. Comme la mission a été trop rapidement préparée, ils vont jouer un long moment à cache-cache avant de parvenir à se rencontrer.

Les Turenge se trouvent aussi à Auckland lorsque le médecin vient y conter fleurette. Mais ils ne sont pas descendus au même hôtel. Le pseudo-couple suisse s'est installé au Hyatt, qui domine le port. Hôtel quatre étoiles, excellente vue sur le quai où viendra s'amarrer le *Rainbow Warrior*. Cette fois, les agents sont obligés de se contacter directement. Le 26 juin, les Turenge reçoivent un appel de Paihia où mouille justement le sloop, et le 28 juin, alors qu'ils s'apprêtent à quitter le Hyatt en payant cash, ils sont appelés de Whangarei, où vient de débarquer l'équipage de l'*Ouvéa*. Descendus au Grand Hôtel, les trois marins font du shopping et achètent, dans un magasin spécialisé, Carter Marine, une veste « Gulf star » d'un modèle très courant qu'on retrouvera parmi les affaires des Turenge. Cafouillage ?

En revanche, les trois marins jouent à la perfection leur rôle de « french lovers » en vadrouille. Ils draguent la jolie patronne d'un salon de coiffure, Carole, mariée à un policier, qui va leur servir de chaperon et de couverture.

Le 29 juin, les affaires sérieuses reprennent. Ils louent chez Avis, à Whangarei, une Ford Orion rouge pour aller rencontrer le « big boss », le commandant Dillais. Ils achètent également un moteur de hors-bord de secours, au cas où le premier, amené spécialement de Londres, tomberait en panne. Des agents très prévoyants. Laissant

Audrenc garder l'*Ouvéa,* Velche et Berthelo partent avec l'auto vers le Sud ; ils déjeunent au restaurant Dome Valley Road House, près de la ville de Warkworth. Un endroit clé, le lieu de rencontre prévu avec le commandant Dillais, alias Jean-Louis Dormand. On retrouvera la facture de ce restaurant parmi les « notes de frais » saisies sur l'*Ouvéa* à Norfolk. Les détectives mettront aussi la main sur un bout de papier bien plus compromettant : il indique l'emplacement d'une petite route tranquillle, près du restaurant, avec une inscription tracée à la main : « R.V. : Ray-Michel » — ce qui peut signifier : « Rendez-vous Raymond et Michel », avec le chef de l'opération. Un coin bien choisi, une route qui se termine en chemin de terre près d'un pont isolé.

Dormand, lui, avait loué la veille (28 juin) un camping-car à la compagnie Horizon-Holidays (H and H), celle-là même dont la police retrouvera le catalogue dans l'*Ouvéa* portant les empreintes des Turenge. La boucle est bouclée.

Pour diriger les opérations, il rencontre à Paihia ses deux hommes qui lui expliquent les conditions mouvementées de leur débarquement. L'ancien patron d'Aspretto dort le soir à Warkworth, au Bridge House Motor Lodge, d'où il appelle Paris. Toujours le même numéro, le 887.48... Il faut bien rendre compte.

Trois jours plus tard, les deux équipes se rencontrent à nouveau au même endroit. Velche et Berthelo reviennent déjeuner au Dome Valley Road House, dont ils apprécient décidément la rustique cuisine anglaise. Velche part même pour Auckland avec Dillais. Il retourne le soir même en car à Whangarei. Pour justifier cette petite excursion dans la capitale, Velche expliquera plus tard, aux détectives, « qu'il devait changer une pièce du voilier et acheter du matériel qu'on lui avait volé ». La dernière précision est exacte. Nos superagents à Whangarei se sont fait « piquer » leurs affaires dans leur voiture, le 1er juillet, comme de vulgaires touristes. La honte !

La balade de Velche à Auckland sera la seule incursion des marins dans la ville. Dès son retour à Whangarei, Velche rend compte par téléphone à Dillais. La belle Carole, qui écoute la conversation sans comprendre le français, retient cependant le nom de Nouvelle-Calédonie. L'équipage se promène beaucoup. On remarque, à plusieurs endroits, leur voiture rouge couverte de poussière. Le 6 juillet, ils échangent leur petite Ford contre un gros break modèle Telstar : « Du matériel à transporter », disent-ils à l'employé de l'agence, qui leur trouve l'air « un peu militaire ». Il est surpris de la distance qu'ils ont parcourue : 1 439 kilomètres. Le matériel était caché très loin dans le Nord. Nos joyeux marins s'apprêtent à le repasser aux Turenge qui viennent spécialement d'Auckland. La veille, le couple a loué un camping-car Toyota. Et le 5 juillet, ils font, à leur tour, le pèlerinage de Paihia. On les retrouve à la chambre 12 du Beach Comber Hotel, face à la « Bay of Islands », l'endroit où l'*Ouvéa* s'était amarré. Ils arrivent le matin, à l'heure du breakfast, et portent, remarque la patronne de l'hôtel, Miss Robyn Tanner, trois gros sacs de couchage bordeaux.

De l'hôtel, ils appellent Whangarei, le motel « Six » où dorment les équipiers du voilier. Ils fixent une rencontre au lendemain. Le 6 au matin, Maniguet et Velche quittent précipitamment Whangarei. Le médecin a des problèmes de batterie avec sa Mitsubishi qui ne veut plus partir. Il s'énerve, réussit finalement à démarrer et part en trombe. A 11 h 30 le même jour, à Hokianga, à une heure de route environ de Paihia, un témoin remarque un camping-car semblable à celui des Turenge, garé à proximité d'un autre véhicule. Le lendemain, les Turenge quittent leur motel. Pendant qu'ils prennent un solide petit déjeuner, Sophie et Alain empêchent une employée d'entrer dans leur chambre. Au moment du départ, le chien de l'hôtel saute à l'arrière de la camionnette. Sophie se met en colère et c'est Mafart lui-même qui sort le chien, empêchant quiconque de pénétrer dans le « Van ». « Attention, transport dangereux. »

Ils repartent bride abattue vers Auckland. En route, autre malchance, ils cassent le pare-brise de leur camping-car et doivent le remplacer à l'agence Newman de Mont Wellington. L'employée se souvient parfaitement d'eux. Elle note le kilométrage, 829 kilomètres, très peu par rapport aux autres. Le même jour, le patron Dormand rend, lui aussi, son break de location. Il bat le record de l'équipage de l'*Ouvéa* et des Turenge réunis : 2 424 kilomètres en quinze jours, une prouesse dans une île qui fait à peine 300 kilomètres de long. Le chef a bien du mal à réunir tout son monde. Dorénavant, il ne bougera plus d'Auckland jusqu'à l'attentat. Il reprend un autre véhicule, un Toyota « Hitop Van », et s'installe définitivement, après que les Turenge lui ont chauffé la place, au septième étage de l'hôtel Hyatt, un vrai balcon sur le port.

Les consignes sont claires. Il faut changer les camping-cars qui ont pu être repérés en contact les uns avec les autres. On renouvelle le matériel. Le compte à rebours commence. Le *Rainbow Warrior* entre dans le port, le 7 juillet, accueilli et fêté par tous les écolos de la ville : « J moins trois ».

Tout le monde est en ville à pied d'œuvre : Dormand, Maniguet, les Turenge. Il ne manque que l'essentiel : la troisième équipe de poseurs de bombes. Le jour même de l'arrivée du bateau, elle débarque de l'avion de Tahiti de 8 h 15. Les deux hommes se sont constitués une belle « légende » : les deux solides nageurs d'Aspretto, un capitaine et un sergent-chef, se font passer pour deux profs de gym d'un collège de jeunes filles de Papeete, Alain Tonel et Jacques Camurier. Ils s'adonnent aux plaisirs du camping sauvage et sont récupérés par Dillais qui, comme par hasard, était descendu, la nuit précédente, dans un hôtel tout près de l'aéroport, le Gate Way Lodge. Il fait disparaître les deux agents. Sans doute les cache-t-il dans une ancienne région industrielle, à trois quarts d'heure d'Auckland, remplie de mines désaffectées et de routes abandonnées, Thames. On en reparlera. Le lendemain débarque, en Nouvelle-Zélande, le pseudo-touriste français François Verlet, celui qui montera « innocemment » à bord du *Rainbow Warrior,* le soir de l'attentat. Il arrive de Tokyo et s'installe dans la même auberge de jeunesse qu'occupait Christine Cabon. On se « refile » les bonnes adresses.

Xavier Maniguet repart une nouvelle fois pour Whangarei. De là, Velche et lui empruntent le gros break et filent vers le sud. Leur véhicule est d'abord repéré sur le parking d'une forêt par un ouvrier qui leur demande ce qu'ils font là : « Un rendez-vous », explique Maniguet. Il précisera même, plus tard, aux détectives : « Un rendez-vous galant. » Un humour français qui laissera le surintendant Galbraith de marbre. L'ouvrier remarque deux moteurs de bateau à l'arrière du break. Il a vu passer, un peu avant, un camping-car conduit par un couple. Premier rendez-vous manqué.

La rencontre a pourtant lieu un peu plus tard, à huit kilomètres de là, près du village du Kaiwaka. Des témoins voient, vers 15 heures, deux véhicules garés l'un derrière l'autre. Deux hommes transportent un moteur de Zodiac d'un break à un camping-car. Le témoin est même choqué que le moteur soit posé à même le fauteuil, sans un chiffon ou une protection. Il s'agit, pense-t-il, d'un moteur volé. Toujours le fameux civisme néo-zélandais.

Cette fois, les Turenge ont sans doute récupéré le matériel : Zodiac, moteur et équipement de plongée. Mais il reste le plus dangereux, les bombes. Apparemment, elles sont toujours dans leur cache du nord de l'île. Il ne faut les prendre qu'à la dernière limite, juste avant l'attentat. Pas question d'organiser trop tôt le transport d'explosifs. Les Turenge remontent doucement vers le nord. Le 9 juillet, ils se réfugient dans leur base arrière, un motel situé dans la petite ville d'eau de Parakai, non loin d'Hamilton, à 40 kilomètres d'Auckland. Un petit coin très paisible. Ni trop près, ni trop loin du grand port. Les chambres de l'Hinemoa motel sont équipées d'une piscine intérieure remplie d'eau thermale chaude. Un endroit idéal, par exemple, pour tester du matériel de plongée, et c'est l'un des rares gags de l'affaire : le pavillon qu'ils occupent appartient au Premier ministre, David Lange, qui le loue l'hiver. Les Turenge ont déjà utilisé ce motel les 1er et 2 juillet. Il serait cocasse que le matériel destiné à couler le *Rainbow Warrior* ait été essayé dans un bungalow appartenant au Premier ministre de Nouvelle-Zélande.

D'après le journaliste néo-zélandais Michael King, qui a écrit un livre à partir des procès-verbaux de la police d'Auckland, *La Mort du « Rainbow Warrior »*, un couple aurait été vu, le 9 juillet, à l'extrême nord de l'île. Un épicier de Kaitaia, Trevor Rogers, aurait parlé, à 6 h 30 du matin, avec un homme et une femme qui tractaient un Zodiac et qui recherchaient un endroit pour prendre du café. L'homme était mal rasé et paraissait très fatigué. Visiblement, le couple avait peu dormi la nuit. De tels touristes en plein hiver, à la pointe nord, ne passent pas inaperçus. Les Turenge sont-ils remontés eux-mêmes reprendre les explosifs ? Scénario improbable et contesté. Mais on les voit mal aller réclamer du café à un épicier à 6 h 30 du matin. Si ce sont eux, ils ont été vraiment très rapides. A midi, ils sont de retour dans leur base de Parakai, le motel de David Lange, qu'ils quittent le soir même pour le Waipuna Lodge d'Auckland. Dillais bat le rappel, il a besoin de tout son monde. De nombreux témoins les remarquent l'après-midi, rôdant sur les quais avec un inconnu. Le couple pose même des questions à un gardien du port, qui le racontera plus tard à la police et les reconnaîtra, affirme-t-il, sur photos. L'ambiance est tendue chez les agents français. Il faut trouver le meilleur moment pour faire sauter le bateau, sans causer de victime. Tous les honorables correspondants de la région, réunis sur place — plus d'une dizaine — glanent des renseignements pour informer les militaires. Deux autres plongeurs, qui doivent assurer la « protection » de leurs camarades poseurs de bombes, ont débarqué à leur tour de Tahiti. On n'attend plus que le « top », qui doit être donné par le commandant Dillais.

La veille, l'*Ouvéa,* qui n'a plus rien à faire, a repris la mer. Velche a reçu un appel téléphonique lui intimant l'ordre de quitter les lieux. Inutile d'être présent le jour de l'explosion. Les marins laissent de bons souvenirs à Whangarei...

A Auckland, tout le dispositif est en place. Dans la matinée du 10 juillet, François Régis Verlet loue une voiture et se rend à Thames, là où les deux hommes de la troisième équipe font du camping sauvage.

A 19 heures, il est de retour à Auckland — peut-être ramène-t-il les agents — et il monte à bord du *Rainbow Warrior,* dont l'équipage fête l'anniversaire de Steve Sawyer, le patron de la campagne antinucléaire. Verlet apprend que le responsable écologiste doit quitter le bateau à 22 h 30 pour donner une conférence à Piha, une petite ville située à 40 kilomètres d'Auckland. « Les hommes du *Rainbow Warrior* se coucheront peu après, estime-t-il. De toute façon, ils sont regroupés dans le mess et la chambre des machines est vide. Pas de risques. »

Presque à la même heure, toujours selon Michael King, le maire de la petite ville de Devonport, dans la baie d'Auckland, en face du port, remarque deux hommes qui mettent à l'eau un Zodiac. Ils portent des combinaisons de nageurs et partent d'un petit débarcadère privé, sur la plage de Stanley Point. Le signalement qu'il fournira d'eux — un homme avec des cheveux bruns, l'autre aux cheveux clairs, le front un peu dégarni — correspond bien au signalement de Tonel et de Camurier. Les deux plongeurs rencontrent Dillais et Verlet sur le petit parking désert d'Hobson Bay, où les Turenge sont déjà installés. Verlet fait son rapport avant de partir attraper l'avion de Tahiti de 23 heures. Le « big boss » Dillais n'hésite pas : « C'est le moment ou jamais. »

Il faut « taper » quand tout le monde dort et placer la grosse bombe près de la salle des machines, déserte après 23 heures. Il donne le feu vert aux deux plongeurs, qui n'attendent que ça. Leur travail périlleux, extrêmement « technique », est différent de celui de tous les autres. Dès qu'ils reçoivent le « top », ils plongent dans l'eau glacée et nagent jusqu'au navire, chacun avec une bombe sur le dos. Ils respirent, on le sait, à l'aide d'un appareil qui ne fait aucune bulle. Moment redoutable. Dès qu'ils touchent la quille du *Rainbow Warrior,* leurs gestes deviennent précis, quasi automatiques. Ils ont répété l'opération un mois durant à Aspretto. L'un d'eux se place à l'arrière du bateau et fixe une moyenne charge contre le gouvernail à l'aide d'un étrier; l'autre plongeur colle le gros engin avec une ventouse au milieu du navire. Leurs mécanismes sont réglés pour exploser à 23 h 50 et à 23 h 55. En silence, les nageurs retournent au point de départ, se rhabillent en vitesse et abandonnent leur équipement. Ils savent qu'une équipe de « protection surface » veille sur eux et qu'elle va, maintenant, récupérer le matériel pour le faire disparaître. Ils retournent à leur tente, plantée dans la nature, vers Thames. Le lendemain, ils seront « exfiltrés » dans l'île du Sud.

Dès qu'ils sont partis, le Zodiac gris, piloté par un autre jeune agent d'Aspretto, « Pierre le Marin », récupère à toute vitesse les sacs. A plein moteur, le militaire se dirige vers le pont d'Hobson Bay où Alain Turenge l'attend, dissimulé dans un coin désert, près d'une voie de chemin de fer. Son camping-car, conduit par Dominique, est caché à proximité dans le parking d'un petit aérodrome désert. Aucun risque. Pierre le Marin, le visage à moitié dissimulé par un bonnet rouge, fonce vers le lieu de récupération. Mais, cette nuit-là, le temps est exceptionnellement doux et des pêcheurs occupent le pont. Pas prévu dans le code de la D.g.s.e. Deux d'entre eux, David Tommy Lee et Stephen Young, observent le dinghy qui leur arrive droit devant, en provenance du port. Dès qu'il les aperçoit, le pilote fait demi-tour. Le Zodiac, on le sait, ne peut pas passer sans risquer d'attraper une ligne. Les deux pêcheurs le voient alors très distinctement. Ils remarquent que son conducteur porte un bonnet rouge et sans doute des moustaches. Le pilote, très inquiet, cherche une nouvelle voie de passage pour revenir dans la baie. Des bancs de sables mouvants l'éloignent de la côte ; les courants sont très forts. Il n'arrive pas à revenir, s'énerve ; les autres l'attendent, il faut se débrouiller, et vite, trouver la passe. Enfin, il repère plus loin un grand pont qui offre une issue. Là aussi, il distingue des silhouettes de pêcheurs. Tant pis, il n'a plus le choix. Dans l'affolement et la précipitation, il enfreint toutes les règles. Pour ne pas faire de bruit, il largue en passant son moteur et continue à la rame. Il lâche aussi deux bouteilles d'oxygène pur, très compromettantes en cas d'arrestation. Grosse erreur.

Un cycliste, qui traverse à ce moment-là le pont de Ngapipi, entend le bruit du moteur jeté à l'eau. Il alertera la police qui parviendra à le repêcher et à exploiter la piste. Si le Zodiac ne comportait aucune marque distinctive, le moteur, lui, avait un numéro de série... La « poisse » : sans ce cycliste, on n'aurait jamais retrouvé le moteur ni remonté la piste de Londres.

Beaucoup plus grave, l'arrivée inopinée du dinghy à cet endroit imprévu bouleverse tous les plans d'Alain Mafart. Pour récupérer Pierre, le commandant est obligé d'aller rechercher Dominique Prieur et le camping-car. Ils l'arrêtent au bord de la route, à quelques mètres de l'endroit où le Zodiac est amarré. Juste sous le regard des vigiles du club nautique qui guettent dans l'ombre les voleurs avec leurs jumelles. On connaît la suite.

Si le chemin s'arrête là pour les Turenge, les autres membres de l'équipe, eux, doivent poursuivre leur voyage, comme si de rien n'était. Quitter le pays trop tôt après l'attentat donnerait l'alarme. Ce serait la meilleure façon de se faire arrêter. Les agents continuent donc leur périple touristique et jouent aux parfaits vacanciers sportifs.

Une rude épreuve pour leurs nerfs. Dès le lendemain de l'attentat, stupidement revendiqué par un tract orné d'une tête de mort et signé par les « anciens du Vietnam », le commandant Dillais conduit les deux poseurs de bombes, les soi-disant Tonel et Camurier, dans l'île du Sud. Ils empruntent tous les trois le ferry-boat, le 11 juillet — les détectives retrouveront la trace de leur passage sur les listings du bateau — et se séparent à Wellington, la capitale de la Nouvelle-Zélande. Jean-Louis Dormand part faire de la descente de rapides sur la Shotover River. Il est pris malencontreusement en photo. On le voit, visage un peu crispé, qui fixe l'objectif. Le photographe du groupe apportera naturellement la photo à la police : « C'était un homme d'environ 35 ans, très athlétique, un visage anguleux et des cheveux très courts. » Une description confirmée par un compatriote français qui travaille par hasard, à la même époque, dans un hôtel de Queenstone, le Travel Lodge, et qui tombe, le 18 juillet, sur ce touriste français. Les deux hommes lient évidemment connaissance et déjeunent plusieurs fois ensemble. Jean-Louis Dormand raconte qu'il est vendeur dans une librairie parisienne. Il voyage depuis un mois en Nouvelle-Zélande et trouve le pays bien beau. Il s'est entraîné à la descente sportive de rivière et arrive de Wellington qu'il n'a pas aimé. De toute façon, il a déjà dépensé trop d'argent et il est obligé de rentrer en France en passant par l'Australie.

Les deux Français abordent l'événement du jour, le sabotage du *Rainbow Warrior*. Dormand trouve que « c'est une honte ». Il laisse une adresse rue d'Artois, dans le VIIIe arrondissement de Paris, siège d'une bien curieuse société spécialisée dans l'import-export qui a fermé ses portes entre-temps. Elle a été remplacée par une autre entreprise internationale, tout aussi énigmatique.

Le 23 juillet, Jean-Louis Dormand s'envole pour Sydney. D'où il regagne sans difficulté la France. Ouf ! Pendant ce temps, les deux « profs de gym », eux, séjournent, du 12 au 17 juillet, au Methven Youth Hostel, une paisible auberge de jeunesse d'une station de sport d'hiver réputée, Mount Hutt. Après le ski, l'escalade : ils poursuivent consciencieusement leur « découverte du pays » et s'en vont, du 18 au 22 juillet, faire l'ascension du Mount Cook, là où Xavier Maniguet avait essayé, en vain, de faire de l'alpinisme aérien. Eux aussi seront pris en photo, alors qu'ils campent sur un versant de la montagne avec un groupe d'alpinistes. Que faire ? Se voiler la face « pour avoir », comme dira Tricot dans son rapport, « une attitude d'agents secrets ». Ils posent donc souriants. Le 22 juillet, ils repartent vers l'île du Nord et visitent, successivement, les villes de Wellington et de Rotorua. Enfin, le 26 juillet, ils regagnent Auckland, d'où ils reprennent l'avion pour Tahiti. Ils ont passé un mauvais moment à l'aéroport car eux qui avaient posé les bombes risquaient très gros. Ils ont eu une très forte pensée pour leurs camarades Alain Mafart et Dominique Prieur inculpés, trois jours plus tôt, de meurtre par le tribunal d'Auckland. Les deux hommes ont attendu, stoïquement, près de quinze jours avant de disparaître. Alors que l'enquête policière battait son plein. Et ils n'étaient pas les seuls. Les derniers agents français, mêlés à l'affaire, ont quitté la Nouvelle-Zélande le 28 juillet, dix-huit jours après l'attentat. Le métier d'espion exige des nerfs solides.

Tous ont mis très longtemps pour revenir à Paris, en passant par tous les chemins du globe. La première question qu'ils ont posée, en arrivant, concernait le sort des Turenge. Il faudra plusieurs années aux services secrets français pour se remettre de la lamentable équipée d'Auckland.

L'exfiltration

Comme à la fin d'un bon film ou d'un grand thriller, on a envie de poser la question : que sont devenus les principaux héros de l'histoire ? Leur vie ne s'arrête pas avec l'affaire, elle continue après le scandale. Certains d'entre eux ont même, plus tard, commenté leur propre rôle.

Mais à propos de Greenpeace, on peut aussi se demander, plus prosaïquement, combien a coûté le film ? Quel est le prix de revient de ce feuilleton à grand spectacle, dont les Français sont tous les producteurs obligés ?

A tout seigneur, tout honneur. En tête, le chef de l'Etat. Son fauteuil n'a jamais vacillé. A peine si le vent du boulet a caressé l'Elysée. L'opposition, on l'a vu, ne souhaitait pas sa chute et elle ne l'a pas réellement attaqué. On ne peut, en France, porter atteinte à la fonction présidentielle, pierre de touche des institutions, sans ébranler l'édifice politique. Jacques Chirac ne voulait pas d'une polémique sur la Défense nationale et surtout pas des élections présidentielles anticipées. Trop tôt. Beaucoup trop tôt.

Pourtant, lorsqu'on a révélé l'existence de la troisième équipe et que le mensonge d'Etat est apparu patent, la panique a gagné quelques proches du Président. Ils craignaient le début d'une campagne à la Watergate, les mensonges du pouvoir devenant plus graves que les faits eux-mêmes. Un processus théoriquement fatal dans une démocratie. Comme l'écrit joliment Serge July, dans son ouvrage consacré au Président[1] : « Son entourage a craint que cette fois François Mitterrand ne rate cette marche magique qui borde la catastrophe. »

Incontestablement, le Président a sous-estimé l'affaire, persuadé qu'elle ne verrait jamais le jour. Ensuite, lorsqu'il était trop tard, il a lancé ses « hommes » dans deux directions opposées : Hernu verrouillait le mensonge avec la D.g.s.e., tandis que Joxe sauvegardait les principes et recherchait la « vérité » avec sa police. Le tout, arbitré par un Fabius déconcerté qui tentait, dans la semi-pénombre, de recoller les versions. Un gâchis politique. Mais un désastre limité. Le Président était convaincu que cette affaire « romanesque », qui amusait plus qu'elle ne troublait l'opinion, n'aurait pas d'incidences électorales.

Apparemment, il a vu juste. Bien malin qui pourrait mesurer la part de Greenpeace dans les résultats des élections législatives de mars 1986. Il est certain que les Français n'en veulent pas au Président, puisqu'au démarrage de la cohabitation ils l'ont porté au pinacle des sondages. Il s'est exprimé une dernière fois sur l' « Affaire » à l'occasion d'une conférence de presse qui se tenait la veille de la condamnation des Turenge. François Mitterrand a d'abord « souhaité — je ne peux qu'exprimer un souhait — que la justice d'Auckland comprenne que les deux officiers de l'armée française ont agi dans un domaine qui n'était pas celui de l'action violente, d'abord ; ensuite, qu'ils ont agi non pas de leur propre mouvement, mais par discipline ». Sur le fond, le Président proclame le pardon des offenses. Le grand pardon :

« M. Hernu a été, est et sera longtemps mon ami. Dans sa responsabilité de ministre de la Défense nationale, il a été responsable, objectivement, de par sa fonction en tout cas, et subjectivement — lui seul en est juge — dans un domaine qui a placé le gouvernement français dans une fâcheuse situation. C'est lui-même qui a estimé devoir quitter son poste, parce qu'il devait se sentir — et c'est tout à son honneur — solidaire des services qui avaient agi sans que le pouvoir politique, en tout cas à son niveau ou à celui du Premier ministre, ait eu à en décider.

« Le responsable de ce service, l'amiral Lacoste, est également parti. Je n'ai pas incriminé l'honneur de ces deux hommes et je leur garde mon estime, mais j'ai pu incriminer leur discipline ou leur indiscipline. Je pense à des services qui ont agi au-delà des instructions. »

C'est un sacré bond en arrière par rapport aux déclarations de

---

1. *Les Années Mitterrand*, Grasset.

Laurent Fabius. Un démenti cinglant à son Premier ministre. François Mitterrand revient à la case départ. Alors que Fabius affirmait qu'Hernu et Lacoste avaient donné l'ordre, voici qu'il n'y a plus de responsables. Personne n'a rien décidé du tout. Tout le monde il est beau... Une déclaration curieusement alambiquée : Charles Hernu est « responsable objectivement de par sa fonction » et il a « voulu démissionner ». C'est clair, il assume. Mais qu'est-ce qu'une responsabilité « subjective » dont « il est seul juge »? Le Président doit penser aux silences d'Hernu, à sa décision de mentir au Premier ministre et à son « ami » Joxe. Mais François Mitterrand sait aussi qu' « on » l'a bien encouragé dans cette voie, à l'Elysée. Il lui conserve *ad vitam aeternam* son amitié. Hernu n'a pas donné l'ordre. Bien ! Mais qui alors ? Le chef de la D.g.s.e., Pierre Lacoste ? Pas du tout. A lui aussi, François Mitterrand conserve son estime. Il n'a pas décidé l'opération. Seul reproche adressé aux deux hommes : « leur indiscipline ». Ils ont menti à Fabius, à Tricot, aux Français... péché véniel, vite pardonné, puisqu'ils n'ont pas failli. Quand le Président ajoute : « Les services ont agi sans que le pouvoir politique, en tout cas au niveau de Charles Hernu ou à celui du Premier ministre, ait eu à en décider », on s'attend à cet aveu, logique : « Oui, c'est moi qui, au niveau supérieur, ai pris cette décision. » Non, finalement, ce sont « des services qui ont agi au-delà des instructions ». Retour à la première explication. Une vieille lune de l'affaire. Il s'agit d'une suite de malentendus. Personne n'est plus responsable de rien. La responsabilité se dissout dans l'anonymat. Elle s'est totalement diluée dans les eaux d'Auckland.

Une « disparition » qui profite à tout le monde. Un petit peu à Laurent Fabius et beaucoup à Charles Hernu. L'ex-Premier ministre n'a pas « sauté » avec l'affaire. Il s'est battu de bout en bout pour rattraper le temps perdu. Au début, il n'a rien vu. Il n'a pas participé à la décision, mais ce qui est plus grave, il a signé la rallonge budgétaire nécessaire à l'opération, sans se préoccuper de son utilisation. Il a donc abandonné au profit de l'Elysée cette partie de ses prérogatives de Premier ministre. Une confiance et une « légèreté » qui allaient lui coûter cher. Convaincu que le Président ne pouvait l'embarquer dans un coup tordu, il s'est pourtant heurté aux mensonges répétés de Charles Hernu et, au moins un temps, aux silences du chef de l'Etat. Un rude coup et une sérieuse brèche dans son capital confiance pour François Mitterrand. A-t-il su, ou non, la vérité, dès la fin du mois de juillet ? L'Histoire le dira peut-être un jour. En tout cas, à partir de ce moment, il s'est démené sans trêve pour obtenir la démission d'Hernu et pour lui faire avouer la vérité. Une attitude qui a irrité le Président contraint de « lâcher » son vieux compagnon. Pour la première fois, les deux hommes ne se comprenaient plus et se retrouvaient rivaux. Cette crise allait s'accentuer avec l'affaire Jaruzelski. Greenpeace a été la première épreuve de Laurent Fabius, l'amorce de sa disgrâce dans les sondages et auprès de l'opinion. Un Premier ministre de son bord doit, envers et contre tout, protéger le Président. S'il n'est pas d'accord, il doit démissionner. Mais il ne peut pas jouer les deux rôles à la fois. La « descente » s'est encore accélérée après le débat manqué contre Jacques Chirac, où il a présenté une nouvelle image de lui, hautaine et suffisante.

Redevenu, après la défaite électorale de mars 1986, simple député de la Seine-Maritime, il croit toujours en son destin national. Mais il n'est pas près d'oublier l'affaire Greenpeace.

Le grand vainqueur, à la surprise générale, c'est bien sûr Charles Hernu. Lui-même n'en revient pas, mais sa démission l'a coiffé d'une sorte d'auréole de martyr et de bon Samaritain de l'armée française. « A tel point, disent ses ennemis, que sa tête ne passe plus à travers l'auréole. » Après l'affaire, les gens le saluaient et le félicitaient dans la rue. Son bureau de la mairie de Villeurbanne était bourré de lettres et de télégrammes de soutien. Il raconte même qu'il a toutes les peines du monde à expliquer qu'il n'est plus ministre de la Défense. « Sur le quai de la gare de Lyon, raconte-t-il, ravi, des légionnaires en permission ont voulu se mettre en rang pour me présenter les honneurs. J'ai dû intervenir auprès de leur capitaine et ils se sont contentés de venir me serrer la main. » Dans les réunions politiques, c'est encore mieux. Lors du Congrès du P.s., qui s'est tenu à Toulouse, il est entré sous un tonnerre d'applaudissements et de hourras. Salué comme une star. A tel point qu'il n'ose plus se relever durant la séance, pour ne pas déclencher d'autres « vivats ». A ce congrès, l'un des participants devait répondre à un journaliste : « L'affaire Greenpeace, quelle affaire Greenpeace ? Vous voulez parler de cette opération qui a fait un petit mort de rien du tout... » Jean Jaurès a dû s'en retourner dans sa tombe.

Mais l'étoile d'Hernu ne faiblit pas. Les sondages grimpent, stabilisés, aujourd'hui aux alentours de 26 %. Et du coup, il confie que si François Mitterrand ne se présentait pas aux présidentielles, eh bien, ma foi, il ferait certainement un candidat très convenable. On croit à une boutade. Absolument pas. Charles Hernu se sent très présidentiable. Prêt sur ses starting-blocks. Le sabotage du *Rainbow Warrior* ? Il ne veut plus en parler. « Affaire classée », dit-il. La dernière fois qu'il a accepté d'aborder le sujet, en novembre 1985, sur France-Inter, il s'est montré plus sibyllin que jamais · « Le *Rainbow*

Warrior n'a pas été coulé sur mon ordre. Je ne dis pas que c'est une bavure, mais il s'est passé des choses. » Quelles choses ? Silence. Qui a donné l'ordre ? « Je ne crois pas, je ne pense pas que ce soit l'amiral Lacoste. » Qui alors ? Pas de réponse. Charles Hernu évoque aussi, comme le général Imbot, l'esprit « malin ». « Le diable rouge » ? demande un journaliste. « Non, ça, c'est à l'Opéra-comique », rétorque l'ancien ministre très en verve. Seule précision politique : « Je ne suis pas un bouc émissaire, je n'ai pas porté le chapeau. J'ai démissionné parce que j'ai estimé que je devais être solidaire des militaires et des services qui étaient sous mes ordres. »

C'est oublier un peu vite les « amicales » pressions de Laurent Fabius. Mais Charles Hernu est sûrement sincère. Il croit, dur comme fer, à sa version « expurgée » des événements. En privé, il reconnaît qu'il fallait absolument faire l'opération de Nouvelle-Zélande pour parer à une grave menace de déstabilisation dans le Pacifique...

Les élections de 1986 ont marqué l'apothéose de l'ancien ministre de la Défense, son jour de gloire est arrivé le 16 mars 1986 : cinq députés élus sur la liste P.s. qu'il présentait dans le Rhône. Contre toute attente, il bat même Raymond Barre, cinq députés contre trois. Inespéré. Maintenant, la voie du « grognard » est toute tracée. Oubliées les « tracasseries » de l'affaire, il suit le sillon du Président. Et il espère qu'un jour, c'est lui qui mènera la charrue.

Dernier membre du gouvernement « touché » par Greenpeace, Pierre Joxe. Le ministre de l'Intérieur s'est sans doute pris à son propre jeu. Ne voulant pas, au début, être impliqué dans une affaire tordue, il a mis un point d'honneur à faire travailler « normalement » sa police. Il a compris trop tard le piège. On ne peut adopter une attitude moralisatrice de défense des principes face à une affaire secrète qui engage l'armée et la présidence de la République. Résultat : la police a débusqué des militaires français en mission à l'étranger. Elle a collaboré avec les autorités de Nouvelle-Zélande. Du jamais vu. Une situation absurde, encore en partie inexpliquée.

Après les élections, l'ancien ministre de l'Intérieur a retrouvé son siège de président du groupe socialiste à l'Assemblée nationale. Lui non plus ne souhaite plus parler de l'affaire : « Une histoire compliquée », confie-t-il seulement, dont il n'a pas compris tous les tenants et les aboutissants et qu'il ne souhaite même pas élucider complètement. Une façon polie de dire que le principal responsable ne se trouvait pas, à l'époque, au ministère de l'Intérieur.

Enfin, après les civils, les militaires. Les eaux de la « Piscine » n'ont pas été aussi agitées après l'affaire qu'on aurait pu l'imaginer. C'était, on s'en souvient, la condition *sine qua non* posée par l'amiral

Lacoste pour partir sans tapage. Le patron des services secrets voulait bien partager avec Hernu la responsabilité de l'affaire, à condition qu'on ne touche pas à un cheveu de ses hommes : des galonnés qui ont monté l'opération jusqu'aux adjudants qui tenaient la barre de l'*Ouvéa*. En échange, l'amiral s'engageait à ne rien dévoiler sur les « commanditaires » politiques et sur les « tractations » qui ont suivi l'arrestation des Turenge. Pierre Lacoste a donc quitté la place avec les honneurs de la guerre. Double roulement de tambour : il a été salué par le président Mitterrand qui a apprécié sa discrétion et par l'opposition qui a trouvé sa sortie honorable. Après son départ, il a continué d'effectuer des missions confidentielles à l'étranger. Chargé d'une mission de sécurité à la Carte Bleue, il a été spectaculairement « repêché », en juin 1986, par le ministre de la Défense, André Giraud, qui l'a nommé à un poste important, président de la Fondation des études militaires.

A la Centrale, comme promis, peu de changement. Le fougueux général Imbot a gardé le général Emin comme adjoint. Plus exceptionnel encore, le patron du service Action, le colonel Lesquer, a conservé son poste. Après une telle bavure, c'est une véritable prouesse. Le centre d'Aspretto a fermé ses portes pour renaître avec le 11ᵉ bataillon parachutiste de choc. Les nageurs de combat ont immigré en... Bretagne. Deux cérémonies se sont déroulées à la fermeture d'Aspretto et à l'ouverture du nouveau centre. Tous les personnages du roman militaire de l'été 85 étaient présents, au garde à vous. Les journalistes n'étaient pas invités. Certains participants revenaient d'un petit séjour à l'étranger, principalement en Afrique, où ils s'étaient fait un peu « oublier ».

Mais il y avait trois places vides dans les rangs. Celles du colonel Fourrier, du capitaine Borras et du sergent-chef Daviet, les soi-disant auteurs de fuites chassés de la D.g.s.e. Ils avaient été, on s'en souvient, présentés à la justice avant d'être jetés en forteresse. Le jeune juge d'instruction de Paris chargé de l'affaire, Philippe Jeannin, était bien embarrassé par ce cadeau empoisonné. Le ministère de la Défense avait porté plainte, le 26 septembre, mais il n'avait pas osé — tout de même — les accuser de trahison (vingt ans de prison). On s'est donc contenté de les inculper pour « avoir porté à la connaissance d'une personne non qualifiée une information militaire non rendue publique » ; peine maximum prévue : cinq ans.

Du coup, on l'a vu, Barril est sorti de sa cachette. Il s'est présenté spontanément au juge Jeannin. C'est son avocat, Mᵉ Szpiner, qui a négocié cette « reddition » dans l'honneur. Un avocat redoutable, qui fait aussi peur à l'Elysée que son client. Francis Szpiner, excellent débatteur et brillant polémiste, a été à la conférence du stage, avec Michel Vauzelle, le futur porte-parole de l'Elysée. Ce spécialiste des grands procès criminels et des affaires de presse et d'édition occupe tous les terrains judiciaires : il a défendu Pierre de Varga, commanditaire présumé de l'assassinat du prince de Broglie, et les auteurs de l'enlèvement du banquier Mallet. Mais il assiste aussi les victimes de l'attentat de la rue Marbeuf, les familles des religieuses disparues en Argentine et l'Internationale de la Résistance. Circonstances aggravantes pour le pouvoir, il est également l'avocat de l'écrivain Jean Edern-Hallier, le « fantôme noir » de l'Elysée, la hantise de François Mitterrand (voir chapitre précédent).

A la sortie du bureau du juge, les militaires Fourrier, Borras, Daviet, Guillet étaient attendus par un officier de la Prévôté pour être emmenés en forteresse. Seul, Barril a échappé à cette punition d'un autre âge. Les quatre autres ont suivi l'officier de la sécurité bien que leurs avocats, Mes Szpiner, Gisserolt, Prévost et Bourdié aient retardé leur départ en voulant s'entretenir avec eux. A leur sortie, un lieutenant distrait, repris par l'habitude, empoigne rudement le colonel Fourrier : « Allez, on y va ! » L'officier rétorque, glacial : « Pardon ! » Le lieutenant aperçoit alors le tapis de médailles posé sur la poitrine du colonel et se confond en excuses. Irrésistible. Dignement et par ordre hiérarchique, les militaires partent pour leurs cellules.

Les quatre militaires subissent vingt jours d'isolement absolu plus vingt jours d'assignation à résidence. Un régime d'exception. Le colonel est gardé à vue dans le sous-sol du fort de Nogent par des légionnaires, comme un traître de haute volée. Les autres sont enfermés à Vincennes et à la caserne Dupleix.

Quinze jours plus tard, son dossier restant désespérément vide, le juge Jeannin tente un coup d'éclat. Il convoque quatre des inculpés : Barril, Fourrier, Borras et Guillet, et entreprend une perquisition surprise à leur domicile. Cette fois, on tombe dans le vrai film comique : Charlot à l'armée. Premier « visité », le capitaine Barril. Le juge est suivi d'une véritable troupe, un substitut, son greffier, le colonel de gendarmerie commandant de la région Ile-de-France, des pandores par dizaines, les inculpés accompagnés de leurs avocats. Le capitaine Barril habite un pavillon dans la banlieue parisienne. La route est jalonnée, tous les trente ou quarante mètres, par une camionnette de gendarmerie. Le grand jeu. Tout le monde pénètre dans la maison. On visite le bureau du capitaine et l'on saisit, au hasard, quelques vieux carnets d'adresses. Les autres sont à l'abri depuis belle lurette. Le substitut est émerveillé par la collection d'armes du capitaine. L'ambiance est détendue. Paul Barril avoue alors, avec une feinte ingénuité, qu'il possède un coffre à la cave. « Un coffre ! » Les yeux des magistrats pétillent. Tous s'engouffrent dans un petit escalier et se tassent dans une cave étroite, tout en longueur. « Attention, prévient le capitaine, il y a un jet d'acide si on manipule mal la sécurité. » Retrait stratégique et précipité vers l'escalier. Le capitaine ouvre seul le coffre et en retire... deux énormes revolvers qu'il braque sur la troupe. Stupeur. Le colonel de gendarmerie devient aussi blanc que ses gants d'apparat. Barril les repose en riant : « Vous n'êtes pas prudents, j'aurais pu vous descendre tous. »

Le magistrat, qui n'apprécie guère l'humour, inspecte l'intérieur du coffre. Deux gros dossiers : l'un sur les Irlandais de Vincennes et un autre, très épais, marqué en grosses lettres : « Affaire de l'Observatoire : François Mitterrand ». Le juge a un mouvement de recul : « Ça ne concerne pas l'affaire Greenpeace, lance-t-il à la cantonade. La perquisition est terminée. » Saisir ou ne pas saisir ? telle est la question. Depuis lors, l'action judiciaire est au point mort. En décembre 1985, les avocats sont remontés au créneau : « L'accusation piétine dans le vide du dossier, écrivent-ils, l'information judiciaire est à ce point inconsistante qu'à ce jour ces officiers et ces sous-officiers n'ont eu à répondre à aucun interrogatoire sérieux. »

Six mois plus tard, en mai 1986, André Giraud, le nouveau ministre de la Défense, a levé les mesures de suspension qui pesaient sur eux : « Ce qu'ils ont fait n'est pas bien grave, déclare-t-il en substance, et ils l'ont fait pour une bonne cause. Ils pourront être réintégrés normalement dans l'armée. » Ce n'est pas si simple. Car le choc a été rude pour ces militaires traînés dans la boue, traités de « félons », accusés de haute trahison. Et l'administration, qui ne veut pas se déjuger, traîne les pieds. Le colonel Fourrier s'est vu proposer un poste en surnombre à l'Ecole de guerre. Le capitaine Borras, affecté en province dans un poste sédentaire, a préféré se mettre en disponibilité. L'adjudant Guillet envisage, lui aussi, de quitter l'armée. Ces militaires, qui vont bénéficier d'un non-lieu, ont fait les frais des grandes manœuvres politiques du pouvoir. Ils sont, paradoxalement, les seuls militaires à avoir été sanctionnés dans l'affaire Greenpeace, alors qu'ils ont cherché la vérité. Comme le chantait Guy Béart : « Il a dit la vérité, il doit être exécuté. »

Reste maintenant l'ardoise à payer. L'Etat doit régler la facture, une grosse facture. La France, qui a reconnu sa responsabilité, doit dédommager toutes les personnes, organisations ou Etats lésés par l'attentat. Une longue liste. Dans la colonne débit, il faut déjà inscrire le coût de l'opération elle-même. Ne tenons pas compte des dépenses « normales » de fonctionnement de la D.g.s.e ; elles apparaissent chaque année au budget sous la rubrique « fonds spéciaux du Premier ministre ». L'opération a nécessité, on le sait, une rallonge financière de 1,8 million de Francs « avant bavure ». Mais l'arrestation des Turenge, la mort imprévue du photographe Pereira, la revendication « officielle » de l'attentat par la France ont entraîné une cascade de dépenses supplémentaires. Dont certaines considérables.

Il a d'abord fallu, en novembre 1985, rembourser le voilier *Ouvéa,* sabordé en mer et coulé au large de la Nouvelle-Calédonie. La société Nouméa-Yacht-Charters, qui avait loué le sloop, a reçu un « petit » chèque de 1 million de Francs. Il fallait aussi, le Premier ministre l'avait promis, dédommager — un vilain mot — la famille du photographe qui a trouvé la mort dans l'attentat. Ses parents, sa femme — dont il était divorcé — et ses enfants ont touché 2,3 millions. Il était également obligatoire — ironie de l'histoire — de rembourser à Greenpeace le prix de son bateau coulé, les dommages et intérêts en prime. Des tractations internationales compliquées se sont engagées entre l'avocat français, Me Soulez Larivière, et le conseil de Greenpeace, un célèbre avocat d'affaires américain, proche de l'ancien président Jimmy Carter. Le montant du dédommagement se négocie à Genève, par l'intermédiaire de trois « arbitres », une procédure classique du droit international. Ces trois juristes indépendants sont choisis par les deux parties qui respecteront leur décision. Greenpeace réclame une dizaine de millions de dollars. Selon les spécialistes, il en obtiendra deux, maximum (14 millions de Francs), de quoi acheter au moins un *Rainbow Warrior.*

Le plus délicat demeure : il faut indemniser la Nouvelle-Zélande, dont l'intégrité territoriale a été violée, et qui exige réparation. Une réparation qu'elle évalue, elle aussi, à quelque 10 millions de dollars (70 millions de Francs). « Une prétention ridicule », avait rétorqué, en 1985, Roland Dumas, alors ministre des Relations extérieures. Cet argent est aussi une arme dans la négociation pour faire sortir les agents. Leur sort est évidemment l'un des enjeux de cette tractation financière.

Quand, au lendemain du 16 mars, la nouvelle majorité arrive aux commandes, la situation semble bloquée. Les Turenge ont été condamnés à dix ans de détention pour homicide involontaire et destruction de navire. David Lange, le Premier ministre néo-zélandais, affirme qu'ils purgeront au moins la moitié de leur peine. Son opinion publique le soutient à fond. Les négociations engagées par

Roland Dumas se sont heurtées au rigorisme britannique de Wellington et n'ont pas abouti.

La France en est réduite à livrer une guérilla douanière sur les importations néo-zélandaises. Les cervelles de mouton congelées sont examinées au microscope avant d'être déclarées, souvent, impropres à la consommation. On ouvre, à la frontière, les ballots de laine comprimée qui décuplent, du coup, de volume. Les lainiers du Nord, principaux clients, doivent déployer des cohortes de camions pour aller chercher la marchandise. Mais ces combats d'arrière-garde ne pouvaient faire fléchir David Lange.

Le beurre, c'est autre chose. Les Français tiennent là l'arme absolue. L'Europe importe à peu près 80 000 tonnes de beurre néo-zélandais par an, qu'elle achète à prix fort : 2 000 dollars la tonne. Ce qui représente une note d'environ 160 millions de dollars (1,1 milliard de Francs). Un royal cadeau, si l'on pense que l'Europe brade une partie de ses énormes surplus (1 million de tonnes) 400 dollars la tonne à l'U.R.S.S. Cette faveur exceptionnelle a été obtenue par la Grande-Bretagne, qui, en entrant dans le Marché commun, a placé ses petits « cousins » du Commonwealth. L'Europe tartine ainsi sur son pain plus du tiers du beurre néo-zélandais. Et même les Britanniques, dit-on, seraient bien contents de ne pas régler cette ardoise. A condition, bien sûr, que ce soient les Français qui tirent les premiers et dénoncent le contrat. Une perspective qui inquiétait fort Wellington, incapable de trouver d'autres débouchés pour ses fermiers menacés de faillite.

Le contrat néo-zélandais avec la C.e.e. date de 1984 ; il est conclu pour cinq ans, mais les *quotas* sont renégociés tous les ans. C'est ainsi qu'au 1er août 1986, les quantités pour l'année suivante devaient être décidées par le Conseil des ministres de l'Europe statuant à l'unanimité. Date clé qui sera le levier de la stratégie de Matignon. Il suffit d'un veto de Paris pour que Lange se retrouve confronté à la colère de ses fermiers. A l'approche des élections, la menace française risquait donc de lui être fatale auprès de son électorat paysan, carte politique essentielle en Nouvelle-Zélande.

Un nouveau personnage va alors entrer en scène. Son rôle sera capital. Il s'agit de Ruud Lubbers, Premier ministre chrétien-démocrate des Pays-Bas, et, à l'époque, président en exercice de la Communauté européenne.

Au début du mois de mai, François Mitterrand l'invite à bord du Concorde présidentiel pour se rendre au sommet des pays industrialisés de Tokyo. Pendant les sept heures de vol, ils auront deux entretiens en présence de Jean-Bernard Raimond, le ministre français des Affaires étrangères. Le président Mitterrand convainc son interlocuteur de sa détermination à mener à son terme cette bataille du beurre. Quand Lange se rend à La Haye, à la fin du même mois, au cours d'une tournée européenne, où il évite soigneusement Paris, Lubbers lui fait savoir clairement que les Douze ne s'opposeront pas au veto français. Et qu'il aurait intérêt à trouver un terrain d'entente.

Lange ne réfléchit pas longtemps. Lui qui a toujours refusé de « vendre », comme il disait, les agents français contre une grosse motte de beurre, va changer d'avis. Sa situation politique est précaire. A un an des élections législatives, il préfère négocier le sort des Turenge plutôt que d'affronter la fureur de ses agriculteurs, qui sont le moteur de l'économie néo-zélandaise. Il sait que son opinion publique, très montée contre la France, n'appréciera pas sa volte-face. Mais il a plus d'un an jusqu'au scrutin pour pouvoir la retourner.

Le plus gros, dès lors, est fait. Reste à trouver une sortie honorable pour tout le monde. Lubbers, encore lui, propose un règlement du contentieux par une tierce personne. On avance le nom de l'ex-Premier ministre canadien Pierre Elliot Trudeau, à la fois francophone et membre du Commonwealth. Chirac propose, lui, Javier Perez de Cuellar, qu'il connaît personnellement. L'autorité morale du secrétaire général des Nations unies est incontestée. Les Néo-Zélandais acceptent.

Pour Perez de Cuellar, l'affaire est importante. Le successeur de Kurt Waldheim, qu'il a remplacé en 1982, a, en quatre ans, enregistré échec sur échec. Aux Malouines, il n'a pu empêcher la guerre ; entre l'Iran et l'Irak, il n'a pu l'arrêter ; en Namibie, en Afghanistan, à Chypre, ses interventions n'ont rien réglé. Le contentieux franco-néo-zélandais, pour être moins sanglant, est quand même pour lui l'occasion de faire valoir enfin ses qualités de diplomate, à six mois du terme de son mandat.

L'équipe des négociateurs se met en place. A Matignon : le directeur de cabinet, Maurice Ulrich, et le chef de cabinet, Michel Roussin, ancien bras droit d'Alexandre de Marenches au Sdece. C'est lui qui, le 21 juin 1986, a ramené de Damas et « débriefé » les deux otages libérés au Liban : les journalistes d'Antenne 2, Philippe Rochot et Georges Hansen. Au Quai d'Orsay, Jean-Bernard Raimond traite directement avec Perez de Cuellar. Les directeur et directeur-adjoint de cabinet, Eric Desmarest et David Levitte, assurent les liaisons. Pendant qu'à Genève le directeur des Affaires juridiques du Quai, Gilbert Guillaume, sur la brèche depuis septembre 1985, et Chris Beeby, secrétaire adjoint aux Affaires étrangères de Wellington, maintiennent un contact direct. L'Elysée, via Jean-Louis

Bianco, est tenu en permanence au courant de l'évolution de la situation.

Les Français ne manquent pas, pour amadouer les Néo-Zélandais, d'évoquer le passé commun qui lie les deux pays. Tout y passe. La bataille des Dardanelles, la traversée de la Toscane à pied, à l'assaut du Monte Cassino et les taxis pour Tobrouk.

Après avoir fourni, chacun, un mémoire résumant leurs positions (les « offensés » néo-zélandais, comme dans un duel, déposant le leur en premier), les deux pays s'engagent publiquement, le 19 juin, à accepter par avance l'arbitrage de Perez de Cuellar.

Trois points de litige sur quatre trouveront facilement une solution. Une lettre officielle d'excuses ? La France est d'accord. Chirac réparera les erreurs de Fabius au nom de la continuité de l'Etat. Non sans une certaine satisfaction. L'indemnisation financière ? Les Néo-Zélandais demandaient 9 millions de dollars. Les Français en proposaient 4. Perez tranche à 7 (50 millions de Francs). Le contentieux commercial ? Effacé. La France ne s'opposera pas à l'entrée du beurre des antipodes en Europe.

Restait le cas des Turenge. David Lange était d'accord pour qu'ils quittent le territoire néo-zélandais. Mais il refusait le principe d'une libération. Alors, que faire ? Les mettre, par exemple, à la disposition des autorités françaises dans un lieu clos, isolé, et surveillé. Un camp militaire fera l'affaire. La France fournit à Perez de Cuellar une liste de ses bases insulaires et lointaines. Le médiateur obtient l'accord de Wellington pour l'atoll de Hao. « Ce n'est pas Broadway, a expliqué David Lange aux journalistes. Il n'y a pas de touristes, pas de bars, pas de restaurants. Mururoa n'est pas loin. En trois ans, ils auront le temps de réfléchir aux effets de la radioactivité. »

Sur l'ilôt, Alain Mafart et Dominique Prieur seront affectés officiellement pour trois ans à la base. Sans aucun contact avec l'extérieur, à l'exception de leurs proches. Leur présence sera contrôlée régulièrement. Ils ne devront faire aucune déclaration à la presse ni se faire photographier.

Le lundi 7 juillet, peu avant 8 heures, on avertit Jacques Chirac. L'accord est conclu et signé à Vienne. Dans la voiture où il l'accompagne à l'aéroport avant son départ pour Moscou, il annonce la bonne nouvelle au président de la République. Dès son retour à Matignon, il convoque la presse et le mari de Dominique Prieur, à qui il apprend sa future affectation auprès de sa femme : sur l'atoll de Hao.

Il y a des cocotiers et un lagon, où l'on pêche des coquillages nacrés. Mais Hao, évidemment, ce n'est pas le Club Méditerranée.

L'atoll est une base militaire, à 900 kilomètres à l'est de Tahiti, qui assure la logistique du centre d'expérimentation nucléaire de Mururoa. Trois cents personnes et une piste d'atterrissage de 3600 mètres prévue également pour accueillir les navettes spatiales américaines en difficulté.

Dans la nuit du 22 au 23 juillet, le commandant Alain Mafart et le capitaine Dominique Prieur quittent leurs cellules néo-zélandaises pour s'envoler vers Hao via l'île de Wallis. Là-bas, au cœur des Touamotou, les faux époux Turenge — mais vrais agents de la D.g.s.e. — resteront trois ans, presque au secret

Hao n'est qu'un petit point sur la carte du Pacifique. Mais un point sans doute final à l' « affaire Greenpeace », qui a coûté la vie à un photographe écologiste, son fauteuil à un ministre de la Défense, son poste à un directeur des services secrets. Et qui a ébranlé le pouvoir socialiste.

3.

L'ADIEU AU LIBAN

Un drapeau tricolore à moitié déchiqueté par la mitraille ; un palais en ruine où errent, indifférents au bruit sourd de la canonnade, une dizaine de soldats libanais. Voilà tout ce qu'il reste en ce printemps 1986 du symbole par excellence de la présence française à Beyrouth : la Résidence des Pins.

Il y a quelques jours, ses derniers occupants « légitimes », les quarante-huit officiers du corps des observateurs français au Liban, ont quitté définitivement les immenses salles de réception aux somptueux plafonds éventrés par les obus et aux riches boiseries grêlées d'impacts. De ce fastueux décor aujourd'hui si martyrisé où fut proclamée, le 1er septembre 1920 par le général Gouraud, la naissance du Grand Liban, les observateurs français avaient fait, après tant d'autres corps expéditionnaires de marsouins, légionnaires ou parachutistes, leur P.c. opérationnel. Et c'est au milieu de ce champ de bataille parsemé de troncs d'arbres calcinés, jadis le parc luxuriant de la résidence de l'ambassadeur de France, qu'un nouvel observateur, le capitaine Marc-Antoine Corvée, a été assassiné le 12 mars 1986 par un tireur embusqué. Cette septième victime du petit contingent des « casques blancs », envoyé deux ans plus tôt par notre pays à Beyrouth pour signaler aux impuissantes autorités libanaises les infractions quotidiennes commises au cessez-le-feu, devait conduire Jacques Chirac, à peine installé à Matignon, à rapatrier définitivement ces trop vulnérables « soldats de la paix ».

Il est vrai que pour les responsables français, c'en était trop D'accord pour maintenir un contingent au Sud Liban dans le cadre des forces onusiennes, ils se refusaient désormais à laisser inutilement dans la poudrière de Beyrouth des soldats promis à une mort certaine ; plus sûrs d'être abattus au coin d'une rue ou pulvérisés dans un attentat terroriste que de tomber glorieusement, armes à la main, au champ d'honneur. Car, à l'exception de quelques sentinelles fauchées par les tirs croisés des milices ou des rares soldats tués accidentellement en manipulant des munitions, tous les militaires français morts ces dernières années au Liban ont été froidement assassinés.

Les militaires ne furent d'ailleurs pas les derniers visés dans cette chasse aux Français. Ainsi, l'ambassadeur Louis Delamare, mitraillé à bout portant dans sa voiture, ou ces employés de notre chancellerie déchiquetés par l'explosion d'une voiture piégée. Ainsi, la fin probable — et atroce — du jeune chercheur Michel Seurat, après un calvaire d'une dizaine de mois comme otage.

De cette longue succession d'humiliations de toutes sortes infligées à notre pays si viscéralement attaché au Liban, la Résidence des Pins, abandonnée et en lambeaux, constitue aujourd'hui également le douloureux symbole. Au pied de son majestueux perron qu'ont gravi côte à côte, à l'occasion d'une commémoration du 14 Juillet, tant de leaders ennemis, qu'ils fussent phalangistes, druzes, chi'ites ou palestiniens, trop de cercueils drapés de tricolore ont été alignés. Et si, bien souvent, nos services secrets ont immédiatement identifié les assassins de ces Français « morts pour le Liban », jamais ils n'ont pu les neutraliser ou n'ont reçu l'ordre de le faire.

Pour mieux comprendre les tâtonnements et les errements de la politique française au Liban, que ce soit sous la présidence de Valéry Giscard d'Estaing ou de François Mitterrand, il faut prendre conscience de l'extrême complexité de la situation de ce pays déchiré, depuis 1975, par une interminable guerre fratricide aux dimensions confessionnelle, sociale, politique et internationale. En fait, ce pays que l'on appelait autrefois « la Suisse du Moyen-Orient » et dont on vantait, un peu vite, le « miraculeux équilibre confessionnel » allait devenir, bientôt, le champ de bataille privilégié du conflit israélo-palestinien. Et, plus généralement, l'abcès de fixation de tous les conflits et tensions du monde arabe.

Dès 1975, la Syrie, l'Irak et l'Egypte envoyaient armes, argent et combattants pour appuyer telle ou telle faction ou milice libanaise, dont chacune représentait déjà une des parties en présence dans l'épreuve de force entre pays arabes « conservateurs » et « progressistes ». Un an plus tard, les feddayin palestiniens, réfugiés au Sud Liban, devenaient, eux aussi, partie prenante aux combats, tandis qu'Israël soutenait, de plus en plus massivement, les milices phalangistes chrétiennes.

Dans un premier temps, les Libanais musulmans, sunnites ou chi'ites, font bloc contre le camp chrétien allié de l'Etat hébreu. Conscients de leur importance démographique, ils revendiquent des réformes institutionnelles afin d'être plus équitablement représentés au sein des instances dirigeantes de leur pays. Les réfugiés palestiniens, de plus en plus nombreux à gagner la périphérie de Beyrouth après l'invasion israélienne du Sud Liban en 1978, vont servir de catalyseur au mécontentement des musulmans libanais, d'autant qu'ils disposent d'une véritable armada. On parlera désormais de camp « palestino-progressiste » soutenu par la Syrie, et dans lequel on retrouve, tout à la fois, les combattants de Yasser Arafat, le chef de l'O.l.p., ceux des Morabitoun, mouvement nassérien à base sunnite, ou du Parti socialiste progressiste (P.s.p.) du leader druze Kamal Joumblatt, auquel succédera, après l'assassinat de ce dernier, son fils Walid.

Ce n'est qu'au début des années 80 que la communauté chi'ite, jusque-là marginalisée, va prendre une place plus importante dans la société libanaise. Le succès de la révolution islamique chi'ite en Iran, conduite par l'ayatollah Khomeiny, va favoriser la revanche des « parias » de la vie politique libanaise. Nabih Berri, secrétaire du mouvement Amal (Espoir), qui représente le million de chi'ites libanais, est ainsi nommé, en mai 1984, ministre d'Etat, tandis qu'en octobre de la même année, son prédécesseur à la tête d'Amal, Hussein Al Husseini, accède à la présidence de la Chambre des députés. Hélas, ces promotions n'allaient pas suffire aux ambitions des chi'ites les plus extrémistes rêvant d'une république islamique libanaise ; surtout après l'arrivée en force des très doctrinaires gardiens de la Révolution de Khomeiny, venus d'Iran en juin 1982, pour combattre, aux côtés de leurs frères libanais, « l'envahisseur sioniste »...

Dans ce pays d'Orient plus « compliqué » que tout autre, la France a essayé de garder sa place au nom d' « idées simples », généreuses et presque attendrissantes. « Il est plus facile à la France de porter de l'amitié au Liban, qu'au Liban de porter de l'amitié à la France », déclarait dès 1971, devant Kesrouan Labaki, alors ambassadeur du Liban à Bruxelles, le président Georges Pompidou. Devenu secrétaire général des Affaires étrangères à Beyrouth, Kesrouan Labaki avoue avoir longtemps cherché à comprendre le pourquoi de cette surprenante attitude. Certes, il n'ignorait pas les liens historiques unissant la France à son pays. Des liens « remontant aux

Croisades ». Mais cela ne suffisait pas à faire admettre au fameux diplomate libanais ce (fantastique) cri du cœur du président de la République française. Dans un livre, *Des idées pour le Liban,* Kesrouan Labaki écrira : « La France a payé le prix — un prix fort élevé — de sa fidélité... Chaque Libanais sait que le Liban peut en appeler à la France plus qu'à n'importe quel autre pays... La France donnera au Liban plus qu'à n'importe quel autre Etat, ayant été, par le passé, une colonie française, un protectorat ou un pays sous mandat français. »

Le cœur a ses raisons... Et c'est dans ce contexte qu'il faut comprendre l'attitude, souvent irrationnelle, de la France au Liban. Tablant sur le fait qu'elle est « seule à pouvoir entretenir des rapports avec toutes les parties en présence », elle estime avoir une sorte de devoir moral vis-à-vis du Liban en détresse. A Paris, où l'on considère que le conflit israélo-palestinien qui déchire le Liban n'est que la conséquence de la confrontation entre l'Ouest et l'Est, on ne désespère pas de jouer les médiateurs puisque l'on se situe sinon au-dessus, du moins en dehors de la mêlée.

« Nous voulons réintroduire la France au Levant, pour ne pas être à la merci des superpuissances », déclarait au *Monde,* en 1976, Kamal Joumblatt, le leader druze de la gauche libanaise. Plus modestement, Valéry Giscard d'Estaing, président de la République française, affirmera alors que la France « ne souhaite qu'une chose au Liban : rendre service aux Libanais ». Bref, qu'elle a adopté une attitude de « disponibilité » et qu' « il n'y a pas eu, il n'y aura pas, il n'y a pas lieu d'avoir une initiative française ».

Il s'agissait alors, pour V.G.E., de dissiper l'effet désastreux qu'avaient eu, peu avant, ses mots imprudents à propos d'un « projet libanais ». Se proposant d'envoyer des troupes françaises au Liban pour y « consolider la paix », le chef d'Etat français avait suscité un tollé dans les milieux palestiniens et « progressistes » du monde arabe, qui l'accusaient de recourir à la « politique de la canonnière ». Même incompréhension lorsque, en 1978, le contingent français envoyé au sein des Forces intérimaires des Nations unies au Liban (F.i.n.u.l.) applique, à la lettre, la consigne : faire tampon entre Israéliens et Palestiniens. Pour avoir trop pris à cœur leur mission en empêchant toute infiltration à travers leurs lignes, plusieurs Casques bleus français seront abattus délibérément.

De l'embuscade tendue au colonel Jean Salvan, du troisième régiment parachutiste d'infanterie de marine (R.p.i.m.a.) au Sud Liban, au carnage du P.c. Drakkar de la Force multinationale en octobre 1983, sans oublier l'assassinat de l'ambassadeur Louis Delamare, c'est l'illustration de toute l'incompréhension que suscite la politique de la France au Liban. Plus désireuse que n'importe quelle autre puissance occidentale d'œuvrer à la réunification de ce pays déchiré, la France s'attire, inmanquablement, les foudres de toutes les communautés libanaises. Celle des maronites hier, celle des chi'ites aujourd'hui. Il est vrai qu'à l'Elysée, on a toujours considéré, à quelques nuances près, selon que l'occupant des lieux appartenait à la droite ou à la gauche, que la recherche d'une solution au problème libanais impliquait un parfait équilibre de la politique française entre toutes les parties en présence dans le conflit du Proche-Orient. Un rêve, hélas, impossible à réaliser en cette région du monde où les passions sont exacerbées comme nulle part ailleurs.

UN AMBASSADEUR DE FRANCE TROP GÊNANT

« Boutoir, me recevez-vous? Nous vous attendons pour terminer Opération Cabillaud. » A bord de sa Peugeot 604 au fanion tricolore qui file vers l'aéroport de Beyrouth, en slalomant entre les chicanes de sacs de sable des barrages syriens et palestiniens, Boutoir, alias Louis Delamare, ambassadeur de France au Liban, hausse les épaules en entendant sur sa radio HF cet étrange message. « Je ne sais vraiment pas où les militaires vont chercher leurs noms de code, soupire-t-il, mais choisir d'appeler " Cabillaud " une opération d'évacuation de blessés de guerre, avouez que c'est d'un goût douteux ! » En ce matin d'avril 1981, le diplomate français cache mal sa nervosité.

Convaincu que la France a un rôle important à jouer pour aider les Libanais à retrouver leur unité, il enrage de faire les frais des préoccupations électoralistes de l'Elysée à la veille des présidentielles. Valéry Giscard d'Estaing ayant annoncé à grand renfort de publicité qu'il envoyait deux avions sanitaires au Liban pour évacuer les blessés de la ville chrétienne de Zahlé assiégée et pilonnée par les Syriens, voilà donc Louis Delamare contraint de racoler d'hôpitaux en hôpitaux des volontaires pour aller se faire soigner en France. A force de persuasion, ce diplomate opiniâtre, dont les parents étaient agriculteurs en Normandie, parviendra à réunir à grand-peine une vingtaine de candidats au départ, ce qui permettra au gouvernement français de sauver la face en remplissant partiellement de civières au moins un des deux Transall prévus.

Ce qui le révolte le plus dans cette opération Cabillaud, c'est la méconnaissance totale de la réalité libanaise dont elle témoigne. « Ici, ce n'est pas le Biafra et l'infrastructure hospitalière comme le personnel médical n'ont rien à envier à ceux de Paris ! » tempête-t-il. Il sait que non seulement cette initiative malheureuse risque de vexer ses amis libanais, mais qu'elle va un peu plus compliquer ses relations déjà très difficiles avec les Syriens qui détestent voir la France jouer les protecteurs sur leur « chasse gardée » libanaise. D'ailleurs, la presse de Damas évoque déjà le « complexe d'ancien colonialiste » de la France…

Mais, d'accord ou pas avec les dirigeants de son pays, Louis Delamare entend faire respecter leur volonté. Avec panache, s'il le faut. Pas question par conséquent de se laisser intimider ce jour-là par ce colonel syrien en battle-dress qui, une demi-heure avant le décollage prévu de l'avion hôpital, déambule ostensiblement avec une petite escorte armée entre les civières des blessés que déchargent sur le tarmac ambulances et hélicoptères. « D'ici à ce que l'armée syrienne contrôle l'identité des blessés que nous évacuons, il n'y a pas loin ! », ronchonne l'ambassadeur en écrasant son cigare. Puis il saute de sa voiture comme un diable de sa boîte et se dirige d'un pas résolu vers l'officier syrien. « Vous n'avez rien à faire ici ! lance Louis Delamare au colonel abasourdi. Cet appareil militaire est un avion sanitaire de nationalité française et, sauf erreur, cet aéroport est libanais ! Si vous ne partez pas d'ici tout de suite, je vais immédiatement en référer à Paris ! » *Exit* le colonel syrien qui s'éloigne, sans demander son reste, avec son escorte. Penaud, un officier libanais, le colonel Prince, confie à cet ambassadeur décidément bien audacieux, qu'il n'a « pas osé » demander à son homologue syrien le motif de sa présence ici. Soulagé, Louis Delamare monte un instant dans le Transall pour aller dire au revoir aux blessés ; puis il regagne sa voiture en allumant un cigare avec une évidente satisfaction. Cette absurde opération Cabillaud est enfin terminée. Il va pouvoir s'occuper de choses plus sérieuses.

Avec la même détermination, avec le même courage, Louis Delamare va poursuivre le dessein qui lui tient tant à cœur. Une gageure : la reprise du dialogue entre Libanais puis, dans un second temps, celui des Libanais avec leurs encombrants et tumultueux hôtes, les Palestiniens. C'est dans ce but qu'il travaille à la constitution d'une force d'interposition internationale au Liban et multiplie les contacts personnels avec toutes les parties. Franchissant presque quotidiennement la ligne de démarcation séparant le secteur musulman de Beyrouth Ouest du secteur chrétien situé à l'Est, il rencontre fréquemment le leader druze Walid Joumblatt, le leader de l'O.l.p. Yasser Arafat, le jeune et futur président chrétien Béchir Gemayel qui sera assassiné un an plus tard, au lendemain de son élection. Mieux, à l'occasion du 14 juillet, il réussit le tour de force de réunir tout ce beau monde, le temps d'un cocktail, dans les salons de la Résidence des Pins, sa résidence officielle située à la frontière des quartiers ennemis de la capitale.

Aujourd'hui, alors que la Résidence des Pins n'est plus qu'un amas de ruines désertes, aucun Libanais n'a oublié le faste des « retrouvailles nationales » du 14 juillet 1981 organisées par l'ambassadeur Delamare, où les chefs des milices rivales avaient bien voulu observer une trêve au nom de la France, tandis que leurs gardes du corps, armés jusqu'aux dents, se côtoyaient paisiblement dans les jardins alentour.

Rassembleur des Libanais, Louis Delamare était devenu gênant pour tous ceux qui à Beyrouth avaient choisi de diviser pour régner. On le lui avait fait comprendre : par des déclarations officielles formulées à Damas et accusant la France de « provocations antisyriennes » ou « d'ingérences inhabituelles dans les affaires libanaises », par des manœuvres d'intimidation. Plusieurs obus tombent, comme par hasard, dans les jardins de la chancellerie et l'une des voitures de l'ambassadeur est plastiquée sans faire de victimes. Ce ne sera pas, hélas, toujours le cas...

Il est 13 h 30, le vendredi 4 septembre, lorsque la 604 à fanion tricolore ramène Louis Delamare de la chancellerie de Beyrouth Ouest vers la Résidence des Pins pour le déjeuner. L'ambassadeur qui, voilà cinq jours seulement, a dû organiser la visite à Beyrouth de son nouveau ministre des Affaires étrangères, Claude Cheysson, où il lui a fait rencontrer notamment le chef de l'O.l.p., peut enfin se détendre un peu. Il fait beau, et il pourra profiter de la piscine de sa résidence au cours du prochain week-end. Il feuillette le quotidien *L'Orient le Jour,* tandis que sa voiture passe sans encombre un premier barrage de contrôle syrien aux abords du point de passage dit le Musée, situé sur la ligne de démarcation. L'ambassadeur lit peut-être cet article relatif à la réunion, ce jour-là, à Beyrouth du « comité quadripartite arabe » coiffant la force de dissuasion essentiellement syrienne chargée, en principe, d'aider l'Etat libanais à réinstaurer son autorité ; une force de dissuasion qui, en réalité, se conduit en force d'occupation.

Tout à coup, à une centaine de mètres seulement de la grille d'entrée de la Résidence des Pins, la voiture de l'ambassadeur est contrainte de piler net. Au coin de la rue Basta, une énorme B.m.w. blanche vient de lui couper la route. A l'intérieur, quatre hommes armés en vêtements civils. L'un d'eux, pistolet-mitrailleur dans la main gauche, se précipite vers la portière arrière de la 604. Louis Delamare, sur ses gardes depuis que les services de renseignements de l'O.l.p. — collaboration qui se poursuit encore aujourd'hui — l'ont averti d'un complot visant à l'enlever ou à le tuer, ordonne aussitôt à son chauffeur Houssam de bloquer à clé de l'intérieur les quatre portes de la voiture. Comme les vitres sont également fermées en raison de la climatisation, l'assaillant, bientôt rejoint par son complice, tente vainement de pénétrer dans le véhicule, avec l'intention manifeste de kidnapper l'ambassadeur. Les deux terroristes s'affolent et vident alors leurs chargeurs à travers les vitres qui volent en éclats. Quarante-cinq minutes plus tard, criblé de balles de 7,65 mm, Louis Delamare, cinquante-neuf ans, succombe sur la table d'opération de l'hôpital Barbir voisin.

A Beyrouth, si chaque Libanais comprend immédiatement à qui peut profiter ce crime, personne, évidemment, n'ose accuser trop ouvertement le « grand frère » syrien. Seul Yasser Arafat qui, déjà, n'a plus grand-chose à perdre, ose prouver huit jours après l'attentat la culpabilité des services syriens dans un dossier circonstancié qu'il remet aux autorités françaises. Comme par hasard, l'enquête diligente promise par les services de la sûreté libanaise s'éternise. Le téléphone arabe, lui, fonctionne à merveille au point que l'ambassade de Syrie à Paris est contrainte de publier le 15 septembre un démenti indigné niant toute responsabilité dans cet attentat.

En fait, toutes les indications recueillies, tant auprès des témoins que dans les rapports des services de renseignements palestiniens ou phalangistes, permettent assez vite de reconstituer le film des événements. D'abord, on comprend mieux que l'intention première des membres du commando n'était pas d'assassiner l'ambassadeur de France, mais de l'enlever. D'où les vains efforts de deux des terroristes pour ouvrir les portes arrière de la 604 avant de tirer quelques rafales à travers les vitres. Ce type d'enlèvement d'un diplomate afin de l'intimider personnellement ou de faire pression sur son pays n'est pas exceptionnel. Six mois avant le traquenard sanglant dont a été victime Louis Delamare, le chargé d'affaires jordanien Hicham Mohayssen était, lui aussi, enlevé à Beyrouth par les services syriens. Et contraint, deux mois plus tard, peu après avoir été étrangement « libéré par les autorités syriennes », de déclarer à la télévision de Damas que le régime de Hafez El Assad n'était

« nullement impliqué » dans son enlèvement. C'est seulement de retour chez lui à Amann, que le diplomate jordanien put expliquer comment les choses s'étaient réellement passées... Depuis, le chantage exercé avec les otages Marcel Carton et Marcel Fontaine nous a appris tout le parti que des ravisseurs à la solde d'un pays pouvaient tirer de l'enlèvement de diplomates français.

Mais revenons au déroulement de l'attentat du 4 septembre 1981. Ce jour-là, les deux barrages syriens de la Force Arabe de Dissuasion, installés à proximité du passage du Musée et à quelques dizaines de mètres seulement de la fusillade, ont été bizarrement renforcés par des hommes de la Sécurité syrienne. Or, aucun des soldats montant la garde derrière les chicanes de ces deux barrages installés de part et d'autre des lieux de l'attentat n'esquissera le moindre geste, à l'aller ou au retour, pour tenter d'intercepter la B.m.w. blanche qui passera devant eux en trombe. Inconcevable, lorsque l'on connaît la facilité avec laquelle les soldats syriens de la F.a.d., toujours le doigt sur la détente, lâchent une rafale si un véhicule omet de ralentir en s'approchant d'un de leurs barrages...

Grâce à certains indicateurs exerçant leurs offices à Beyrouth Ouest, même l'itinéraire du commando a pu être reconstitué après son forfait. La B.m.w. a franchi avec la même facilité tous les autres barrages syriens menant au quartier chi'ite de Chyah, où elle s'est immobilisée devant une des permanences du mouvement chi'ite Amal, très lié à la Syrie. En sont alors descendus les quatre membres du commando, parmi lesquels a été formellement reconnu Sadek Moussaoui, d'origine iranienne, un membre bien connu au Liban des « forces spéciales syriennes », garde prétorienne du régime baasiste que dirige Rifaat El Assad, le frère cadet du chef d'Etat syrien. Une hypothèse qui n'a jamais été vraiment démentie circule alors : services syriens, mais aussi iraniens, auraient pu décider conjointement de l'enlèvement de Louis Delamare, les premiers pour l'intimider et lancer un avertissement à la France qui en prenait trop à son aise au Liban ; les seconds pour tenter d'échanger notre ambassadeur contre deux opposants de la République islamique réfugiés depuis quelques jours seulement en France, Abolhassan Bani Sadr, l'ancien président iranien, et Massoud Radjavi, le leader des moudjahidines.

Sûrs de la responsabilité syrienne à défaut de connaître précisément les intentions du commando, qu'allaient faire les Français ? Officiellement, rien. Mais le 29 novembre 1981 trois mois après l'assassinat de l'ambassadeur Delamare, une voiture piégée explose à Damas dans le quartier d'Ezbzik à proximité de la banque centrale et de la présidence du Conseil. Bilan : une soixantaine de morts et cent trente-cinq blessés. Les autorités syriennes accusent aussitôt les Frères musulmans, activistes intégristes sunnites. Mais, en privé, nombre de responsables syriens évoquent une vengeance possible du gouvernement français, qui aurait pour l'occasion bénéficié de l'assistance technique des services secrets irakiens, fortement implantés à Damas.

Si cette vengeance était bien d'inspiration française, elle n'aura en tout cas guère servi de leçon. Pas plus que n'auront été efficaces les directives données alors à la D.g.s.e. de surveiller de très près les activités des diplomates syriens à Paris et en Europe, dont beaucoup sont suspectés d'être des « agents terroristes ».

Moins d'un an après l'assassinat de l'ambassadeur de France à Beyrouth, une voiture piégée explose le 22 avril 1982 au matin, devant le siège parisien de l'hebdomadaire libanais *Al Watan-al Arabi* (La Nation arabe) situé au n° 33 de la rue Marbeuf. Bilan : une passante enceinte tuée et une soixantaine de blessés. Depuis le début d'avril, les services de renseignement français s'attendaient à une opération de terrorisme contre des opposants au régime syrien. Or, le journal libanais visé rue Marbeuf était une cible privilégiée. Non seulement, son directeur Walid Abou Zahr, connu pour son hostilité au gouvernement de Hafez El Assad, avait déjà réchappé à plusieurs attentats à Beyrouth et en France, mais les récentes prises de position de sa publication après l'assassinat de l'ambassadeur Louis Delamare le désignaient plus que jamais aux tueurs à la solde de Damas. En effet, *Al Watan-al Arabi* avait été le premier journal à dénoncer sans ambages la responsabilité de la Syrie dans la sanglante embuscade tendue, le 4 septembre 1981, au représentant de la France à Beyrouth.

D'où la réaction immédiate du gouvernement français : au lendemain même de l'attentat, le ministre de l'Intérieur et Premier ministre par intérim, Gaston Defferre, annonce « d'ores et déjà » l'expulsion de l'attaché militaire et de l'attaché culturel de l'ambassade de Syrie à Paris.

Le reste suivra, plus officieusement... Le 27 avril 1982, soit cinq jours après le drame de la rue Marbeuf, Hassan Dayoub, l'attaché culturel de l'ambassade de Syrie à Madrid, échappe d'extrême justesse à des tireurs embusqués dans la rue. Ceux-ci appartiennent au service Action de la D.g.s.e. Quant au chanceux attaché culturel syrien, il n'a pas été choisi au hasard. La preuve : il doit simplement son salut au fait qu'il était armé et ait pu riposter ainsi aux tirs des « justiciers » français ! Guy Cavallo, fonctionnaire des services de renseignement français à l'ambassade de France à Beyrouth, n'aura pas autant de chance. Le même mois, il est sauvagement assassiné avec son épouse, dans son appartement de la capitale libanaise. Le véhicule à bord duquel s'enfuit le meurtrier est une Peugeot 504 qui appartient au parc automobile des services de renseignement syriens à Beyrouth, dirigés par le commandant Nouredine.

« Nous avons proposé des actions ponctuelles violentes contre des objectifs repérés. Le pouvoir politique a refusé. C'est sa responsabilité. On a préféré la négociation. On a rencontré des personnalités syriennes, dont Rifaat El Assad, qui, de toute évidence, manipulaient le groupe Abou Nidal... J'étais et je reste personnellement tout à fait hostile à cette façon molle et ambiguë de lutter contre le terrorisme, mais je dois reconnaître que cela a donné des résultats. Le champ de l'action terroriste d'origine moyen-orientale s'est, au moins, déplacé hors de France. »

Cette confidence d'un responsable de la D.g.s.e. paraîtra dans l'hebdomadaire *L'Evénement du jeudi* en septembre 1985. En effet, début septembre 1982, des négociations discrètes se sont engagées entre la France et la Syrie pour que cessent les attentats dans l'hexagone. Installé avec une trentaine de ses gorilles, le doigt sur la détente, dans une résidence du golf de Saint-Nom-la-Bretèche, dans les Yvelines, Rifaat El Assad, le n° 2 du régime syrien, et véritable chef de ses services secrets, rencontre notamment entre deux parcours de dix-huit trous Pierre Marion, le patron de la D.g.s.e. Un marché est effectivement conclu aux termes duquel le régime syrien réglera ses comptes « en dehors du territoire français ». Promesse tenue : le 10 avril 1983, Issam Sartaoui, dirigeant « modéré » de l'O.l.p., qui réside dans une tour du front de Seine, n'est pas assassiné par les arabes inconditionnels de la lutte armée à son domicile parisien, mais à l'occasion de son déplacement ce jour-là à Lisbonne, pour le Congrès de l'Internationale socialiste.

Voitures piégées et conducteurs kamikazes pour quelques hécatombes

Bon vivant et fin gourmet, Paul Marc Henry, ambassadeur de France au Liban, a perdu ce lundi 24 mai 1982 tout appétit. Figurant parmi les rares passagers de première classe qui voyagent à bord du vol 212 de la Middle East Airlines, reliant Paris à Beyrouth, il boude ostensiblement la langouste Thermidor que vient de lui servir une ravissante hôtesse de la compagnie libanaise. « J'avais tout prévu, sauf que l'on puisse piéger le véhicule même d'un des collaborateurs de l'ambassade ! » soupire-t-il, accablé. Le successeur de Louis Delamare ne connaît cependant pas encore le bilan définitif du terrible attentat qui vient de ravager, ce matin même, l'entrée de sa chancellerie, alors qu'il se trouvait lui-même à Paris, à l'occasion d'une courte mission. Aussi, le diplomate demande-t-il toutes les cinq minutes à l'hôtesse d'aller s'enquérir au poste de pilotage si l'on a pu obtenir des nouvelles plus récentes par radio. Quelques minutes plus tard, le commandement de bord vient trouver lui-même Paul Marc Henry : « Monsieur l'ambassadeur, dit à voix basse l'officier navigant, en tant que Libanais et ami de la France, je tiens à vous demander pardon pour ce qui vient d'arriver ce matin dans mon pays et dont certains de vos collaborateurs ont été victimes. Bien sûr, nous, Libanais, ne sommes pour rien dans cette tragédie. Mais nous nous sentons meurtris et humiliés de notre impuissance, alors que sur notre sol, des étrangers osent assassiner nos hôtes les plus chers... »

Un effroyable carnage. « C'est pire que la rue Marbeuf ! » soupire, pétrifié, Paul Marc Henry, en arrivant quelques heures plus tard à son ambassade, escorté par une dizaine de gardes du corps armés jusqu'aux dents. A mi-hampe, le drapeau tricolore situé dans les jardins de la chancellerie de Beyrouth Ouest est en berne. Déchiré et souillé de sang. Des lambeaux de chair pendent aux branches d'un flamboyant, des morceaux de vêtements sont accrochés dans les lauriers-roses. Toutes les fenêtres de l'ambassade et une partie de la toiture ont été soufflées par l'explosion. « Au pied de cet arbre, on a retrouvé le corps décapité d'Anna Cosmidis, la secrétaire du conseiller commercial », raconte un des rares survivants du personnel de l'ambassade. Il poursuit son sanglant inventaire : « Sur ce mur, notre plombier, M. Misbah, a été littéralement écrasé par la déflagration... Sur ce tronc d'arbre calciné, Daniel Richard, un jeune parachutiste de dix-neuf ans, a flambé comme une torche... » Onze morts, vingt-deux blessés. Pauvre Mme Cosmidis ! Comment aurait-elle pu se douter, en franchissant ce lundi matin les grilles de l'ambassade de France, qu'elle transportait, sous la banquette arrière de sa Renault 12, une quarantaine de kilos d'exogène et un dispositif de mise à feu télécommandé ?

Du travail de professionnel destiné, selon Fouad Boutros, le chef de la diplomatie libanaise, à « vider le Liban des missions diplomatiques ». A noter qu'un seul pays arabe n'a jamais eu d'ambassade à Beyrouth : la Syrie. Pour la bonne raison qu'elle estime être au Liban chez elle, dans « sa » province. Aussi la Syrie souhaitait-elle que les pays occidentaux ne disposent que d'une seule chancellerie pour les deux pays, laquelle serait évidemment située à Damas, capitale beaucoup plus sûre. L'assassinat d'un ambassadeur, un attentat dans les jardins d'une chancellerie, voilà de quoi faire réfléchir les Etats qui s'obstinent à maintenir une représentation diplomatique à Beyrouth. Ainsi, en mars 1982, il ne restait plus qu'un seul ambassadeur arabe dans la capitale de l'insécurité. Et sans l'insistance et l'indignation des autorités libanaises, des pays comme l'Australie et la Grande-Bretagne y auraient réduit à zéro le nombre de leurs diplomates.

On comprend dans ce contexte qu'une fois de plus, après l'attentat contre la chancellerie française, les soupçons se portent vers Damas. « Sans doute, la Syrie a-t-elle également voulu exprimer sa mauvaise humeur à la veille du débarquement à Beyrouth, le 28 mai 1982, de 637 soldats français supplémentaires de la Force intérimaire des Nations unies au Liban », remarque un haut fonctionnaire libanais. La revendication de cette nouvelle tuerie par « les révolutionnaires libres nassériens » d'obédience syro-palestinienne semble lui donner raison.

Avec l'invasion du Liban par l'armée israélienne le 6 juin 1982 et le siège de Beyrouth Ouest, où seront retranchés jusqu'à leur évacuation début août les feddayin palestiniens, il sera beaucoup plus difficile d'identifier les auteurs des innombrables attentats à l'explosif commis dans le pays à feu et à sang. S'agit-il de voitures piégées placées par les services israéliens dans la capitale, quotidiennement pilonnée par l'aviation et l'artillerie, afin d'accentuer la pression psychologique contre la population assiégée ? Faut-il y voir, une fois de plus, la férule de Damas prompte à châtier les Palestiniens récalcitrants aux directives syriennes ? Ou est-ce une initiative supplémentaire des milices chrétiennes phalangistes qui veulent à tout prix contraindre les feddayin de l'O.l.p. et leurs familles à quitter le pays ? Toujours est-il que le terrorisme se déchaîne comme jamais, durant ce début d'été 1982 : au rythme d'à peu près une déflagration toutes les 48 heures (onze attentats pour la seule période du 6 au 22 juin, provoquant 72 morts et quelque 20 blessés). La psychose de la voiture piégée est devenue telle que tout conducteur quittant son véhicule doit laisser impérativement derrière son pare-brise une pièce d'identité et une indication de l'endroit où on peut le joindre. Sinon, il est sûr de retrouver sa voiture aussitôt démontée ou transportée par des miliciens soupçonneux dans un terrain vague, pour y être détruite. « Toi, habitant de Beyrouth Ouest, profite du cessez-le-feu pour sauver ta vie en quittant la ville tant qu'il en est encore temps ! » recommandent les tracts lancés le 25 juin par l'aviation israélienne. Trois jours plus tard, dans un vacarme assourdissant, une voiture bourrée de T.n.t. explose en plein centre du quartier d'affaires de Hamra, juste devant le siège de l'Agence France Presse. En fait, comme dans l'attentat perpetré un mois plus tôt à la chancellerie française, c'est le véhicule même d'une des personnes travaillant dans les locaux visés, en l'occurrence un journaliste de l'A.f.p., qui a été piégé à son insu par les terroristes.

Les deux attentats contre la chancellerie française et le siège de l'A.f.p. sont les premiers d'une très longue série d'actions visant manifestement tous nos ressortissants, qu'ils soient diplomates, journalistes, coopérants ou militaires. Nous ne citerons pour mémoire que quelques-uns des plus spectaculaires après l'arrivée de la Force multinationale, au lendemain des massacres des camps palestiniens de Sabra et Chatila :

— 29 janvier 1983 : deux hommes en moto lancent une grenade sur une jeep de soldats français de la Force multinationale (F.m.) qui circule sur le grand boulevard de Beyrouth, dit « le Ring ».

— 18 mars 1983 : un inconnu jette deux grenades en direction d'une position française de la F.m.

— 17 avril 1983 : le conducteur d'une Mercedes blanche lance une grenade contre une patrouille française de la F.m., dans le camp de Sabra.

— 24 avril 1983 : une voiture fonce à tombeau ouvert en direction d'un soldat français en faction à un barrage ; celui-ci parvient à éviter le véhicule et à blesser mortellement d'une rafale le conducteur.

— 25 août 1983 : attentat à l'explosif contre les locaux d'Air France dans le quartier chrétien d'Achrafieh à Beyrouth-Est.

— 30 août 1983 : pilonnage d'artillerie d'une extrême précision d'une position française de la F.m. à Beyrouth-Ouest. Quatre morts et dix blessés français.

— 31 août 1983 : bombardement par roquettes de la chancellerie française à Beyrouth Ouest. Quatre morts, dont un sergent-chef, et sept blessés.

— 7 septembre 1983 : la Résidence des Pins, ancienne demeure de l'ambassadeur de France, transformée en Q.g. des éléments français de la F.m., est bombardée. Deux morts, dont le lieutenant-colonel Saeler, commandant du 17e régiment de génie parachutiste et deux blessés.

— 15 septembre 1983 : des inconnus lancent une grenade sur des légionnaires français qui déchargent un camion de ravitaillement à la Résidence des Pins. Deux blessés.

Le 22 septembre 1983, le général Coullon, commandant du détachement français de la Force multinationale au Liban va avoir la preuve formelle que ses soldats sont bel et bien dans la ligne de mire des artilleurs syriens et druzes. Jusque-là, malgré l'amertume que suscitait auprès de la troupe ce refus délibéré de reconnaître l'évidence, les autorités françaises feignaient de se satisfaire, à chaque incident, d'explications commodes imputant les bombardements dont étaient victimes leurs soldats à des « erreurs de tirs » commises par des « éléments incontrôlés ». Mais ce 22 septembre c'en est trop. Six militaires français sont blessés ce matin-là en moins d'une demi-heure. Des obus tombent, non loin de la Résidence des Pins, près du carrefour de Tayyouné juste au milieu du campement des légionnaires du 1er régiment étranger de cavalerie. Puis un autre obus atterrit, sans faire de victime, sur le parking de l'ambassade de France.

A la Résidence des Pins, les officiers de l'état-major du contingent français ont parfaitement localisé et identifié la nationalité des batteries adverses situées dans la région d'Aley, sur la route de Damas. Ils en réfèrent aussitôt au ministère de la Défense à Paris.

Le gouvernement français a pris cette fois la décision de riposter. Quatre avions Super-Etendard décollent l'après-midi même, peu après 17 heures, du porte-avions Foch qui croise au large des côtes libanaises. Et lors d'un raid qui durera vingt minutes au total, ils bombardent en plusieurs passages les batteries syro-druzes d'où provenaient les tirs du matin contre les légionnaires français. Un appareil est légèrement touché par un tir de D.c.a., mais il parvient néanmoins à regagner avec les autres le pont du porte-avions. En un an le contingent français de la force multinationale, arrivé en septembre 1982, à la demande du gouvernement libanais, a eu dix-sept tués et plusieurs dizaines de blessés. A Paris, on espère que ce raid punitif du 22 septembre servira de leçon. Et pourtant...

Un mois plus tard, le 23 octobre 1983, l'escalade anti-française au Liban culmine dans l'horreur avec la terrible hécatombe de l'immeu ble Drakkar. « A mort, les Français ! » scandaient plus menaçants que jamais, depuis quelques jours, des manifestants qui brandissaient leur Kalachnikov dans les ruelles tortueuses de la banlieue chi'ite de Beyrouth. A l'origine de cette nouvelle flambée de haine contre le « petit Satan » français (par comparaison avec le « grand Satan » américain), la récente livraison d'avions Super-Etendard à l'Irak, l'ennemi de la République islamique iranienne. Or, Téhéran est devenu le modèle des chi'ites libanais, noyautés depuis juin 1982 par les Pasdarans, les Gardiens de la Révolution, envoyés au Liban par l'ayatollah Khomeiny afin de repousser « l'envahisseur sioniste ».

Depuis quelques jours également, la chancellerie française était sur ses gardes. Deux diplomates avaient découvert à temps des cartouches de dynamite sous leur véhicule et un pain de plastic avait été trouvé au bas du mur d'enceinte de la Résidence des Pins, Q.g. de la force française. Enfin, malgré le récent pilonnage par l'aéronavale des batteries syro-druzes, les bombardements se poursuivaient sur la nouvelle résidence de l'ambassadeur de France à Baabda, proche du palais présidentiel. Plus inquiétant encore : selon des informations recueillies par les services de renseignement français, des miliciens intégristes chi'ites pro-iraniens auraient été discrètement transférés récemment de la ville de Baalbek située dans la vallée de la Bekaa, contrôlée par l'armée syrienne, au secteur de Chyah dans la banlieue sud de Beyrouth.

Le 23 octobre au petit matin, le soleil vient de se lever sur Beyrouth qui résonne encore de la mélopée des muezzins retransmise par les haut-parleurs accrochés au sommet des minarets. Il est près de 6 heures, et pendant que la plupart de ses compagnons somnolent encore sous leur moustiquaire, un jeune parachutiste du 1er R.c.p. de Pau quitte au volant d'une jeep avec deux de ses camarades le poste Drakkar pour aller, comme chaque dimanche, à la « corvée » des croissants chauds.

Quoique protégé par des chicanes de blocs de béton et des remparts de sacs de sable, Drakkar n'a rien d'une forteresse. Ce n'est en fait qu'un immeuble d'habitation inachevé de neuf étages, situé dans le quartier résidentiel de Bir Hassan, à proximité de la route du bord de mer. Tout récemment, il était occupé par des soldats syriens détachés au Liban par les services spéciaux de Damas et que dirigeait le colonel Ghazzi Kanaan.

Si les militaires français ont baptisé cet immeuble Drakkar, c'est que chaque P.c. de leur contingent au sein de la force multinationale a pour nom de code celui d'un bateau : Chalutier, Catamaran, Drakkar... Dans ce dernier poste, quatre-vingt-quatorze militaires français sont cantonnés. Mais ce 23 octobre à l'aube, vingt et un d'entre eux se trouvent au-dehors, soit parce qu'ils sont partis en patrouille, soit parce qu'ils sont allés au marché ou chez le boulanger. Pour la plupart, ce sont des appelés « volontaires service long » appartenant au 1er régiment de chasseurs parachutistes de Pau. Volontaires également pour « devenir des soldats de la paix au Liban », ils sont arrivés à Beyrouth voilà un mois seulement. La devise de leur régiment ? « Prends garde aux rapaces qui fondent du ciel. »

Cette devise, le caporal Robert Guillemette, 21 ans, y pense particulièrement ce matin-là, car il est de garde au neuvième et dernier étage de l'immeuble Drakkar. A 6 h 17 (4 h 17 G.m.t.), il entend au loin une formidable déflagration et aperçoit un « énorme champignon » de fumée et de poussière qui s'élève dans le ciel, du côté de l'aéroport international de Beyrouth. Il réveille aussitôt son sergent-chef qui somnole sur la terrasse. Les deux soldats, malgré leurs puissantes jumelles, ne parviennent pas à distinguer l'origine exacte de l'explosion. En fait, cet « énorme champignon » jaillit du Q.g. des Marines américains de la Force multinationale qui vient d'être littéralement pulvérisé par un camion kamikaze chargé de 900 kilos de T.n.t. Parmi les soldats qui y dormaient et civils se trouvant aux alentours, on dénombrera 241 morts et 105 blessés. Une hécatombe sans précédent pour les Marines depuis la guerre du Vietnam, un type d'agression inconnu pour l'armée américaine depuis les kamikazes japonais de la Seconde Guerre mondiale.

6 h 20. Le caporal Guillemette et son sergent-chef sentent l'immeuble au sommet duquel ils scrutent l'horizon se soulever dans un grondement assourdissant, puis se dérober sous leurs pieds. Avec leurs camarades levés avant les autres pour quelque garde à monter, ou corvée à effectuer, ils figurent, quoique blessés, parmi les très rares survivants. Ils ne sont pas les rescapés d'un tremblement de terre, mais d'un second attentat kamikaze, comme viennent d'en être victimes trois minutes plus tôt des centaines de Marines américains.

« J'ai vu une camionnette rouge foncer vers l'immeuble, en zigzaguant entre les chicanes d'un barrage gardé par une sentinelle, puis s'encastrer au rez-de-chaussée », raconte le locataire libanais d'une H.l.m. voisine, qui faisait sa gymnastique matinale sur son balcon. Puis il ajoute : « Il y a eu une énorme explosion, une gigantesque trombe de poussière, tandis que les vitres de mon appartement volaient en éclats. Puis, lorsque la poussière est retombée, là où je voyais d'habitude un immeuble d'une dizaine d'étages, il n'y avait plus qu'un tas de gravats de deux mètres de haut. Et puis, la mer au loin... » De cet amoncellement de blocs de béton et de ferrailles tordues, les sauveteurs, à l'aide de chiens d'avalanche et de pelleteuses mécaniques, extirperont, après des jours et des nuits de recherches, 58 cadavres et 15 blessés.

« C'est une véritable déclaration de guerre à la présence politique, militaire et même physique de l'Occident au Liban », écrit le lendemain le grand quotidien de Beyrouth, *L'Orient le Jour*. Revendiqués par un mystérieux « Mouvement de la Révolution Islamique Libre », ces effroyables attentats portent en tout cas le label de services spéciaux extrêmement bien organisés, compte tenu de la simultanéité des deux attaques-suicides et de leur capacité destructrice.

« Nous devons mourir pour notre cause, nous couvrir du kaifar, ces habits blancs de la mort qu'ont dû revêtir les chauffeurs des camions-suicides, sinon nous ne pouvons trouver aucun sens à la vie... », déclare à un journaliste, quelques jours après la destruction des Q.g. des Marines américains et parachutistes français, Hussein Moussaoui, le chef des chi'ites extrémistes pro-iraniens. Le journaliste français qui recueille à Baalbek, dans la vallée libanaise de la Bekaa, cette confidence de l'un des principaux accusés du double attentat du 23 octobre, n'est autre que Jean-Paul Kauffmann, alors envoyé spécial du *Matin.* Moins de deux ans plus tard, il sera, à son tour, victime de la haine anti-française des chi'ites extrémistes, qui le kidnapperont à son arrivée à l'aéroport de Beyrouth...

Si la France s'abstient de désigner ceux qu'elle considère comme les responsables de cet attentat, elle n'en dispose pas moins de sérieux indices. D'abord parce que la technique des terroristes qui ont pulvérisé l'immeuble Drakkar est en tout point identique à celle utilisée près de deux ans plus tôt à Beyrouth contre l'ambassade d'Irak, pays alors déjà en guerre contre l'Iran. Mais aussi parce qu'elle ressemble étrangement à celle de l'attentat à la voiture kamikaze perpétré contre l'ambassade des Etats-Unis à Beyrouth, le 18 avril 1983, qui a fait 17 morts et une quarantaine de blessés. Dans ce dernier cas, la C.i.a. a pu établir que les explosifs ayant servi à activer les bouteilles de gaz propane transportées par le véhicule-suicide avaient été achetés fin 1982 à Bruxelles, par l'intermédiaire d'un diplomate de l'ambassade de la République islamique en Suisse. Autre information recueillie par la centrale américaine : ces explosifs auraient transité par Damas, avant de parvenir à leurs destinataires, les miliciens chi'ites du Hezbollah.

D'où les accusations à peine voilées des responsables américains, immédiatement après l'attentat contre le P.c. des Marines. Ainsi, Caspar Weinberger, le secrétaire à la Défense, déclare à la télévision américaine qu'un « grand nombre de présomptions » indiquent que la République islamique aurait « une part de responsabilité » dans l'hécatombe. Il ajoute même : « Les terroristes ont agi à l'instigation, à la connaissance et avec l'autorisation du gouvernement syrien. »

Selon une autre thèse défendue par le père d'un des parachutistes tués lors de l'attentat contre Drakkar, les services syriens qui étaient les précédents occupants de l'immeuble auraient carrément piégé celui-ci avant leur départ, et il n'y aurait jamais eu de camion-suicide ! En fait, Jean-Marie de la Batie, le père du jeune lieutenant tué, semble avoir désespérément cherché une autre version que celle présentée officiellement, faute d'avoir réussi à obtenir les conclusions détaillées de l'enquête de l'état-major. Sans que l'on puisse tout à fait exclure qu'une autre charge explosive ait été dissimulée préalablement dans les fondations de l'immeuble — caves et tunnels avaient cependant été passés au peigne fin par les démineurs d'un régiment français du génie — l'attaque du camion piégé qui s'est écrasé contre un pilier de soutènement de Drakkar a bel et bien été établie par les enquêteurs, preuves matérielles et témoignages à l'appui.

Feignant officiellement d'ignorer l'identité des terroristes, la France va cependant faire savoir aussitôt qu'elle n'a pas l'intention de se laisser intimider et qu'elle maintiendra donc ses « soldats de la paix » à Beyrouth. « Au Liban, la France restera fidèle à son histoire et à ses engagements. Un pays est puissant par sa force d'âme et par le respect qu'il mérite », précise le président de la République. Puis, très vite, François Mitterrand se fait menaçant : « Si nous ne sommes les ennemis de personne, ceux qui se considèrent comme nos ennemis ne doivent pas croire qu'ils agiront longtemps impunément. »

On reste, mais on décide donc de venger « l'assassinat » des cinquante-huit jeunes parachutistes de Drakkar, et avec eux la centaine de soldats français tués au Liban depuis l'arrivée de la Force multinationale, voici quatorze mois seulement.

Dès le 15 novembre 1983, François Mitterrand donne son feu vert pour un raid de représailles au Liban. Réunis au Centre opérationnel des armées (C.o.a.) du boulevard Saint-Germain, le ministre de la Défense, Charles Hernu, ainsi que les généraux Saulnier, chef d'état-major particulier, et Jeannou Lacaze, chef des Armées, choisissent comme objectif le quartier général à Baalbek des miliciens intégristes d'Amal Islamique, groupe dissident d'Amal. L'antique cité romaine est en effet devenue le fief des miliciens libanais chi'ites les plus extrémistes, qu'encadrent et endoctrinent plusieurs centaines de Gardiens de la Révolution iraniens envoyés par Khomeiny. La D.g.s.e., qui dispose d'informateurs chi'ites à Baalbek, a amassé de nombreux renseignements sur les installations, les activités et les habitudes des intégristes. Mais, hélas, ses renseignements ne se révéleront pas tous exacts...

Le 16 novembre au soir, dans le bunker de l'Elysée [1], François Mitterrand et le général Saulnier se penchent une dernière fois sur les cartes du Liban, de la vallée de la Bekaa et de Baalbek : quelques heures plus tard, l'alerte « noire » totale est déclenchée sur terre et sur mer pour toutes les troupes françaises stationnées au Liban. Le président libanais, Amine Gemayel, ainsi que les gouvernements israélien et américain sont avertis par la France de l'imminence d'une

---

1. P.c. installé dans les sous-sols de l'Elysée et relié avec toutes les bases stratégiques françaises.

opération aérienne. Les Syriens le seront également par leurs propres informateurs infiltrés au plus haut niveau dans l'appareil d'Etat libanais.

17 novembre 1983. 16 h 20. En trois vagues successives, de deux, quatre et deux appareils, huit Super-Etendard décollent du porte-avions *Clemenceau,* qui croise à une centaine de milles marins (180 km) des côtes libanaises.

Les pilotes dont les avions sont porteurs de huit bombes de 400 kg et de 26 bombes de 250 kg connaissent parfaitement leur objectif, grâce à des photos aériennes réalisées quelques jours plus tôt. Il s'agit d'un camp d'une vingtaine d'hectares, situé à 800 mètres au sud-est de Baalbek. Il est constitué essentiellement de l'ancienne caserne de l'armée libanaise « Cheikh Abdallah », « squatterisée » depuis août 1983 par les Pasdarans, gardiens de la révolution iranienne, et les miliciens libanais d'Hussein Moussaoui, chef du mouvement Amal Islamique. En trois passes successives, les appareils larguent dans l'enceinte du camp trente-deux des trente-quatre bombes emportées. A la suite d'une défaillance technique, les deux dernières seront larguées hors du périmètre désigné comme objectif. Bilan de ce raid de représailles : quatre bâtiments presque déserts à moitié détruits, quelques rares tués, dont un berger sur une colline rocailleuse voisine...

Militairement et techniquement, les pilotes des Super-Etendard ont pourtant réussi leur mission, comme le prouveront les photos des impacts prises de leurs appareils à la « cinémitrailleuse ». Et pourtant, c'est un Cheikh Moussaoui triomphant qui organise une conférence de presse, au lendemain du raid ; il peut, en effet, être satisfait : le camp d'appui terroriste que la France avait choisi de raser était vide de tout occupant. Sans doute les « protecteurs » syriens des miliciens chi'ites avaient-ils averti ces derniers de se mettre à l'abri. « La France s'arroge le droit de faire la loi, d'instruire le procès, de juger et d'exécuter la sentence sans avancer la moindre preuve », s'indignera le quotidien *Syria Times* de Damas, quelques jours après l'opération de Baalbek.

Pour tenter de justifier ce coup d'épée dans l'eau, Charles Hernu précisera : « Notre objectif n'était pas de détruire aveuglément, mais de sanctionner le terrorisme, ni plus ni moins qu'il ne convenait. » Un informateur de la D.g.s.e., qui depuis plusieurs mois avait réussi à infiltrer les milieux hezbollahs, n'aura pas, en revanche, la chance d'échapper à la « sanction » des intégristes chi'ites ; démasqué par ces derniers peu après le raid, il sera exécuté, sans autre forme de procès.

Moins connue que le spectaculaire raid sur Baalbek, une autre opération de représailles a été tentée par la France, à la suite de l'hécatombe de l'immeuble Drakkar. Elle fut confiée au service Action de la D.g.s.e., et consistait à réaliser un attentat à la voiture piégée contre des locaux diplomatiques iraniens à Beyrouth Ouest. Mais la jeep chargée d'explosifs placés par les barbouzes français fut repérée à temps et désamorcée. Les services de renseignement iraniens identifièrent d'autant plus facilement les maladroits auteurs de cet attentat manqué que la jeep piégée (qui en principe devait être désintégrée lors de l'explosion) appartenait à l'ambassade de France à Beyrouth ! Nos diplomates eurent beau protester de leur innocence, en assurant que le véhicule leur avait été volé dernièrement, cela ne contribua pas à détendre l'atmosphère entre Téhéran et Paris. « Dans la guerre de l'ombre, tous les coups sont permis, à condition de ne jamais se faire prendre. » Cette réflexion de bon sens d'un haut fonctionnaire du Quai d'Orsay, consterné par les conséquences de ce fiasco des représailles anti-iraniennes, vaut autant dans les rues de Beyrouth que dans le port d'Auckland...

Les services secrets américains aussi — mais est-ce vraiment une consolation ? — furent très vite « repérés » lorsqu'ils entreprirent de venger les 241 Marines ensevelis sous les décombres de leur Q.g. de Beyrouth. Mais, contrairement à l'attentat anti-iranien concocté par les hommes de la « piscine », celui des services américains a fait mouche. La vengeance étant, dit-on, un plat qui se mange froid, la C.i.a. attendra jusqu'au printemps 1985 — soit près de deux ans après l'attentat contre les Marines — pour placer une voiture piégée à proximité du domicile à Beyrouth Ouest du Cheikh Mohamed Fadlallah, l'un des chefs les plus influents du Hezbollah. Ni ce dernier ni aucun de ses proches collaborateurs ne reçut le moindre éclat, mais le carnage en plein quartier chi'ite fut terrible : une centaine de morts et d'innombrables blessés, presque tous civils. Aussitôt repérés, les membres du commando terroriste recruté directement par la C.i.a., avouèrent pour qui ils avaient agi, ce qui provoqua un réel malaise dans l'opinion américaine. « Le b-a ba lorsqu'une démocratie commandite une besogne aussi peu reluisante, c'est de brouiller les pistes pour sauver son anonymat en utilisant la technique du *false flag operation* (opération sous un faux drapeau) », grommelle un ancien fonctionnaire de la C.i.a.

OUVERTURE DE LA CHASSE AUX CIVILS FRANÇAIS A BEYROUTH OUEST

Ni les raids israéliens, ni les duels d'artillerie entre milices adverses, ni les voitures piégées ne les avaient jusqu'ici découragés. Lorsqu'ils séjournaient en France et annonçaient à leurs proches qu'ils repartiraient pour Beyrouth, au terme de leurs vacances, ils se faisaient immanquablement traiter de fous. Mais l'amour du Liban était plus fort que la peur, et, chaque fois, le cœur l'emportait sur la raison. Bref, les quelque six mille Français et Franco-Libanais civils, qu'ils fussent enseignants, commerçants, diplomates ou journalistes, tenaient bon dans la fournaise et la tourmente. Jusqu'en 1986...

« Plus qu'une poignée de Français », titre *L'Orient le Jour,* le 8 mai 1986. Et le grand quotidien de Beyrouth écrit, désabusé :

« Il convient de rappeler que les enlèvements au sein des ressortissants étrangers, notamment au cours des deux derniers mois, ont fait fuir la quasi-totalité des Français de Beyrouth Ouest. Il ne reste plus aujourd'hui qu'une trentaine d'enseignants, quelques journalistes, des directeurs de sociétés et des Français installés au Liban depuis longtemps. »

Cette poignée d'irréductibles diminuera encore les semaines suivantes. Au point que même le bureau de la direction régionale de l'Agence France Presse situé à Hamra et qui, ces dernières années, avait réussi à « couvrir » les événements dans les pires moments et les pires conditions sera finalement contraint de se replier à Chypre. Son courageux chef de poste, Sammy Ketz, recevra, la mort dans l'âme, l'ordre de sa direction parisienne de s'installer à Nicosie, en ne laissant derrière lui à Beyrouth Ouest que deux ou trois collaborateurs de nationalité libanaise.

Si, dans son édition du 8 mai 1986, *L'Orient le Jour* évoque l'exode des Français, c'est que le drame survenu la veille à l'un des plus vulnérables d'entre eux a de quoi susciter l'effroi parmi les derniers de ses compatriotes encore au Liban. La photo d'identité d'un vieil homme de quatre-vingt-quatre ans et celle d'une grand-mère aux cheveux blancs — « image vivante d'une détresse infinie », indique la légende — publiées ce jour-là à la Une du quotidien de Beyrouth, sont insoutenables. Car cet octogénaire d'origine alsacienne du nom de Camille Sontag, ancien représentant des sociétés Peugeot et Citroën, est le dernier en date des Français enlevés au Liban.

« Mon mari voulait se rendre au bureau des P.t.t. pour s'assurer qu'il n'avait pas de facture de téléphone en suspens, avant que nous ne quittions le Liban à la fin du mois », raconte Mme Sontag. Et cette femme, âgée elle aussi de quatre-vingt-quatre ans, poursuit en sanglotant le récit du rapt :

« Deux hommes armés sont sortis d'un taxi qui a bloqué notre voiture. L'un d'entre eux a mis son revolver sur la tempe de Camille puis l'a tiré à l'extérieur, alors que moi, j'essayais de le retenir en criant... Pourvu qu'ils ne lui fassent pas de mal, car Camille est sourd et doit porter un appareil pour entendre... »

Camille Sontag, ce 7 mai 1986, est le quatorzième Français enlevé au Liban depuis mars 1985. En ce début de mai 1986, huit se trouvaient toujours aux mains de leurs ravisseurs, dont certains depuis plus d'un an. L'un d'entre eux, le jeune chercheur Michel Seurat, était même donné pour mort. Mais l'horreur des kidnappings et l'odieux chantage exercé par leurs auteurs n'allaient pas s'arrêter.

Un mois après l'enlèvement de Camille Sontag, Jean-Michel Goville, quarante-huit ans, réussissait miraculeusement à échapper à deux terroristes qui tentaient sous la menace de leurs armes de le jeter dans une voiture. A midi, et circulant à pied en plein centre de Beyrouth, à proximité de la ligne de démarcation séparant les secteurs chrétien et musulman de la capitale, cet intendant de plusieurs établissements scolaires s'en tira, au terme d'une fuite éperdue sous le feu de ses ravisseurs, avec trois balles dans la cuisse et un poignet fracturé. Il pouvait cependant s'estimer heureux, car, pour la dizaine de ses compatriotes otages, le calvaire se poursuivait. Et pour le gouvernement français, l'humiliation quotidienne des maîtres chanteurs ou des régimes qui les parrainent. Une « longue épreuve assortie d'insupportables douches écossaises », c'est ce qu'aura été en effet pour les familles des Français enlevés, mais aussi pour nos responsables politiques et diplomates, l'histoire de cette interminable prise d'otages commencée pour Marcel Carton et Marcel Fontaine au mois de mars 1985 et pour Jean-Paul Kauffmann et Michel Seurat au mois de mai de la même année. Quatre Français kidnappés auxquels devaient s'ajouter en mars 1986 les quatre journalistes de l'équipe d'Antenne 2 puis Camille Sontag au mois de mai.

Vendredi 22 mars 1985 au matin, il est un peu plus de 8 heures et Marcel Fontaine, consul adjoint à Beyrouth, attend, ses quotidiens *L'Orient le Jour* et *Le Réveil* sous le bras, que son buraliste habituel lui rende la monnaie. Dans quelques minutes, après avoir contourné les chicanes de sacs de sable et de blocs de béton qui protègent l'ambassade de France des attentats à la voiture suicide, Marcel Fontaine poussera la grille d'entrée de la chancellerie pour gagner son bureau. Soudain, deux hommes au teint basané font irruption revolver au poing dans le tabac-librairie de la rue de Rome. Croyant d'abord être le témoin d'un hold-up, Marcel Fontaine lève les mains en laissant tomber ses journaux. Mais l'un des hommes enfonce le canon de son arme dans le ventre du consul français, tandis que son complice le pousse brutalement vers la porte, tout en menaçant de loin le commerçant terrorisé. En pleine rue, à quelque trois cents mètres seulement de l'ambassade de France, où de nombreux soldats montent la garde dans leurs fortins de sacs de sable, Marcel Fontaine est jeté sans ménagement à l'arrière d'une grosse B.m.w. qui démarre aussitôt.

Quelques dizaines de minutes plus tard, ce même vendredi matin 22 mars 1985. Il est plus de 9 heures et, contrairement à leurs habitudes, Marcel Carton, responsable du protocole à l'ambassade de France à Beyrouth, et sa fille Danielle Perez, secrétaire au service culturel, ne sont pas encore arrivés à leur travail. Fernand Wibaux, l'ambassadeur qui sera nommé bientôt haut-commissaire en Nouvelle-Calédonie, s'inquiète : il connaît la ponctualité de Marcel Carton et de sa fille. En fait, ces derniers qui résident en secteur chrétien ont passé sans encombre, à bord de leur voiture, la ligne de démarcation entre l'est et l'ouest pour gagner le secteur musulman de Beyrouth, où se trouve encore installée la chancellerie. Mais, à proximité de celle-ci, rue Clemenceau, une voiture leur coupe la route et coince leur véhicule contre le trottoir. Trois hommes armés se ruent vers Marcel Carton et l'arrachent à sa voiture.

Visiblement, c'est à lui et à lui seul qu'ils en veulent. Mais Danielle Perez, qui sait son père cardiaque, refuse de le laisser seul aux mains des ravisseurs. Elle s'accroche à lui, malgré les jurons d'un des terroristes, qui menace de l'abattre d'une balle dans la tempe si elle s'obstine à les suivre. Elle ne cède pas. On lui bande les yeux ainsi qu'à son père, et on les oblige à se coucher sur le siège arrière. Un peu plus loin, toujours les yeux bandés, les terroristes les font se cacher dans le coffre. A leur accent, à la brièveté du trajet, Danielle Perez, qui parle arabe, croit être l'otage de Libanais de la banlieue chi'ite de Beyrouth Ouest. Prisonnière dans une sorte de cellule voisine de celle de son père, installée dans un sous-sol d'immeuble, elle bénéficie de la bienveillance d'un de ses geôliers, apparemment tombé amoureux d'elle. Il lui laisse composer ses menus et vient même l'éveiller le matin dans sa cellule où ne pénètre pas la lumière du jour, en lui disant affectueusement : « Bonjour, petite lune ! » Au bout de quinze jours, Danielle Perez est « raccompagnée » les yeux bandés, au centre de Beyrouth. On lui glisse quelques dizaines de livres libanaises pour prendre un taxi et, avant d'enlever son bandeau, on lui demande de marcher droit devant elle sans se retourner pendant une bonne centaine de mètres.

Exactement deux mois après ces premiers enlèvements, deux voyageurs français en provenance de Paris débarquent à l'aéroport de Beyrouth. Plus encore que d'ordinaire, une grande confusion règne ce jour-là dans l'aérogare. En effet, dans les camps de réfugiés palestiniens voisins de Sabra et Chatila, qui longent la route menant de l'aéroport à la capitale, les combats font rage entre miliciens chi'ites du mouvement Amal et feddayin loyalistes et dissidents de l'O.l.p. Mais les deux voyageurs français qui viennent d'arriver ne sont pas venus faire du tourisme.

L'un est Jean-Paul Kauffmann, grand reporter à l'*Evénement du Jeudi,* et l'autre Michel Seurat, en poste à Beyrouth, au Centre d'études et de recherches sur le Moyen-Orient. Ils passent tous deux sans difficulté les contrôles de police de l'aéroport, mais sont retenus quelque temps par un douanier apparemment soupçonneux. En fait, pendant que celui-ci examine minutieusement les bagages des deux Français, un de ses collègues chi'ites téléphone pour prévenir un mystérieux interlocuteur de l'arrivée de Kauffmann et de Seurat. Michel Seurat, marié à une Syrienne, et qui lui-même parle arabe, saisit quelques bribes de la conversation téléphonique du préposé chi'ite, sans pour autant comprendre la finalité de son appel.

Quelques minutes plus tard, Kauffmann et Seurat font route à bord d'un taxi vers le centre ville de Beyrouth Ouest. A peu près à la hauteur d'une mosquée en béton inachevée, flanquée de deux portraits géants de l'ayatollah Khomeiny et de l'imam chi'ite Moussa Sadr, leur voiture est arrêtée par des miliciens en armes. Dans des conditions similaires aux deux diplomates français enlevés deux mois plus tôt, le journaliste et le chercheur sont conduits dans un sous-sol de la banlieue sud. Ils vont y demeurer jusqu'à la fin de l'année — sauf une « permission de sortie » de quelques heures accordée à Michel Seurat pour fêter le premier anniversaire de sa fille à son domicile beyrouthin — avant d'être transférés, début 1986, dans la vallée de la Bekaa, contrôlée par l'armée syrienne.

Le 30 mai, comme il l'avait fait pour Marcel Fontaine et Marcel Carton, le Jihad islamique revendique l'enlèvement de Kauffmann et de Seurat Cette fois, pas d'exigence précise alors que, pour les précédents rapts, il avait été demandé très expressément à la France de cesser son « intervention directe et indirecte » dans la guerre irano-irakienne.

Pour les quatre otages et leurs familles, c'est un long calvaire qui commence, et pour les responsables français de tous bords qui vont tenter d'obtenir leur libération, un invraisemblable casse-tête dont il faudra près d'un an pour trouver la solution.

« On aura vraiment tout fait et beaucoup, beaucoup appris », confie Jean-Claude Cousseran, alors directeur adjoint au cabinet du ministre des Relations extérieures Roland Dumas. Ce diplomate, tenace et discret, parlant persan, fut notamment en poste à Téhéran pendant les heures les plus chaudes de la révolution iranienne. Il va devenir l'un des personnages clés chargés de l'épineux dossier « otages ». Nuit après nuit, son petit bureau Empire donnant sur les jardins du Quai d'Orsay restera allumé jusqu'à l'aube, dans l'attente de l'appel hypothétique d'un des innombrables intermédiaires ou informateurs lancés par le gouvernement français à la recherche du moindre contact avec les ravisseurs.

Mais voilà le drame de ce quadruple kidnapping : pendant qu'à Paris les responsables du Quai d'Orsay, en liaison avec toutes leurs ambassades au Proche-Orient, remuent ciel et terre pour chercher des intermédiaires, solliciter l'appui ou l'avis de leurs alliés dans la région et tirer toutes les sonnettes dans les milieux influents — ou réputés l'être — de la capitale libanaise, les terroristes restent obstinément muets et insaisissables. Comme s'ils avaient, eux, tout leur temps.

Et c'est vrai que rien ne les presse, rien ne les inquiète, rien ne les menace. Dans les quartiers chi'ites, où ils détiennent leurs otages, un village de la Bekaa pour Carton et Fontaine, la banlieue sud de Beyrouth pour Kauffmann et Seurat, les intégristes musulmans sont comme des poissons dans l'eau ; ils entrent et sortent à leur guise de l'immeuble où ils détiennent leurs prisonniers pour aller faire les courses ou rendre visite à leur famille. Leurs voisins sont leurs complices : après tout, détenir un otage dans sa cave n'a rien qui puisse vraiment choquer dans la banlieue pauvre de Beyrouth, où les enlèvements politiques ou crapuleux sont monnaie courante.

« Dans une prise d'otages à bord d'un avion ou d'un bâtiment public, les terroristes sont dans un environnement hostile et savent que le temps joue contre eux ; au Liban, c'est tout le contraire », explique un haut fonctionnaire de la Sûreté libanaise. Si les geôliers de Kauffmann et de Seurat ne se précipitent pas pour « négocier » leurs prisonniers, c'est aussi parce qu'ils ne savent pas trop — à la différence des ravisseurs de Carton et de Fontaine, qui réclament dans un premier temps la libération de terroristes détenus au Koweit — que demander à la France en échange. En effet, il apparaît très vite aux diplomates de l'ambassade de France à Beyrouth, qui multiplient les démarches « sur le terrain », comme le chargé d'affaires Marcel Laugel, que n'agissant peut-être, au début, pour le compte de personne de précis, les kidnappeurs du journaliste et du chercheur français sont un peu désorientés. Comme si leurs enlèvements avaient été faits impulsivement pour « punir » la France, « ennemie de la République islamique iranienne », mais sans avoir été vraiment prémédités.

Aussi, lorsque Marcel Laugel rencontre des chefs religieux chi'ites susceptibles de contrôler ou d'influencer les milices détenant les otages, aucun semblant de négociation ne s'ébauche. Les interlocuteurs chi'ites, enturbannés ou non, des diplomates en poste à Beyrouth se bornent à déplorer l'incompréhension des pays occidentaux à l'égard de l'Iran de Khomeiny ou de l'islam chi'ite... Et lorsque, au bout de près d'un mois sans nouvelles ni résultats, Joëlle Kauffmann part pour Beyrouth le 10 juin, les responsables libanais chi'ites qu'elle parvient à rencontrer ne lui font que de très vagues promesses de « déployer tous leurs efforts », tels l'uléma Mohammed Hussein Fadlallah, guide spirituel du Hezbollah (parti de Dieu), ou le cheikh Mohammed Chamseddine, vice-président du Conseil islamique chi'ite.

Après avoir, durant quatre jours, fait du porte-à-porte dans les banlieues chi'ites de Beyrouth, la tête couverte, comme il se doit, d'un long voile islamique, Joëlle Kauffmann repart pour Paris les mains vides et le cœur lourd. C'est alors que survient un événement capital dans l'histoire de cette prise d'otages : le détournement vers l'aéroport de Beyrouth d'un Boeing 727 de la compagnie américaine T.w.a. Ce nouvel acte de piraterie aérienne va mettre en lumière — au prix d'une immense déception — les réels rapports de force et les profondes divergences existant parmi les chi'ites libanais. Dans un premier temps, ce détournement revendiqué par le Jihad islamique semble consacrer Nabih Berri, le chef du principal mouvement politique chi'ite libanais Amal, comme le négociateur « idéal », l'homme providentiel susceptible de faire libérer les otages occidentaux détenus au Liban.

A Paris, on connaît bien cet avocat libanais aux allures de paisible bourgeois, dont François Mitterrand vantait « le sens de la responsabilité », lors de l'entrée en force, au début de 1984, de ses miliciens dans Beyrouth Ouest. Sanglé dans son costume-cravate au milieu d'un va-et-vient incessant de mollahs enturbannés et de miliciens barbus, armés jusqu'aux dents, il négocie durant des heures avec les terroristes, depuis la tour de contrôle de l'aéroport. Finalement, il obtient des pirates de l'air qu'ils relâchent tous les passagers — américains pour la plupart — en échange de six cents des prisonniers libanais détenus dans la prison israélienne d'Atlit. Au chargé d'affaires français à Beyrouth, Marcel Laugel, il promet en outre que Jean-Paul Kauffmann et Michel Seurat seront, eux aussi, libérés à l'occasion de cet échange. Or, après de discrets contacts entre Washington et Jérusalem, Israël reconduit bientôt en autocars au Sud-Liban un important contingent de plusieurs centaines de ses prisonniers libanais.

Fol espoir pour les familles des otages français. Ivre de joie, Joëlle Kauffmann, qui le 28 juin se trouve à Tunis pour implorer les responsables de la Ligue arabe d'intervenir eux aussi, rentre précipitamment à Paris. Elle n'a que le temps de passer chez elle et de se faire un brushing avant, croit-elle, de s'embarquer dans l'avion du G.l.a.m., déjà affrété pour rechercher son mari à Beyrouth. Mais il n'y aura pas de retrouvailles cette fois-là. A Marcel Laugel, qui s'étonne auprès du leader d'Amal de ne pas voir au moins deux otages français dans le convoi en route pour Damas emmenant les otages libérés du Boeing américain, Nabih Berri déclare froidement : « Je m'engage à ce qu'ils soient relâchés dès que la totalité des sept cent trente-cinq prisonniers d'Atlit seront revenus au Liban. »

Cette surenchère de dernière minute fait l'effet d'une douche écossaise sur les diplomates français, qui croyaient pouvoir tabler sur leurs relations privilégiés avec le leader d'Amal. Durant l'occupation israélienne du Sud Liban par exemple, Paris n'avait-il pas eu de multiples occasions de manifester son soutien à la population chi'ite et à Nabih Berri, fréquemment convié à déjeuner ou à dîner à l'ambassade de France à Beyrouth ?

Bien mal payée en retour, la France devait aller de désillusion en déception en prenant pour argent comptant les promesses des dirigeants d'Amal. Evidemment, en attendant la libération du dernier contingent des prisonniers d'Atlit réclamée au nom des ravisseurs par Nabih Berri, les responsables français et les familles des otages ne se croisent pas les bras. Par l'intermédiaire de son ambassadeur à Damas, Henri Servant, le gouvernement français sollicite l'appui de la Syrie, toute-puissante sur la scène libanaise. La réponse est immédiate : les Syriens font discrètement savoir qu'ils pourront intervenir en faveur des otages si les Français le leur demandent au plus haut niveau.

François Mitterrand ne se fait pas prier et envoie le 22 juillet deux émissaires à Damas, Hubert Védrine, son conseiller à l'Elysée, et Jean-Claude Cousseran, du Quai d'Orsay. Puis, le 31 juillet, le président de la République téléphone lui-même à Hafez El Assad, numéro un du régime syrien, et véritable homme fort du Liban. Bien évidemment, il lui demande d'user de toute son influence tant vis-à-vis de Beyrouth que de Téhéran, pour obtenir la libération des otages français. Car bien que refusant tout contact direct avec les ravisseurs, et ignorant donc si ceux-ci reçoivent leurs ordres de la République islamique de Khomeiny, les responsables français ont déjà de sérieuses présomptions que l'Iran joue, dans cette affaire inextricable, un rôle plus ou moins important.

Mais l'Elysée ne se contente pas de dépêcher des diplomates sur le terrain. Il envoie à Damas le préfet Christian Prouteau, l'ancien patron du G.i.g.n. (Groupe d'Intervention de la Gendarmerie nationale), un familier des prises d'otages, qu'il a souvent contribué à dénouer, soit par la force, soit par la négociation [1]. Mais la vallée de la Bekaa et la banlieue chi'ite de Beyrouth, truffées de souterrains, de caves et de caches où sont répartis les otages, ne sont pas un fort Chabrol que l'on peut prendre d'assaut. L'ex-supergendarme, faute de pouvoir envisager, avec le concours musclé des Syriens, une action de commando, va donc solliciter leur entregent. Grâce à eux, il parvient à rencontrer dans la banlieue de Damas une importante personnalité iranienne, Moshen Rafigh-Doust, ministre des Pasdarans (Gardiens de la Révolution), et considéré comme l'exécuteur des basses œuvres de Khomeiny dont il est l'un des fidèles. C'est lui qui conduisait la voiture de l'Imam le jour de son retour triomphal en Iran. Très ami également du colonel Kadhafi, Rafigh-Doust est toujours chargé des missions « délicates » en Libye, mais également en Syrie. Or, voilà ce que dit en substance ce personnage pour le moins trouble au préfet Prouteau : « Nous, Iraniens, n'avons rien à voir dans cette affaire d'enlèvement, mais, si l'on peut vous aider, nous essaierons de le faire, en tenant compte de l'état des relations franco-iraniennes. »

Or, la France sait pertinemment qu'un inventaire de ses relations avec l'Iran ne peut qu'être préjudiciable aux otages. D'abord, parce que la République islamique ne pardonne pas à notre pays de participer massivement aux côtés des Soviétiques à l'effort de guerre irakien. Pas plus qu'elle n'a passé par pertes et profits la gigantesque dette d'Eurodif estimée à un milliard de dollars, plus les intérêts ; un

---

1. Voir le premier chapitre : « Les mousquetaires au Château. »

prêt consenti en 1975 par le Shah au Commissariat à l'énergie atomique (C.e.a.) contre une participation iranienne dans l'usine européenne d'enrichissement d'uranium.

Il est enfin un autre sujet de contentieux beaucoup plus grave entre les deux pays. Et si l'on s'est empressé de l'oublier à Paris, on ne cesse, en revanche, de le ressasser à Téhéran. Il remonte au 31 juillet 1984, jour où un Boeing d'Air France reliant Francfort à Paris a été détourné sur l'Iran.

Les trois pirates de l'air ont bénéficié dès leur arrivée sur l'aéroport de Téhéran, après une courte escale à Beyrouth, d'évidentes complicités de la part des autorités de la République islamique. Ainsi, pendant le début du détournement du Boeing 737, les terroristes ne disposaient pour toute arme que d'un petit couteau volé aux hôtesses de bord et qui servait à couper les citrons. C'est avec cette seule arme blanche appuyée contre la gorge du pilote que les pirates ont obligé l'équipage à se dérouter vers l'Iran. Mais une fois arrivés sur l'aéroport de Mehrabad, voilà que malgré — ou grâce à — la présence d'un cordon de sécurité de Gardiens de la Révolution autour de l'appareil, les terroristes se sont retrouvés en possession de revolvers et de pistolets-mitrailleurs. Autre illustration de la connivence des autorités iraniennes : elles ont publié et diffusé largement, dès que les pirates le leur ont demandé, un communiqué dénonçant les « méthodes colonialistes du gouvernement français qui désire anéantir la vie des opprimés du monde »...

Plus grave : les trois terroristes ont menacé d'assassiner l'un après l'autre tous les passagers français s'ils n'obtenaient pas la libération des cinq membres du commando qui avait tenté d'exécuter, en juillet 1980, à Paris, l'ex-Premier ministre du Shah, Chapour Bakhtiar, un ancien responsable iranien que l'ayatollah Khomeiny s'était promis d'éliminer physiquement, parce qu'il avait eu l'audace de tenter de se dresser contre sa légitimité « divine ». Aussi le guide de la révolution islamique avait-il donné sa « fatwa » (sorte de bénédiction) au commando anti-Bakhtiar. C'est dire combien la revendication des pirates de l'air, approuvée tacitement par les autorités iraniennes, était à prendre au sérieux.

Au moment du détournement, le ministre des Relations extérieures, Claude Cheysson, était à Belgrade. C'était donc à Roland Dumas qui assurait alors l'intérim au Quai d'Orsay de négocier cette délicate et dramatique affaire. En avocat qu'il demeure, Roland Dumas a promis que les hommes du commando anti-Bakhtiar, dont quatre ont été condamnés à perpétuité et un autre à vingt ans de réclusion, seraient « libérés dans le cadre des lois françaises ». Roland

Dumas dément, dit-on, avoir conclu un tel marché. Peut-être pensait-il obtenir une grâce présidentielle ou un allègement de peine pour certains membres du commando anti-Bakhtiar...

Quoi qu'il en soit, pour les autorités de la République islamique qui ont parrainé le détournement, la déclaration de Roland Dumas avait valeur d'engagement. Aussi, dès que le chargé d'affaires français à Téhéran, Jean Perrin, a transmis la position de son gouvernement (Laurent Fabius présidait à Paris la cellule de crise), les terroristes ont relâché tous leurs otages, avant de détruire le poste de pilotage du Boeing.

A partir de cette date, les responsables de la République islamique se sont estimés floués. Les enlèvements de Carton, Fontaine, Kauffmann et Seurat auraient-ils été commandités ou « récupérés » par Téhéran, afin d'obliger la France à tenir sa « promesse » faite lors du détournement de juillet 1984 ? Le seul moyen de le savoir avec certitude est d'approcher les ravisseurs. Mais jusque-là, aucun des intermédiaires discrets que le Quai d'Orsay a envoyés à Beyrouth n'a pu établir le contact.

« Pendant des mois, j'ai soumis tous mes visiteurs venant me proposer leurs bons offices au test du bouton de chemise », raconte Jean-Claude Cousseran, alors directeur adjoint du cabinet de Roland Dumas. « Je leur disais : rapportez-moi ne serait-ce qu'un bouton de la chemise de l'un des otages, et nous parlerons sérieusement. » Tous m'ont dit : d'accord. « Je les attends toujours. » Pourtant, un homme va ramener cette preuve tant attendue, le docteur Razah Raad.

Maire adjoint R.p.r. d'Argentan, dans l'Orne, ce médecin spécialiste des maladies vasculaires réside dans un somptueux château avec son épouse et ses cinq enfants. Français d'origine libanaise, il jouit d'une grosse fortune personnelle. Sa famille, très connue au Liban, a des biens au soleil dans la vallée de la Bekaa, où les intégristes chi'ites pro-iraniens ont leur Q.g. à Baalbek.

Au début de l'été de 1985, le château du Dr Raad est cambriolé. Démoralisé, il renonce à ses vacances d'été. A la radio, à la télévision, la détresse des familles des otages le bouleverse. Et ce Franco-Libanais, propriétaire d'immeubles « squattés » par les intégristes chi'ites, connaisseur de la complexe réalité beyrouthine, songe à profiter de ses vacances gâchées pour essayer de se rendre utile. Les autorités françaises, qui soupçonnent ce militant de l'opposition de préparer un coup électoral — il vient d'annoncer sa candidature dans l'Orne pour les prochaines législatives — se garderont bien de le mandater, du moins dans un premier temps.

Mais voici qu'à son retour de Beyrouth, au mois de septembre, le

Dr Raad rapporte, comme gage du sérieux de ses contacts, des lettres de Marcel Carton et de Marcel Fontaine. Comment les a-t-il obtenues ?

« En gagnant peu à peu la confiance et l'estime des milieux intégristes », bref, en procédant, selon les propos d'un diplomate du Quai d'Orsay, « à l'orientale ». Pendant les quatre semaines de son premier séjour au Liban, le Dr Raad s'est attaché à aider ses confrères de la banlieue chi'ite de Beyrouth. Soignant gratuitement des mollahs, et même des Gardiens de la révolution venus d'Iran, visitant les dispensaires, le Dr Raad finit par rencontrer si ce ne sont les ravisseurs eux-mêmes, du moins leurs proches. Avec le concours du P.d.g. de la Middle East Airlines, il affrète enfin un Boeing chargé de matériel médical, et, notamment, d'un appareil de radiologie ultrasophistiqué.

Prodigue et habile, Raad réussit, du moins dans un premier temps. Les lettres de Marcel Carton et de Marcel Fontaine seront remises, en septembre 1985, à leurs familles devant les caméras de la télévision française. Il revient aussi avec la preuve formelle que les ravisseurs reprennent à leur compte les principales revendications de la République islamique iranienne à l'égard de la France. Enfin, le Dr Raad rapporte au gouvernement français une confirmation capitale : le « chef » des ravisseurs est bien Rafigh-Doust, le personnage qu'a rencontré à Damas le préfet Prouteau.

Pendant ce temps, bien évidemment, les familles des otages commencent à perdre patience. Sans doute sont-elles parvenues à obtenir quelques nouvelles de leurs infortunés parents détenus au Liban. Mais les rares petits mots pathétiques qui leur ont été transmis ne font qu'ajouter à leur angoisse. « Je ne dispose que de quelques minutes pour te dire que nous ne perdons pas courage... Toi et les enfants me manquez beaucoup... » écrit Jean-Paul Kauffmann dans sa première lettre ; dans une autre, il raconte comment il essaie de « tenir le coup », comment lui, ce boulimique de lecture, apprend à lire et relire lentement le même article d'un vieux journal, « par économie ».

Alors Joëlle Kauffmann et les amis de son mari constitués en comité de soutien rivalisent d'imagination pour tenter de débloquer la situation. Puisque même leur porte-à-porte au mois de juin, dans les milieux chi'ites de Beyrouth n'a servi à rien, ils vont remuer ciel et terre à Paris. On amarre une péniche au Pont Neuf qui devient le Q.g. de la campagne pour la libération de Jean-Paul Kauffmann ; on remplit la salle de la Mutualité lors d'un meeting de soutien aux otages ; on tire les sonnettes d'hommes politiques aussi divers que

François Mitterrand, Georges Marchais ou Valéry Giscard d'Estaing, sans oublier la tournée des ambassades arabes et mosquées de Paris ; on tente d'amadouer les mentors (ou supposés tels) des kidnappeurs par... des petits cadeaux !

Mme Kauffmann fera remettre, par exemple, une vieille édition reliée du Coran au guide spirituel du Hezbollah, Hussein Fadlallah... Et fin août 1985, elle se rendra dans le Midi, à Hyères, afin de rencontrer Mme Berro, l'épouse d'un des plus proches adjoints de Nabih Berri, le leader d'Amal. En effet, Mme Berro venait d'accoucher d'un petit garçon et se reposait sur la Côte d'Azur. Joëlle Kauffmann plaide la cause de son mari auprès de la jeune maman, après avoir fait quelques emplettes au magasin pour enfants « Le Petit Faune ».

Le 10 septembre 1985, l'épouse du journaliste enlevé croit être enfin au bout de ses peines. « C'est un grand jour d'espoir », s'exclame-t-elle alors, radieuse. Et, dans la capitale libanaise, Mary Seurat boucle ses valises pour regagner Paris avec son époux dès sa libération. Car, ce mardi 10 septembre, Shimon Peres vient de faire relâcher les cent dix-neuf prisonniers libanais, en majorité chi'ites, qui étaient encore détenus à la prison d'Atlit. A en croire les propos tenus le 30 juin par Nabih Berri, n'était-ce pas là la contrepartie exigée par les ravisseurs des otages français pour leur libération ?

Pourtant, quelques heures plus tard, Joëlle Kauffmann et Mary Seurat sont effondrées. Toutes deux viennent d'apprendre par les agences de presse la consternante déclaration d'Akef Haïdar, chef du bureau politique d'Amal :

> « Il n'y a aucune relation entre la libération des détenus de la prison d'Atlit et celle des otages français... Si par bonheur les Français étaient libérés maintenant, ce serait “ à l'occasion ” de la libération des prisonniers d'Atlit, et certainement pas “ à cause ” de cela. »

Tout autant que les impressions rapportées de Beyrouth par le Dr Raad, ce camouflet du 10 septembre achève d'ouvrir les yeux des responsables français qui croyaient encore que la clé de cette quadruple prise d'otages se trouvait à Beyrouth. S'ils avaient pu communiquer alors du fond de leur prison, les otages français auraient pu expliquer que leurs geôliers leur vantaient interminablement les vertus de la République islamique de Khomeiny. Et que, dans la rue ou une pièce voisine, ils avaient cru reconnaître des bribes de conversation non pas en arabe, mais en persan. Beaucoup de Gardiens de la Révolution islamique ont en effet quitté l'Iran en juin 1982 pour porter secours à leurs frères chi'ites du Liban, lors de l'invasion israélienne et sévissent toujours dans la Bekaa ou dans la banlieue sud de Beyrouth.

Si, en misant sur Beyrouth et Nabih Berri, les responsables français ont eu tant de déconvenues, c'est que les extrémistes chi'ites tiennent à ce que la libération de « leurs » otages n'apparaisse pas comme une victoire à l'actif des chi'ites modérés d'Amal. Pas question, donc, que Berri organise une conférence de presse lors de leur restitution en « tirant la couverture à lui ».

Sur le fond, la discussion entre le Hezbollah et Amal sera également longue et sans espoir. Soucieux d'avancer leurs pions au Liban, les dirigeants du Hezbollah vont, par exemple, d'abord demander à Nabih Berri, comme signe de bonne volonté, de laisser leurs miliciens circuler librement avec leurs armes dans les zones du Sud Liban contrôlées par Amal, et même de donner son accord de principe sur le projet — évidemment dans les limbes — d'une République islamique libanaise.

« Plus le temps passe, plus les ravisseurs s'organisent et ont des idées », dira un jour Mary Seurat. Et c'est vrai qu'au fil des mois leurs revendications se font de moins en moins floues. Comme si quelqu'un était venu souffler de nouvelles exigences plus concrètes — telle la libération du commando anti-Bakhtiar — à l'oreille de ces jeunes miliciens qui, au tout début, prétendaient contraindre la France à « changer de politique » au Proche-Orient.

« Ce fut pour nous un terrible dilemme, explique un diplomate français. Comment manifester notre bienveillance à l'égard de Téhéran sans céder au chantage d'une poignée de terroristes ? » Des réunions de la cellule de crise du Quai d'Orsay sortira un « geste » susceptible de détendre l'atmosphère entre Paris et Téhéran : l'annonce par l'Irak, à la mi-septembre, de la restitution des avions Super-Etendard que la France lui avait prêtés. Hélas ! quelques jours plus tard, la révélation dans la presse française d'une nouvelle commande passée par Bagdad de vingt-quatre Mirage F1 va tout gâcher. Au point que, fin septembre, à l'occasion des cérémonies du deuil chi'ite de l'Achoura dans la banlieue sud de Beyrouth, le drapeau français est foulé aux pieds par des hezbollahis.

Pour la France, l'heure n'est plus aux faux-semblants. Grâce en particulier aux informations recueillies sur le terrain par le Dr Raad, qui repart pour Beyrouth à la mi-novembre 85, accompagné cette fois par Pierre Blouin, un émissaire du Quai d'Orsay, les responsables français savent désormais qu'ils n'ont d'autre solution que de « traiter » le dossier des terroristes emprisonnés après la tentative d'assassinat de Bakhtiar

Tout en cherchant un compromis juridique qui permettrait de gracier certains d'entre eux, le gouvernement français, soucieux de montrer sa bonne volonté, envoie, au début de 1986, à Téhéran, Jacques Martin, ancien secrétaire général adjoint au Quai d'Orsay, pour accélérer le règlement du dossier Eurodif. Et, de manière infiniment discrète, aborde la question de la livraison à l'Iran, par tiers interposé, de matériels militaires.

Enfin, le président de la République décide de discuter sur le fond avec ses ministres du dossier brûlant qui les agite et les divise, celui de l'éventuelle libération des membres du commando anti-Bakhtiar. François Mitterrand convoque une réunion à l'Elysée, à laquelle participent Laurent Fabius, Pierre Joxe, Roland Dumas, Paul Quilès, Robert Badinter. Les ravisseurs exigent « 4 contre 4 », assure le Dr Raad. Mais Badinter et Fabius, au nom de la justice et de la loi, menacent de démissionner si cette formule est retenue. Quant au ministre de l'Intérieur, il affirme que, si les auteurs de cette fusillade, où un policier a été tué, sont libérés, il ne pourra plus tenir ses hommes. Dumas et Quilès, eux, se sont ralliés à l'idée de l'échange. François Mitterrand rend alors un « jugement de Salomon » : ce sera Anis Naccache, le chef du commando, seul, contre, espère-t-il, nos quatre otages.

Le 5 janvier est fixé comme jour J pour l'échange. Naccache s'apprête donc à signer sa levée d'écrou à la centrale de Clairvaux. Hélas ! ce 5 janvier à Damas, aucun des otages n'est au rendez-vous. Car il manque au gouvernement français la troisième clé : celle des ravisseurs, outrés par les conditions inéquitables à leurs yeux du marché. Ordre est donc donné à la centrale de garder son prisonnier, tandis que l'avion sanitaire envoyé dans la capitale syrienne repart pour Paris sans Carton, Fontaine, Kauffmann ni Seurat.

Que s'est-il exactement passé entre les ravisseurs et les Syriens qui garantissaient presque à cent pour cent le succès de l'opération ? Il semble bien que les intégristes chi'ites pro-iraniens n'aient pas voulu faire « cadeau » des otages au régime de Hafez El Assad, qui aurait ainsi tiré toute la gloire de leur libération. D'autant que depuis l'hiver 1985, la défiance des chi'ites pro-iraniens du Hezbollah vis-à-vis de Damas s'est accentuée en raison, notamment, du rapprochement esquissé par la Syrie en direction de la Jordanie et de l'Irak. Cette animosité anti-syrienne devait se manifester lors d'une mission effectuée au Liban par le Dr Raad. Il avait loué une voiture à Damas pour se rendre ensuite à Beyrouth par la route. En apercevant au dernier moment l'immatriculation syrienne de son véhicule, les chi'ites du Hezbollah ont refusé de le recevoir ! Fin janvier, après avoir tenté de tirer quelques enseignements du « ratage » du début du mois, un diplomate du Quai d'Orsay soupire, consterné : « Dire qu'il va falloir repartir de zéro ! »

Il n'est pourtant pas au bout de ses peines, ni les familles des otages au bout de leur cauchemar. Car le 5 février 1986, soit un mois jour pour jour après le fiasco de l'échange projeté à Damas, les services de renseignement américains communiquent au Quai d'Orsay une effroyable nouvelle : un des otages français est mort, semble-t-il, à l'occasion d'un transfert entre deux lieux de détention, transfert pour lequel il aurait été drogué ou anesthésié à trop forte dose. Le gouvernement français, faute de pouvoir la vérifier, se garde bien, à un mois et demi d'élections législatives décisives, d'ébruiter l'information. Les ravisseurs font de même, sans doute attendent-ils un moment plus propice pour faire monter les enchères en annonçant cette « exécution ».

Une gaffe monumentale des autorités françaises va leur fournir cette occasion. Le 19 février, deux opposants irakiens appartenant au mouvement Al Da'wa, fondé par Khomeiny, et par son ami l'ayatollah Bagher Sadr (exécuté en avril 1980 sur ordre de Saddam Hussein), sont expulsés vers Bagdad. Ces deux indésirables ont été raflés, parmi une soixantaine d'étrangers, lors de l'opération coup de poing déclenchée, le 12 février, à la suite d'une série d'attentats à l'explosif dans des lieux publics parisiens, attentats revendiqués par un Comité de solidarité avec les prisonniers politiques arabes et du Proche-Orient. Treize d'entre eux faisaient, le soir même, l'objet d'un arrêté d'expulsion pris par le directeur du cabinet de Pierre Joxe, en raison de « leurs relations avec des groupes d'action violente ». Quatre sont des chi'ites irakiens hostiles au régime de Bagdad. Placés en détention administrative au dépôt du Palais de Justice de Paris par un magistrat de permanence, ils ont alors six jours pour choisir une destination ou former un recours à titre de réfugiés. Le premier à partir est expulsé, à sa demande, vers la Syrie. Le deuxième qui a fait appel, est assigné à résidence en Touraine. Restent le cas de Fawzi Hamza, étudiant en philosophie islamique à la Sorbonne, et celui de Hassan Kair al-Din, étudiant en histoire à Caen. Ce dernier, transféré à Paris, le 14 février, est déféré devant le juge Jean-Louis Bruguière, qui enregistre sa déclaration par procès-verbal : « Je ne veux pas qu'on m'envoie en Irak, car je suis en danger de mort dans ce pays. » Son dossier est transmis au bureau de la Police générale chargé de réserver les places d'avion et de requérir une escorte. Pour sa part, Hamza a formulé le souhait d'être dirigé vers la Grande-Bretagne. Londres oppose son refus d'entrée habituel. Kair al-Din, lui, a demandé à gagner le Paraguay, dont le consulat répond aussi par une fin de non-recevoir. Les deux Irakiens déclinent quatre autres destinations proposées par le bureau, persuadés qu'en aucun cas ils ne risquent d'être jetés dans la gueule du loup.

Or, en l'absence de tout contrordre, le bureau de la Police générale confirme les réservations prises d'emblée sur un vol à destination de leur pays d'origine, et fait appel à la D.s.t., qui a procédé à leur arrestation, pour les escorter jusqu'à Bagdad. Conformément au programme soumis au directeur du service : « Un rapatriement accompagné jusqu'à son pays d'origine a été organisé pour le 19 février. L'intéressé prendra place avec deux fonctionnaires de la D.s.t. sur le vol IA 226 de 13 h 30 à destination de Bagdad. » Le commissaire contacté par le bureau en rend aussitôt compte à sa hiérarchie, laquelle ne réagit pas. Tout paraît en ordre à la direction de la Police nationale.

Conduits à Orly-Sud, les deux expulsés comprennent soudain qu'ils vont être embarqués à bord d'un appareil de l'Iraqi Airways. Ils se débattent en hurlant : « Français, fascistes ! Français, assassins ! » Les deux anges gardiens les emmènent à l'infirmerie leur faire administrer un calmant, comme c'est, paraît-il, l'usage. Les passagers de l'avion les apercevront prostrés à l'arrière de la cabine, attachés à leurs sièges par des menottes. La police irakienne en prendra livraison à l'arrivée.

C'est au retour des deux policiers de la D.s.t. que Pierre Joxe mesure l'énormité de l'effroyable bévue et ordonne une enquête interne, tandis que son collègue Roland Dumas, alerté, dépêche des *missi dominici* auprès de Saddam Hussein pour éviter l'irréparable. Par bonheur, la France dispose d'atouts à Bagdad et obtiendra vie sauve et liberté pour les deux opposants, mais avec un temps de retard sur la rumeur, aussitôt répandue, de leur exécution.

Quant à l'explication de la « bavure », elle sera fournie, le 26 février, par une note du patron de la Police générale, Maurice Lacoste, au préfet Guy Fougier : « A toutes fins utiles, des places avaient été réservées à destination de Bagdad, sur la suggestion de la D.s.t. » Aucune instruction n'était parvenue de la D.s.t., chargée de trouver un autre pays d'accueil, et personne n'était intervenu auprès du bureau de la Police générale... Joxe s'est vu refuser la démission qu'il a alors présentée, à moins de trois semaines des législatives...

Mais, entre-temps, Amnesty International avait laissé entendre qu'un des deux opposants aurait été exécuté peu après son retour forcé en Irak. Le 6 mars, le Jihad islamique, dans un long réquisitoire contre la France accusée de « complicité de crime avec l'Irak », annonce « l'exécution du chercheur Michel Seurat », information que l'antenne de la D.g.s.e. à Beyrouth finira par confirmer.

La thèse de l'accident lors d'un transfert de ce jeune universitaire de 39 ans que ses proches disaient d'une santé plutôt fragile paraît la plus vraisemblable. Car ce chercheur dénoncé par un communiqué des ravisseurs comme « agent spécialisé des services de renseignement français » semblait, en fait, le moins menacé des otages. Parlant arabe à la perfection, il avait apparemment gagné la sympathie de certains de ses geôliers qui l'avaient autorisé, voilà quelques mois, à se rendre sous escorte à Beyrouth Ouest pour fêter le premier anniversaire de sa fille. Il avait d'ailleurs profité de cette courte « permission » pour prendre sur les rayons de sa bibliothèque plusieurs ouvrages sur l'Islam. André Bourgey, qui fut son directeur au Cermoc de Beyrouth (Centre d'études et de recherches sur le Moyen-Orient Contemporain) dira de lui : « Ce garçon est l'un des plus brillants représentants de la recherche française sur l'Orient arabe et contemporain. »

Un petit carnet relié et à la couverture décorée de marbrures semble oublié sur la coiffeuse d'une chambre de l'hôtel Cavalier de Beyrouth. C'est un véritable journal de bord où l'auteur a minutieusement consigné chaque rendez-vous, chaque événement et les réflexions qu'ils lui ont inspirées. Rempli à mi-carnet, le journal s'arrête à la date du 7 mars 1986 avec cette mention : « Rendez-vous avec Mary Seurat pour interview. » Ce carnet récupéré dans une chambre d'hôtel vide est devenu un trésor inestimable pour Martine Rochot qui le garde jalousement caché au fond de son sac à main ; il appartient à son mari Philippe, journaliste à Antenne 2.

Philippe Rochot qui, depuis plus de dix ans, couvre tous les points chauds du globe, et particulièrement ceux du Proche-Orient, est, malgré sa jeunesse, déjà un « vieux routier » du grand reportage. Aussi, lorsque le samedi 8 mars, il se rend en début d'après-midi, en plein cœur de la banlieue chi'ite de Beyrouth, dans la mosquée de Bir El Abed, c'est évidemment pour rechercher des informations et nullement l'aventure. D'ailleurs, ce jour-là, le Hezbollah a convié les journalistes dans son fief, à l'occasion de la commémoration de l'attentat perpétré un an plus tôt contre Mohammed Hussein Fadlallah par les services américains, et qui avait fait une centaine de morts civils.

Parmi les journalistes présents, ceux de l'équipe d'Antenne 2 constituée de Philippe Rochot, Georges Hansen, Aurel Cornea et Jean-Louis Normandin. Avec sang-froid, ils filment dans une atmosphère de plus en plus surchauffée les manifestations de haine anti-française des chi'ites intégristes. « Mort à Israël ! Mort à l'Amérique ! Mort à la France ! », scandent les fidèles en levant le poing. Et l'un des dignitaires du Hezbollah, le cheikh El Amine, de conspuer au micro ceux qui s'émeuvent de la mort « d'un chien français ou d'un chat américain » et restent indifférents aux « massacres commis contre le peuple des opprimés ». Leur reportage terminé, Philippe Rochot et ses confrères d'Antenne 2 remontent dans leur taxi. A peine deux kilomètres plus loin, à proximité de la cité sportive détruite par les bombardements israéliens pour avoir servi de repaire à l'O.l.p., une voiture leur fait une queue de poisson et des hommes armés les contraignent à les suivre. Désormais, la France n'a plus seulement quatre otages au Liban, mais huit.

Ou plutôt sept. Car 48 heures après l'enlèvement de l'équipe d'Antenne 2, une enveloppe blanche au contenu macabre est glissée sous la porte de l'agence américaine Associated Press à Beyrouth. Le pli renferme trois photos en noir et blanc de Michel Seurat, ainsi qu'un message en arabe signé du Jihad islamique. Trois photos plus insoutenables les unes que les autres.

L'une représente le jeune chercheur apparemment mort, les yeux mi-clos, la tête légèrement penchée vers la droite, les épaules nues. La deuxième montre un cadavre enveloppé dans une couverture, à l'intérieur d'un cercueil ouvert. Enfin, la troisième photo est celle d'un cercueil fermé avec une croix sur le couvercle. Le message du Jihad islamique est tout aussi insupportable :

> « Nous avons été surpris par le peu de sérieux avec lequel notre annonce de l'exécution de Michel Seurat a été reçue et par la mise en doute de sa véracité, comme si cette question ne concernait les dirigeants sionistes de la France que du point de vue électoral. »

Le communiqué ajoute que « l'organisation du Jihad islamique a le regret d'annoncer qu'elle n'est pas l'auteur de l'enlèvement de l'équipe d'Antenne 2 ». Et pour les autres otages qu'il détient, Marcel Fontaine, Marcel Carton et Jean-Paul Kauffmann, le Jihad se fait plus menaçant. Il annonce que leur « vie dépend de la rapidité du gouvernement français à satisfaire nos exigences qu'il connaît en détail »

Au lendemain de la publication des photos « prouvant » la mort de Michel Seurat, Mary, l'épouse désespérée du jeune chercheur, accuse avec véhémence le ministre de l'Intérieur Pierre Joxe, dont les services ont livré inconsidérément les deux opposants irakiens à Bagdad : « Le Hezbollah a exécuté mon mari. Joxe l'a fait assassiner

S'il avait le moindre amour-propre, M. Joxe aurait déjà démissionné. » Et Mary Seurat, bouleversée, de s'indigner que la France se soit comportée dans cette affaire comme une « carpette ».

« Cela prend mauvaise tournure », s'inquiète Laurent Fabius. Il est vrai qu'on est à moins d'une semaine des élections législatives du 16 mars. Aussi, à l'Elysée comme à Matignon, décision est prise de tenter le tout pour le tout. On enverra presque simultanément des émissaires dans toutes les directions.

Huit au total ! Serge Boidevaix, secrétaire général adjoint au Quai d'Orsay, se rend dans la capitale libanaise où a déjà été dépêché, depuis quelques jours, le Dr Raad, réveillé pour la circonstance en pleine nuit par Roland Dumas. Henri Servant, ancien ambassadeur en Syrie, part pour Damas, Eric Rouleau, ambassadeur en Tunisie pour Téhéran, Marc Bonnefous, directeur du Moyen-Orient au ministère des Relations extérieures, n'ayant pas réussi à obtenir son visa iranien. Quant à Jacques Morizet, ambassadeur en R.F.A. que l'avion personnel du président Mitterrand va chercher à Bonn, il s'envole pour Bagdad. Ancien ambassadeur en Irak et proche de Jacques Chirac, c'est lui qui va réussir à convaincre le président Saddam Hussein d'épargner les deux opposants irakiens expulsés par les services de Pierre Joxe.

A la veille d'une échéance électorale capitale pour la majorité socialiste plus menacée que jamais, les messages pathétiques des otages enregistrés sur cassette vidéo et récemment transmis par les ravisseurs aux médias — beaucoup refuseront de les diffuser et ne citeront que quelques extraits des déclarations des otages[1] — ont fait monter d'un cran l'indignation et l'impatience des familles, mais également d'une bonne partie de l'opinion.

« Pour moi, c'est dur, très dur. Un an bientôt, et rien n'est arrivé. Qui nous sortira de là ? » supplie Marcel Fontaine, dont l'épouse devra être hospitalisée pour une dépression nerveuse immédiatement après avoir visionné la cassette. « Je suis très déprimé et très triste. A mon âge, être victime de cet internement, après avoir donné à mon pays trente-cinq ans de dévoués et fidèles services, ce n'est pas normal », soupire Marcel Carton. Evidemment, Michel Seurat manque à l'appel. Et seul Jean-Paul Kauffmann, qui avait été enlevé en même temps que lui, le 22 mai 1985, confie à sa femme : « Joëlle, je suis las, très très las. Chaque minute, chaque seconde qui passe est un combat contre

1. Notamment les trois chaînes de télévision françaises.

l'angoisse et le désespoir. Et on se demande quelquefois quand finira donc cette longue nuit. »

Une nuit d'un an bientôt pour le journaliste de *L'Evénement* sans que les émissaires français aient avancé d'un pas dans les négociations. Pis, à la veille des élections législatives, la prolifération des envoyés du gouvernement français conduit à un imbroglio sans précédent.

Emissaires officiels et officieux du Quai d'Orsay et de l'Elysée vont non seulement se mettre mutuellement des bâtons dans les roues, mais s'insulter publiquement. Au point que Roland Dumas, le chef de la diplomatie française, déclarera, mais un peu tard, qu'il refuse de se mêler au « tohu-bohu » des *missi dominici.*

Car sept émissaires n'allaient pas suffire à ce gigantesque cafouillage dont on serait tenté de sourire si les otages n'allaient pas le payer d'une inhumaine prolongation de leur calvaire. A quarante-huit heures du scrutin, François Mitterrand envoie en effet à Damas deux autres intermédiaires jusque-là inconnus ! Pierre Mutin, un proche collaborateur d'Edgard Pisani, l'ancien ministre chargé de la Nouvelle-Calédonie, et un prospère homme d'affaires syrien de trente-neuf ans, marié à une Libanaise naturalisée française. Etrange personnage que cet Omran Adham, considéré comme « très proche » du président Hafez El Assad alors qu'il était jusqu'en 1982 l'un de ses... opposants. Sa principale qualité serait la discrétion. Or, dans une déclaration tonitruante faite de Damas, il se livre à une attaque en règle contre un autre émissaire, le Dr Raad, qu'il accuse d'avoir fait « capoter » la négociation en promettant « aux ravisseurs de faire accepter aux autorités françaises toutes leurs exigences ». A-t-il reçu des consignes pour discréditer publiquement le Dr Raad, candidat de l'opposition à la veille des élections ? Ce qui est sûr, c'est que ce déballage de linge sale et cette cacophonie ne vont pas contribuer à renforcer la crédibilité de la France et de ses émissaires.

Il est certes concevable que Razah Raad, dans sa hâte d'arracher, lui aussi, un compromis aux hezbollahis, ait pu s'engager plus qu'il ne convenait auprès d'eux. Mais en l'envoyant à Beyrouth, le Quai d'Orsay devait bien se douter que, fort de sa connaissance de la réalité libanaise, le Dr Raad ne manquerait pas de négocier « à l'orientale ». Et comment l'accuser en même temps d'avoir, d'une part « trop promis » aux ravisseurs et, d'autre part, « de ne jamais avoir eu le moindre contact avec eux » ? Peut-être le médecin s'est-il en effet révélé un piètre négociateur ; mais rien n'empêchait nos diplomates de le « manager » davantage, lors de ses missions quasiment dépourvues de directives.

Toujours est-il que le samedi 15 mars à 24 heures du scrutin législatif, le Dr Raad s'apprête à quitter Damas où l'avait discrètement envoyé Roland Dumas. Après avoir rendu compte à l'ambassade de France de sa mission, hélas infructueuse, il va regagner Paris, comme convenu, par un avion du G.l.a.m. (Groupement des liaisons aériennes ministérielles). Mais cet appareil qui devait, en principe, lui permettre de revenir à temps pour voter dans sa circonscription, décolle sous son nez avec pour seuls passagers Omran Adham et Pierre Mutin !

« C'était pour me prendre de vitesse aux journaux télévisés, à la veille des élections ! » s'indigne Razah Raad, qui, « écœuré », estime « avoir été poignardé dans le dos » et décide donc « d'abandonner les démarches ». Ses bons — ou médiocres — offices dans l'affaire des otages ne l'empêcheront pas, en tout cas, d'être battu aux élections, avec seulement 5,35 % des voix.

Comme le Dr Raad, candidat de l'opposition, les socialistes sont battus aux législatives du 16 mars. Radio Téhéran, la station officielle de la République islamique, exulte : « La défaite des socialistes en France est due à leur politique erronée au Moyen-Orient ! » Quant aux familles des otages, elles se demandent sans illusion si la France de la cohabitation, sous la présidence socialiste de François Mitterrand et le gouvernement de Jacques Chirac, trouvera davantage grâce devant les ravisseurs et les pays qui les soutiennent. « Ce dont je suis sûre, c'est que toute notre lutte s'est heurtée à l'indifférence, aux bavures, à l'incohérence de nos responsables politiques », confie alors Simone Carton, l'une des filles du diplomate otage.

« Remettre de l'ordre » dans le dossier otages, c'est donc la priorité des nouveaux arrivants à Matignon et au Quai d'Orsay. Cela signifie bien sûr séparer les émissaires fiables et officiels de ceux « couleur de muraille », selon l'expression du nouveau Premier ministre, Jacques Chirac. Mais c'est aussi passer en revue ce qui est inadmissible ou hors de propos pour tenter d'améliorer les relations entre Paris et Téhéran. Car c'est bien là le nœud du problème. Quelques mois avant les élections, une mission parlementaire française conduite par Jean-Marie Daillet (U.d.f.) avait reçu un accueil plutôt glacial des autorités iraniennes avec lesquelles nos députés entendaient établir une « meilleure compréhension ». On leur avait fait clairement comprendre qu'une amélioration des relations bilatérales impliquait au préalable « un changement fondamental des choix économiques, politiques et militaires hostiles du gouvernement français ».

Avec ardeur, le nouveau gouvernement va donc multiplier les avances à la République islamique si influente auprès du Hezbollah libanais. « Tout en maintenant les liens solides d'amitié et de coopération qui nous unissent à l'Irak, nous espérons rétablir le dialogue avec l'Iran, grand pays à l'égard duquel la France n'éprouve aucune hostilité », déclare Jacques Chirac devant l'Assemblée lors de son premier discours de politique générale. Les Iraniens qui n'ont pas oublié la chaude amitié du leader du R.p.r. pour le « traître » Saddam Hussein, président de l'Irak, évidemment n'en croient pas leurs oreilles. Ils ne sont pourtant pas au bout de leurs surprises...

Du 9 au 15 avril, le Quai d'Orsay envoie à Téhéran deux émissaires de très haut niveau porteurs de messages très cordiaux de Jacques Chirac et de François Mitterrand. André Ross, secrétaire général des Affaires étrangères et Marc Bonnefous, directeur du département Afrique du Nord et Moyen-Orient au Quai, réussissent, au cours de ce voyage, à être reçus par le président de la République islamique lui-même, Ali Khamenei.

Le temps semble loin où Marc Bonnefous, à la veille des législatives, ne parvenait pas à obtenir de visa iranien ! Bien sûr, comme on le disait jadis de l'Alsace-Lorraine, « y penser toujours, n'en parler jamais », André Ross et Marc Bonnefous s'abstiennent diplomatiquement de faire la moindre allusion aux otages et se bornent à évoquer les « mesures concrètes » souhaitées par Téhéran en vue de « normaliser les relations franco-iraniennes ». Ces mesures, bien connues déjà des responsables français consistent à rembourser la dette d'Eurodif ; à ne plus accorder l'asile aux opposants iraniens comme Massoud Radjavi, le chef des Moudjahidin ; à diminuer le soutien apporté militairement et politiquement à l'Irak.

Un mois après la mission du Quai d'Orsay à Téhéran, c'est au tour du vice-Premier ministre iranien, Ali Reza Moayeri, de se rendre en grande pompe à Paris. Tandis que le gouvernement français s'engage à examiner « attentivement » et avec célérité le problème de la dette d'Eurodif et des réfugiés politiques iraniens, leur hôte promet d'user de « l'influence » de la République islamique auprès de ses « sympathisants » au Liban qui sont « supposés » détenir les otages français.

Jacques Chirac n'oublie pas cependant que la serrure qui permettra de délivrer les otages nécessite au moins trois clés, l'accord de l'Iran, des ravisseurs et de la Syrie. Il décroche donc son téléphone pour s'entretenir longuement avec le président Hafez El Assad dans la nuit du 22 au 23 mai, et lui demande son appui pour tenter une fois de plus de sortir de l'impasse.

C'est que le Premier ministre a quelque raison de reprendre

espoir. Rompant avec un insupportable silence de plus de trois mois, les premières nouvelles rassurantes des journalistes de l'équipe d'Antenne 2 viennent de parvenir à l'Hôtel Matignon via l'ambassade de France à Damas. Il s'agit de petits mots manuscrits des otages et de photos en couleurs. A noter que celles-ci n'ont pas été prises, comme c'est le cas lors d'un kidnapping, avec un appareil à développement instantané, mais tirées en laboratoire, ce qui en dit long sur la tranquillité d'esprit des ravisseurs, manifestement certains de ne pas être localisés ou inquiétés par une autorité locale quelconque.

Reste à savoir si l'Iran de Khomeiny va tenir sa promesse d'user de son « influence » dans les milieux chi'ites du Liban où sont prisonniers nos otages. La France de la cohabitation prend en tout cas les devants en s'efforçant immédiatement de régler deux des points du vieux contentieux avec Téhéran.

Une mission d'une dizaine d'experts du Quai d'Orsay, du ministère des Finances et du Commissariat à l'Energie atomique (C.e.a.) est envoyée dès le mois de juin, dans la capitale iranienne pour tenter de parvenir au plus vite à un « règlement équitable » de la dette d'un milliard de dollars d'Eurodif. Mais surtout, le 7 juin, la France accepte de ternir un peu plus sa réputation de « terre d'asile » en contraignant Massoud Radjavi, le leader de la principale organisation d'opposition à Khomeiny, de quitter l'hexagone où il avait trouvé refuge depuis cinq ans dans un pavillon d'Auvers-sur-Oise. Beau joueur, Radjavi plie bagage pour l'Irak avec un millier de ses sympathisants en s'abstenant de critiquer le brusque changement d'attitude des autorités françaises. Comme convenu avec elles, il présente donc son départ « forcé » comme « volontaire » et conforme aux plans de son organisation. En fait, quoi qu'en dise le chef des Moudjahidin du peuple, ce départ en pleine guerre du Golfe pour Bagdad, capitale ennemie de l'Iran, apparaît comme un suicide politique.

Ainsi, la France aura donc « tout essayé » pour récupérer « en douceur » nos otages. Au point d'être amenée à refuser, paradoxalement, à un opposant iranien — ni plus turbulent durant son exil en France, ni sans doute plus compromettant que ne l'était l'Ayatollah Khomeiny — ce droit d'asile si largement accordé hier à Neauphle-le-Château, au futur Guide de la Révolution islamique...

Mais peut-être n'y avait-il pas d'autre solution que celle de passer sous les fourches caudines de Téhéran et, dans une moindre mesure, de Damas. Car la dispersion de nos huit ou neuf otages rendrait trop périlleuse une action de commando destinée à les délivrer. En outre, une démocratie peut difficilement — et surtout au grand jour —

répondre à la terreur par la terreur et le crime. Ce ne sont pourtant pas les idées ou les offres de service qui auront manqué ! Certains hauts fonctionnaires ont songé notamment, à la veille des élections du 16 mars, à s'inspirer de la fameuse « solution soviétique ». Elle avait permis à Moscou de récupérer rapidement, après l'assassinat de l'un d'entre eux, en septembre 1985, trois sur quatre de ses diplomates pris en otage par le Jihad islamique. Il avait suffi pour cela aux services soviétiques de convaincre leurs amis syriens et druzes d'enlever à leur tour une vingtaine de miliciens du Hezbollah et de commencer à les liquider un à un.

De même, Hafez El Assad, au cours d'un entretien téléphonique en juillet 1985 avec François Mitterrand, avait conseillé de recourir à la force en utilisant les mêmes méthodes que celles des terroristes. En évoquant cet autre précédent : dans l'heure qui avait suivi le kidnapping de trois de leurs officiers en zone chi'ite au Liban, les Syriens avaient enlevé une centaine de Hezbollahis, en menaçant de les passer par les armes au bout de vingt minutes. Cinq minutes avant l'expiration de l'ultimatum, les trois officiers syriens étaient libres. Autre offre de service plus douteuse encore : celle d'un ancien baroudeur et trafiquant international connaissant bien le Liban qui proposa aux services français de ramener au moins un des neuf otages à Paris, à condition qu'en échange on éliminât son dossier plutôt lourd à Interpol...

A ces scénarios aventureux, à la multiplication des émissaires officiels et officieux jusqu'au 16 mars 1986, la France de la cohabitation préférera la technique moins glorieuse — mais apparemment plus efficace — du marchandage discret d'Etat à Etat. Douze jours seulement après le départ « forcé » pour Bagdad de Massoud Radjavi, le principal chef de l'opposition armée iranienne réfugié en France, la voie choisie par le gouvernement de Jacques Chirac débouche sur le premier résultat concret depuis le début de cette série noire d'enlèvements.

Le vendredi 20 juin au soir, les deux journalistes d'Antenne 2, Philippe Rochot et Georges Hansen, sont relâchés près du front de mer de Beyrouth Ouest, à proximité de l'hôtel Beau-Rivage. Amaigris, ils viennent de passer 104 jours aux mains de leurs ravisseurs qui se réclament de « l'Organisation de la justice révolutionnaire » (O.j.r.). Dans le Mystère 20 du G.l.a.m. qui les ramène, le lendemain, de Damas où ils ont été accueillis au siège du ministère syrien des Affaires étrangères, Philippe Rochot et Georges Hansen se contentent de tremper les lèvres dans les coupes de champagne qu'on leur tend. « Nous n'avons pas bu d'alcool depuis trois mois et notre joie n'est pas totale, puisque Aurel Cornea et Jean-Louis Normandin sont encore là-bas », expliquent-ils aux représentants du gouvernement français qui les entourent dans l'avion. C'est vrai que la moitié de l'équipe d'Antenne 2 est toujours aux mains des terroristes de l'O.j.r. ; c'est vrai que ni les diplomates Marcel Carton et Marcel Fontaine, ni le journaliste de *L'Evénement,* Jean-Paul Kauffmann, ni enfin le retraité Camille Sontag n'ont été relâchés par le Jihad islamique.

A l'aéroport d'Orly où il est venu accueillir Philippe Rochot et Georges Hansen, le Premier ministre Jacques Chirac remercie tour à tour la Syrie, l'Algérie (qui a joué les médiateurs) et « bien sûr » l'Iran qui ont permis d'aboutir à ces deux premières libérations. Mais si l'on avait déroulé le tapis rouge dans le pavillon d'honneur d'Orly Sud, on se gardait bien encore de pavoiser. Dans la foule, Aurora Cornea et Joëlle Kauffmann, deux des épouses des otages encore détenus, sont là pour rappeler, selon l'expression de Philippe Rochot, que « l'histoire n'est, hélas, pas terminée ». A en croire un diplomate spécialiste de ce genre de négociations, « la libération d'un premier groupe d'otages peut, certes, entraîner un engrenage positif. Mais elle peut également entraîner une surenchère pour ceux qui restent aux mains des ravisseurs »..

Épilogue

Pour en finir avec Manès

Le fiasco des initiatives françaises au Liban a en commun avec les ratés de la cellule antiterroriste de l'Elysée et les retombées scandaleuses de l'Affaire Greenpeace de n'être pas seulement imputable à de malheureux concours de circonstances. Dépouillés de leurs oripeaux tabou de secret d'Etat, ces trois cas de figure illustrent, chacun dans son registre, les travers et les contradictions d'une gauche longtemps tenue à l'écart des leviers de commande et encline, avec ses préjugés et ses archaïsmes, à se bercer d'illusions lyriques. A l'épreuve du pouvoir, en butte aux terrifiants pépins de la réalité, cette gauche d'appareils mus par les réflexes d'une secte en perpétuel état de siège s'est quelque peu perdue dans le dédale de ses schémas. Ses tâtonnements l'ont conduite parfois à renoncer à sa générosité foncière et spontanée pour privilégier, jusqu'à l'hypertrophie, le culte de l'équivoque et la manie du secret. A force de voir des complots partout, elle n'a pas toujours su parer aux vrais dangers, là où ils se situaient. En surestimant ses faux ennemis, elle a trop souvent sous-estimé les vrais ennemis de la démocratie.

Première idée, généreuse mais fausse, face à la montée du sentiment d'insécurité : ouvrir une école, c'est fermer une prison. Jamais les prisons n'ont été aussi pleines, alors que la scolarisation du pays atteint des niveaux inégalés. Il faut de même quelque naïveté pour établir des liens de causalité mécanique entre le chômage et la délinquance (voir le problème de la drogue). Quant à la propagation des crimes terroristes, d'origine hexagonale ou internationale, il était illusoire d'espérer la contenir, voire la réduire, par une politique de main tendue et de réformes sociales ou régionales à l'intérieur, d'équilibre équidistant à l'extérieur.

Ni les mesures initiales de grâce ou d'amnistie, ni les initiatives démocratiques comme l'institution d'une assemblée pilote en Corse, l'abrogation des lois et des juridictions d'exception ou l'autorisation de radios libres n'étaient de nature à amadouer les extrémistes d'Action directe ou du F.l.n.c.

Sur les vingt militants d'Action directe détenus en mai 1981 pour participation à des actes de terrorisme — attentats symboliques ou hold-up révolutionnaires — six étaient libérés, dès juin, sur instructions de l'éphémère garde des Sceaux Maurice Faure, huit élargis en août, dont leur chef historique, Jean-Marc Rouillan. Sa compagne, Nathalie Ménigon, accusée d'avoir ouvert le feu sur des policiers, sortait en septembre. Mohand Hamami, Frédéric Oriach et deux autres en octobre. A la fin de cette demi-année d'état de grâce, qui voit également les derniers indépendantistes corses condamnés par feu la Cour de Sûreté de l'Etat, les frères Orsoni, regagner leur île, il n'y avait plus de terroristes français dans les geôles de la République.

Tous ces militants égarés, de même que les responsables d'organisations armées, avec lesquels le nouveau pouvoir négociait en coulisse quelque trêve de bienveillance, ont-ils été convaincus de renoncer à la poudre et aux balles ? Pour les policiers qui se sont donné le mal de les arrêter, pour les magistrats qui ont eu à instruire leurs dossiers ou à les juger, le répit ainsi obtenu a, en fait, permis aux éléments les plus durs de renouveler leur arsenal, de renouer des contacts et de transformer les « squatts » en piste Ho Chi Minh du terrorisme international. Paradoxe : la clémence des jurés d'Aix-en-Provence qui, en février 1982, ont rendu à la liberté le meurtrier arménien d'un diplomate turc n'a pas empêché davantage le « groupe Orly », issu de l'Armée secrète arménienne pour la libération de l'Arménie, de se lancer dans une série d'attentats en France, aussi absurdes qu'aveugles, alors que ce pays est sans doute le premier au monde à avoir reconnu la réalité du génocide des Arméniens...

Si les bons sentiments ne suffisent pas à désarmer le terrorisme, le recours systématique aux moyens obliques de la guerre de l'ombre pour conjurer une hantise permanente de déstabilisation n'est pas davantage de bonne politique. On a vu, à plusieurs reprises, depuis le début de la Ve République, à quelles aberrations pouvait aboutir la manipulation de polices parallèles par des courtisans rencontrés aux détours du sérail présidentiel. Alors, que dire de la force de frappe déployée contre la menace écolo-pacifiste de Greenpeace, au mépris de la souveraineté d'un pays ami ? Un marteau-pilon pour écraser la mouche du coche antinucléaire... S'il y a eu bavure dans l'exécution au niveau des services, n'est-ce pas précisément en raison du flou artistique qui a régné au sommet tout au long de cette coûteuse expédition et de la crise majeure qui s'est ensuivie ? Il en a été de même au Liban, où le « contingent de la paix » envoyé par la France pour séparer les combattants a payé fort cher le sauvetage de l'O.l.p., consacrée « composante de la résistance palestinienne ». Sans compter le prix des otages happés au passage par le piège libanais.

En ce domaine, le pouvoir de gauche n'a rien eu à envier au pouvoir de droite. Que l'on préfère les valeurs de justice inhérentes à la tradition de gauche, que l'on privilégie les valeurs d'ordre chères à la tradition de droite ou que l'on refuse l'alternative telle que Goethe l'avait déjà posée en son temps[1], il faut se rendre à l'évidence : pas plus qu'aucune formation politique ne peut revendiquer le monopole du cœur, aucun pouvoir ne détient celui des « affaires » qui font scandale. Deux événements concomitants, le « brigandage » du Carrefour du développement, qui entache la gestion de l'ancien ministre socialiste de la Coopération, et l'implication d'un édile de la majorité « sécuritaire » dans un hold-up meurtrier, en ont apporté la preuve au seuil de l'été 1986 : il n'y a pas de manichéisme[2] qui tienne en matière de mœurs politiques.

Il faut en finir, dans les nations démocratiques, avec le mythe des gentils dans un camp et des méchants dans l'autre, comme avec les rassurantes certitudes cartésiennes. La chose la mieux partagée du monde, c'est la raison d'Etat.

---

1. « J'aime mieux une injustice qu'un désordre. »

2. Doctrine prêchée par le fondateur d'une secte chrétienne nommé Manès, au IIIe siècle en Perse, et reposant sur la lutte permanente de deux principes, l'un, essentiellement bon, symbolisé par la lumière, l'autre, essentiellement mauvais, figuré par les ténèbres.

Achevé d'imprimer le 19 septembre 1986
sur presse CAMERON,
dans les ateliers de la S.E.P.C.
à Saint-Amand-Montrond (Cher)
pour le compte des éditions Robert Laffont
6, place Saint-Sulpice, 75279 Paris Cedex 06

Dépôt légal : septembre 1986.
N° d'Édition : 30226. N° d'Impression : 1725.